봉직의 3년 전문병원 개원하기

도서출판 정다와

봉직의 3년, 전문병원 개원하기

초판인쇄 2023년 9월 19일
초판발행 2023년 9월 25일
지 은 이 박병상
펴 낸 이 정동명
디 자 인 서재선
인   쇄 천일인쇄사

펴 낸 곳 (주)동명북미디어 도서출판 정다와
주   소 경기도 과천시 뒷골1로 6 용마라이프 B동 2층
전   화 02)3481-6801
팩   스 02)6499-2082
홈페이지 www.kmpnews.co.kr

출판신고번호 2008-000161
ISBN 978-89-6991-017-2
정가 40,000원

봉직의 3년 전문병원 개원하기

도서출판 정다와

책을 펴내며

《봉직의 3년, 전문병원 개원하기》는 개원을 준비하는 의사들이 꼭 알아야 할 내용부터 개원 이후까지 정리했습니다. 개원은 봉직의 때 이미 절반 이상을 준비하는 거나 다름 없습니다. 개원준비부터 개원입지, 개원할 병원의 종류, 병원의 시설, 병원 건축과 장비, 인적자원, 세무와 자금조달, 의료기관 개설, 개원초 운영 팁에 이르기까지 그동안 제가 출간한 책자와 강의 자료, 언론에 기고한 "개원"과 관련된 부분을 정리했습니다. 관련한 논문 등을 찾아 코로나 이후 최신 개원 경향까지 원장님들의 궁금증을 모두 담았습니다. 법규에 근거한 내용과 정부의 공신력 있는 자료, 논문 자료도 인용했습니다. 못한 이야기는 제가 운영하는 블로그(네이버)에 남겨 놓겠습니다.

오랫동안 의료 현장을 지켜보면서 앞으로의 병원 개원에서 가장 고려해야 할 요소는 "인구 구조와 사회변화"에 있다고 생각합니다. 인구의 수도권 집중 현상으로 인한 지방의 상대적 인구 감소, 출생아가 적어지고, 고령화의 문제가 가장 중요한 키워드가 될 것으로 보입니다. 사회의 다양한 요구를 개원이라는 틀에 담아야 할 것입니다. 진료권역과 영역에 대한 경계가 모호합니다.

오래전부터 예견된 일이기도 하지만, 서서히 변화가 이루어져 잘 느끼지 못했을 뿐입니다. 잘 적응하는 병원은 성장할 것입니다. 코로나로 의료환경이 더 어려워졌다고 하지만, 어떤 진료과는 힘들어하고, 어떤 병원은 성장했습니다. 성장하고 있는 병원을 잘 분석하면 답이 나올 것입니다.

비슷한 시기에 개원했어도 어떤 병원은 늘 그 자리입니다. 누구를 만나 조언을 들었느냐도 중요합니다. 의원을 개원할 때부터 초기 계획을 잘 수립하는 것이 중요합니다. 개원시기, 개원입지와 자본 조달 등 경험 있는 전문가의 도움도 필요합니다. 인적자원과 의료기술, 원장의 리더십은 차별적인 요소입니다. 진료실에서 환자를 잘 보는 것도 중요하지만, 그 이상이 필요한 시기입니다. 명의는 환자 이야기를 들어주고 언제든지 환자를 위해 달려오고, 더 나은 치료 방법을 모색하는 의사라고 하지요. 고객과의 소통은 병원의 성공적인 운영을 결정짓는 중요한 열쇠입니다.

병원은 크기가 중요하다고 생각하는 의사도 있고, 작지만 단단하고 환자를 위해서 충분한 역할을 하는 병원이 좋다고 생각한 의사도 있습니다. 출발점은 비슷하지만 가다 보니 새로운 길이 보여 목적지를 바꾸기도 합니다. 이 책은 이런 요구에 충분한 답을 찾을 수 있을 것입니다.

개원 시장의 전망을 밝게 보지 않습니다. 경쟁 병원은 계속 증가하고 상급종합병원의 몸집 불리기와 핵심 경쟁력을 갖춘 질환별, 전문과별 전문화 추세는 가속되고 있습니다. 그러나 개원 트렌드를 잘 읽으면 틈이 보일 것입니다. 지속적으로 성장하는 병원에서 답을 찾을 수 있습니다.

《봉직의 3년, 전문병원 개원하기》는 첫 개원을 꿈꾸는 봉직의 선생님, 개원하고 계시면서 규모를 키워 병원으로 전환하려고 준비하는 원장님, 이전 · 확장 · 리모델링을 통해 변화를 서두르는 원장님, 새병원 신축을 계획하는 원장님과 개원 실무를 담당하는 부서장님들께 좋은 안내서가 되실 것입니다.

오래동안 병원 개원, 건립과 관련한 업무에 종사하다보니, 사명감이나 책임감 비슷한 것도 생겨 처음 계획한 것보다 원고 완성이 많이 늦어졌습니다.

어려운 여건속에서도 출판까지 해주신 동명미디어 정동명 대표님의 조언으로 다소 난삽하던 책의 내용이 간결해졌습니다. 깊이 감사드립니다.

2023년 7월
저자 박병상

책의 개요

　"배는 항구에 정박해 있을 때 가장 안전하다" 독일의 대문호 괴테의 말입니다. 그러나 그것이 배의 존재 이유는 아닐 것입니다. 이 책은 봉직의 단계부터 개원을 준비하는 의사들을 위한 개원 안내서입니다. 경쟁에서 밀리지 않아야 하고, 지속적인 성장을 위해서는 무엇을 준비해야 하는지, 단계별로 꼼꼼하게 기술하였습니다.

　개원은 자영업을 시작하는 것입니다. 창업이라는 용어가 적합해 보입니다. 사업을 시작한다는 것은 일생일대의 큰 사건입니다. 개원가는 오래전부터 선후배도, 동료도 없는 치열한 전쟁터입니다. 어떻게 준비하고 계획하는지에 따라 성공 여부가 결정된 것입니다. 의학적인 기술만이 전부가 아님을 알게 됩니다. 의원을 개원하는 것과 병원을 개원하는 것은 또 다른 문제입니다. 의원에서 병원을 종별 전환하는 경우 진입 장벽이 있습니다. 잘 극복해야 합니다. 동네 슈퍼마켓에서 지역 거점 대형 마트로 전환하는 것입니다. 원장에서 병원장으로 승격되는 것입니다. 처음 의원을 개원하는 단계부터, 병원으로 전환하는 과정 등을 비교적 이해하기 쉽게 현장 경험을 토대로 설명했습니다.

　제1장은 봉직의에 관한 내용입니다. 봉직의 때 이미 개원의 절반 이상을 준비하는 거나 다름 없습니다. 봉직의 때 병원에서 친절상을 받았다면 개원의로서 기본 소양이 된 것입니다. 봉직의 잘하는 법, 폼나게 병원을 떠나 새로운 시작을 하는 법. 그리고 개원가 트렌드까지 봉직의 때도 관심을 두고 개원을 준비하는 내용을 주로 다루었습니다.

　제2장은 개원준비 과정입니다. 개원으로서 성공한다는 의미, 어디서부터 시작할지. 어떤 내용을 준비해야 하는지 등을 다루었습니다. 특히 의원을 운영하다 병원을 계획하는 원장을 위한 병원 건립 과정도 설명했습니다.

　제3장 의료기관의 구분과 설립은 전문병원. 한방 전문병원 및 재활의료기관 지정. 의료법인 설립 등과 동업개원. 브랜드 네트워크 개원에 이르기까지 의료기관의 종별로 구분하여 설립과정을 설명했습니다

제4장 개원입지는 아주 중요한 의사결정입니다. 개원입지 선정, 상권분석에 관해 기술하였고, 특히 지역 간의 경계가 모호해지고 진료 영역도 사라진 현재의 개원 트렌드에 대해 알아보았습니다. 경쟁 병의원 조사 방법, 부동산 이력 조사까지 다루었습니다.

제5장 병의원 시설은 의료기관의 시설 기준 및 규격, 요양병원의 시설, 건물을 매입 또는 임대하여 병원을 개원하는 경우 갖추어야 할 시설에 관해 소개했습니다. 의원의 내부 공간과 기능을 어떻게 하는지에 대해서도 다루었습니다

제6장 병원 공간과 건축에서는 병원 건축의 기본 특성을 이해하기 쉽게 설명했고, 병원 설계 단계부터 시공까지 과정의 경험을 토대로 설명했습니다. 몇 번의 건립본부장을 맡으면서 얻은 소중한 경험을 소개했습니다. 건축을 전공하지 않는 입장에서 개원을 준비하는 원장들이 충분히 이해하실 수 있을 것입니다. 리모델링하거나 원장이 소유한 부지에 메디칼 빌딩을 기획하는 방법 등도 현장 경험을 중심으로 설명했습니다.

제7장 병원의 정원과 조직은 무엇보다 중요합니다. 병원에 근무하는 인력의 업무 범위나 영역, 개원초기 좋은 인력을 선발하는 방법, 인력 추계를 하는 법 등 기본적인 내용을 중심으로 알아보았습니다. 병원 성장은 우수한 몇 명의 인재의 역할이 크다는 것은 잘 아실 것입니다. 의사뿐만 아니라 기획, 간호, 시설 등의 핵심 인재는 병원의 큰 자산입니다.

제8장 의료장비 부분은 건립과정에서 상당한 비중을 차지하는 장비는 필요장비 리스트 작성부터 도입까지 검토해야 할 사항과 CT, MRI의 장비 규제에 이르기까지 도움이 될 만한 내용을 중심으로 설명했습니다

제9장 네이밍과 마케팅은 의료기관 명칭 표시와 병원의 브랜드인 상표권, 의료광고 등에 관해 기술하였고, 병원을 어떻게 사람들에게 차별화할 것인지, 믿을 만한 마케팅 대행업체는 어떻게 선정할 것인지에 관해서 소개했습니다. 검색되지 않으면 존재하지 않는 것입니다. 개원초 어떻게, 어떤 내용으로 알리는 것이 중요합니다.

제10장 세무와 자금조달은 기본적인 내용을 다루었습니다. 세무는 초기에 신뢰가 가는 업체를 선정해 함께 설계하는 것이 좋습니다. 따라서 이 책에서는 병의원의 수익, 비용이나 필요 경비에 대해 좀 더 비중을 할애했습니다. 그리고 개원 투자금과 자금조달에 관해 자세히 알아보았습니다. 의원의 경우 닥터론 등을 활용하면 되지만, 병원급 의료기관으로 덩치를 키울 때 부지매입, 건축비 등 소요 비용이 늘어납니다. 어떻게 조달해야 하는지 알아보았습니다.

제11장 병의원 개설과정을 순서대로 작성하였습니다. 개원 전 배상책임보험이나 화재 보험 등도 소홀할 수 없습니다. 진료 준비 체크 리스트와 개설이후 변경사항이 발생할 경우 어떤 절차가 있는지 살펴보았습니다

제12장 개원이후 병원의 운영과 관련한 사항입니다. 병원이나 의원 모두 시스템이 중요합니다. 규정과 매뉴얼 등이 갖춰지면 병원이 좀 더 스마트해집니다. 원장님의 잔소리도 줄어들게 됩니다. 개원초 주의해야 할 리스크를 알아보고, 개원이후 경영통계로 병원의 성장을 체크해야 합니다. 개원 후 3년, 진료실을 늘리게 되거나, 이전을 고려하기도 합니다. 때로는 병원으로 종별전환을 계획하기도 합니다. 사례를 통해 알아보았습니다.

개원은 자신이 추구하는 목표를 달성해 가는 과정입니다. 경제적인 자유를 위해 개원하는 의사도 있고, 구속이 싫어서 개원하는 의사도 있습니다. 그 목표를 향해 꾸준히 가다 보면 길이 보일 것입니다. 시간이 지나서 보니 어떤 병원이 꾸준히 성장하는지에 대해 알 수 있을 것 같습니다. 병원도 성장기와 성숙기를 거쳐 쇠퇴하는 사이클을 형성합니다. 이 모든 과정은 원장의 생각대로 흘러갑니다. 성장하고 발전하여 생각하시는 목표 지점에 도달하시길 바랍니다.

2023년 8월
저자 박병상

봉직의 3년, 전문병원 개원하기

목차

책을 펴내며
책의 개요

제1장 봉직의와 개원의

제9장 네이밍과 개원초 마케팅

제11장 병의원 개설

제1장
봉직의와 개원의

제1장
봉직의와 개원의

의사는 전공 분야에서 수련 기간을 거친 후 전문의 자격시험에 합격하여 면허을 취득한다. 가장 대표적인 전문직이다. 높은 수준의 윤리 의식으로 혹독한 인턴과 레지던트 수련 과정을 거치면서 의술을 습득한다. 이후 직접 의료기관을 개원하거나 대학병원 전공의 과정을 통해 전문 과정을 더 공부하거나, 종합병원 또는 병·의원등에 봉직의로 취업하는 것이 일반적이다.

의과대학을 마치고, 국가에서 인정하는 의사국가고시에 합격한 뒤 의사면허증을 받아 바로 개원하는 의사도 있다. 물론 전문의 자격증을 취득하고 세부적인 분과를 정해 전임의로 근무한 후 취업하거나 개원하기도 한다. 그렇다고, 개원하는 의사만 있는 것이 아니다. 기업에 취업하거나, 직접 창업하기도 한다. 취업하는 의사는 봉직의고 창업하는 의사는 개원의라 한다.

1. 봉직의와 개원의

1) 봉직의와 개원의 차이

개원이 전과 같이 쉽지 않은 요즘은 봉직의사로 몇 년간 근무하면서 병원 경영과 기술을 배우며 개원할 기회를 보는 것이 좋은 방법이라고 말한다. 물론 좀 더 빨리 개원하는 것이 낫다고 생각하면 봉직의 과정을 생략하기도 한다.

의사는 의료직에 대한 자부심이 강하고 그에 걸맞은 높은 사회적인 보상을 기대한다. 많은 의사는 보상에 대한 기대가 미흡하다고 느낀다. 저수가 정책 등 의료보험 제도상의 요인과 의사를 신뢰하지 않는 환자의 행동이 의사의 직업적 불만으로 이어진다. 환자의 요구가 많고, 분쟁이 늘고 있다. 의사도 이에 대응하여 방어적인 진료를 하기도 한다.

봉직의사와 개원의사의 근본적인 차이는 근로자와 고용주 관계라고 할 수 있다. 봉직의는 의료기관에 취업하여 임금을 받는 근로자다. 대신 자신을 고용한 의료기관에서 규정을 준수하여 병원을 찾는 환자를 진료한다. 개원의사는 위험을 무릅쓰고 직접 의료기관을 개설(창업)하여 직원을 고용하고, 소속된 직원들의 급여를 지급한다. 봉직의는 자유롭게 자신의 몸값을 올리며 새로운 직장을 찾아 옮기기도 하고, 적절한 시기에 개원을 하기도 한다. 봉직의를 페이닥터라고 부르기도 한다.

개원의사는 잘 되기도 하고, 어려운 시기도 있다. 보통 3년을 생존하면 지속적인 성장 가능성이 높다. 개원의사는 원장이라고 부르고, 봉직의사는 과장님, 부장님이라고 부르는 차이도 있다. 최근에는 봉직의사도 원장님이라고 하는 병원이 많다. 봉직의는 자신의 몸값을 높여 페이를 대표원장보다 더 많이 받기도 한다.

2) '봉필개선'의 시대

수련 후 곧장 병원을 차려 개업하는 경우가 많았지만, 요즘에는 개원이 전보다 쉽지 않다. 그래서 봉직의로 일을 하는 것이 옳은 결정이라고 말하기도 한다. 초빙닷컴의 조철흔 대표는 이를 봉직의는 필수고 개원은 선택이라며 '봉필개선'의 시대가 왔다고 말한다. 능력있는 봉직의 보수는 개원 원장 수준으로 받기도 한다. 직원 관리, 세무 등의 스트레스에서 벗어나 진료만 하면서 마음 편한 봉직의가 훨씬 더 실속이 있다고 한다. 그러나 봉직의로 근무하다 구속되기 싫다며 늦은 나이에 개원가로 나서기도 한다. 정해진 답은 없다.

개원을 준비하는 의사들을 만나다 보면 마음의 준비도 안 된 상태에서 개원하는 경우를 많이 본다. 무엇을 준비하고, 계획하고 실행할 것인지가 성공과 실패를 결정한다. 똑같이 시작하여 국내 굴지의 병원으로 키운 병원장이 있는 반면 아직도 개원 자리를 찾는 봉직의를 만날 수 있다. 의학적인 기술만이 전부가 아님을 알게 된다.

3) 봉직의와 개원의 수입

연봉을 높게 받기 위해서는 우선 자신의 가치를 높여야 한다. 자신을 고용한 병원의 매출을 높여주면 연봉이 높아진다. 병원 핵심 인재가 되는 것이다. 이런 핵심 봉직의는 개원해도 진료를 잘할 수 있다.

개원의는 의료기술이 전부가 아니기 때문에 다양한 지식을 습득해야 한다.

2022년 보건복지부가 조사한 보건의료인력 실태조사를 보면 개원의 보수가 봉직의보다 높고, 남성이 여성보다 높다.

의사

개원의 294,282,306원, 봉직의 185,390,558원

봉직의가 개원의 임금의 63.0% 수준으로 격차는 108,891,748원이다. 성별로 남자 의사의 연평균 임금은 248,253,152원이며 여성 의사의 연평균 임금은 172,866,111원으로 남성 의사의 약 69.6% 수준이다.

치과의사

개원의 211,489,263원, 봉직의 121,471,337원

봉직의가 개원의 임금의 57.4% 수준으로 격차는 90,017,926원이다. 성별로 2020년 기준, 남성의 평균 임금은 208,868,244원이며 여성 치과의사의 연평균 임금은 145,945,029원으로 남성 치과의사의 약 69.9% 수준이다.

한의사

개원의 116,211,162원, 봉직의 8,388,549원

봉직의가 개원의 임금의 74.3% 수준으로 격차는 29,822,613원이다. 성별로 2020년 기준, 남성의 평균 임금은 112,662,445원이며 여성 한의사의 연평균 임금은 90,812,122원으로 남성 한의사의 약 80.6% 수준이다.

㈜ 임금산정방법은 보건의료인력 연평균 임금은 국민건강보험공단의 보험료 산정을 위한 보수월액(정산 반영) 기준으로 산정, 의사, 치과의사, 한의사 임금은 인턴과 레지던트 임금은 제외하고 산출함.

4) 봉직의 이직

환자들은 의사에 대한 신뢰보다 병원에 대한 신뢰가 높다. 서울의 대형병원을 선호하는 현상이 그렇다. 서울의 대형병원에 봉직의로 근무하는 의사가 개원하면 어떨까? 환자들이 생각보다 개원한 병원에 많이 따라 가지 않는다.

그 이유는 의사를 보고 병원을 선택한 것이 아니라 병원을 보고 선택했기 때문이다. 그러나 소규모 의원은 병원보다는 의사 개인의 역량을 보고 찾는 경우가 많다. 조직의 명성이나 직장 인지도가 높은 대형병원은 환자가 선호한다. 그곳에서 근무하는 봉직의도 자신이 속한 집단에 대한 동일시로 자부심을 갖게 된다. 취업을 준비하고 있는 많은 사람들이 중소기업보다 대기업을 선호하는 현상도 이런 맥락이다.

봉직의사의 급여는 시장경제 원리에 따라 결정되는 것이 정설이다. 연간 매출액에 따라 성과급이 정해지기도 한다. 시장의 수요와 공급, 자신의 매출액에 따라 봉직의간 급여 격차가 상당하다. 함께 근무하는 동료 의사들과의 관계에 만족할수록 직업 만족도가 높다.

5) 의료기관 종별 의사 현황

요양기관별 종별 의사 인력 중 의사는 의원에서 48,265명, 치과의원은 23,673명, 한의원은 17,230명이 근무한다.

요양기관 종별 인력(2021년)

합계	의원	치과의원	한의원
89,168	48,265	23,673	17,230

출처 : 건강보험심사평가원, 2023년

의료기관 종별 전문의 근무현황

전문의는 9만 3,000명으로 상급병원 15%, 종합병원 19%, 의원에는 48%의 인력이 배치되어 있다. 전문의 인원 대비 의원 근무율이 가장 높은 전문과는 피부과(84%), 이비인후과(77%), 성형외과 (74%)순이다. 전문의 50%이상이 의원에서 근무하는 개원과는 안과(72%), 비뇨의학과(67%), 가정의학과(65%), 산부인과(53%), 소아청소년과(52%) 정신건강의학과(51%) 순이다.

요양기관 종별 전문의 인력 현황

전문과목별(1)	전체	상급병원	종합병원	병원	요양병원	정신병원	의원	의원근무
전체	93,379	13,908	17,967	10,223	4,634	1,104	44,461	48%
내과	17,851	3,522	4,183	1,389	792	27	7,863	44%
신경과	2,072	518	664	208	236	6	427	21%
정신건강의학과	4,018	339	380	143	50	1,007	2,086	52%
외과	6,547	1,215	1,367	582	681	9	2,594	40%
정형외과	6,924	591	1,322	1,840	210	4	2,887	42%
신경외과	3,016	490	843	752	187	1	727	24%
흉부외과	1,155	356	307	48	74	2	354	31%
성형외과	2,268	213	185	105	20	0	1,687	74%

마취통증의학과	5,179	793	1,021	786	102	2	2,376	46%
산부인과	5,992	467	771	1,054	366	4	3,214	54%
소아청소년과	6,210	853	798	890	193	3	3,274	53%
안과	3,650	412	297	282	15	0	2,630	72%
이비인후과	4,121	375	391	108	42	0	3,188	77%
피부과	2,396	173	144	43	6	0	2,025	85%
비뇨의학과	2,637	310	437	51	59	1	1,758	67%
영상의학과	4,159	1,129	1,305	834	13	4	831	20%
방사선종양학과	328	181	103	8	6	0	23	7%
병리과	924	377	278	11	7	0	249	27%
진단검사의학과	978	288	413	19	5	1	238	24%
결핵과	53	0	0	7	5	0	40	75%
재활의학과	2,391	234	333	496	555	2	736	31%
핵의학과	262	143	85	5	3	0	23	9%
가정의학과	7,246	317	651	391	977	29	4,755	66%
응급의학과	2,190	457	1,396	99	21	1	211	10%
직업환경의학과	621	93	247	65	3	0	199	32%
예방의학과	191	62	46	7	6	1	66	35%

㈜ 치과병의원, 한방, 보건의료원, 보건소 등에서 근무하는 전문의 제외한 숫자로 의원 개원중 결핵과(41), 방사선종양학과(24), 예방의학과(66), 핵의학과(24)은 제외함
출처 : 전문의 인력 현황, KOSIS 국가통계포털, 2022년 3/4분기

2. 봉직의가 병원생활 잘하는 법

봉직의가 병원 생활을 잘하려면 우선 세가지가 중요하다.

첫째, 내가 봉직하려는 병원이 잘되는 병원인지, 병원이나 병원장의 평판이 좋은지, 불법적인 사항은 없는 병원인지 알아봐야 한다. 사직하고 개원가로 나설 때 봉직한 병원이 충분한 경력이 되어야 하기 때문이다.

둘째, 일한 만큼의 보수를 잘 받아야 한다. 보수를 주는 병원장도 보수를 받는 봉직의도 서로 만족해야 한다. 일의 결과가 보수다. 봉직의가 몸값을 높이는 일은 진료받은 환자가 만족하는 것이다. 뿐만아니라 함께 일하는 직원과 원장이 만족하면 최고의 봉직의가 되는 것이다. 만족의 결과가 보수로 나타난다.

셋째, 자신을 고용한 병원에게 내가 받은 급여의 최소한 5배 이상(진료과마다 다르다) 매출을 올려주어야 한다. 가장 중요하다.

원장이 봉직의에게 대우를 해주는 이유는 그 이상의 뭔가를 해줄 것으로 기대하기 때문이다. 봉직의와 원장과의 관계는 서로 상생하는 구조다

1) 개원가의 기본 지식

의과대학시절 공부할 때와 병원에서 환자를 보는 것은 여러면에서 다르다. 커뮤니케이션 능력은 환자를 진료할 때 필수적인 요건이다.

우리나라 의료보험 시스템, 직원과의 관계, 근로기준법 등 개원가에 대한 기본 지식을 빠른시간내 습득해야 한다. 사회는 학교가 아니다. 학교는 내가 돈을 내고 다니지만, 직장은 내가 돈을 받고 다닌다. 돈을 주는 사람은 그리 녹녹하지 않다. 봉직의도 개원가를 충분히 이해하고 잘 알아야 한다.

2) 근로계약서 잘 쓰는 법

최근에는 줄었지만, 병원장을 만나 근로조건을 구두로 계약하고 일을 시작하는 봉직의도 많다. 봉직의로 병원에 근무를 시작하기 전 근무조건에 관해 사전에 협의해야 한다. 근무시간, 근로기간, 성과제도, 학회 참석, 휴가, 공가, 여의사일 경우 임신과 출산 이후 등. 물론 의료사고에 대한 배상보험, 퇴직금에 관해서도 근로계약서에 추가하여 작성한다.

종합병원은 따로 근로계약과 관련한 내부시스템이 있지만, 소규모 의원의 경우 세부적으로 협의하고 문서로 남겨 놓지 않으면 나중에 서로 얼굴을 붉히는 경우가 생길 수 있다.

3) 보수와 세금 문제

소위 몸값이다. 몸값을 제대로 받아야 한다. 제대로 받는다는 것은 봉직의가 생각하는 보수와 고용한 병원장이 주는 보수가 비슷해야 한다는 것이다. 보수에 대한 절대적인 기준은 없지만 선배나 동료, 의사 전문 사이트에서 전문과별, 경력별 기본 급여는 알 수 있다. 술기를 가르쳐준다는 식으로 박봉을 요구하는 병원도 있다.

의사의 급여는 시장상황에 따라 변동 폭이 있다. 의사 수급이나 인기과 등이 좌우한다. 따라서 한 곳에서 봉직의를 오래 하는 것이 불리할 수도 있다. 자신의 실력을 키워 지명도가 높은 병원에 근무하는 것이 향후 개원할 때 유리하다.

봉직의 급여 지급방식은 그로스(gross)와 네트(net)방식이 있다. 대학병원 등 일부 병원을

제외한 개원가에서는 네트제를 선호한다. 연봉개념도 이에 준한다. 1년이 지나면 연봉 협상을 한다. 보통 계약기간 만료 2개월 전에 시작하는 것이 좋다.

봉직의의 급여 : 네트와 그로스

급여는 기본급, 수당(당직, 외부 봉사 등), 성과금(수술 등 성과가 있을 때 주는 금액)이 합한 것이다. 이 급여에는 소득세와 갑근세가 부과되고 4대 보험이 적용된다. 병원과 의사가 4대 보험을 규정에 따라 부담한다.

그로스는 의사가 받는 급여의 총량을 말한다. 각종 세금은 의사 본인이 제외하고 받는다. 네트는 뺄 것은 모두 빼고 의사가 직접 받는 금액을 말하는 것이다. 세금을 병원에서 내주고, 수당 등을 모두 포함해서 봉직의가 받는 금액이다. 병원에서 통용되는 급여체계다. 계약서에 세금 문제에 대한 해결 방법을 명시해야 한다.

퇴직을 할 때 원천징수 영수증과 환급금을 돌려받는 일 등도 확인해야 세금 문제로 불이익을 겪지 않는다.

병원에서는 의사에게 네트(net)금액을 제시하는 것이 일반적이 관례다.

4) 병원(원장)의 평판

봉직의가 자주 바뀌는 병원은 사유를 알아봐야 한다. 근무 환경이 열악하거나, 매출에만 신경을 쓰는 병원일 가능성이 높다. 사무장병원인지도 체크해 본다.

사무장병원

사무장병원이란 의료기관 개설 자격 제한을 위반하여 의료기관을 개설할 수 없는 자가 개설 자격이 있는 자의 명의를 빌리거나, 사익을 위해 불법적으로 법인을 설립하여 의료기관을 개설·운영하는 경우를 말한다.

사무장 병원은 보통 낮은 수준의 의료 인프라, 낮은 의료서비스 질, 과잉진료를 한다고 판단한다. 6개월 내 의사 이직율이 50%가 넘고(일반기관 21.2%) 주사제나 항생제 처방율이 높고, 입원일수도 일반기관에 비해 1.8배 높다.

특히 의료법인의 매매에 불법이나 임원 지위 매매를 통해 편법적으로 법인 지배권을 양수하는 경우가 있어 이를 사무장병원으로 의심하고 있다.

출처 : 의료법인 적법 운영 가이드라인, 국민건강보험공단, 2018. 10.

5) 병원의 재무 상태

개원 초 병원은 여유자금을 확보하지 못할 경우 운영이 어려울 수 있다. 병원 문을 열었다고 바로 환자가 방문하지 않기 때문이다. 예산계획을 세울 때 3개월의 운영자금은 미리 산정하는 것이 좋다. 건립자금이나 의료장비 도입으로 무리하게 자금 조달을 할 경우 자금 상황이 어려울수 있다. 심한 경우 의사의 월급이 밀리는 경우도 있다.

의사의 월급이 밀린다는 것은 병원의 재정상태가 최악인 상황이다. 병원이 어려워지면 가장 먼저 거래처에 대한 결제가 늦어지기 시작한다. 다음으로 직원의 급여 일정을 맞추지 못한다. 마지막으로 의사의 급여가 늦어지기 시작한다.

의사의 급여가 늦어진다는 것은 병원이 더 이상 운영이 어렵다는 것이다. 이럴때는 절차에 따라 사직하는 것이 가장 좋은 대안이다. 급여나 퇴직금은 법에 보장된 방법대로 받으면 된다.

3. 봉직의 꿈은 개원

1) 개원이 꿈인 봉직의

개원 시장이 어렵다지만 교수·봉직의 72%는 '내 병원'을 꿈꾼다는 최근 조사 결과를 보면 의사의 최종 목표는 개원이다.(병·의원 개원 인식 조사. 키메디. 2022. 11)

응답자 중 73%는 개원 시장이 현재보다 어려워질 것이라고 했고, 8%만 현재보다 나아질 것이라고 응답했다. 이런 어려운 상황임에도 교수와 봉직의 중 72%는 개원을 희망하고 있다고 응답했다.

개원을 하려는 이유는 경제적인 문제(68%)와 미래에 대한 불안(44%), 조직 생활의 어려움(17%) 이었다.

2) 이직과 의업 추천 여부

계속 봉직의를 유지하겠다고 응답한 비율이 68.5%, 이직하겠다고 응답한 비율이 31.5%로 나타났다. 이직 계획은 개원의 전환 19.6%, 은퇴 4.5%, 전임의 전환 1.7%, 교수 전환 1.3% 등이었다. 이직 이유로는 경제적 이유 30.9%, 자기개발 23.4%, 나이가 많아서 11.8%, 과중한 업무량 8.2% 등으로 나타났다.

개원의로 전환할 계획을 가지고 있는 봉직의의 이직 고려 이유로는 경제적 이유 46.8%, 자기개발 18.3%, 나이가 많아서 9.7%, 과중한 업무량 6.6%로 나타났다(출처 : 2020 전국의사 조사, 이정찬 외, 2021년 12월, 대한의사협회 의료정책연구소).

한편 의업 추천 여부를 보면 전체의 63.1%는 다시 태어나도 의업을 선택할 의향이 있다고 응답하였다. 자녀에게 의업을 추천할 의향이 있다고 한 응답자는 전체의 46.5%였다. 전체의 81.3%는 평소 본인이 제공한 의료서비스(진료)에 대해 스스로 만족한다고 답했다. 전체의 48.3%는 평소 진료나 업무로 인한 스트레스가 심한 것으로 나타났다.

전체의 70.2%는 현재 본인의 삶에 대해 만족하고 있다고 응답했다. 그러나 전체의 75.6%는 향후 의사 직업의 미래를 부정적으로 전망하고 있었다. 직무만족도(6점 척도)를 보면 함께 근무하는 동료(의사)들과의 관계가 4.24점으로 가장 높았고, 개인 혹은 가족과 보낼 수 있는 시간(여가시간) 3.06점, 정부, 공단, 심평원 등으로부터의 규제(관련법이나 규정 등) 2.02점으로 낮았다.

3) 의원과 병원의 적정 개원 연령

개원은 창업이다. 창업도 시기가 있다. 진료과에 따라 다르기는 하지만 의원을 개원할 가장 좋은 적령기는 40세 전후로 보인다. 봉직의로 현장경험과 준비기간 등을 거쳐 소위 '준비된 개원'을 할 수 있다. 일반적으로 활동량이 가장 많은 나이다. 이를 뒷받침하는 자료도 있다. 오래된 자료(국민건강보험공단이 발표한 '2006년 의원급 진료실적 분석')이기는 하지만 연령별 진료비 총액이 45세가 가장 많고, 41세, 40세 순이었다.

65세 이상은 45세에 비해 수입이 현저히 떨어진다. 개원의들은 30대 후반부터 진료비가 늘어나기 시작해 45세 때 정점에 이른 뒤 점차 감소했으며, 50대부터는 감소 폭이 컸다. 실제로 55세 전후의 의사들은 후배 의사들과의 경쟁에서 뒤지는 경우가 많다. 최근에는 의사들도 노령화가 되었지만, 참고하면 좋은 자료다.

의원을 개원할 때부터 5년내 병원으로 전환하겠다는 계획을 세우면 목표점에 좀 더 빠르게 도달 할 수 있다. 신체적인 연령에 큰 의미가 갖는 것은 아니지만, 경험한 바에 의하면 정형외과, 외과, 산부인과는 대개 45세 전에 병원을 건립하는 경우가 많았다. 더 늦어지면 의사 결정이 상당히 어려워진다. 물론 의원을 운영한 경험이 있는 의사가 병원으로 키우는 경우를 말한다. 모든 일은 때가 있다.

4) 선호하는 3월 개원

2020년 코로나가 시작되어, 가장 확진자가 많은 시기인 2021년 의원 개원은 이전 3년간 평균 의원 개원수 보다 줄지 않았다.

건강보험심사평가원 요양기관 개설현황을 보면 2020년 1,490개소가 개원했고, 2021년 1,624개소가 개원했다. 3년간(2017년, 2018년, 2019년) 연 평균 1,499개소가 의원 개원한 것을 보면 코로나로 인해 개원이 위축되지 않은 것을 알 수 있다. 개원을 준비하고 있는 봉직의들이 때를 놓치지 않고 개원시장에 뛰어 든 것으로 보인다.

개원하기 좋은 3월, 개원을 꺼리는 11월

5년간 평균 의원 개원은 3월이 가장 많고 11월이 가장 적다. 월별로 보면 3월, 4월, 8월, 2월, 5월 순으로 개원이 많고 11월, 12월, 10월, 7월 순으로 개원이 적다.

코로나 시기 개원

2021년 8월에 183개소의 의원이 개원해 최근 5년간 월별로 가장 높았다. 일반적으로 보면 코로나로 개원을 미루는 의사들이 많았을 것이라는 생각과 다르다. 코로나 감염자수가 절정에 달하면서 자영업자의 부도가 높아진 시기다.

헬스장이나 PC방 등 공간이 생기면서 그 자리에 의원이 개원한 것으로 보인다. 이때 개원한 진료과를 보면 진료과 미표시 일반의원 68개소, 내과 21개소, 성형외과 17개소, 정형외과와 통증의학과가 각각 11개소 등이다.

최근 5년간 월별 의원 개원 현황

	1월	2월	3월	4월	5월	6월	7월	8월	9월	10월	11월	12월	계
2017년	97	139	176	150	127	120	108	129	120	105	98	113	1,482
2018년	133	108	170	148	139	111	123	136	106	130	107	118	1,529
2019년	97	140	209	171	139	106	103	118	114	107	86	97	1,487
2020년	106	147	148	148	108	124	114	135	148	108	86	118	1,490
2021년	114	148	195	140	141	123	114	183	131	107	131	97	1,624
5년간 평균	110	138	178	150	130	118	113	143	126	111	103	108	1,528

2021년 월별 치과 및 한의원개원

	1월	2월	3월	4월	5월	6월	7월	8월	9월	10월	11월	12월	계
치과	54	45	42	72	65	73	57	36	45	48	49	43	629
한의원	36	33	37	64	63	58	47	34	37	35	30	27	501

월별 개원현황

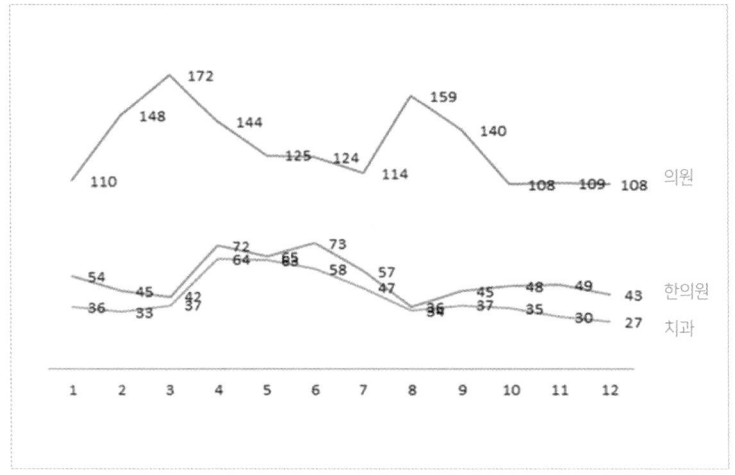

건강보험심사평가원자료를 저자가 재구성

4. 폼나게 병원을 떠나는 법

1) 분노의 퇴직

봉직하던 병원에서 어느날 갑자기 사직하겠다고 하면 안된다. 대개의 경우 화를 참지 못하고 개원을 선언하기도 한다. 분노에는 인생을 바꿀 수 있는 커다란 힘이 담겨 있다. 안도스케가 지은 『당신의 분노는 무기가 된다-분노에 휘둘리지 않고 내 삶의 주인이 되는 원칙들』에는 다음과 같은 글이 나온다.

분노의 파도에 휩쓸리지 않아야 한다. 다만, 분노라는 감정을 잘 파악하고 그것을 긍정적인 무기로 활용할 줄 안다면 많은 사람에게 공감과 지지를 얻을 수 있다. 우리 자신과 나아가 사회를 발전시킬 수 있는 원동력이 되는 것이다. 하지만 분노에 잠식되거나 휘둘리며 제대로 다루지 못하면 때로는 모두를 해치는 무기가 될 수도 있다. 사람인 이상 우리는 분노에서 자유로울 수 없다. 분노는 사람에게 자연스러운 감정이고 그 나름의 역할이 있어서 그 감정을 느끼지 않고는 살 수 없는 것이다. 분노는 나쁘거나 부끄러워할 감정이 아니며, 오히려 우리가 안전하게 살아갈 수 있게 한다.

봉직의를 하다가 스트레스가 쌓여 병원을 때려 치우면 속은 시원하다. 그러나 개원을 하게 되거나 다른 곳으로 옮겨서 봉직할 경우에도 많은 시간과 준비가 필요하다. 자신의 분노를 잘 조절하는 것이 봉직의나 개원의의 덕목이다. 개원하고 나면 분노할 일이 훨씬 더 많이 생기기 때문이다. 기다리는 것도 훈련이고, 참는 것도 요령이 필요하다.

2) 조용한 퇴사

코로나 이후 조용한 퇴사가 유행이다. 원래의 의미는 '조용히 그만둔다'는 뜻이지만, 실제로는 '직장에서 최소한의 일만 하겠다'는 의미다. 직장을 그만두지는 않지만 정해진 시간과 업무 범위 내에서만 일하겠다는 태도다. 일종의 '심리적 퇴사'라고 할 수 있다. 병원장을 만나서 이야기 해 보면, 이런 태도의 봉직의가 많다고 말한다.

그만두기로 결정했다면 품위 있게 퇴사하고, 피치 못할 사정이 아니면 급하게 퇴사해서는 안 된다. 사직서를 제출할 때는 일신상의 사유라고 쓰고, 1개월의 기간을 두고 잘 마무리한다. 무슨 말이건(특히 원장에 대한 좋지 않은 말) 원장의 귀에 모두 들어간다고 보면 된다. 원장 귀에 들어가서 내가 시원하다고 생각하면 그렇게 하면 된다. 구태여 같은 의료업계에서 그렇게 할 필요가 없다. 잠시 참는 것이 좋다. 누구나 언젠가는 퇴사자가 된다. 퇴사하는 법만 잘 배워도 좋은 의료 네트워크를 만들 수 있다. 생각보다 의료업계는 그리 넓지 않다.

다른 병원 면접시 사례

근무했던 병원을 비난해서는 안된다.

"00병원은 미래가 없어요. 경영진이 효율적이지도 못하고, 원장은 수술을 강요해요. 매출이 낮으면 불러서 밥값도 못한다면서 면박을 줘요. 행정원장이 시시콜콜한 것까지 관여해요. 회식은 왜 이리도 많은지....이건 병원도 아니예요. 계약기간 1년 동안 참기가 힘들었어요." 이런 말은 최악이다. 다리를 불태우면 안 된다.

면접때 이렇게 이야기 하면 좋다.

"좋은 병원 경력을 추가했어요. 새로운 것도 많이 배웠구요. 동료들도 잘 해주어서 적응하는데 편했고, 원장도 큰 스트레스는 주지 않았어요. 근무시간도 정확히 지킬수 있어 주말에 가족들과 시간을 보낼 수 있었어요. 새로운 병원에서도 이번 경력이 큰 도움이 될 것입니다"

사직의사를 표시하면 원장은 왜 그만두는 지 물어볼 것이다. 사직서를 내는 순간 갑과 을이 바뀐다. 원장은 더 근무를 해줄 수 있는지 예의를 갖춰 다시한번 물어 볼 것이다. 후임자를 구할 시간이 필요하기 때문이다.

그보다는 봉직의사로서 책임과 역할을 잘 했다는 병원장의 표현이라고 보면 된다. 이런 봉직의는 다른 곳으로 직장을 옮기거나, 개원의로도 기본 이상을 할 수 있다.

내가 알고 있는 개원의는 원장에게 사직의사를 표명하면 급여를 계속 올려주어 3년간을 더 근무하게 되었다고 한다. 이후 대학 동기들보다 개원이 늦었졌다. 어느날 더 늦으면 안 되겠다 싶어 개원했다. 개원하고 3개월 만에 대기실에 환자들이 넘친다. 몸 값하는 봉직의는 원장이 계속 근무하기를 권한다. 이런 징조는 봉직의로 잘 하고 있다는 증거다. 잘 준비해서 개원하면 후발 주자라고 해도 병원이 잘 운영된다.

3) 퇴직은 시작

근무한 병원을 떠난다는 것은 동료 의사나 함께 일한 다른 직원에게 긍정적 또는 부정적으로 인식될 수 있다. 퇴사라는 과정은 다소 스트레스를 받는다. 퇴사과정을 잘 마무리하는 것은 개인의 평판에 큰 도움이 된다. 좋게 기억될 기회다. 함께 일했던 동료의사 중에는 나중에 공동 파트너가 될지 또는 개원의로 성공해서 스카웃을 해야 할 상황도 생긴다.

퇴사과정에서 사람들의 원망을 사면 안된다. 절차에 따라 사직 의사를 밝혀야 한다. 원장의 입장을 충분히 고려하고, 대면 미팅을 통해 사직 의사를 하는 것이 좋다. 구체적으로 퇴사 날짜에 대해 상의한다. 후임자가 올 때까지 한달 간은 인수인계도 충실히 하겠다고 말한다.

마지막으로 원장과 동료의사들, 직원들에게도 감사함을 표현한다. 성장의 기회와 배운 것에 대해 감사함을 표현한다. 퇴사를 결심하고 남은 기간 동안, 병원, 원장, 동료의사 등 그 누구도 절대 비난하면 안된다. 언젠가 만날 수 있다. 도움을 요청할 수도 있다. 사직서를 내면서 불만을 표출하는 것보다 더 좋은 상황을 위해 떠난다는 생각을 갖고, 친절하고, 전문가답게 남은 과정을 잘 마무리 한다.

4) 시작과 실행

자신의 스타일을 잘 파악해야 한다. 봉직의를 하거나 개원의를 하면서도 내가 가는 길이 맞는지 끊임없이 고민하는 의사들도 많다.

아인슈타인이 말했다. '사람은 생각하는 대로 된다'고. 결국 모든 것은 생각하는 대로, 말하는 대로, 꿈꾸는 대로 이루어진다고 하지 않는가? 생각하는 것, 상상하는 것은 미래의 일어날 일을 미리보는 것이다.

이루고 싶은 것을 머릿속으로 꾸준히, 그리고 구체적으로 상상하면 일어나지도 않은 미래의 일이라도 실제로 경험한 것처럼 선명하게 나타난다고 한다. 오늘의 생각이 내일의 당신을 만든다. 의업의 출발(개원 시기)은 비슷하지만 실행하는 방법이 다르다. 아래 사례는 의사들의 다양한 의견이다. 어느 방법이 옳다고 말하기는 어렵다.

지속 성장 병원

"의원으로 출발하지만, 3년 후 의사 5명, 10년 후 자신의 이름을 내건 병원으로 성장한다."

장기적으로 병원 사업을 통해 성장하려는 목표가 확실하여 의료정책이나 병원을 건축할 부동산에도 관심이 높다. 좋은 의사 확보에 관심이 많고 직원들에 대한 애정이 있다.

자산 증식형

"수익이 나면 주식이나 부동산으로 재테크를 통한 장기적인 파이프라인을 만든다."

병원에 대한 수익이 낮다고 판단(세금이 너무 많아 실제 이익금이 적다)하고, 확실한 수익이 나는 곳에 투자를 통해 수입원을 만드는 경우다. 이럴 경우 병원진료에 관심이 점차로 낮아진다. 투자를 잘 하면 부동산 임대수입이 병원 운영 수입보다 많아진다.

의료와 연관된 사업

"의원 개원 후 3년 내 새로운 수익원으로 의료와 건강 관련된 사업을 통해 새로운 영역을 개척한다."

의료와 관련된 건강기능식품을 만들거나, 보청기, 건강검진사업에 관심이 높다. 스타트업에 관심이 많아 관련 IT산업에 진출하기도 한다.

자기 계발과 삶의 질향상

"1년 후부터 의사를 증원하여 주 4일 근무, 3년 후 1년 안식휴가를 간다."

의사로서의 업과 삶의 질을 통해 가정과 자신이 하는 일의 균형을 이루고자 한다. 병원을 정신없이 운영하다 보니 가족은 외국에 있고 혼자서 병원을 운영하는 기러기 아빠도 주위에 꽤 많다.

5. 병의원 개원 트렌드

1) 의료 환경 변화

　개원 트렌드가 많이 바뀌었다. 정부의 제도나 정책의 영향이 크다. 저출산·고령화 등의 인구구조 변화, 개인별 생활수준의 향상, 의사 등 의료인력 구조, 실비 보험, 수도권 쏠림 현상 등 의료환경이 변하고 있다.

　10년 뒤 부산의 인구가 사라질 것으로 학자들은 예측하고 있다. 이런 인구 구조가 의료에 가장 큰 영향을 미칠 것으로 판단된다. 환자의 수도권 집중으로 해마다 서울에서 치료받는 환자들이 늘고 있다. 2021년 서울에서 진료받은 유방암 환자 다섯 중 넷이 비수도권 거주자일 정도로, 서울 쏠림이 심각하다. 전국의 암 환자들이 서울로 모이는 가장 큰 이유도 결국 의료진과 병원의 전문성에 대한 신뢰다. 환자들은 전문성 있고, 최신 의료장비로 치료받을 수 있는 큰 병원을 선택한다. 서울에서 치료 받은 암환자의 90%이상이 실비보험 가입자다.

　개원만이 전부가 아니다. 경쟁에서 밀리지 않아야 하고, 지속적인 성장을 위해서는 개원초기부터 차근차근 준비해야 한다. 경쟁력 있고 차별화한 상품을 만들고 브랜드 전략을 세워 꼼꼼하게 실행해야 한다.

2) 인기과 집중 현상

　전공의 모집 결과를 보면 인기과가 확연히 드러난다. 지금으로부터 10년전 2012년 11월 한 신문은 아래와 같이 상황을 분석했다.

　"수가 인상도, 정원 감축도 메스를 외면하는 인턴들의 마음을 돌리지 못했다. 흉부외과와 외과, 산부인과, 비뇨기과 등 외과 계열은 철저히 외면당했고, 피부과 등 전통 강호들과 '정재영'이라는 신조어로 불리는 정신건강의학과 등의 인기는 여전했다"

연도별 전공의 모집 상위 인기 BEST 5

	2023년	2018년	2013년	2003년
1위	안과	피부과	피부과	피부과
2위	성형외과	재활의학과	정신건강의학과	성형외과
3위	재활의학과	이비인후과	재활의학과	안과
4위	정형외과	성형외과	성형외과	이비인후과
5위	정신건강의학과	정형외과	내과	내과

출처 : 언론 보도를 근거로 저자가 재구성

인기과는 여전하지만 순위는 앞서거니 뒤서거니

'내외산소'(내과·외과·산부인과·소아과), '피안성'(피부·안과·성형), '정재영'(정신·재활·영상) 소위 언론에서 불리는 인기과의 앞 글자를 따서 만든 조어다.

연도별 인기과를 보면 두 가지의 공통점이 보인다.

첫째는 개원하기 쉬운 진료과가 상위고, 둘째는 인구구조에 따른 수요가 높은 과가 인기과의 중심에 있다. 수요가 높다는 것은 개원이 잘 되는 인기과로 환자의 수요가 높은 진료과이다. 그러나 봉직의는 개원의와 다르다. 병원의 수요는 높은데 공급이 적은 전문과가 취업이 잘된다. 개원이 어렵다는 것이지, 취업이 안된다는 것은 아니다.

고령화 영향으로 환자가 몰리는 과가 인기가 높다. 재활의학과는 인기과다. 요양병원이 급증하면서 수요가 공급을 앞지르고 있기 때문이다. 안과, 성형외과, 정형외과 등 전통 강호의 인기는 여전하다. 그러나 흉부외과, 외과로 대표되는 외과계열 과목들의 추락은 계속됐다. 최근에는 필수의료라는 단어가 등장해 의료계와 정부에서 논의가 한창이다. 진료과목의 흥망성쇠를 보면 왜곡된 의료현실이 그대로 드러난다.

3) 양극화 현상

양극화 문제는 의료분야도 예외가 아니다. 병원을 이용하는 사람도, 병원을 개원하는 의사도 양극화 현상이 심해지고 있다.

상위 계층의 의료 이용률은 늘고 있다. 저소득층은 5% 줄고, 고소득층 22% 늘었다. 병원 종별로는 병원·의원급에선 5년 동안 저소득층 진료 인원이 감소했고, 종합병원급 이상에선 소폭 올랐다. 고소득층 환자 수는 종별 상관없이 모두 증가했다. 저소득층은 병원에 덜 가고, 고소득층은 병원에 더 간다. 시간이 갈수록 소득 계층 간 의료 이용 격차가 벌어지고 있다.

한 해 동안 병·의원, 약국 등 의료기관을 한 번도 찾지 않는 '의료 미이용률'도 소득에 따라 달라졌다. 지난해에만 전체의 8%에 달하는 45만 1,000명이 의료기관을 전혀 방문하지 않았다. 반면 고소득층(상위 20%) 중에선 4.6%(48만 9,000명)만 작년 한 해 의료이용이 없었다. 저소득층 의료 미이용률의 절반 가까운 수준이다.(중앙일보, 2019.11)

병원의 양극화도 빠르게 진행되고 있다. 서울·수도권의 거대병원들은 '분원'을 내걸어 지방병원의 영역을 침범하고 있다. 동네의원과 종합병원·상급종합병원의 중간 다리 역할을 해줄 중소병원은 이제 설자리가 없다.

이른바 '빅5' 병원은 고소득층이 몰린다. 진료비 부담이 상대적으로 큰 상급종합병원에 집중되고 있다. 최근에는 증가율이 두 배 이상 높게 나타났다.

지방은 규모가 큰 병원도 인력난을 겪고 있다. 의료진. 인프라. 자본 모두가 수도권 거대병원으로 집중되고 있다. 양질의 의료 인력이 수도권 대형병원으로 몰리고 있어 의사를 구하기가 더 어려워졌다고 아우성이다. 지방보다 서울과 수도권 지역의 개원이 늘고 있다. 그뿐만 아니라 소규모 병원은 의사의 이직이 심하다. 근로시간과 급여의 영향을 받는다. 보통 3년 정도 근속하던 봉직의의 평균 근속기간이 더 짧아졌다.

4) 서울에 집중된 의원 개원

2022년 전국의 의원 수는 3만 4,815 곳으로 지난 10년간 의원급 의료기관이 6,000여 곳 증가했다. 성형외과는 서울에 가장 많이 개원하는 진료과다. 의원수가 총 1,135개소인데, 서울에 절반이상인 620개(54%)가 있다. 그에 반해 인구가 서울보다 훨씬 많은 경기도에는 108개(10%)의 의원이 있다. 정신건강의학과는 서울 35%가 분포하고, 피부과는 서울 38%로 전문과 개원이 서울에 몰리고 있다.

서울과 경기도가 거의 비슷한 수준으로 개원한 진료과를 보면 이비인후과, 내과. 외과다. 이비인후과가 2,611개소인데. 서울과 경기 지역의 개원이 비슷하다(26%). 내과도 서울 경기가 23%로 비슷하다. 외과도 서울과 경기가 22%로 유사하게 분포한다.

시도별 전문과별 개원 현황

시군구별	계	내과	신경과	정신건강의학과	외과	정형외과	신경외과	흉부외과	성형외과	마취통증의학과	산부인과	소아청소년과	안과	이비인후과
전체	34,815	5,262	273	1,491	1,034	2,466	563	57	1,135	1,331	1,317	2,129	1,704	2,611
서울	9,434	1,213	49	525	225	624	106	11	620	322	393	454	469	682
부산	2,547	427	22	133	62	172	40	8	101	119	68	136	138	196
대구	1,917	353	30	73	75	147	47	3	67	86	79	116	101	160
인천	1,716	268	8	53	49	146	28	1	37	59	60	141	72	146
광주	1,014	171	13	43	32	46	17	0	30	44	36	41	45	77
대전	1,125	186	17	64	31	79	11	4	33	42	41	58	46	80
울산	624	95	3	17	13	47	9	5	11	28	30	32	31	49
세종	211	32	2	10	8	14	4	0	4	8	9	22	8	19
경기	7,785	1,190	39	311	227	620	125	9	108	268	287	663	371	681
강원	792	125	7	22	29	56	17	1	13	33	33	57	43	44
충북	915	142	12	32	32	72	25	4	12	31	39	55	40	56

시군구별														
충남	1,096	160	14	31	53	73	20	3	13	35	41	66	51	58
전북	1,192	216	19	49	50	83	22	1	21	59	50	66	60	71
전남	964	136	9	23	31	47	21	2	13	41	18	26	51	50
경북	1,306	210	14	30	55	97	27	2	15	56	50	70	67	88
경남	1,700	281	13	56	52	104	35	2	24	80	61	92	90	128
제주	477	57	2	19	10	39	9	1	13	20	22	34	21	26

시군구별	피부과	비뇨의학과	영상의학과	방사선종양학과	병리과	진단검사의학과	결핵과	재활의학과	핵의학과	가정의학과	응급의학과	직업환경의학과	예방의학과	전문과목미표시전문의	일반의
전체	1,415	1,083	148	0	23	10	1	490	1	853	0	1	1	6,254	3,162
서울	534	260	39	0	4	4	0	167	0	205	0	0	0	1,743	785
부산	112	92	8	0	2	0	0	28	1	40	0	0	0	399	243
대구	76	83	10	0	5	1	0	17	0	34	0	0	0	255	99
인천	51	49	4	0	1	0	0	23	0	31	0	0	0	327	162
광주	58	36	3	0	2	0	0	17	0	47	0	0	0	169	87
대전	40	40	9	0	2	2	0	35	0	29	0	0	0	167	109
울산	20	26	4	0	0	0	0	7	0	18	0	0	0	117	62
세종	9	7	1	0	0	0	0	2	0	6	0	0	0	28	18
경기	307	215	32	0	3	2	1	109	0	184	0	0	1	1,417	615
강원	16	27	7	0	0	0	0	15	0	17	0	0	0	152	78
충북	23	33	4	0	1	0	0	12	0	41	0	0	0	142	107
충남	23	36	7	0	0	0	0	11	0	27	0	0	0	227	147
전북	38	31	10	0	1	1	0	11	0	78	0	0	0	154	101
전남	21	35	0	0	0	0	0	4	0	22	0	0	0	258	156
경북	29	42	4	0	0	0	0	11	0	32	0	0	0	258	149
경남	48	60	5	0	2	0	0	14	0	33	0	1	0	332	187
제주	10	11	1	0	0	0	0	7	0	9	0	0	0	109	57

출처 : 건강보험심사평가원, 2022.12, 저자가 분석하여 재구성

5) 표시과목의 변화

의원급 의료기관을 표시과목별로 살펴보면, 전문과목 미표시가 6,254곳으로 가장 많았고, 내과 5,262곳, 일반의 3,162곳 등이다.

5년전(2017년)에 비하면 표시과목은 소아과가 10곳 줄었고, 산부인과는 2곳 줄었다. 저출산에 가장 큰 영향을 받은 진료과이다. 고령화 영향으로 정형외과가 늘었고, 개원하기 좋은 진료과인 이비인후과, 피부과, 안과는 늘었다.

전문과목 미표시 의원은 외과, 산부인과, 소아과 등의 전문의가 일반 의원으로 개원한 것으로 보인다. 5년전 보다 증가한 전문과는 다른 진료과에 비해 개원이 용이하고, 의료수요가 늘어났기 때문으로 보인다.

2017년대비 2022년 증가한 표시과목별 의원수

계	내과	신경과	정신건강	외과	정형외과	신경외과	흉부외과	성형외과	마취통증	산부인과	소아청소	안과	이비인후과
	709	81	501	38	448	113	10	208	287	-2	-10	134	197
	피부과	비뇨의학	영상의학	병리과	진단검사	결핵과	재활의학	가정의학	응급의학	직업환경	예방의학	전문과목 미표시 전문의	일반의
3,877	188	68	-7	3	-2	-2	120	30	0	0	0	580	275

출처 : 저자가 건강보험심사평가원의 연도별 자료를 분석해서 표로 재구성함.

6) 의과, 한의과, 치과대학과 개원

의과대학과 의원

의료기관은 상급종합병원이나 개인의원 모두 수도권으로 모이고 있다. 전라, 충청 등 지방 의대 졸업생은 안산, 평택, 인천 쪽에서 개원하는 경우가 많다. 경상권 의과대학 출신은 강릉, 원주 쪽으로 가는 경향이 있다. 이동이 쉽고 오래 전부터 선배들이 거점을 확보했기 때문으로 보인다.

지방에 소재한 의과대학은 각 도, 광역시별로 1~2개가 모여 있다. 대학의 숫자 뿐만아니라, 대학 졸업생수를 따져 보는 것이 더 낫다. 광주의 전남대학교와 조선대학교 의과대학은 각각 130명, 120명으로 입학정원이 250명이다.

우리나라 의과대학 40개, 정원은 3,058명이다. 의과대학당 입학정원은 80명이 채 안된다. 서울과 수도권지역에 12개 의과대학, 946명이 정원이다. 40개 의과대학중 17개 대학은 입학정원 50명이하다.

치의과대학과 치과의원

치과 진료는 임플란트의 보험 확대로 시장이 커지면서 경쟁도 더 심해졌다. 비보험 비중이 높아 지역의 경제력이 개원에 중요해졌다. 따라서 인구가 답보 상태인 지역에서 개원하느니, 수도권 신개발지를 중심으로 대형화된 치과병의원이 개원하는 편이 낫다. 시장이 개방적이고, 새로운 환자의 유입이 더 많은 지역이 개원에 유리하다. 11개 치과대학이 있다.

현재 국내에서 인턴, 레지던트 과정을 이수하는 경우에는 인턴 1년, 레지던트 3년을 거치고 있다. 인턴, 레지던트 과정에는 구강악안면외과, 구강내과, 치과교정과, 치과보철과, 소아치과, 치주과, 치과보존과, 예방치과, 구강 악안면방사선과, 구강병리과 등 10개의 과로 세분화되어 있다. 2008년도부터 치과전문의가 배출되고 있다. 치과의원을 개원하는 경우가 80% 이상이다.

수도권에 서울, 경희, 연세 치대, 전라권에 조선, 전남, 전북, 원광치대 경상권에 경북, 부산 치대, 충남 천안 단국치대, 강원 원주치대가 있다.

한의과대학과 한의원

한의사는 봉직의 보다 개원의 수가 많다. 한의대는 전국 11개 대학에서 졸업생을 배출한다. 제주를 제외하고 전국에 골고루 소재한다. 서울의 경희대, 경기도 성남의 가천대, 대전의 대전대, 대구 경산의 대구한의대, 경북 경주의 동국대, 부산 동의대, 전남 나주의 동신대, 전북 완주의 우석대, 익산의 원광대, 강원 원주의 상지대 등이 있다. 2008년 국공립대 최초로 부산 대학교에 한의학전문대학원이 개교했다.

이중 서울에서 한방병원을 운영하는 곳은 대전대학교 서울한방병원(서울 송파구 문정동), 동신대학교 목동한방병원(서울 양천구 목동), 동국대학교 일산병원(경기도 고양시)과 동국대학교 분당병원(경기도 성남시)이 있다.

제2장
개원 준비

제2장
개원 준비

개원은 법규 등 정해진 절차에 따라 진행한다. 병원 시설과 운영에 관해서는 의료법과 관련 법의 범위 내에서 규정을 준수해야 한다. 온라인이나 선후배, 개원 세미나, 서적 등에서 개원정보를 얻을 수 있다. 병원을 개원하면 의원과 달리 검토할 사항이 많다. 사전 준비를 통해 실행과정에서 시행착오를 줄이는 것이 비용적인 측면에서 효율적이다. 의사가 병원을 개원하는 일은 평생 몇 번 안된다. 개원하면 처음 개원한 자리를 떠나 새로운 곳으로 이전하여 재개원하기가 용이하지 않다. 갈수록 의료시설에 관한 법규가 강화되고 병원 운영에 대한 정부의 통제도 늘고 있다.

1. 의료사업의 길

1) 성공한다는 의미

기업가이며 맥킨지 컨설턴트인 마틴 베레가드가 쓴 『스마트한 성공들』에 나온 글이다.

"열심히 일하는 만큼 잘 쉬는 것이 중요하다는 믿음을 갖고 그것을 실천하는 일은 중요하다. 사람들은 성공하면 행복해질 거라는 생각으로 현재를 희생하지만, 행복한 사람이 성공할 확률은 성공한 사람이 행복할 확률보다 훨씬 더 높다. 마땅히 누려야 할 삶의 행복을 놓치지 않으면서 단 10년 만에 무일푼에서 세계 최고 기업가로 성장한 사람들은 무엇보다 자신을 '먼저' 돌보라고 말한다.

돈은 벌었지만 함께 기뻐할 사람도 없고 몸은 만신창이라면 무슨 소용이 있겠는가? 후회하는 삶을 살지 않기 위해서는 일과 삶, 성공과 행복, 불안과 희망이 적절한 균형을 이뤄야 한다.

이러한 삶은 더 많은 영감과 긍정적인 에너지, 빛나는 창의성을 주기 때문에 행복의 기회뿐 아니라 돈을 더 벌 수 있는 행운 또한 제공한다. 스스로를 쥐어짜는 방식으로는 더 이상 우리가 바라는 성공과 행복을 얻을 수 없다.

이제 일과 삶, 둘 중 하나만을 선택해야 하는 시대는 지나갔다. 우리에겐 열정과 야망, 성공을 여유 있고 멋진 삶과 함께 달성할 수 있는 세 번째 선택권이 있다"

어떻게 성장할 것인가?

병원의 비전이나 사명을 거창한 문구로 작성하여 홈페이지에 게제하거나 병원내 부착하여 직원들에게 숙지하도록 하는 병원이 있다. 반면에 병원을 처음 설립할 때 막연히 생각만 갖고 있다가 일정 시간이 지나 좀 더 명확히 문서로 만드는 경우도 있다. 의원으로 시작해서 병원으로 규모가 커지면서 핵심역량과 경영철학을 일부 수정하거나 새로 만들기도 한다. 규모를 확장하면서 새로운 비전을 제시하기도 한다. 5년이나 10년 단위로 새로운 목표를 세우고 지속적인 성장을 하는 병원도 있다.

명확하고 간결한 비전은 병원 경영에 큰 도움이 된다. 의원에서 중소규모로 성장한 병원의 대부분은 설립할 때 장기적인 비전을 세운 병원이 많다. 업계의 선두가 되겠다는 목표를 세우면 비슷한 방향으로 간다. 목표점이 중요하다. 내가 알고 있는 원장은 의원 개원 당시 5년 내 병원으로 키우는 목표를 설정하고, 종자돈을 마련한 후 개원 3년째부터 주말마다 병원을 지을만한 부지를 찾고 있다.

병원장의 리더십

의료기관 인증평가에서는 병원의 사명과 비전이 병원장의 리더십 항목에 포함되어있다. 병원의 성장과 쇠퇴는 병원 리더의 몫이기 때문이다. 의료기관의 장기적인 발전을 위한 조직의 미션을 결정하여야 한다. 이러한 미션을 달성하기 위한 노력이 필요하고 전 직원이 공유할 수 있도록 공표한다. 병원 최고 책임자의 역할은 의료기관의 발전 및 운영방침에 동참할 수 있는 여건을 조성하는 것이다. 원장 혼자서 병원을 경영하는 것은 불가능하다. 원장은 구성원들과 '경영철학'을 공유해야 한다.

의료기관 인증 조사 항목

– 조직의 미션이 있다

- 조직의 미션을 전 직원에게 공지한다.
- 직원들은 조직의 미션이 공지되었는지 알고 있고, 그 내용을 잘 이해하고 있다.

2) 병원의 설립 목적, 미션과 비전

병원을 설립할 때는 목적이 있다. 한 두 문장으로 요약이 가능하기도 하고, 이루어야 할 여러 목표도 있을 수 있다. 뛰어난 이념은 광범위하고 근본적이며 동기를 부여하고 지속성을 지닌다. 뿐만 아니라 업계를 선도할 수 있어야 한다.

구성원들에게 명확한 목표와 방향을 제시하는 병원은 두각을 나타낸다. 병원을 설립할 때 장기적인 비전과 단기적인 비전을 명확히 하고, 그에 적합한 의료진과 인재들을 모은다. 처음 설립 목표를 달성하기 위해 힘이 부치면 공동 오너십으로 함께 시작하기도 한다. 부족한 부분을 채워줄 인재들을 널리 모은다.

미션

미션은 병원이 나아갈 길을 제시하며, 존재의 이유이기도 하다. 병원의 가장 기본적인 목표이며 경영철학이 반영되어야 한다. 병원이 나가야 할 큰 가치를 표현하고 함축한다. 너무 추상적이고 미래 지향적인 경우 지키기도 어렵고, 구성원들이 혼란을 가져올 수 있다.

대학병원인 길병원, 차병원, 을지병원, 건양병원은 의원으로 출발했다. 의원에서 병원으로, 병원에서 전문병원 또는 종합병원으로 덩치를 키운다. 병원의 핵심 역량을 통해 성장 발전시키고, 인접분야로 지속적인 확장을 해왔다.

병원의 크기를 키우는 것보다 내적으로 전문성을 강화하고 싶으면 특정 분야의 "대가"가 되는 것을 목표로 세울 수 있다.

비전, 미션, 핵심가치

구분	내용
비전	병원의 미래모습으로서 병원이 추구하는 가치가 구현된 상태 사명 및 최종 목표 핵심이념과 미래형상 제시
미션	병원의 존재 이유를 나타내는 경영활동의 기본 경영이념 우리의 자세, 기대 요소, 필요 요소, 차별화 요소
핵심가치	본질적이면서도 지속적인 신조 거의 변하지 않는 가치 경쟁 우위의 가치

A 안과의 사례

A안과는 1명의 의료진으로 개원하여 3년 후 현재 3명의 의료진과 직원 18명으로 꾸준히 성장하고 있다. 처음 개원할 때부터 나름대로의 비전과 미션을 설정하고, 지키고 있다.

A 안과의 비전과 미션 사례

비 전	서울 서북부를 대표하는 안과
미 션	환자에게 건강과 행복을 주는 안과
핵심가치	원칙에 입각한 바른 진료 환자를 가족처럼 생각한 진료 지속적인 연구 및 발전

안과 전문병원인 김안과 병원의 미션은 '행복한 삶을 지키는 건강한 눈. 김안과병원의 약속입니다.'이다.

글로벌 기업의 미션

애플 : 사람들에게 힘이 되는 인간적인 도구들을 제공하여, 우리가 일하고, 배우고, 소통하는 방식을 바꾼다.

마이크로소프트 : 지구상의 모든 개인 및 조직이 더 많은 것을 이룰 수 있도록 돕는다

이케아 : 많은 사람들이 더 나은 일상생활을 꾸려갈 수 있도록 도와준다.

스타벅스 : 이웃에 있는 단 한 명에게 한 잔의 커피를 통해 마음에 영감과 풍요로움을 주는 것.

월트 디즈니 : 어린이들의 꿈과 희망을 현실로 만든다

비전

성장한 병원들은 비전을 명료하게 만들고 발전시켜 왔다. 보이지 않는 미래를 보는 것. 우리가 향후 어떤 모습의 병원이 될 것인가를 미리 그려보는 것이다. 목표가 확실하고 구성원들이 함께 공유하게 될 때 강력한 힘을 발휘하는 것은 물론 병원이 지속적으로 성장하게 된다. 비전을 직원들과 공유하게 되면 서로 단결하고 팀워크를 이뤄 더 빠르게 성장한다.

모든 구성원이 공유하는 비전은 목적지까지 정확하게 찾아갈 수 있는 나침반 역할을 하게 된다. 비전이 없으면 목적지를 알 수 없어 다른 길로 가거나 시행착오를 겪게 되어 일관되게 목표점에 도달하지 못한다.

비전이 없으면 전략도 세울 수 없다. 뛰어난 전략은 목적을 어떻게 달성할 것인지에 대한 구체적인 방법이다. 따라서 목적이 명확하지 않다면 효과적인 전략을 수립할 수 없다. 전략은 비전을 달성하기 위한 과정이기 때문이다.

비전의 좋은 점
- 비전이 있으면 병원의 핵심 인력에만 의존하는 경영 방식에서 비전을 위해 침여하는 사람들이 늘어나게 되어 지속적인 성장. 발전을 이룰 수 있다.
- 비전을 공유하게 되면 직원이 서로 단합하여 팀워크를 이루고, 어려운 일을 잘 해결하게 된다.
- 비전이 있으면 병원 경영 전략을 수립하고, 그에 따른 세부적인 실행 계획을 수립할 수 있다.

비전에 포함되는 주요 내용은 성취의 대상. 병원의 설립목표. 존재의 이유, 소중하게 여기는 가치. 신념과 믿음 등 이다. 이러한 내용을 삽입하면 비전이 좀 더 명확해진다.

안과전문병원인 김안과병원의 비전은 "안과의 표준"을 만들어가는 김안과병원이다. '안과의 표준'이 되는 비전은 누구나 알기쉽고 명료하다.

3) 핵심가치와 핵심역량

핵심가치는 의사결정 시 중요한 지표가 되며 모든 행동의 '원칙과 기준'이 된다. 우리 조직이 가장 중요하게 여기는 것이 무엇인가에 대한 답이다.

핵심역량은 다른 병원에서 따라 하기 어려운 기술. 경영. 노하우 등 브랜드 자산을 세부적으로 규정한 것이다. 병원은 유형의 자산도 중요하지만, 경쟁 병원보다 우월한 능력. 다른 병원보다 우수한 고객 만족 등 병원의 잠재되어 있는 여러 가지 요소 중 우위를 확보하는 핵심요소를 명확히 설정하고 이를 통합 · 관리 · 발전시켜야 한다.

병원의 핵심 역량은 하루아침에 만들어지는 것이 아니고 지속적인 성장과 발전을 통해 이루어진다.

핵심 가치
- 디즈니 : 상상력. 창의성. 재미
- 애플 : 단순함. 디자인. 품질
- 삼성 : 인재제일. 최고지향. 변화선도. 정도경영. 상생추구

2. 개원의 정석

개원에 대한 정답이 따로 있는 것은 아니다. 개원 입지선정, 설계, 건축 및 인테리어, 장비의 선정에서 도입, 인력 선발에서 교육 등 여러 단계를 거쳐 진료를 시작하게 된다. 개원하려고 생각하면 어디에서 부터 시작할지 막막한 경우가 많다.

총 투입비용, 내부 운영시스템 등 올바른 정보를 통해 의사결정을 하게 된다. 선후배들이 운영하는 병원이나 관련 세미나, 전시회를 찾아 다니면서 정보를 수집한다.

각 부분마다 전문가를 찾아 자문을 받는 것도 업무를 수월하게 진행시킬수 있는 좋은 방법이다.

1) 유사병원 벤치마킹

다른 병원 따라하기(벤치마킹)를 소홀히 하는 원장이 많다. 한정된 공간, 유사한 인구 구조와 생활 수준이 비슷하면 진료형태도 거의 유사하다. 병원의 크기와 관계없이 유사병원이 어떻게 하는지 알아보는 일은 그래서 중요하다. 대형병원 건립을 계획할 때도 건립준비팀이나 컨설팅업체에서도 가장 먼저 하는 일이 국내외 병원을 벤치마킹하는 일이다. 시행착오를 줄이는 방법이다.

개원을 준비할 때부터 따라하고 싶은 모델 병원을 선정한다. 목표도 명료해진다. 최근 개원한 유사한 규모의 의료기관이면 더욱 좋다. 설치 진료과, 내부 공간 배치와 구조, 의료장비, 인력구조, 내외 사인물, 병원의 업무시스템 등을 볼 수 있다. 내부공간 배치에도 도움이 된다.

많은 병원들이 병원을 외부에 공개하는 것을 꺼려하는 경향이 있다. 공식적으로 병원 측에 공문을 보내고 직접 담당자와 방문 의도를 이야기 하고 의사표시를 먼저 하여 허락을 득하여야 한다. 무작정 병원을 방문하여 사진을 찍거나 이곳저곳 기웃거리는 일은 삼가야 한다.

가장 먼저 새로 지을 병원과 유사한 역할과 기능을 수행할 수 있는 병원을 3곳 정도 선정한 다음 홈페이지, 블로그를 방문한다. 포털에서 병원을 검색해 본다. 홈페이지에서 병원의 특장점을 볼 수 있고 블로그에서는 중점적으로 홍보하는 질환에 대해 알 수 있다.

건강보험심사평가원 사이트에서 병상수와 개설전문과, 의료진수 등 병원의 기본적인 사항이나 시설을 확인할 수 있다.

병원 공간을 계획하는 담당자나 설계업체가 결정되었다면 함께 방문하면 좋다. 양해를 구해 병원 내부 사진도 찍고 담당자와 인터뷰도 하여 궁금한 것을 물어본다. 병원 설립을 준비하는 귀중한 자료로 활용된다.

병원 설립 시 벤치마킹 체크리스트

	A병원	B병원	C병원	중점사항
조사일시				
조사목적				
진료권 인구				
병원규모				층별 배치, 주차장
진료과목				
진료실수				
특수클리닉				
진료시간				
인력				부서별, 직종별 인력
병원외관				외관의 마감재료
접근도				교통여건, 노선
의료수가				비보험수가, 검진수가
접수/대기공간				공간의 크기, 배치
홍보물				홍보물 수집
인테리어				
공조시설				
대기인원				
입원실수				특실, 1인실 여부
편의시설				
직원교육정도				

병원의 벤치마킹이란?

벤치마킹은 다른 병원이 갖고 있는 우수한 경영방법과 노하우를 달성해야 할 지표로 설정하고 배워 나가는 것을 의미한다.

병원에 적용해 보면 어느 특정 분야에서 최고로 인정되는 병원과 얼마나 차이가 있으며, 얼마나 개선해야 하는지를 알기 위해, 그들의 상품과 서비스 그리고 운영 프로세스를 평가하고 배움으로써 자기 변화를 시도하는 경영혁신 노력이자 전략이라고 할 수 있다. 개원이후에도 끊임없이 개선하고 혁신하면 어느 시기가 되어 벤치마킹한 병원보다 앞서고 있는 경우도 많다.

2) 협상과 계약

개원 준비는 사람을 만나는 일부터 시작이다. 건축, 인테리어, 전산, 장비, 디자인, 장비업체 등 병원 개원에 필요한 사람을 만나게 된다. 업체의 사원부터 대표까지 만날 기회가 있다. 구매를 결정하기 까지는 정보와 협상력이 필요하다.

개원 과정은 이들과의 관계를 잘 유지하여 서로 정보를 주고받으며 쌍방 간에 올바르게 의사결정을 하는 일의 연속이다. 협상을 잘하는 원장이 개원도 잘한다. 정보를 많이 가진 자가 이긴다. 유연하고 탄력적인 자세로 협상에 임하고 서로 Win-Win 할 수 있는 협상정신이 필요하다.

3) 개원과정은 사람이 핵심

친구, 학교 또는 지역 선후배, 형제, 성당교우, 아버지 지인 등 아는 사람을 소개 받을 때 냉정하게 판단해야 한다. 건축 및 인테리어 업체, 의료장비업체를 소개 받거나, 직원을 채용할 경우도 해당된다.

인간관계 때문에 거절하기가 어려워 상대의 요청을 수용하거나, 아는 사람 말만 믿고 안이하게 업체를 선정할 경우 시간이 지나 후회하는 경우가 많다. 많은 자금이 투입되거나 경영에 지대한 영향을 미치는 사안들을 결정할 때에는 냉정해야 한다. 어떤 경우에도 계약을 먼저 하고 일을 시작해야 한다. 경험에 의하면 아는 사람과 일할 때 좋게 끝나는 경우가 그리 많지 않다. 뒤끝이 오래간다. 그 이유는 업체를 선정할 때 능력보다는 관계가 우선되어 그렇다. 개원의 핵심은 사람에 주의해야 한다.

성공한 병원은 인력선발에서 판가름 난다고 할 수 있다. 의료진은 병원의 핵심역할을 한다. 행정, 간호 인력도 심사숙고하여 잘 선발하여야 한다. 이들은 봉직하는 의사보다 근속연수가 길다. 인력은 병원의 성장에 지대한 역할을 하게 된다. 병원이 커지면 병원장 혼자 인력을 컨트롤하기가 어렵다. 개원초 인력관리를 잘 못하면 직원들의 이직이 많다. 근로시간, 급여 등 병원의 경영 방침의 문제일 경우도 있고 직원들 간의 갈등으로 이직하는 경우도 있다. 기본적인 인성과 품성을 갖춘 사람이 교육도 잘 습득하고 업무도 잘 처리한다. 의료기술이나 의료장비 등이 병원마다 거의 비슷해 결국은 인적 서비스인 고객만족이 병원의 성패를 좌우한다.

4) 말보다 문서

사전에 계획하고 체크하며 업무를 진행하면 전체 개원 비용의 10%이상은 절감된다. 병원 개원 사업계획과 전체 일정표를 작성하고 진행사항을 체크한다. 병원 개원은 여러 과정을 거친다. 어느 한 분야만 늦어져도 진료를 시작하기 어렵다. 개원 일에 차질이 생기면 상당한 손해가 발생한다. 휴가 등 근태를 포함한 업무지침, 환자응대, 장비 사용법 등 구체적인 매뉴얼을 간단하게 라도 문서로 표준화 시키는 노력이 필요하다.

3. 병원건립 준비

1) 의료기관 사업계획

사업을 시작하기 위해서는 전체적인 사업 방향과 틀을 세우고 세부적인 방침을 정하고 문서로 작성하여 시행착오를 줄여야 한다.

봉직의로 근무하다 의원이 아닌 병원급 의료기관으로 개원하는 경우도 있다. 많은 봉직의는 병원을 사직하고 의원을 개원을 개원한다. 의원을 운영하다 병원으로 종별 전환을 하기도 하고 증축하거나 리모델링하여 규모를 키우기도 한다. 30병상의 병원은 의원과 달리 사전에 충분한 검토와 계획이 있어야 한다.

사업계획은 병원 규모와 상관없이 논리적이고, 구체적이어야 하고 개원이후 병원 운영 시 예측이 가능해야 한다.

사업계획서 사용용도

사업계획서는 병원 건립 개요, 운영, 수지, 장단기 계획 등 사업이 타당한지 검토하여, 병원 사업의 길잡이 역할을 하게 된다. 의료법인 설립 신청 시, 금융기관 자금 조달을 할 때 중요한 제출 서류이다 .

사업계획서 작성 원칙

의료사업계획서는 사실에 근거해야 한다. 특히 의료 환경의 변화, 병원 주변 현황과 발전 가능성 등을 염두에 두어야 한다.

- 목적에 적합하고 용도에 적합하도록 작성해야 한다
- 일관성이 있어야 하며 객관적이고 논리가 명확해야 한다
- 부문별로 충분히 검토하여 신뢰감이 있고 설득력이 있어야 한다.
- 자금조달 시, 의료법인을 설립할 때 관할청(승인자)이 납득 가능해야 한다.
- 병원의 역할과 기능, 진료 계획, 병원 투입자금과 자금조달, 손익계획 등이 포함되어 내용에 일관성이 있어야 한다.
- 자금흐름에 따른 손익계획 등 적정 수익성이 검증되어야 한다.

- 금융기관에서 자금을 조달할 시 상환계획이 포함되어야 한다.
- 장단기 발전계획이나 기본방향을 수립하여 추가하면 좋다.

2) 사업계획서 내용

의료기관 설립에 관한 사업계획서에 필수적으로 들어가야 하는 내용은 진료계획, 건축계획, 의료장비계획, 인력 및 조직계획, 재무계획 등이 포함되어야 한다.

요약문

계획사업의 핵심내용과 병원 설립의 필요성 방향을 간결하고 설득력있게 기술한다. 요약문은 핵심만 간단하게 작성한다. 한 장으로 전체 사업의 흐름을 파악할 수 있어야 한다. 의료기관의 설립목적, 운영, 진료와 관련한 핵심 경쟁력, 손익추정 등이 중점적으로 포함되어야 한다.

병원의 기본 운영 방침

의료환경, 입지 환경전략, 병원의 역할, 병원의 기능, 적정 병상수 검토, 기능별 건립 운영방침, 내부 시스템, 사업 추진 일정(병원 개원 일정), 장단기 발전방안 등이 필요하다.

의료계획

진료과목의 설정, 진료의 특화방안, 진료량 및 검사량의 추정이 필요하다. 의료계획은 사업계획의 근간이다.

조직 인력계획

조직 운영의 기본방침, 운영 조직표 작성, 인력계획, 연도별로 필요한 인력을 산출한다. 인건비 산정의 기초가 된다.

의료 장비 계획

의료 장비의 종류, 의료 장비의 선정, 진료과별 의료 장비, 장비별 사양을 계획한다. 의료계획과 연계하여 필요한 장비를 잘 배치한다. 도입 장비를 결정하면 장비 투자 금액을 알 수 있다.

공간 및 건축계획

건축의 개요, 대지 및 관련 법규의 검토, 부분별 기능 공간의 배치, 필요 공간, 공간기능의 설계지침, 층별 건축 계획, 주차장 등을 통해 기본적인 공간은 계획을 포함한다.

자동화 계획

업무의 개발 범위와 자동화 수준 검토, 전산 개발 등을 통해 스마트병원으로 계획한다.

투자 및 자금 조달계획

부지매입비, 건축공사비, 의료 장비, 전산 개발비, 집기 및 비품 구입비, 개원 전 운영비 등을 투자 비용으로 산정한다. 총비용을 산정하고 자금조달은 어떻게 해야 할 것인지를 집중적으로 검토한다.

손익계획

병원의 기본적인 통계자료를 이용한 손익계획을 작성한다. 의료수익과 비용을 산정한다. 외래, 입원, 검진수익 등 의료수익을 추계한다. 의료비용인 인건비, 관리비, 재료비를 추계한다. 은행에서 차입하여 투자할 경우 상환계획을 포함하여 작성한다.

병원 업무체계의 설계

원무, 인사, 구매, 의료정보, 규정, 시설 등에 관한 구체적인 운영 방안을 수립한다. 업무 흐름을 파악하고 구체적인 병원 업무지침서를 만든다.

3) 병원 개원 준비

의원을 운영하다 전문병원으로 신축을 계획하는 A 원장을 만난 적이 있다. A 원장에게 개원을 준비하면서 어떤 점이 가장 어렵냐고 물어보았다. 그런데 어디에서부터 시작해야 할지 잘 모른다는 것이다.

한번 개원한 경험이 있는 원장도 병원으로 개원하려고 하니 모든 것이 새롭다고 하였다. 어떻게, 무엇부터 시작할까?

전문병원을 짓기 위한 프로세스는 아래와 같다.

전문화 방향 설정

우리 병원이 잘할 수 있는 것이 무엇인지, 뛰어난 의료기술이나 많이 발생하는 질병을 정하여 전문화 방향을 설정한다. 예를 들어 "불임"을 특화할 경우 불임 환자가 지역 내 어느 정도 발생하고 있는지, 국내 병원 중 불임과 관련한 전문 분야는 어느 병원이 잘하고 있는지 검토 대상이다. 대장·항문병원을 전문화한다면 인구 대비 환자 수, 인근 경쟁병원 분석, 최근 수술 추이 등을 알아야 한다.

유사한 병원 선정 및 벤치마킹

업계 1위 전문병원을 선정하여 벤치마킹한다. 벤치마킹 후 우리병원과 역할과 기능이 유사한지 검토하여 취할 것은 취하고 버릴 것은 버린다. 그리고 적합한 규모의 병원을 정하여 방문한다.

모든 병원이 똑같을 수 없으며 벤치마킹 대상으로 선정된 병원을 우리 병원 시스템에 적용해 본다. 그중 병원에 적합한 내용을 골라 지역에 맞게, 병원 수준에 맞도록 적용한다.

일반적인 개원 프로세스 적용

계획을 수립하고 일반적인 개원프로세스를 적용한다. 병원의 역할과 기능을 명확히 하고 방향을 설정하여 특정 분야를 전문화한다. 개원초기 환자들이 계획보다 적을 수도 있다. 특정 분야에 수준 높은 의료를 제공하고 있다는 것을 환자들이 알아가는 시간이 필요하다. 전문 분야에 지속적으로 투자하고 내부 시스템을 구축하여 마케팅을 강화한다.

적정한 진료과 개설

진료과목도 전문병원의 특정 진료과에 도움이 될 수 있는 과목을 배치한다. 경험이 풍부한 전문 인력을 먼저 선발한다. 환자의 접근도가 용이해야 한다. 전문병원의 진료권은 일반 병원보다 훨씬 넓다. 병원이 소재한 지역사회 전체, 전국 권역을 대상으로 하는 경우도 있다. 그러기 위해서는 주차장 등 편의시설을 충분히 고려해야 한다. 멀리서 오는 환자들은 중등도가 높고 요구도가 높다. 직원교육을 통한 의료외적인 서비스에 많은 관심을 기울여야 한다.

4) 병원 개원 프로세스

개원 준비단계에서 전체적인 일정을 수립하는 것은 시간과 비용을 절감하는 중요한 업무이다. 병원은 계획부터 개원까지 3년 이상 걸린다. 6,000㎡(대략 2,000평) 정도의 병원은 기본계획 후 설계부터 개원까지 36개월이면 가능하다. 300병상 규모의 종합병원은 추진부터 진료 시작일까지 5년 정도 걸린다. 의원은 입지 선정 이후부터 3개월이면 개원이 가능하다.

기존 건물을 매매 또는 임대해서 개원하려면 첫 단계부터 건축사와 협의하여 건물 용도 변경이 가능한지부터 살펴야 한다.

　업체와 일정을 논의하고 기간에 맞추어 일정표를 만든다. 병원 건립은 한 공정이 끝나고 다음 공정으로 넘어가는 것이 아니고, 공정이 계속 연결되어 다음에 어떤 일이 일어날지 사전에 점검하여야 한다.

　진행하는 일정과 점검해야 할 구체적인 체크리스트를 만들어 개원 준비를 하면서 공정회의나 개원준비팀 회의를 일주일에 1~2회 진행한다. 참석자가 많으면 효율석으로 운영하기 위해 건축공정회의, 병원건립 준비 회의 등으로 구분하여 진행할 수도 있다. 회의는 건립에 관련된 내용을 결정할 뿐만 아니라 해야 할 일, 준비할 일 등을 논의하고 대안을 만들고 검토하고 계획을 수정 · 보완해야 한다.

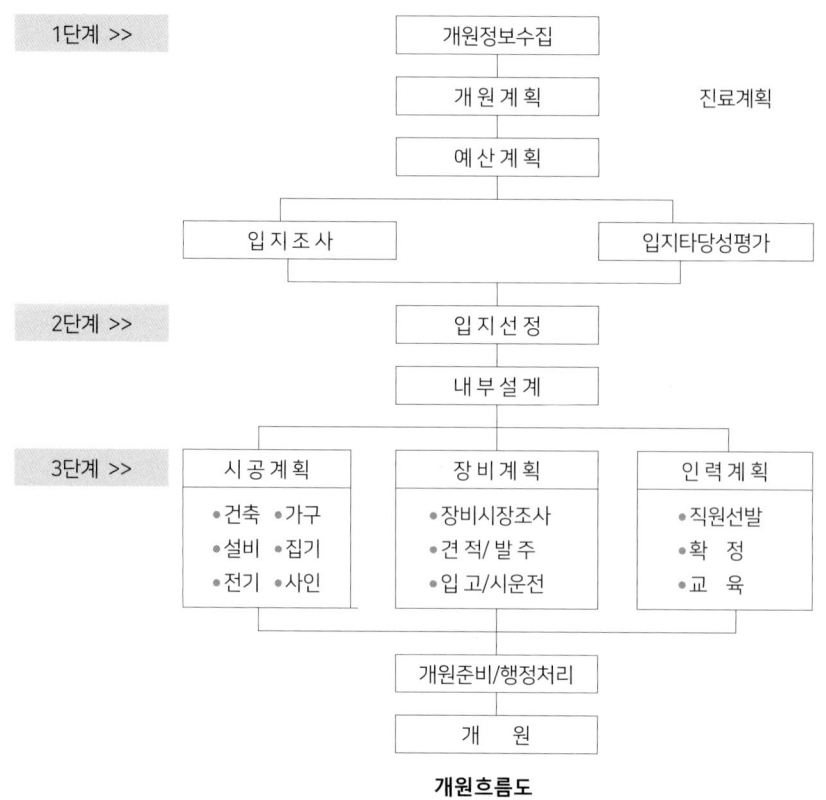

개원흐름도

출처 : 의료기관 개원지식 플러스100, 박병상, (주)에치피시, 2006

5) 개원 준비 항목

　의원을 개원하는 일이나, 용지를 매입하여 병원을 건축하여 개원하는 일, 건물을 임대해서 개원하는 일은 접근하는 방법에 차이가 있지만, 기본적인 개원 프로세스는 유사하다. 크게 시설, 물자, 인력 측면에서 보아야 한다.

개원 계획 수립

진료, 개원 입지, 병원 운영(인력, 진료 시간 등), 장비 및 전산, 투입자금(예산, 가용자금) 등을 꼼꼼히 계획한다. 장기적인 관점에서 계획을 수립하고 타당성을 검토한다. 생각을 직접 글로 옮겨보면 내용이 좀 더 명확해진다. 시행착오도 줄일 수 있다. 개원 일정을 월 단위, 주 단위로 나누어 계획을 세운다. 특히 자금은 전체 사업의 흐름을 결정하므로 총투자비를 추계 하고 조달방안을 충분히 미리 계획한다. 최종 개원일을 정하고, 시기에 맞도록 꼼꼼하게 일 정을 수립한다.

공간 및 인테리어

각 실에 대한 계획을 한다. 건물 면적에 따른 공간 배치를 해본다. 어떤 실을 배치할 것인지, 크기는 어느 정도로 할 것인지 대략 정한다. 스케치로 시작하여 세부 공간을 배정한다. 병원 의 경우 개원해서 3년 후, 5년 후 전문 분야 또는 특성화 진료 분야에 대한 공간 확보를 먼저 한다. 의료진을 추가로 영입할지도 이때 계획한다. 가구, 사인물 등 배치도 고민해 본다. 인테 리어의 컨셉부터 공간 배치, 업체 선정, 진행 등의 과정을 세밀히 계획한다. 건축해서 병원을 개원하는 경우는 뒷부분에서 다룬다.

인적자원 계획

병원 운영인력을 추계한다. 직종별로 인력 수급이 원활한지도 살펴본다. 담당업무를 정하 고 광고를 통해 인력을 모집한다. 경력 연차별로 선발하는 것이 좋지만, 생각처럼 쉽지 않다. 의원 인력은 직원의 근무 시간과 관련이 있다. 개원 준비단계부터 믿을 만한 사람을 소개받 기도 한다. 개원 50일 전부터는 인력 광고를 하고 직원선발에 나서야 한다. 근로계약서를 쓰 고 채용을 확정한다.

개원초 직원 때문에 고생하는 병원이 의외로 많다. 특히 신도시에서 개원하면 인력선발이 더 어렵다. 새 건물이 많아 비슷한 시기에 개원하는 의원이 많고, 늦게 개원하는 의원들이 보 수를 더 높여 뽑기 때문에 신입직원의 이직이 다반사로 일어난다. 마음고생이 심하다. 너무 고르지 말고 일단 선발해서 함께 일한다. 시간이 지나면 옥석을 구별할 수 있다.

직원 임금 가이드 작성

직원 임금의 적정한지와 인력이 병원의 규모에 맞는지가 늘 고민거리다. 먼저 개원한 선후배 병원에 알아보거나 구인·구직 온라인 사이트에 가면 직종별, 경력별 임금 수준을 알 수 있다. 의원의 경우 인터뷰로 임금을 결정하는 경우가 많다. 내부적으로 가이드가 있으면 좋다.

의료장비 및 기구

진료에 필요한 의료 장비 목록을 작성한다. 장비가 결정되면 배치할 공간을 확보해야 한다. 시장조사를 한 후 업체를 선정하여 계약한다. 개원 준비와 동시에 시작하고 장비가 선정되면 업체와의 협상, 장비 입고 등 도입 일정표를 만든다. 봉직할 때 손에 익은 장비를 사용하는 것도 나쁘지 않다. 스펙이 가장 좋은 장비가 아니라 병원에 적합한 장비를 선정한다. 장비 교육도 잘 받아야 올바르게 잘 활용할 수 있다. 장비 사용으로 인한 의료보험 청구 등도 충분히 알아본다. 장비는 구입도 중요하지만 어떻게 활용하느냐가 더 중요하다. 개원초부터 장비를 모두 구입하는 것보다 연차적으로 필요한 장비를 도입하는 방법을 추천한다.

초기에 욕심내어 구입한 장비를 제대로 활용하지 못하고 창고에 있는 경우도 많다. 장비는 구입하는 때부터 중고가 된다. 환자의 진단에 도움이 되고 병원 수익도 창출할 수 있는 장비를 우선 도입한다.

의료소모품, 재료, 약품

의료 장비와 마찬가지로 목록작성을 작성하고 시장조사 후 계약하고 입고한다. 진료과에 따라 다르기는 하지만, 영세한 업체들이 많아 주의가 필요하다. 분명한 기준을 두고 업체를 선정한다. 소규모 업체는 개원 시 물품만 공급하고 이후 거래를 중단하는 경우도 많다. 진료과마다 전문적으로 공급하는 업체가 있다. 온라인으로 구입이 가능한 재료도 있다. 소모품이나 사용하는 재료가 많지 않으면 발주의 편의성을 염두에 두고 업체를 선정한다.

전산시스템

병원에 공급하는 전산업체는 한정되어 있다. 진료과마다, 병원 규모에 따라 가장 많이 사용하는 전산시스템이 있다. 가장 무난하게 선택하는 방법이다. 소프트웨어 업체를 면담하고 적합한 시스템을 도입한다. 먼저 개원한 병원을 돌아보면 간편하고 사후관리비가 적게 드는 업체를 비교할 수 있다. 의원에서 봉직했으면 개원할 때도 동일한 시스템을 사용하면 편하다.

접수, 수납시스템은 키오스트를 도입해서 사용하거나 각종 증명서는 홈페이지에서 온라인으로 발행하는 방법도 고려한다. 최근에는 이런 시스템을 공급하는 업체도 많아졌다. 병원의 일부 시스템을 스마트화해 본다. 잘 활용하면 환자도 편리하고, 직원도 좋다. 도입 비용이 들지만, 직원의 업무를 일부 분담하는 역할을 한다.

HIP · 사인물

병원 이름을 정한다. 생각하고 있던 의원 이름을 써도 되고, 외부 업체에 의뢰해도 된다. 다른 병원에서 이미 상표권 등록이 된 이름을 사용하면 나중에 문제가 된다. 심볼이나 로고 타입 등도 제작한다. 외부 업체를 이용하여 적정한 비용으로 제작할 수 있다. 병원 심볼이나 로고 타입을 제작하면 내부 부착물, 병원 봉투, 각종 리플렛, 홈페이지 등에 같이 사용한다. 병원이 체계적으로 잘 정리된 느낌을 준다. 진료 안내, 의료 장비 소개, 원장 약력 소개 등을 일관성 있는 양식으로 제작하여 부착한다.

홍보 · 마케팅

어떤 방법으로 병원을 홍보할 것인지, 얼마의 자금을 투입할 것인지 우선 결정한다. 초기에 예산을 정한다. 광고비는 한번 지출하면 줄이기가 어렵다. 원내 리플렛, 내부 게시판을 통한 홍보물 등은 개원 초기에 도움이 된다.

버스 음성광고, 버스 내외부 광고, 지하철 내부, 역사 광고 등 비용 대비 효과가 높은 광고를 진행하는 것이 바람직하다. 개원초에는 진료권역 내 고객들과 직접 밀착하는 홍보 방법이 효과가 좋다.

서식류

병원의 기본 서식류는 봉직의로 있을 때 구상하면 시간을 줄이게 된다. 서식은 병원의 중요한 경영시스템이다. 특히 업무일지 등 각종 일지나 서식 폼은 병원 실정에 맞도록 설계한다. 좀 더 스마트하게 병원을 운영하기 위해서는 이런 작업이 필요하다.

규정 · 지침 매뉴얼

직원들이 지켜야 할 사항을 문서로 만든다. 봉직의로 근무할 때 틈틈이 만들면 큰 도움이 된다. 장비 사용법이나 검사 방법, 전화 응대, 환자 응대, 출퇴근 휴가, 조퇴 등 근태관리 등을 규정이나 지침으로 정한다. 규정을 병원에 비치하면 잔소리할 일이 별로 없다. 사소하게 지켜야 할 내용도 문서로 만들면 직원들과 원장 모두가 편하다. 얼굴 붉힐 일이 없다. 규정이나 지침은 병원을 운영하는 기본 골격으로 법이나 다름없다. 기본 폼을 만들어 놓고 수시로 업그레이드하면 된다. 있는 것과 없는 것의 차이가 상당하다.

초기에는 병원에 매뉴얼이 있다는 것에 만족하고, 병원 실정에 맞도록 추가로 수정 보완하여 만든다. 매뉴얼은 계속 변한다.

직원 근무복 · 린넨

근무복 형태, 색깔 등을 결정하고 수량을 산정하여 발주한다. 의복은 날개라는 말이 있듯이 약간만 고급으로 해도 병원의 품격이 달라진다. 근무복의 컬러나 형태는 병원의 분위기를 밝게 해주는 움직이는 인테리어 역할을 한다. 직원의 근무복도 트렌드가 있다. 원장이 좋아하는 스타일보다 직원이 입어서 편하고, 만족스러운 형태의 근무복이면 좋다.

전자제품, 가구 · 집기

TV, 냉장고 등 종류를 산정하고 실별 소요량을 파악한다. 전자 양판점에서 구입해도 되고 온라인몰에서 구입해도 된다. 수량이 많이 필요할 때는 구입하려는 회사에 직접 연락하면 좀 더 좋은 조건에 구입이 가능하다. 가구나 집기는 직접 제작하는 공장을 방문하면 맞춤도 가능하고 다양한 제품을 구입할 수 있다.

홈페이지, 블로그

도메인을 등록하고 사이트 맵을 만든다. 어떤 콘텐츠로 구성할 것인지 자료를 수집한다. 아무리 간단한 홈페이지도 1개월 정도의 시간이 걸린다. 우선 마음에 드는 홈페이지가 있으면 따라 하는 것이 시간도 절약된다.

병의원 홈페이지 이외 기업 홈페이지를 참고해도 된다. 짧은 기간에 디자인과 내부 콘텐츠를 구축해야 하기 때문이다. 준비한 콘텐츠를 업체에 제공하면 시간과 금액을 절감할 수 있다. 모바일이 갈수록 중요해지고 있다.

외주계약

검사, 적출물, 폐기물, 보안, 시설, 청소, 식당 등의 외부 용역이 필요할 경우 검증된 업체를 먼저 선정한다. 믿을 만한 선후배 원장의 소개를 받아도 된다. 유사 동급규모의 실정이 비슷한 병원을 가장 많이 하는 업체를 선정하면 실패를 줄일 수 있다. 병실이 없는 의원은 이런업체를 이용해도 된다. 야간에 청소를 전문으로 하는 업체도 있다.

각종 인허가 사항

개설 인가를 하고 사업자 등록을 한다. 인허가는 관할청에서 요구하는 서류를 문서로 작성하여 제출한다. 직접 포털에서 신고해도 된다. 소방서를 경유하여 내부 소방시설에 대한 점검을 필해야 보건소에서 현장점검 후 필증을 발급해 준다. 보건소, 건강보험심사평가원 등 공공기관에 전화하면 문의하면 친절하게 안내해 준다. 카드 단말기를 설치한다.

개원 리허설 및 개원

　환자가 병원을 방문했을 경우와 똑같이 실전에 대비하여 리허설한다. 전산에 문제가 없이 잘 운영되는지, 의료 장비가 잘 작동되고 있는지, 카드단말기는 오류가 없는지 확인한다. 개원 첫날 환자가 방문하여 주차장부터 귀가할 때까지 문제가 없도록 점검한다. 개원 후 일주일간은 환자들의 불만 사항, 직원의 건의 사항 등을 체크하여 개선방안을 찾아 해결한다.

4. 병의원 개원 일정 계획

1) 개원 일정 세우기

　일정별로 구체적인 진행 방법과 체크리스트가 작성되어야 한다.

개원 일정 및 체크리스트

구 분	세부 사항	진행업무
투자예산	전체예산	임대보증금/인테리어 등
금융 조달	예산 수립(자기자금+차입자금)	
	금융권 비교	
인테리어	공간구성, 설계	업체 선정/진행
	공사 및 세부 공사	
	마무리 공사	
	시공 완료	
	하자 점검 및 보수	
의료 장비	실별 필요 목록작성	
	구입 예산 편성	
	업체 선정 및 계약 체결	
	장비 구입 및 작동점검	
의료 소모품	필요 목록작성	필요시 협력업체
	최초 구입 예산 편성	
	업체 선정 및 계약 체결	
	구입 및 입고	
약제	목록작성 및 업체 선정	
	입고	
전산	업체선정	
	시스템 설치 및 작동 점검	
	시스템교육	

HIP	실별 목록 및 기본안 작성	
	부착	
간판 사인물	기본안 수립	
	설치(안)확장	
	설치 및 점검	
리플렛	제작범위	
	디자인	
	발주 및 입고	
마케팅	병원네이밍, 상표등록	
	심볼, 로고 타입 결정	
	홈페이지, 블로그 업체	
	검색 광고 실행	
가구/집기/전자	실별 종류 및 수량 산정	
	시장조사 및 예산 편성	
	발주	
	입고	
통신 /전화	전화대수 산정	
	내부 전화번호 작성	
	발주	
	입고 및 설치	
서식류	목록 및 서식 작성	
	서식 발주업체 선정	
	발주 및 입고	
규정/매뉴얼	근로계약서	
	기본 폼 작성	
	서식 및 매뉴얼 작성	
인력	적정인력산정	
	모집공고 및 접수	
	면접 및 선발	
	배치, 근로계약서 작성, 취업규칙	
직원 급여	급여 방침 수립	
	급여 규정 작성	
	근로계약	
교육	직무, 전산 교육	
	응대 교육	매뉴얼
	시행	
근무복	근무복 제작업체 선정	
	근무복 형태	
	발주	
	입고	
외주계약	임상병리검사	
	적출물, 폐기물	

각종 인허가	개설 신고	
	사업자등록	
	요양기관 지정	
	기타 인허가 사항 점검	소방설비
카드단말기	업체 선정 및 계약	
	서류 준비	
	단말기 설치	
개원리허설	진료 리허설	
	문제점 및 개선방안 수립	
	개원, 진료 개시	
개원식	개원식 계획 수립 및 예산	
	기념품 선정 및 발주	
	초청 인사 List 작성	
	초대장 발송 및 방문	
	개원식 리허설	
	개원식 행사	개원 이후 개원 평가
개원 이후	6개월 평가, 진료권역, 손익 평가	
	1년 평가	

2) 개원 계획 수립

의원급 의료기관을 중심으로 개원 프로세스 중심으로 간략하게 알아본다.

기본 계획 수립

- 의원의 역할 및 기능 등을 명확히 하고 운영방안을 수립한다.
- 자신의 목표, 비전, 핵심역량 등을 세워 본다.
- 어느 수준으로 어떤 고객을 대상으로 진료할 것인지 결정한다.
- 전문과목과 진료과목을 구분하여 내부 공간 배치, 의료 장비 구입 등에 참고한다.
- 일정을 점검하여 개원예정일 등을 계획한다.

개원 시기

개원하려는 마음의 준비가 확고하면 시기를 정하게 된다. 개원하려면 우선 개원할 장소가 필요하다. 개원을 염두에 둔다면 시기와 관계없이 준비한다.

예산 계획

개원 예산은 현재 확보된 자금과 운용할 수 있는 자금으로 나누어 계획한다. 보유자금과 조달자금을 계획한다. 예산이 정해지면 금융 기관에서 차입할 금액을 정한다. 개인 담보, 신용으로 조달 금액이 어느 정도 가능한지 알아본다. 금융기관를 충분히 만나보고 결정한다. 의사를 대상으로 대출하는 프로그램이 있고, 대출 상담사를 통해 여러 금융 기관의 조건을 살펴볼 수 있다.

예산 확정
- 동원 가능 예산 검토
- 단계별 자금 확보 및 절차 검토(금리 및 상환 방법, 시기 등)
- 예산 운용 형태 및 방법 확정

예산 배정
- 항목별로 예산을 정해 상한선과 하한선으로 계획한다.
- 초기 예산은 자금조달 등과 연관되어 향후 안정적인 운영을 할 수 있도록 계획한다.

투자 구분

예 산 구 분	금액	비 고
부동산 관련 비용(보증금) 인테리어 (집기, SIGN 포함) 의료장비, 소모품 예비비 및 운영자금		임대비용 공간 배치, TV, 냉장고, 세탁기 등 컴퓨터, 프로그램, 안내물, 홍보
계		

개원 입지 확정
진료권 분석을 통한 입지의 타당성을 검토 후 개원 지역을 확정한다.
진료하려는 진료과에 따라 지역, 질환, 대상 인구 구조 등을 고려하여 선정한다.
- 중심지역 : 오피스 중심, 대로변 중심, 아파트 배후 중심, 신도시, 중심상권
- 주요 진료 질환 범위 : 진료 영역
- 주요 진료 대상 연령 : 소아, 노인, 직장인

진료계획
- 일일 환자 진료 인원 계획 : 일일 환자 수 예측
- 수술 여부 : 수술 중심, 외래 중심

– 특성화 여부 : 특정 질환의 전문화

– 진료 시간 : 평일, 토요일, 공휴일, 일요일 진료 시간

진료 시간

진료 시간을 어떻게 할 것인지도 상당한 고민거리다. 진료 시간은 직원 선발에 큰 영향을 미치며, 원장의 삶의 질에 중요한 요소다. 평일 오전 9시부터 오후 6시, 토요일은 오후 1시, 일요일 및 공휴일 휴무가 가장 보편적이다. 소화기를 전문으로 하는 내과는 아침 8시에 진료를 시작하기도 한다.

치과의원은 직장인을 위해 진료를 일찍 시작하고 오후 야간진료를 표방하기도 한다.

신도시는 일시에 개원하는 곳이 많아 '356일 진료'를 표방하는 곳이 많다. 평일과 토요일 오후 7시까지 근무하거나 일요일과 공휴일도 오전 근무를 하는 곳이 많다. 개원초기에 야간 진료를 하다가 3년 정도 지나면 포기하는 경우도 있다.

주위 경쟁병원이나 인근 지역의 상황에 따라 대처하는 것도 좋은 방법이다. 전문의 2인 이상 근무하면 개원초기 야간진료도 고려할 만하다.

진료 시간 조사표

병원명	평일	토요일	일요일	공휴일

장비 구매

장비를 구매할 때는 사용의 명확성, 진료에 도움이 되는지 구입시 수익성을 검토하여 손익 분기점을 산정한다.

공간을 우선 확보하고 개원 이후 환자들의 구성비를 보고 구입해도 된다. 장비 구매전 3개 이상의 제품을 대상으로 성능과 가격, 운영비, 사후관리 등을 검토한다.

– 설치 공간 확보 및 설치 환경

– 구매 예산 검토

– 장비의 목록 작성

– 구입할 장비의 업체 선정

– 구입 방법 결정

장비 목록 및 예상 가격

장비명	회사명	구입가(네고가)	담당자(연락처)	기타

전산시스템 도입

우선 진료과별로 가장 많이 사용하는 전산업체부터 만나본다. 업체에서 개발한 전산 패키지를 사용해도 큰 문제가 없다.

인력계획

몇 명의 인력을 선발할 것인지를 먼저 계획한다. 검사장비가 많으면 인력이 많이 필요하게 된다. 담당 업무를 구분하여 경력과 신입 직원 인원을 산정하여 온라인으로 선발한다. 면접을 통하여 인력을 확보하고 급여를 책정한다. 병원에 필요한 필수 교육을 실시하고, 배치한다.

- 간호 인력
- 검사 및 행정인력

내부 설계

- 내부 배치, 필요 공간을 산정한다.
- 접수 및 대기실, 진료실(원장실), 치료실, 다목적 연구실(컴퓨터실, 약품 보관실)
- 수술실·처치실, 회복실, 주사실, 수액실

설계계획 시 확정되어야 할 사항

- 진료계획 및 환자 동선 확정
- 장비 및 인력계획 확정
- 내부 SIGN 확정(위치, 내용)
- 가구 크기, 위치 확정
- 전자제품(에어컨, TV, 냉장고 등) 사양, 위치 확정

내부 인테리어 설계 순서

- 인테리어 설계 : 면적 중심 평면도

- 1차 설계 기능 중심
- 2차 설계 소요 예산 중심
- 3차 설계 종합적으로 판단 후 확정
- 입면도 / 전기배선 / 부문 상세도(1차 수정 후 확정)

인테리어 시공

- 기본 시공 및 구조검토

  내부 구조 구상 및 도면을 확정하고 소요 자재 및 구조에 따른 시공가격을 결정한다.

  마감재 종류, 급배수 시설, 냉난방 시설을 계획한다.
- 전기공사 결정 및 소방시설
- 건물 전력을 확인하고 의료 장비 등의 소요 전력 확인, 승압 등 결정
- 소방시설 설치

간판 제작

- 돌출 / 전면 / 표찰 및 진료 안내 / 선팅
- 간판 구조 및 크기에 따른 허가 : 간판업체와 협의
- 진료 안내 등의 명기, 부착 위치, 내용

집기 및 비품

- 집기 직접 제작 또는 구입 여부 결정
- 책상, 의자, 원장실 소파, 탁자
- 대기실 의자 및 진열장, 간호사 의자, 약장

인쇄물

- 명함, 병원 안내 리플렛, 질환 안내 리플렛
- 각종 봉투(대 · 중 · 소)

도장류

- 원장 도장 (인감, 실인)
- 고무인 (사업자등록번호, 주소, 병원명, 업태, 종목 포함)

의약품 구매

가능한 재고를 줄이고 꼭 필요한 분량 우선 구매한다.

카드시스템(VAN)

카드 단말기는 국내 여러 회사가 있다. 점유율이 높은 상위업체를 만나서 조건 등을 살펴본다.

보안업체

병원 내 CCTV. 등 보안 업체는 의원 근처에서 가장 많이 사용하는 업체를 우선 만나본다.

온라인 구인 사이트에 직원 모집 시 노출된 원장의 연락 전화번호를 보고 개원에 필요한 업체들의 전화가 온다. 번거롭다고 생각하지 말고 시간이 할애하여 직접 만나 정보를 얻을 수 있다.

개원 초기 마케팅

병원에 적합한 마케팅 계획수립

 - 홈페이지 제작, 블로그 운영, 유사한 규모의 외주 업체를 선정한다.
 - 버스 외벽광고, 음성광고는 지역 내 대행업체와 상의한다.
 - 지하철 역사 내 벽면 광고, 아파트 내 광고 등도 한 곳에서 주로 진행한다.
 - 병원 방문환자에게 광고, 문자 등 발송을 위한 개인정보 동의

개원 신고 및 진료 준비

 - 개원에 관한 제반 서류 완료, 신고
 - 의료장비 시험 가동, 전산 시스템 시험 가동
 - 진료개시
 - 개원기념물 준비

장단기 계획

 - 3년, 5년, 10년 단위의 계획 수립
 - 환자 수, 환자당 진료비 예상 금액
 - 월별, 연도별 수입과 지출 추정

– 특성화를 통한 병원의 전문화 계획
– 의료진 보강 및 직원 충원계획 수립

3) 병원 개원 일정

병원 신축을 전제로 계획을 세울 때는 큰 항목으로 대략 일정을 세우고, 세부 일정을 계획한다. 병원은 인력자원이 핵심이다. 따라서 인력 선발이 용이한 연초에 개원하는 것이 좋다. 연말까지 병원 건축 공사를 완료하고, 2~3개월의 준비기간을 거쳐 개원한다. 공사 기간이 늦어지면 하반기에 개원하기도 한다. 세부적인 업무와 구체적인 일정은 별도로 세운다.

병원 신축 개원 일정표

구 분	2023 년			2024 년				2025 년		비고
	2분기	3분기	4분기	1분기	2분기	3분기	4분기	1분기	2분기	
새병원 건립계획										
설계										
인허가										
시공업체선정										
건축공사										
인테리어공사										
신규장비도입										
전산시스템구축										
직원선발/교육										
개원								개원		

5. 병원건립 기획

병원 개원은 프로세스마다 준비할 내용이 많다. 우선 투입예산이 많고, 의원 개원과 달리 복합적이고 유기적이다.

개원 준비부터 진료할 때 까지 기간도 충분하게 계획한다. 부지를 매입하여 신축 후 개원하기도 하지만, 건물의 일부나 전부를 임대로 얻어 용도변경후 내부 인테리어로 마감해서 개원하는 경우도 있다.

최근에는 부동산 가격의 상승으로 부지 확보가 어려워 자가 건물로 개원하기가 어려워졌다. 병원 신축도 건축 자재비용과 인건비 상승으로 어려움이 많다.

1) 병원 건립기획 방법

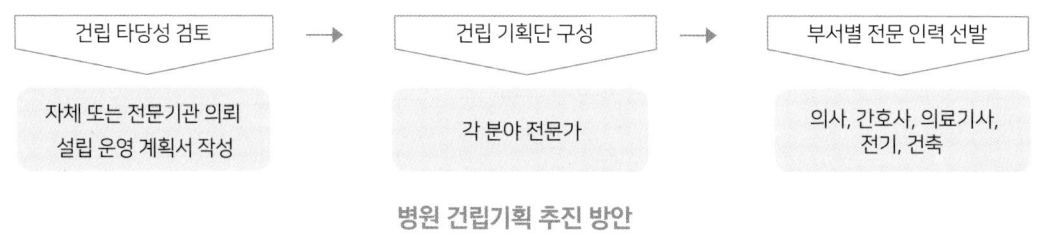

건립 타당성 검토	→	건립 기획단 구성	→	부서별 전문 인력 선발
자체 또는 전문기관 의뢰 설립 운영 계획서 작성		각 분야 전문가		의사, 간호사, 의료기사, 전기, 건축

병원 건립기획 추진 방안

건립 타당성

전문기관에 의뢰하거나 기존 조직에서 개원준비팀을 구성해 건립 타당성을 검토하고 계획안을 구체화한다. 기본계획에는 의료 환경 조사, 의료계획, 건축 및 의료 관련 법규 검토, 손익계획 등을 포함한다.

건립기획단 구성

기본 의료 조사가 선행되어 기획부터 개원 전 준비까지 총괄하여 수행할 건립기획단을 계획단계부터 구성하여 추진한다. 기획단은 의료진, 건축가, 행정 등 전문가 집단으로 개원의 추진 주체가 된다.

전문인력 선발과 운용

병원건립은 의사결정이 순차적으로 이루어지며 단계마다 확인, 검토한다. 어느 한 분야의 전문가가 일괄하여 진행하기가 어렵고 다양한 전문가의 참여와 조정이 필요하다.

단계마다 필요한 자료수집이 용이하지 않다. 병원건립계획에는 상세하고 정확한 자료가 요구되나 자료를 수집하기가 어렵고 시간과 노력이 필요하다.

2) 건립추진단 및 기획단

잘못된 계획으로 개원 일정이 변경되거나 투자비가 증가한다. 기본계획을 잘 수립해야 한다. 이를 토대로 진료과목, 공간 배치, 의료 장비 등을 계획한다. 계획에 차질이 생기면 설계가 변경되고, 건축이 지연되어 추가 공사비가 들게 된다. 예정된 진료개시일을 맞추지 못하게 된다.

건립조직과 주요 업무

팀 명		주요 업무	구성 시기	비 고
건립추진기획단		기본방침제시 의사결정	기획 단계	의사결정기구
실무팀	총괄팀	실무 총괄	(계획단계)	
	조직인력예산팀	부문별 실무작업	기본설계 직전부터 개원까지	업무 일정 및 중요도에 따라 팀 구성 시기, 인원 조정
	건축팀			
	의료기기팀			
	의료정보팀			
	개원준비팀			

　병원 건립본부 또는 건립추진위원회 등을 만들어 조직을 구성하고 담당할 역할을 부여한다. 기획단. 추진단. 실무단으로 구성하여 진행 상황을 점검하고 업무를 진행한다. 기획팀은 병원의 기본 운영 방침 등을 결정하고 추진팀은 실제 업무를 추진한다. 실무팀은 각 분야 약간 명으로 실무작업에 착수한다.

병원건립 분야별 구체적 업무 내용

분 야	업 무 내 용
설계 및 시공	• 설계업체 선정, 설계 및 수정 및 보완 • 건축 인허가 • 공사 시공 감독 및 공정관리 • 인테리어 등
의료기기 도입 및 설치	• 의료기기 시장조사 및 선정 • 의료기기 사양서 작성 • 계약 관련 업무, 발주, 시운전 • 의료기기 대장 작성과 관리
업무체계 수립	• 병원 운영 방침 확정 • 병원 각종 업무 체계의 구체화 • 조직도 작성, 임금 수준 등 결정 • 병원의 각종 규정, 업무 지침 제정 • 각종 장부 서식의 고안, 설계 • 전산 시스템의 설계 • 병원사업 계획 수립 및 예산 편성

투자비 관리 및 개원 준비	• 연차별 건축예산의 편성, 집행 • 자금지출 등 자금관리 • 물자 조달 및 관리 • 병원 인력관리에 따른 모집계획 및 교육, 훈련, 배치 • 개원에 따른 제반 계획 　(개원식 형태, 초청 대상, 초청장 등)

3) 건립 실행 단계

　병원건립은 진료, 건축, 인력, 장비, 자금 등 각각의 분야가 유기적인 관계를 통해 이루어진다. 업체 정보수집 단계부터 선정, 계약까지 여러 과정을 거치게 된다.

　구매의 경우 업체 선정, 계약, 발주, 입고하는 과정들이 반복되는데 업무를 처리하는 방법과 업무 분장, 결재 체계가 있어야 한다. 병원 건립 과정에서 잘못된 의사결정은 병원건립에 치명적인 영향을 준다.

6. 의료컨설팅 활용

　병원 내부 인력으로 진행하기 어려운 분야는 외부 전문가의 힘을 빌려 해결한다. 이 경우 의료컨설팅을 활용하여 특정 분야의 업무를 일정 기간 의뢰하여 자문을 얻는 방법도 고려할 만하다.

1) 의료컨설팅 영역

　병원 개원업무나 경영진단 등 컨설팅 업체를 활용하는 근본적인 이유는 전문성과 경제성이라는 이점 때문이다. 비정규 인력의 활용으로 비용의 절감뿐만 아니라 전문성도 인정받아 다양한 분야에서 활동하고 있다.

　의료컨설팅은 병원 건립, 개원, 경영, 자금, 마케팅 등 다양한 서비스 영역이 있다. 컨설팅을 통해 경영을 개선하거나 새 병원 확장 또는 이전, 신축으로 이어지기도 한다. 병원 입장에서 보면 시행착오를 줄일 수만 있어도 상당한 이익을 볼 수 있다.

　의료 내외적인 환경, 사회적인 환경, 지역 환경 등 시대의 흐름에 따라 변하는 고객의 욕구에 대응하는 전략을 실행하여 수익성을 개선하기도 한다. 경험이 많은 컨설팅업체를 이용하면 상당한 도움이 된다.

의료컨설팅 서비스 영역

	세부 사항
건립계획 및 타당성 검토	신규사업 타당성분석, 수요예측, 새 시장 진출, 병원건립 사업계획수립
병원경영전략	경영전략 및 비전 수립, 벤치마킹 전략수립, 성과 시스템 구축
병원 정보기술과 시스템	경영정보시스템 구축, 정보시스템의 재구축과 확장
서비스관리	고객 만족 서비스관리, QA, QI, TQM, 의료서비스 질개선
재무회계 관리	표준원가, 활동원가 계산제도, 회계정보시스템, 제무재표관리
홍보 및 마케팅	고객 만족촉진 전략수립, 중장기 마케팅방안 수립, 고객 만족 경영컨설팅

2) 컨설팅을 받는 이유

컨설팅을 받는 이유는 다양하다. 우선 불확실성에 대한 대비가 가장 큰 이유다. 환경변화에 대한 능동적인 대처를 위해서다.

예를 들어 병원 주위에 신도시가 들어설 경우 병원을 이전해야 할지, 현재의 위치에서 증축해야 할지 판단이 어려우면 전문기관에 타당성을 의뢰할 수 있다. 지방소재 병원이 인근에 대형 병원 건립 계획을 발표하면 그에 대응하기 위해 병원 전략컨설팅을 받기도 한다.

다음으로는 비효율성을 제거하기 위해서다. 직원은 병원 내부에 어떤 문제점이 있는지 알기 어렵다. 특정한 사안에 대해 환자는 병원이 문제라고 인식하지만, 병원에서는 느끼지 못하는 경우도 있다. 경영진에서 볼 때 직원이 충분한데, 직원들은 부족하다고 말한다. 이럴 때 인력진단을 해보면 내부 시스템 설계가 잘못된 경우도 있다.

내부에서 조정하기 어려운 문제를 외부의 힘으로 객관적인 자료를 이용해서 해결한다. 새로운 부서의 설치, 전문센터 개설, 병원의 공간 재배치 등 내부 조직원들이 첨예하게 대립하는 일이 종종 있다. 이럴 경우 전문적이고 객관적인 의견이나 데이터의 제시로 조직 내부의 불만을 해소하기도 한다. 컨설팅업체는 타병원의 사례나 아이디어를 가지고 있으며 적절한 대안을 제시해 실행에 옮기도록 돕기도 한다.

마지막으로 경영진 내부의 판단에 대해 객관적이고 공정한 외부 전문가의 검증이 필요할 경우 컨설팅을 의뢰하기도 한다. 주관적인 오류를 범할 수 있는 분야일수록 더 그렇다.

세무 문제나 직원의 근로 계약과 같은 업무는 개원을 준비할 때부터 자문을 받는 방법을 추천한다. 세법이나 근로기준법은 충분히 공부하지 않으면 깊이 있게 알기가 어려운 분야다.

3) 컨설팅업체 선정

컨설팅업체는 다양한 경험(실적)을 통해 업무를 해결할 만한 능력이 출중한 인력 보유 여부가 중요하다. 컨설팅 회사는 인력이 곧 자산이다. 회사의 실적은 많지만, 업무를 수행했던 사람이 이직했다면 전문성을 그만큼 낮아진다고 할 수 있다.

컨설팅회사의 공신력이나 인지도 못지않게 중요한 것은 프로젝트팀장의 역할이다. 컨설턴트는 삼자적 입장 견지하면서도 정확한 현황 파악, 진단을 통해 편견이 없는 객관적인 결과물을 제시할 수 있어야 한다.

제3장
의료기관 구분과 설립

제3장
의료기관 구분과 설립

의료기관이란 의료인이 공중 또는 특정 다수인을 위하여 의료·조산의 업을 하는 곳을 말한다. 의료기관이라고 함은 의원, 조산원, 병원을 말한다.

의원급 의료기관은 의사, 치과의사 또는 한의사가 주로 외래환자를 대상으로 각각 그 의료행위를 하는 의료기관으로 의원, 치과의원, 한의원이 있다. 병원급 의료기관은 의사, 치과의사 또는 한의사가 주로 입원환자를 대상으로 의료행위를 하는 의료기관으로 병원, 치과병원, 한방병원, 요양병원, 정신병원, 종합병원이 있다.

의료기관은 의료행위의 내용과 시설(특히 병상수) 등에 따라 구분된다. 의료기관의 종별에 따라 개설·변경 절차, 시설·인력 등 기준, 명칭 표시 방법 등에 차이가 있다.

1. 의료기관의 구분

1) 의료법에 의한 구분

병상 요건 구분

- 병원·치과병원·한방병원으로 나눈다.
- 병원·한방병원은 30개 이상의 병상을 갖추어야 한다.
- 치과병원에 대해서는 별도의 병상 요건을 규정하고 있지 않다.

허가 병상

입원실(허가 병상)은 진료 의사의 판단에 의해 입원 치료를 목적으로 운영하는 시설이다.

입원실에 포함되는 시설

일반 입원실, 정신과 폐쇄 병실, 중환자실, 격리병실, 무균치료실, 응급환자를 위한 예비 병상(응급환자 진료 구역 외에 별도 설치)

입원실에 제외되는 시설

신생아실, 응급실 병상(응급환자 진료 구역), 분만실, 수술실, 회복실, 인공신장실, 물리치료실, 낮 병동

요양병원

- 요양병원은 장기 입원 환자를 대상으로 한다. 요양병원에는 노인성 질환자·만성질환자 등 주로 장기 입원이 필요한 환자를 대상으로 의료행위를 하는 곳이다.
- 요양병원은 30병상 이상을 갖추고 진료과목은 규정된 바 없다.

정신병원

보건복지부장관은 정신질환자에 대한 지역별 병상 수급 현황 등을 고려하여 아래에 해당할 경우 정신의료기관의 규모를 제한할 수 있다.
- 300병상 이상의 정신의료기관을 개설하려는 경우
- 정신의료기관의 병상수를 300병상 미만에서 기존의 병상수를 포함하여 300병상 이상으로 증설하려는 경우
- 300병상 이상의 정신의료기관을 운영하는 자가 병상수를 증설하려는 경우
  (정신건강증진 및 정신질환자 복지서비스 지원에 관한 법률 19조 3항)

정신 병상 초과 지역에 대한 정신병원 개설 허가 제한 검토

- 병원급 의료기관의 개설 허가는 의료법상 규정 사항뿐만 아니라 다른 법령 등을 충분히 검토한 후 결격사유가 없을 때 허가하는 것이 타당하며, 이러한 측면에서 정신의료기관의 개설 허가 여부는 해당 지자체의 병상 수급 및 배치에 영향을 미치는바, 지역별 병상 수급계획도 허가 여부 결정 시에 고려할 수 있는 사항임(보건복지부 의료기관정책과, 2011)

종합병원

- 100개 이상의 병상을 갖춰야 한다.

- 병상수에 따라 설치해야 할 진료과목 수가 다르다.
- 병상수가 100병상 이상 300병상 이하인 경우 설치 진료과
  - 필수 설치 진료과 : 내과 · 외과 · 소아청소년과 · 산부인과 중 3개 진료과목
  - 영상의학과, 마취통증의학과, 진단검사의학과(또는 병리과중 1개 선택)를 포함 7개 이상의 진료과목
  - 각 진료과목마다 전속하는 전문의가 있어야 한다.
  - 전속전문의 : 타 의료기관에 소속되거나 근무하지 않고 해당 의료기관에서 해당 진료과목만 진료하는 전문의

- 병상수가 300병상을 초과하는 경우 설치 진료과
  - 필수 설치 진료과 : 내과, 외과, 소아청소년과, 산부인과, 영상의학과, 마취통증의학과, 진단검사의학과(또는 병리과), 정신건강의학과 및 치과를 포함한 9개 이상의 진료과목
  - 각 진료과목마다 전속하는 전문의
  - 필수 진료과목 이외 추가로 진료과목을 설치 · 운영할 수 있다.
  - 필수 진료과목 외의 진료과목에 대해서는 해당 의료기관에 전속하지 아니한 전문의를 둘 수 있다.
  - 임대차 계약 관계로 치과를 개설할 수 있다.

2) 설립구분별 의료기관

- 요양기관을 종별로 나누면 국립, 공립, 학교법인, 특수법인, 종교법인, 사회복지법인, 사단법인, 재단법인, 회사법인, 의료법인, 소비자생활협동조합, 사회적협동조합, 개인, 군 병원 등으로 나눈다.
- 우리나라 상급종합병원 45개소, 종합병원 327개소다. 병원은 1,400개소, 요양병원은 1,447개소이다.
- 요양병원 중 의료법인으로 설립된 병원이 566개소로 39%를 차지한다. 종합병원과 요양병원의 설립 구분별로 보면 의료법인이 40%로 비슷하다. 병원은 18%, 정신병원은 44%가 의료법인이다.
- 소비자 생활 협동조합에서 운영하는 의료기관이 122개소, 최근 증가하고 있는 사회적 협동조합이 52개소이다. 총 100,170개의 요양기관 중 개인이 설립한 의료기관은 94,148개소(94%)이다.

요양기관 종별	계	국립	공립	학교법인	특수법인	종교법인	사회복지법인	사단법인	재단법인	회사법인	의료법인	생협	사협	개인	군병원	기타
계	100,170	112	3,687	141	19	3	72	144	180	127	1,325	122	52	94,148	36	2
상급종합병원	45	1	11	28	0	0	1	0	2	0	2	0	0	0	0	0
종합병원	327	1	53	39	5	0	1	0	19	0	131	0	0	77	1	0
병원	1,400	5	22	7	1	1	12	3	21	0	263	1	0	1,047	17	0
요양병원	1,447	0	79	5	0	0	12	4	14	0	566	16	0	751	0	0
정신병원	252	6	8	0	0	0	10	0	5	0	112	0	0	111	0	0
의원	34,815	82	15	19	8	1	31	109	66	111	147	64	23	34,132	5	2
치과병원	236	1	7	10	0	0	0	0	2	0	15	0	0	198	3	0
치과의원	18,804	10	3	4	4	0	1	23	11	12	19	17	12	18,685	3	0
조산원	15	0	0	0	0	0	0	0	0	0	0	0	0	15	0	0
한방병원	528	0	1	21	0	0	0	0	22	0	40	5	0	439	0	0
한의원	14,593	6	9	8	1	1	4	5	17	4	30	19	17	14,465	7	0
보건의료원	15	0	15	0	0	0	0	0	0	0	0	0	0	0	0	0
보건소	243	0	243	0	0	0	0	0	0	0	0	0	0	0	0	0
보건지소	1,317	0	1,317	0	0	0	0	0	0	0	0	0	0	0	0	0
보건진료소	1,904	0	1,904	0	0	0	0	0	0	0	0	0	0	0	0	0
약국	24,229	0	0	0	0	0	0	0	0	1	0	0	0	24,228	0	0

(주1) 국립대학병원 설치법에 의거하여 개설된 10개소(종합전문7, 종합병원2, 치과병원1)와 서울대학교병원 설치법에 의거하여 개설된 2개소(종합전문1, 종합병원 1) 등 국립대학병원 12개소는 특수법인으로 분류됨.
(주2) 병원은 2005년 1월부터 병원과 요양병원으로 구분함. 2003년 1월부터 2004년 12월까지의 병원 수치는 병원과 요양병원의 합계임.
(주3) 의료법 제3조 제2항 제3호(2021.3.5.시행) 따라 2021년 1분기부터 정신병원 추가.

출처 : 「건강보험통계」, 국민건강보험공단, 건강보험심사평가원, 2022.9

3) 개설주체에 따른 의료기관

공공 의료기관과 민간 의료기관

개설주체가 공공인 의료기관에는 국립, 공립, 시도립, 군(軍), 특수법인 등이 해당되며, 민간 개설주체에는 학교법인, 종교법인, 사회복지법인, 사단법인, 재단법인, 회사법인, 의료법상 의료법인, 개인 등이 있다.

개설 주체 세부 구분

- 국가 출연 의료기관 : 국립, 군병원
- 지자체 출연 의료기관 : 공립
- 특수법인 출연 : 특수법인, 학교법인, 종교법인, 사회복지법인 의료기관
- 민간 출연 : 사단법인, 재단법인, 회사법인과 개인이 출연한 개인 의료기관

영리 추구 여부에 따른 구분

- 영리의료기관과 비영리 의료기관으로 구분한다. 개인이 개설한 병원은 영리의료기관이다. 그 외는 비영리의료기관에 속한다.
- 우리나라의 의료서비스는 주로 민간에 의해 제공되고 있다. 개인병원의 비중이 높고 국가 및 지자체 출연 병원 비중이 낮다.
- 개인이 설립한 영리의료기관은 전체 의료기관의 90.6%를 차지한다.
- 국립병원과 공립병원은 6.3%다.

4) 의원과 병원급 의료기관의 표준업무

의원의 표준업무

- 주로 외래 환자를 진료
- 간단하고 흔한 질병에 대한 외래 진료
- 질병의 예방 및 상담 등 포괄적인 의료서비스
- 지역사회 주민의 건강 보호와 증진을 위한 건강관리
- 장기 치료가 필요한 만성질환을 가진 환자로서 입원할 필요가 없는 환자의 진료
- 간단한 외과적 수술이나 처치 등 그 밖의 통원치료가 가능한 환자의 진료
- 다른 의원급 의료기관으로부터 의뢰받은 환자의 진료
- 병원, 종합병원, 상급종합병원의 표준업무에 부합하는 진료를 마친 후 회송받은 환자의 진료

병원급 의료기관의 표준업무

병원, 치과병원, 한방병원, 요양병원, 정신병원, 종합병원

- 주로 입원환자를 진료
- 일반적인 입원, 수술 진료

- 분야별로 보다 전문적인 관리가 필요한 환자의 진료
- 장기 치료가 필요한 만성질환을 가진 환자로서 입원할 필요가 있는 환자의 진료
- 당해 의료기관에 입원하였던 환자로서 퇴원 후 당해 의료기관에서 직접 경과의 관찰이 필요한 환자의 진료
- 의원 또는 다른 병원. 종합병원으로 부터 의뢰받은 환자의 진료
- 합병증 등 다른 질환을 동반하여 당해 의료기관에서 입원. 수술 등이 필요한 환자의 진료
- 상급종합병원으로부터 회송받은 환자의 진료
- 장기입원이 필요한 환자의 진료

2. 의료기관 종별 지정기준

1) 상급병원 지정 기준

보건복지부장관은 '종합병원' 중에서 중증질환에 대하여 난이도가 높은 의료행위를 전문적으로 하는 종합병원을 '상급종합병원'으로 지정할 수 있다.

상급종합병원의 요건
- 보건복지부령으로 정하는 20개 이상의 진료과목을 갖추고 진료과목마다 전속하는 전문의를 1명 이상 둘 것
- 중앙응급의료센터 · 권역응급의료센터 또는 지역응급의료센터로 지정을 받았을 것
- 레지던트수련병원으로 지정을 받았을 것
- 보건복지부령으로 정하는 인력 · 시설 · 장비 등을 갖출 것
- 질병군별 환자구성 비율이 보건복지부령으로 정하는 기준에 해당할 것
- 인증 또는 조건부 인증을 받았으며. 보건복지부 고시로 정하는 평가항목이 요양급여 적정성 평가 결과가 보건복지부 고시로 정하는 기준에 해당할 것

표준 업무
- 수술. 시술 등 고난도의 치료 기술을 필요로 하는 중한 질병의 진료
- 치사율이 높고 합병증 발생 가능성이 높은 질환을 가진 환자의 진료
- 다수 진료과목의 진료와 특수 시설 · 장비의 이용이 필요한 환자의 진료
- 희귀 · 난치성 질환을 가진 환자의 진료

- 중증질환에 대한 전문진료 분야별 전문 진료센터의 운영
- 당해 의료기관에 입원하였던 환자로서 퇴원 후 당해 의료기관에서 직접 경과의 관찰이 필요한 환자의 진료
- 의원, 병원, 종합병원 또는 다른 상급종합병원으로부터 의뢰받은 환자의 진료
- 합병증 등 다른 질환을 동반하여 당해 의료기관에서 입원, 수술 등이 필요한 환자의 진료
- 의료인 교육, 의료에 관한 연구와 개발 등 의료의 발전과 확산 권장 질환(간단하고 흔하게 발생하는 질환, 상담 및 관리 등 외래진료를 통해 입원 등 환자의 상태가 악화되는 것을 예방할 수 있는 질환 / 일반적인 입원, 수술, 분야별로 더욱 전문적인 관리가 필요한 질환)
- 상급종합병원의 권장 질환은 고난도의 치료 기술, 특수 시설과 장비의 활용이 필요한 중한 질환, 희귀난치성 질환이다.

진료 기능 기준

지정 신청일 이전 1년 동안 필수진료과목을 포함하여 20개 이상의 진료과목을 갖추고 진료과목마다 전속하는 전문의 1명 이상을 두어야 한다.
- 필수진료과목(9) : 내과, 외과, 소아청소년과, 산부인과, 영상의학과, 마취통증의학과, 진단검사의학과 또는 병리과, 정신건강의학과, 치과
- 선택진료과목(18) : 진단검사의학과 또는 병리과, 흉부외과, 방사선종양학과, 핵의학과, 응급의학과, 신경과, 피부과, 신경외과, 안과, 재활의학과, 정형외과, 이비인후과, 비뇨기과, 성형외과, 가정의학과, 예방의학과, 결핵과, 직업환경의학과
- 보건복지부령으로 정하는 20개 이상의 진료과목을 갖추고 각 진료과목마다 전속하는 전문의를 1명 이상 둘 것
- 중앙응급의료센터 · 권역응급의료센터 또는 지역응급의료센터로 지정을 받았을 것
- 레지던트수련병원으로 지정을 받았을 것
- 보건복지부령으로 정하는 인력 · 시설 · 장비 등을 갖출 것
- 질병군별 환자구성 비율이 보건복지부령으로 정하는 기준에 해당할 것
- 인증 또는 조건부 인증을 받았으며, 보건복지부 고시로 정하는 평가항목이 요양급여 적정성 평가 결과가 보건복지부 고시로 정하는 기준에 해당할 것

인력 · 시설 · 장비 기준
- 지정 신청일 이전 1년 동안 의사는 연평균 1일 입원환자 10명당 1명 이상, 간호사는 연평

균 1일 입원환자 2.3명당 1명 이상을 둘 것
- 입원환자 수는 지정 신청일 이전 1년 동안 건강보험 및 의료급여 입원환자의 진료실적에 대하여 건강보험심사평가원에 요양 급여비용을 심사 청구한 입원 및 외래환자의 자료를 기준으로 한다. 이 경우 외래환자 3명은 입원환자 1명으로 환산하고, 의료인 수는 해당 기간 중 실제 근무한 개월 수를 연간으로 환산하는 방법(Full Time Equivalent)을 사용한다.
- 중환자실 및 신생아중환자실을 설치하고, 지정 신청일 이전 1년 동안 보건복지부장관이 정하여 고시하는 기준에 따라 근무하는 전담 전문의를 각각 1명 이상 둘 것
- 특수 의료 장비 중 전산화단층촬영장치(CT), 자기공명영상 촬영기(MRI) 및 유방촬영용 장치(Mammography)는 등록된 품질관리검사기관의 정기적인 품질관리검사에서 적합으로 판정받았을 것
- 환자의 진료·검사·질환 또는 임상 등에 관한 정보교류를 위하여 보건복지부 장관이 정하는 기준에 따라 정보 협력체계를 갖출 것
- 중증질환에 대한 고난이도 감염 관리의 전문성 강화를 위하여 보건복지부 장관이 정하여 고시하는 기준에 따라 병문안객의 관리 및 통제 등을 위한 운영체계, 통제시설 및 보안 인력 등을 갖출 것

환자의 구성 비율 지정기준
- 지정 신청일 이전 2년 6개월 동안 전문 진료 질병군에 속하는 입원환자의 비율이 해당 의료기관이 진료한 전체 입원환자의 100분의 30 이상이고, 단순 진료 질병군에 속하는 입원환자의 비율은 100분의 14 이하일 것
  - 전문 진료 질병군 : 희귀성 질병, 합병증 발생의 가능성이 높은 질병, 치사율이 높은 질병, 진단 난이도가 높은 질병, 진단을 위한 연구가 필요한 질병
  - 일반 진료 질병군 : 모든 의료기관에서 진료가 가능하거나 진료하여도 되는 질병
  - 단순 진료 질병군 : 진료가 간단한 질병, 일반적으로 진료의 결과가 치명적이 아닌 질병, 그 밖에 진료 난이도 또는 진단 난이도가 낮은 질병
- 지정 신청일 이전 2년 6개월 동안 보건복지부장관이 정하여 고시하는 질병에 속하는 외래환자의 비율이 해당 의료기관이 진료한 전체 외래환자의 100분의 11 이하일 것
- 입원환자 수와 외래환자 수는 질병군에 대한 건강보험 및 의료급여 입원환자와 외래환자의 진료실적에 대하여 건강보험심사평가원에 요양 급여비용을 심사 청구한 자료를 기준으로 한다.

의료서비스 수준 지정기준

- 인증 또는 조건부 인증을 받았을 것
- 심장질환, 뇌질환, 암, 항생제를 사용하는 수술 등 보건복지부장관이 정하여 고시하는 평가 항목에 대한 건강보험심사평가원의 가장 최근의 요양급여 적정성 평가 결과가 보건복지부장관이 정하여 고시하는 기준에 따라 산정한 점수의 2분의 1 이상에 해당할 것

진료권역별 소요 병상 충족도

의료기관의 병상수는 진료권역별 부족한 상급종합병원의 병상을 충족하는 데 기여해야 하며, 신청한 의료기관 중 지정 기준을 충족하는 종합병원의 병상수가 소요 병상수를 초과하면 전문진료질병군 환자 구성 비율, 의료인 수, 교육 기능, 의료 질 평가 등에 대한 상대평가를 실시하여 그 결과에 따라 지정한다. 진료권역 및 상급종합병원의 수는 고시한다.

2) 전문병원 지정

'병원급 의료기관' 중에서 특정 진료과목이나 특정 질환 등에 대하여 난이도가 높은 의료행위를 하는 병원을 '전문병원'으로 지정할 수 있다고 의료법에 명시되어 있다. 따라서 특정 질환별·진료과목별 환자의 구성 비율 등이 정하는 기준에 해당하거나 정하는 수 이상의 진료과목을 갖추고 각 진료과목마다 전속하는 전문의를 두면 전문병원으로 지정받을 수 있다.

전문병원 지정 기준

전문병원은 질환, 의사 수, 설치 진료과목, 병상수, 의료의 질과 서비스 수준이 의료기관 인증 등의 기준에 적합해야 한다.

질환별·진료과목별 환자의 구성 비율

해당 병원이 진료한 전체 입원 연 환자(특정 기간 입원 환자의 입원 일수를 환자 수로 환산한 연인원을 말한다) 중 주요 진단 범위 또는 환자 유형에 속하는 환자의 구성 비율(주요 진단 범위, Major Diagnosis Category) 또는 환자 유형이 각각 해당 기준 이상이어야 하며 환자의 구성 비율이 25%~66%를 차지해야 한다. 환자 구성 비율은 지정계획 공고일 기준 전년도 1년간의 입원환자 진료실적을 기준으로 한다.

질환별·진료과목별 진료량

전문진료질병군 및 일반 진료 질병군 또는 환자 유형에 속하는 입원 연 환자가 전체 병원급

의료기관 중에서 백분위수로 상위 30분위 이내여야 한다.

필수 진료과목

질환별 또는 진료과목별로 필수 진료과목을 갖추어야 하고, 필수 진료과목마다 전속하는 전문의를 두어야 한다.

질환 및 진료과목별 전문병원 요건

	질환/진료과목	전문의 수	전문의 인정 진료과목
질환	관절질환	8명 이상	정형외과
	뇌혈관질환	6명 이상	신경외과, 신경과, 재활의학과
	대장항문질환	8명 이상	외과
	수지접합	8명 이상	정형외과, 성형외과
	심장질환	8명 이상	심장혈관흉부외과, 내과, 소아청소년과
	알코올질환	4명 이상	정신건강의학과
	유방질환	4명 이상	외과
	척추질환	8명 이상	정형외과, 신경외과
	화상질환	4명 이상	외과, 응급의학과(응급의학과 전문의는 1명만 인정한다)
	주산기질환	8명 이상	산부인과, 소아청소년과
진료과목	산부인과	8명 이상	산부인과
	소아청소년과	6명 이상	소아청소년과
	신경과	4명 이상	신경과
	안과	8명 이상	안과
	외과	4명 이상	외과
	이비인후과	8명 이상	이비인후과

최소 병상수

질환별 또는 진료과목별로 최소한의 병상수를 갖추어야 한다.

질환 및 진료과목별 최소병상수

질환/진료과목	최소 병상 수
관절질환, 뇌혈관질환, 수지접합, 심장질환, 알코올질환, 척추질환	80
대장항문질환, 화상질환, 주산기질환, 산부인과, 소아청소년과, 외과	60
유방질환, 신경과, 안과, 이비인후과	30

의료 질(質)과 의료서비스 수준

질환별 또는 진료과목별로 환자의 재원일수, 합병증 발생률, 재수술률, 재입원율 및 치료 결과 등에 대하여 평가한 결과가 총 100점 만점을 기준으로 70점 이상이어야 한다. 의료기관 인증을 받아야 한다.

3) 한방 전문병원 지정

질환별 · 진료과목별 환자의 구성 비율

해당 병원이 진료한 전체 환자 수 중 보건복지부장관이 정하여 고시하는 주 상병 또는 부상병에 속하는 입원환자 또는 외래환자의 구성 비율이 45% 이상이어야 한다.

질환별 · 진료과목별 진료량

해당 병원이 진료한 주 상병 또는 부상병에 속하는 입원 또는 외래 연 환자(특정 기간 동안 입원 환자의 입원 일수 또는 외래 진료 건수를 환자 수로 환산한 연인원을 말한다)가 전체 병원급 의료기관 중에서 백분위수로 상위 30분위 이내여야 한다.

필수 진료과목

질환별 또는 진료과목별로 필수 진료과목을 갖추어야 하고, 필수 진료과목마다 전속하는 전문의를 두어야 한다.

질환 및 진료과목별 필수 진료과목

질환/진료과목	필수 진료과목
중풍질환	한방내과, 한방재활의학과, 침구과
척추질환	한방재활의학과, 침구과
한방부인과	한방부인과

의료인력

질환별 또는 진료과목별로 전문의 인정 진료과목에 전속하는 전문의를 두어야 한다. 다만, 한방부인과의 경우 전문의 인정 진료과목 중 한방부인과에 3명 이상의 전속 전문의를 두어야 한다.

질환 및 진료과목별 전문의 인정 진료과목

질환/진료과목	전문의 수	전문의 인정 진료과목
중풍질환	4명 이상	한방내과, 한방재활의학과, 침구과, 한방신경정신과, 사상체질과
척추질환	4명 이상	한방재활의학과, 침구과
한방부인과	4명 이상	한방부인과, 한방내과, 침구과, 사상체질과, 한방소아과

시설 및 기구

한의사 전문의의 수련 및 자격인정 등에 관한 규정 시행규칙에 맞는 전문과목별 기준 중 해당 전문과목별 시설 및 기구 기준을 충족하여야 한다.

의료 질(質)과 의료서비스 수준

질환별 또는 진료과목별로 환자의 재원일수, 합병증 발생률, 재입원율 및 치료 결과 등에 대하여 평가한 결과가 총 100점 만점을 기준으로 70점 이상이어야 한다. 의료기관 인증을 받아야 한다.

4) 재활의료기관 지정

인구 고령화에 따른 노인성 질환 증가로 재활 수요는 증가하는 반면, 시기에 적절한 재활치료를 통한 조기 사회 복귀 체계는 미흡하다. 기능 회복 시기에 적절한 재활치료를 통해 장애를 최소화하고 사회복귀를 조기에 할 수 있도록 재활의료기관을 지정하였다.

재활의료기관 지정 목적

- 발병·수술 후 기능 회복 시기에 집중 재활을 통해 장애를 최소화하여 조기에 일상생활 복귀를 유도하고, 지역사회로 연계
- 일정 요건을 갖춘 병원을 지정하여 수술·처치 후 기능 회복 시기에 집중 재활치료가 가능토록 재활의료기관 지정·운영

회복기 재활 대상 환자

수술 등 치료 후 기능 회복 시기에 있는 환자로서, 기능적 손상으로 인해 일상생활에 불편이 있어 집중적인 재활치료를 통해 일상생활로 복귀가 필요한 환자

대상질환별 환자 구성 기준

대상 질환	대상환자 구성 기준	
	입원시기	종료일
뇌졸중, 외상성 및 비외상성 뇌손상	발병/수술 후 90일내	입원일로부터 180일 이내
외상성 및 비외상성 척수손상	발병/수술 후 90일내	입원일로부터 180일 이내
고관절, 골반, 대퇴의 골절 및 치환술	발병/수술 후 30일내	입원일로부터 30일 이내
하지부위 절단	발병/수술 후 60일내	입원일로부터 60일 이내
비사용 증후군	발병/수술 후 60일내	입원일로부터 60일 이내

㈜ 비사용 증후군이란 한국통계청 표준질병사인분류로 분류되지 않는 질병으로, 급성질환 및 수술로 인해 기능이 현저하게 저하된 상태로 재활이 필요한 환자를 말한다.

지정대상 의료기관

병원급 의료기관 중 병원 및 요양병원

요양병원은 병원으로 종별 변경이 필요하다.

지정평가 절차

3년마다 평가 후 지정한다. 지정 예정일 6개월 전에 지정계획을 공고한다.

재활의료기관 지정기준

필수진료과목 : 재활의학과 필수 설치

인증 : 인증을 득한 의료기관

인력 : 상근하는 재활의학과 전문의 3명 이상

    (서울 · 인천 · 경기도 이외 지역의 경우 기준완화. 2명 이상)

1인당 환자수 인력 기준

재활의학과 전문의(1인당 환자 수 40명 이하), 간호사(1인당 환자 수 6명 이하), 물리치료사(1인당 환자 수 9명 이하), 작업치료사(1인당 환자 수 12명 이하), 사회복지사(1명 이상으로 하되, 150병상 초과 시 2명)

시설

병상 수 : 60병상 이상(허가 병상수 기준)

4개 필수시설 : 물리치료실, 운동치료실(병상당 3.3㎡ 이상), 작업치료실(병상당 0.99㎡ 이상), 일상생활동작훈련실

장비

- 물리치료실 (10종 중 8종이상)

  온습포, 적외선치료기, 초음파치료기, 파라핀욕, 냉치료기, 경추견인기, 골반견인기, 간섭파치료기, 전기자극치료기, 경피적신경자극치료기

- 운동치료실 (총 14종)

  치료용 볼, 치료용 매트, 치료용 계단, 평행봉, 경사대, 기립훈련기, 보행기, 상지에르고미터, 하지에르고미터, 보바스테이블, 트레드밀, 기능적 전기자극치료기, 등속성운동기기, 압박치료기

- 작업치료실 (총 12종)

  손가락 운동판, 식사 연습도구, 기타 일상생활동작기구(세면, 착탈의 등), 손 악력계(Hand dynamometer), 집기능력평가도구(Pinch gauge), 가동범위 스케이트(Exercise skate), 페그보드(Pegboard), 젭슨-테일러 손기능 평가도구, 두점 간구별 도구(Two point discriminator), 편측 시각무시 평가도구, 연하재활 기능적전기 자극치료기, 인지 재활치료기(전산화 인지 재활치료기 등)

- 일상 생활 동작훈련실

  싱크대, 변기, 그 외 일상 생활 동작기구(세면, 착탈의 등)

진료량

의료기관별 25개 질병군(ADRG 기준)에 해당하는 입원환자 연인원수를 산출하여 백분위수로 상위 30분위에 해당하는 환자수

환자 구성 비율

회복기 재활환자 구성 비율은 40% 이상으로 함(신규 지정인 경우 재활수요 및 지역 균형을 고려하여 재활의료기관 운영위원회 심의한다)

재활의료기관 지정현황

2023년 1기 40곳을 포함해 13곳을 신규로 지정해서 총 53곳(병원 50개, 요양병원 3개)이 지정됐다.

제2기 재활의료기관으로 지정된 병원에 대해서는 환자 맞춤형 재활치료 및 퇴원 후 지역사회로의 원활한 연계·치료를 위한 맞춤형 재활 수가를 적용한다.

5) 인증의료기관

의료의 질과 환자 안전 수준을 제고함으로써 국민건강의 유지·증진에 기여하기 위해 인증 대상, 기준 등을 정하였다.

인증 대상

- 병원급 이상 의료기관(2022년 4월 말 기준 4,258개소)
- 의무 인증 대상 기관 : 요양병원, 정신병원

인증기준

기본가치체계, 환자진료체계, 조직관리체계, 성과관리체계의 4개 영역으로 나누어지고, 급성기병원, 요양병원, 정신병원, 치과병원, 재활의료기관이 다르다.

인증기준

구분	기본가치체계	환자진료체계	조직관리체계	성과관리체계	비 고
급성기병원	○	○	○	○	
요양병원	○	○	○		
정신병원	○	○	○	○	
치과병원	○	○	○		
재활의학기관	○	○	○	○	

인증기준의 틀

기본가치체계	환자 진료체계	지원체계	성과관리체계
안전보장 활동 지속적 질 향상	진료 전달체계의 평가 환자 진료 수술 및 마취 진정 관리 의약품 관리 환자 권리 존중 및 보호	경영 및 조직 운영 인적자원관리 감염관리 안전한 시설 및 환경관리 의료정보/의무기록 관리	성과관리

인증 등급과 유효기간

- 인증(4년)·조건부 인증(1년)·불인증
- 조건부 인증을 받은 경우 1년 이내 재인증을 받아야 한다.

인증을 받고자 하는 의료기관은 자율적으로 의료기관평가인증원 홈페이지(www.koiha.or.kr)를 통해 온라인으로 인증 신청을 한다.

3. 설립 주체에 따른 의료기관

1) 의료법인 의료기관 개설

의료업을 목적으로 설립된 법인을 말한다. 의료법인이 아니면 의료법인이나 이와 비슷한 명칭을 사용할 수 없다.

정관

- 정관은 의료법인의 유지 운영을 위하여 준수하여야 할 기본이 되는 규칙이므로 향후 법인 운영에 필요한 사항을 망라하고 관계 법규에 어긋남이 없도록 하여 발기인 전원이 기명 날인하여야 한다.
- 법인의 정관에는 목적, 명칭, 사무소의 소재지, 사업의 종류, 자산 및 회계에 관한 사항, 임원에 관한 사항, 회의에 관한 사항, 정관의 변경에 관한 사항, 존립 시기나 해산 사유를 정하는 때에는 그 시기와 사유 및 잔여재산의 처리 방법 등을 기재하여야 한다.
- 법인설립 당시의 기본재산 목록과 설립발기인명단을 반드시 첨부하여야 한다.

자산에 관한 사항

- 의료법인에 출연하는 재산 중 기본재산(원칙적으로 종합병원건립에 충분하다고 인정되는 대지와 병상당 건축비 등)과 보통재산으로 한다.
- 설립 당시 출연 부동산은 원칙적으로 모두 기본재산으로 편입한다.
- 동산중 의료기관 설치·운영에 필수적인 직접 의료 장비 및 의료지원 장비 중 이사회 의결에 의하여 기본재산에 편입된 재산
- 현금 및 유가증권 등으로 이사회의 의결에 의하여 기본재산에 편입된 재산
- 기존 의료기관을 법인화하는 경우 기존 의료시설로 사용하고 있던 부동산 및 동산은 모두 법인에 출연함을 원칙으로 한다.
- 법인에 출연하는 부동산은 담보물권의 설정이나 가등기, 가압류, 가처분 등이 되어 있지 아니한 물건만을 인정한다. 다만, 담보물권 등이 설정된 경우 법인의 전체 재산에서 부채

를 제외한 나머지 금액이 법인의 목적사업 수행에 지장이 없다고 허가권자가 인정할 때는 그러하니 아니한다.

재산목록

- 출연재산목록은 기본재산과 보통재산으로 명확하게 구분되어야 하며, 출연재산이 기본재산인 경우에는 소재지, 지번, 지목, 면적, 평가가액 등을 기재하고 보통재산인 경우에는 재산의 종류, 수량 및 금액 등이 기재되어야 한다.
- 재산 기부 신청서는 그 명칭여하에 불구하고 재산기부 행위를 확인할 수 있도록 하여야 한다.
- 기본재산의 구체적인 내용(소재지, 지목, 면적, 평가가액등)을 기록하고 기부신청자의 인적사항 및 기부일자를 기재하고, 인감증명서가 첨부되어야 하며, 인감증명서의 사용 용도는 의료법인에 대한 재산출연용으로 한다.

A시 의료법인 설립 및 운영기준

의료법인 설립 및 기준에 관한 사항의 큰 틀은 대동소이하나 각 지자체별로 나름의 기준을 정해서 운영하고 있다.

기본재산

대지 및 건물 : 병원건립에 충분하다고 인정되는 자가 소유의 대지 및 건물, 건축비 1병상당 3천만 원 이상 이상(현금자산)

시설기준 : 의료법상 병원급 (100병상 이상)

병원 연면적 : 2,500㎡(최소면적)

보통재산

병원개설 후에 필요한 의료 장비, 인건비 등 운영자금

부채

기본재산의 40% 이하

비고

의료법인 주사무소 이전 허가, 분사무소 설치 시 신규 설립 규정 동일 적용

의료법인 사업계획서(관할청에 작성해서 제출해야 할 사업계획서)

- 목적
- 사업내용 : 의료기관의 종별, 주요 진료과목 등 구체적으로 기재
- 시행 방법 : 관련 사항, 예산액 등
- 기대효과
- 향후 계획

자금 조달 계획서

구 분	수 량	평 가 액	자금조달 방법 (기부, 자체 출연, 대출)	비 고 (담보 기재)
의료기관 대지 취득 관련				
의료기관 건물 취득 관련				
시설·장비취득 관련				
인건비				
경상비(건물인테리어비용 등을 포함)				
초기운영비(3개월)				

의료기관의 시설·장비 확보계획서

구 분		수 량	평 가 액	취득 방법(형태)	취득 예정일	비고
의료기관 및 주요시설	의료기관 건물					
	입원 병상					
	검사장비(A)					
	검사장비(B)					
	의료기기					
	-					
	-					
	계					

직종별 인력 확보 계획서

구 분	명 수	인 건 비	채용 방법(공개모집 등)	취득 예정일	비고
의사 (한의사,치과의사)					
약사					
간호사					

간호조무사					
방사선사					
임상병리사					
치위생사					
치기공사					
의무기록사					
기타 인력					
계					

수입 · 지출 예산서

수입(단위: 원)			지출 (단위: 원)		
구분		금액	구분		금액
전기이월금			경상비	인건비	
사업 수입	00사업			운영비	
	〃			소계	
	〃		사업비	의료사업	
	소계			00사업	
사업외 수입	기부출연금			〃	
	지원금			소계	
	기타		사업외 지출	기부출연금	
	소계			지원금	
출자금				기타	
차입금				소계	
기타수입			출자금반환		
〃			차입금상환		
〃			배당금		
〃			기타지출		
〃			차기이월금		
합계			합계		

의료법인의 부대사업

　의료법인은 그 법인이 개설하는 의료기관에서 의료업무 외에 부대사업을 할 수 있다. 이 경우 부대사업으로 얻은 수익에 관한 회계는 의료법인의 다른 회계와 구분하여 계산하여야 한다. 부대사업을 하려는 의료법인은 타인에게 임대 또는 위탁하여 운영할 수 있다.

부대사업을 하려면 미리 의료기관의 소재지를 관할하는 시·도지사에게 신고하여야 한다.

의료법인 부대사업 범위

- 의료인과 의료 관계자 양성이나 보수교육
- 의료나 의학에 관한 조사 연구
- 노인 의료복지시설의 설치·운영
- 장례식장의 설치·운영
- 부설주차장의 설치·운영
- 의료업 수행에 수반되는 의료정보시스템 개발·운영사업
- 휴게 음식점영업, 일반음식점영업, 이용업, 미용업 등 환자 또는 의료법인이 개설한 의료기관 종사자 등의 편의를 위한 사업

보건복지부령으로 정한 의료사업

- 휴게 음식점영업, 일반음식점영업, 제과점 영업, 위탁 급식 영업
- 소매업 중 편의점, 슈퍼마켓, 자동판매기 영업 및 서점
- 의류 등 생활용품 판매업 및 식품판매업(건강기능식품 판매업 제외) 의료법인이 직접 하는 경우 제외
- 산후조리업, 목욕장업
- 의료기기 임대·판매업(의료법인이 직접 영위하는 경우 제외)
- 숙박업, 여행업 및 외국인 환자 유치 업
- 수영장업, 체력단련장업 및 종합체육시설업
- 장애인 보조기구의 제조·개조·수리업
- 건물을 임대하는 사업 : 이용업 및 미용업, 안경 조제·판매업, 은행업
- 의원급 의료기관 개설·운영(의료관광호텔에 부대시설로 설치하는 경우로서 진료과목이 의료법인이 개설하는 의료기관과 동일하지 아니한 경우로 한정한다)

의료부대 사업에 명시된 노인 의료복지시설

노인요양시설(치매·중풍 등 노인성 질환 등으로 심신에 상당한 장애가 발생하여 도움이 필요한 노인을 입소시켜 급식·요양과 그 밖에 일상생활에 필요한 편의를 제공함을 목적으로 하는 시설), 노인 요양 공동생활가정(치매·중풍 등 노인성 질환 등으로 심신에 상당한 장애가 발생하여 도움이 필요한 노인에게 가정과 같은 주거 여건과 급식·요양, 그 밖에 일

상생활에 필요한 편의를 제공함을 목적으로 하는 시설)을 말한다.

2) 부속 의료기관 설립

의료인 또는 의료법인 외의 자가 특정 지역 사업체에 근무하는 소속 직원, 종업원, 그 밖의 구성원이나 그 가족에 대하여 건강관리 및 신속한 의료서비스의 제공을 위해 개설하는 의료기관을 말한다.

의료기관의 개설 주체와 진료 대상의 차이

의료기관의 개설 주체와 진료 대상의 범위에 차이가 있다. 의료기관 개설을 위한 인력 및 시설 기준, 준수사항에 있어서는 기존 병의원과 차이가 없다. 부속 의료기관 개설 신고 및 허가에 관한 절차·조건, 그 밖에 필요한 사항과 그 의료기관의 운영에 필요한 사항은 보건복지부령으로 정한다

설립 근거

소속 직원, 종업원, 그 밖의 구성원이나 그 가족의 건강관리를 위하여 부속 의료기관을 개설하려면 그 개설 장소를 관할하는 시장·군수·구청장에게 신고하여야 한다. 병원급 의료기관을 개설하려면 그 개설 장소를 관할하는 시·도지사의 허가를 받아야 한다.

부속 의료기관 개설 신고 및 개설 허가

의원급 또는 병원급 부속 의료기관의 개설은 일반 의원 및 병원과 동일하다.

의원은 개설 신고, 병원은 개설 허가를 한다

부속 의료기관 현황

222개의 부속 의료기관이 개설·운영(2021.12. 기준)되고 있다. 대부분 의원급 의료기관으로 설립 주체는 상법상 법인(회사)이 상당수 차지한다.

현행법상 병원급 의료기관을 개설할 수 있도록 규정되어 있으나, 실질적으로 의원급 의료기관의 기능에 해당하는 건강보험 요양 급여비용 청구만 인정한다.

부속 의료기관의 건강보험 요양 급여비용 청구범위

재진 진찰료·의약품 관리료·퇴장 방지 의약품 사용 장려 비, 주사료·처치 및 수술료(치과 및 한방 포함)·한방 검사료·전혈 및 혈액 성분 제제료

적용 제외 및 가산 산정 제외

입원료, 검사료, 영상진단 및 방사선 치료 등의 급여 비용 청구 불가. 요양기관 종별 가산율 적용 제외 및 공휴·야간 가산 등 각종 가산 산정 제외

부속 의료기관의 진료 대상

부속 의료기관을 개설할 수 있도록 한 것은 직원 등의 건강관리 차원에서 의료서비스를 제공할 수 있도록 진료 대상자의 범위를 한정하여 예외적으로 의료기관 개설의 특례를 규정한 것이다. 따라서 부속 의료기관은 직원 등 외의 자를 대상으로 의료 행위를 할 수 없다. 부속 의료기관의 진료 대상은 회사의 직원이다.

3) 경제 자유구역 내 외국 의료기관 개설

외국인 또는 외국인이 의료업을 목적으로 설립한 상법상 법인은 보건복지부장관의 허가를 받아 경제자유구역에 외국 의료기관을 개설할 수 있다.

외국 의료기관의 종류는 종합병원·병원·치과 병원 및 요양병원으로 한다. 이 법에 따라 개설된 외국 의료기관은 의료법에 따라 개설된 의료기관으로 본다.

경제 자유구역의 지정 및 운영에 관한 특별법에 규정되어 있다.

설립 요건

경제 자유구역에 소재하고, 외국인 투자 비율이 100분의 50 이상, 그 밖에 자본금의 규모 등 대통령령으로 정하는 사항을 충족해야 한다.

주요 내용

- 외국 의료기관의 개설을 허가하는 경우에는 경제자유구역위원회의 심의·의결을 거쳐야 한다. 외국 의료기관은 요양기관으로 보지 아니한다
- 외국의 의사·치과의사 면허 소지자는 보건복지부장관이 정하는 기준에 적합한 경우 경제 자유구역에 개설된 외국 의료기관에 종사할 수 있으며, 이 경우 외국의 의사·치과의사 면허 소지자는 허용된 의료인 종별 업무 범위를 벗어날 수 없다.

4) 의료 사회적 협동조합

(사회적 협동조합 설립 가이드 북, 기획재정부, 한국사회적기업진흥원, 2019.2)

의료 사회적 협동조합(의료사협)이란?

지역주민들의 권익·복리 증진과 관련된 사업을 수행하거나 취약 계층에게 사회 서비스 또는 일자리를 제공하는 등 영리를 목적으로 하지 아니하는 협동조합을 말한다. 공익을 목적으로 지역주민과 조합원, 의료인이 협동해 의료기관을 운영하고 건강한 공동체를 만들어 가는 사회적협동조합이다. 일반 의료 체계가 영리를 목적으로 운영되는 것과 달리 의료사협은 공익을 추구한다는 점이다.

조합원 출자로 운영

일반 병원의 소유와 운영은 의료인이 전담하지만, 의료사협은 주민과 의료인이 조합원으로 출자해 소유와 운영을 함께 하는 환자 중심의 의료체계다. 따라서 의료사협은 조합원에 의해 민주적으로 운영된다는 특징을 가진다.

운영에 필요한 재정

조합원의 출자금과 이익 잉여금으로 얻게 된다. 조합원은 법적으로 1인당 5만 원의 출자금을 내며 매월 1만 원이나 그 이상을 자발적으로 정기 출자한다. 지역 주민들이 직접 출자금을 모아 의원, 병원, 치과, 한의원 등을 운영한다. 원래 의료 기관의 설립이나 운영은 의사만 할 수 있지만, 조합 형태를 이루면 의사가 아니어도 의료기관을 운영할 수 있다. 병원 운영비는 주민들이 모은 돈으로 충당한다.

설립 단계

- 구성원(조합원) 모집 : 뜻이 맞는 5인 이상
- 정관, 사업계획 등 구상 및 작성 : 설립할 기관의 목적·사업 내용·수익 확보 수단 등 논의
- 창립총회 공고 및 개최 : 정관, 사업계획·예산 확정, 임원 선출, 기타 설립에 필요한 사항 결의
- 설립 인가 신청 서류 구비 : 인가 신청 서류 작성 및 권역별 통합 지원기관 검토
- 설립 인가 신청 : 신청기관은 중앙행정기관
- 현장실사 및 서류 보완 : 한국사회적기업진흥원·통합지원기관 현장 실사 및 미비 서류 보완
- 설립 인가증 발급 : 출자금 납입 조합원 → 이사장
- 설립 등기 : 사회적 협동조합 → 주된 사무소 소재지 관할 등기소(설립 인가를 받은 날로 부터 60일)

– 사업자 등록 : 사회적 협동조합 → 관할 세무서장(사업 개시일로부터 20일 이내)

4. 동업 개원(Group practice)

진료 형태와 자본 구조에 따라 의료환경에 맞게 개원 형태도 다양하다. 나 홀로 개원에서 동업 개원으로 바뀌고, 동업 개원에서 다시 협력진료 형태로 바뀌는 과정이다.

개원 형태 비교

	1세대	2세대	3세대	4세대	5세대
운영형태	Solo Owership	Partnership	Group	Group of Chain	Corporation Medicine
경영형태	단독경영	동업경영	공동경영 공동개설	공동경영	기업형 의료
진료형태	단독진료	협업 형태 진료	부분 협력진료	공동진료 관리의사	관리 의사
자본구조	단독출자	공동출자	단독출자 또는 공동출자	상호 공동출자	주식 형태

1) 동업 개원이란

동종 의료인이 동일 장소에서 자본을 공동 출자하여 공동명의의 의료기관 1개소를 개설하고 의료기관의 모든 수입과 지출을 공동으로 관리하며 시설, 장비, 인력을 공동으로 사용하고 의료보험 진료비 청구도 공동으로 한다.

병원 규모 확장, 의사간 역할 보완 등으로 동업으로 개원하는 의사들이 많이 늘어났다. 고가의 첨단 장비, 좋은 시설 등의 자본과 우수한 의료인력을 혼자서 감당하기가 어렵다. 따라서 동업으로 투자하여 경영하는 형태의 개원은 의료환경과 사회적인 환경의 변화에 기인한 측면이 강하다.

특히 개원 비용이 많이 드는 외과계는 경쟁력 있는 의사들을 중심으로 동업으로 규모를 키우고, 자본을 모아 지역 거점 의료기관으로 도약하기도 한다. 피부과, 안과, 이비인후과, 치과 등은 의학적인 기술을 접목해 세부 영역의 진료 서비스를 제공한다.

동업 개원이 늘어날수록 기존 단독개원은 규모 면에서 위축받는다. 그러나 동업 개원이 생각보다 간단한 조직이 아니다. 동업자 정신의 부족으로 뭉치고 흩어지는 일이 반복되고 있다.

동업병원에서의 손익의 분배는 동업계약서에 별도의 분배 비율이 규정하여야 하며, 분배 비율을 정하지 않은 경우에는 출자자의 출자금에 비례하여 분배하는 것이 일반적이다. 소득세는 개인별 과세제도를 취하므로 의원 전체의 소득금액을 동업자별로 배분하여 당해 배분된 소득금액에 따라 동업자별(지분율)로 세금을 계산하고 신고, 납부한다. 동업 개원에 따라 발생한 세금(부가가치세, 갑근세, 사업소세 등)은 사업자 모두가 공동으로 연대하여 납부해야 한다. 한 사람이 납부하지 않으면 나머지 사람이 전액을 납부해야 한다. 연대 납세의무가 있으므로 부담스러운 측면도 있다.

2) 동업 개원 준비하기

모든 사업은 성공을 전제로 시작한다. 누군가와 함께 사업을 구상하는 것은 목표의 크기를 절반으로 줄이는 것이 아니라 성공의 확률을 두 배 더 높이기 위한 것이다. 많은 장점에도 불구하고 동업 개원은 쉽게 결정하기가 어렵다. 동업에 적합한 의사인지 자문을 해보고 시작해야 한다. 동업 파트너를 구할 때에는 자신에게 없는 강점을 가진 파트너를 찾는 것이 중요하다. 그러나 상호 보완하지 못하고, 성격만 너무 다르면 오래 가지 못하는 단점도 있다.

애플이 성공한 것은 스티브 잡스의 '혁신' 능력과 팀 쿡의 '경영 능력'이 시너지 효과를 냈기 때문이다. 스티브 잡스와 팀 쿡이 같은 성향을 보였으면 현재의 애플은 달라졌을지도 모른다.

동업 개원은 함께하는 의사 간 서로 약정하는 내부 규정을 만드는 일부터 시작한다. 동업 개원 의사의 자격, 의사결정과정, 역할 분담, 근태 문제, 가입과 탈퇴, 해산 등 중요한 문제부터 사소한 문제에 이르기까지 상호 합의하여 규정을 만들어야 한다. 동업하면서 향후 일어날 수 있는 모든 일에 대한 처리 방법을 사전에 논의하고 문서로 만들어야 한다.

의사의 선발, 해외 연수 교육뿐만 아니라 세미나, 학회 참석, 당직 등 진료 이외 사소할 수도 있는 내용도 동업 전에 논의해야 한다.

동업 파트너는 사업의 성패를 좌우하는 핵심 역량이며 파트너를 고를 때 인생의 배우자를 만나는 것처럼 신중하게 골라야 한다.

'동업하라' 의 저자 신용한씨의 동업파트너 기준

동업 파트너를 선정하는 5가지 기준을 다음과 같이 제시했다. 그는 5가지 요인 중 한 가지라도 빠지는 만큼 실패의 확률도 높아지는 것이라고 그의 책에서 말했다.
- 파트너가 비즈니스 핵심역량을 갖고 있는가?
- 파트너의 인적 네트워크는 어떠한가?
- 파트너가 갖고 있는 유형의 재산은 어느 정도인가?

- 파트너가 이 사업에 무엇을, 얼마만큼 걸고 있는가?
- 당신은 어떠한가?

나는 동업 개원에 적합한가?

동업 개원은 우선 적성에 맞아야 한다. 저자가 동업 개원 자문하면서 10개 항목의 체크리스트를 만들었다. 본인의 스타일에 맞는지 점검해 보기 바란다.

동업 개원 체크리스트

- 의사 결정이 혼자서도 가능하다.
- 부모님이나 친척의 도움 없이 자본의 독립이 가능하다.
- 공동개원의 필요성을 절실히 느낀다.
- 현재보다는 나의 미래 가치를 생각한다.
- 개인주의 성향보다는 조직 생활에 매력을 느낀다.
- 동업개원의 장단점을 잘 파악하고 있다.
- 나만의 원칙이 있으며 주위 사람들이 합리적이라고 한다.
- 양보와 타협, 믿음이 강해 주위 사람들과 하나의 성과물을 공유할 수 있다.
- 나의 장단점을 잘 알고 있으며 상대방의 단점을 이해할 수 있다.
- 주위에 신뢰하고 신뢰받을 수 있는 파트너를 확보할 수 있다.

A : 10~8점 공동개원 적합, B : 7~6점 보완 후 공동개원 C : 5점 이하 단독개원

출처 : 의료기관경영실무핸드북, 박병상, 에치피시, 2002

3) 세부적인 동업약정서

동업 개원의 출발은 계약서다. 핵심도 계약서다. 서로 지켜야 할 계약서와 함께 운영할 의료기관의 세부적인 사업계획서가 있어야 한다. 정이나 의리는 가끔 만날 때 필요한 것이다.

만날 때와 헤어질 때, 세부적인 지분 관계뿐만 아니라 상표권 문제, 동업자 사망 시 대책, 의료분쟁 등 동업하면서 생길 수 있는 가능성은 세부적인 사항을 계약 내용에 담고, 공증받아야 한다.

역할 분담에 기초해 동업자를 선택하고, 각자의 책임과 권한의 범위를 구체적으로 명시한다. 이익 배분이나 지분 관계 등 동업의 균열을 가져올 수 있는 민감한 사안들에 대한 해결책을 명확히 규정한다. 이런 내용을 담는 것이 계약서고, 병원 운영 시 동업으로 야기되는 갈등을 줄이는 것이 동업 성공을 위한 '시스템'이다. 좋은 동업은 새로운 성공의 기회를 제공한다.

동업 개원 약정내용

구 분	내 용
가입과 탈퇴	자격, 가입조건, 출자방식, 중도 탈퇴 시 처리 방법, 권리의 양수·양도
의사결정 방식	중요 의사결정 방식, 의결정족수 등
역할 문제	진료 부분의 역할, 행정 부분의 역할
이익 배분 방식	기준급료, 성과급, 병원의 기여도, 휴가·휴직 등의 이익 배분
복무규정	휴가, 휴직, 공가, 복리후생, 근무 시간, 안식휴가, 정년퇴직
기 타	해산 방법, 직원 채용, 의료분쟁 처리, 상표권, 약정의 변경 처리, 동업자 간 분쟁 처리방안

지분 관계와 투명성 확보

동업에서 가장 민감한 부분이다. 투명성은 동업의 가장 중요한 키워드다. 예민한 돈 문제와 병원 경영은 투명해야 한다. 크로스 체크하는 상호 검증 장치를 마련하는 것이 좋다. 파트너에게 믿음을 주며 스스로 더 꼼꼼해야 한다.

동업에서 갈라서는 이유 중 투명성 부족에서 오는 경우가 많다. 두 사람보다는 세 사람이 좋을 수 있다. 둘 사이의 경쟁 관계나 완충 역할 부재 등이 오히려 문제를 심각하게 할 수도 있기 때문이다. 한 명이 갑자기 그만둔다고 해도 두 명이 남게 되면 한결 부담이 덜하다. 동업은 부부관계와 비슷하다.

동업개원의 실패 원인

구분	내 용
동기	사소한 정에 이끌려 동업 개원을 시작하는 경우
자금	수입과 지출이 명확하지 않은 경우
규칙	룰을 지키지 않고 독단적인 경우
책임	문제발생시 책임소재를 명확히 하지 않는 경우
배분	수입과 배분, 출자 등을 구두 상으로 약속한 경우

동업 개원 파트너

- 기존에 친분이 있으며 상호보완이 가능한 동년배, 혹은 선후배
- 경제적으로 비슷하고 가치관, 종교관, 이념이 비슷한 사람
- 신뢰와 믿음이 있으며 시작할 때처럼 항상 변하지 않는 사람
- 자금의 투자, 분배에 대해 명확히 할 수 있으며 룰을 지킬 수 있는 사람

– 현재를 잘 이해하고 미래에 대한 삶의 목표를 공유할 수 있는 사람

헤어지기 위해 동업한다

동업 개원에서 병원을 폐업할 때까지 함께 가기는 쉽지 않다. 따라서 3년에 한 번씩 점검하고, 1년마다 병원의 가치를 평가하여 도중에 헤어질 준비를 해야 한다. 동업 개원을 하다가 헤어진다고 해서 실패한 것은 아니다. 오히려 어려웠을 때 함께 힘을 모아 병원과 개인의 성장을 이루었다면 동업개원의 절반은 성공한 것이다.

동업이 오래가는 경우가 있기는 하지만 언젠가 헤어질 수밖에 없는 구조다. 동업은 필요에 의해서 하고, 필요하지 않으면 서로 합의에 따라 각자의 길을 가면 된다. 합의가 중요하다. 따라서, 공동개원의 계약서는 중요하다. 매년 서로 합의로 병원의 가치 평가를 통해 분사(spin out)할 준비를 한다.

목표 지향점이 다르면 헤어진다.

각자의 길을 가는 이유가 많지만, 그중에서 가장 큰 이유는 목표 지향점이 다르기 때문이다. 병원의 너무 잘되거나 어려워지면 이견이 생긴다. 처방이 다르기 때문이다. 특히 병원을 더 키우고 싶어 하는 동업자와 현재를 유지하고 싶어 하는 동업자는 함께하기 힘들다.

병원이 성장하게 되면 생각이 서로 다르다. 합의점을 찾기 어렵다. 미션과 비전이 다르기 때문에 일어나는 자연스러운 일이다. 그럴 때는 병원을 더 확장하여 성장하고 싶은 동업자가 다른 곳으로 가서 새롭게 개원하는 것이 바람직하다. 새로 개원할 지역이 기존 병원에서 행정구역을 달리하는 곳이라야 한다. 서울에서 보면 서로 다른 구, 직선거리 10km는 넘어야 한다. 병원 이름도 누가 가질 것인지 명시해야 한다.

예를 들어 기존 병원을 운영하는 의사가 새 이름을 사용하고, 새로 개원할 의사가 기존 병원 이름을 쓰는 방식을 서로 합의할 수 있다. 병원 이름으로 분쟁이 생길 수 있다. 관계가 좋지 않게 동업 관계가 끝날 경우 사소한 문제도 해결할 때까지는 시간이 오래 걸린다. 서로 합의에 이르지 못하고 법원 등 제삼자의 판단에 따르기도 한다.

5. 브랜드 네트워크 개원

병의원 네트워크란 동일한 상표로 공동 홍보, 공동구매를 통한 원가 절감, 의료의 질 표준화를 목표로 전국적인 조직을 구성하는 조직이다.

의료기관간 경쟁이 치열해지면서 개별조직간 경쟁에서 시스템간 경쟁으로 변화되고 있고 조직간 협력과 연계의 필요성이 증대되면서 병의원에서는 여러 가지 형태의 네트워크가 속속 나타나고 있다.

네트워크와는 다른 형태이기는 하지만 대형병원을 중심으로 의뢰, 되의뢰 시스템인 진료협력센터를 구축하고 있다. 환자 중등도 질환에 따라 서로 역할을 구분하여 협력한다. 의료기관간 제휴는 급격히 변화하는 의료환경에서 병원의 효율적인 운영과 환자에게 제공되는 의료질 향상을 위하여 대형병원과 지역내 의원급 병원들이 추구하는 전략의 한 형태다.

1) 병의원 네트워크 경영

병의원 네트워크는 고객들에게 의료기관의 접근성과 서비스 신뢰성을 높이는 장점이 있다. 브랜드 네트워크에 가입하여 개원하면 단독개원의 위험을 줄이고 기존 서비스 상표의 인지도와 신뢰도를 활용할 수 있는 장점이 있다.

새로 개원한 원장들은 네트워크에 가입하여 개원하는 것에 관심이 많다. 네트워크가 활성화된 데는 내부 경쟁력을 확보하여 병원경영의 전문화를 이루며 의료협력 시스템에 참여함으로써 병원의 성장에 기여할 것이라는 기대 때문이다.

네트워크 경영과 이중 개설금지

같은 브랜드를 사용하며 세를 확장했던 네트워크병원들이 2012년 8월 의료법이 개정(의료법 제4조 제2항은 '의료인은 다른 의료인의 명의로 의료기관을 개설하거나 운영할 수 없다.'고 규정하였고, 같은 법 33조 제8항에서는 '의료인은 어떠한 명목으로도 둘 이상의 의료기관을 개설·운영할 수 없다'고 개정하였다)되면서 차질을 가져오게 되었다. 네트워크 병원들의 지점 지분 참여를 통한 병원 운영을 막겠다는 취지로 개정되었다. 한 명의 의료인이 한 개의 의료기관만 개설할 수 있도록 한 것이다.

이 법의 입법 취지가 의료인이 단순 경영의 목적이라는 명분으로 다른 의사의 면허로 의료기관을 여러 장소에 개설하는 것을 막아 환자의 유인행위를 하거나 과잉 진료 및 위임 치료를 방지하기 위함이다. 의료인이 영리 목적으로 의료기관을 여러 곳에 개설하는 경우도 국민건강을 위협하는 요소로 간주하였다.

개원가에서 브랜드 네트워크에 관심을 갖는 이유

인지도가 높은 브랜드 네이밍으로 개원하는 것이 장점이 많다고 생각하기 때문에 네트워크에 가입한다. 네트워크는 의료시장 변화에 따른 절박함의 공동 대응으로 볼 수 있다. 환자의 신뢰가 구축된 네트워크 브랜드를 통해 의료수익을 높여준다.

인지도가 높은 브랜드 네트워크는 체계적인 시스템을 도입하고, 고객 관리 노하우 공유를 통해 고객 만족에 한발 앞서 있다. 뿐만아니라 공동구매를 통한 진료재료 등 구매 단가의 절감 효과도 있다.

2) 네트워크 병원 구축

네트워크 초기 동일한 브랜드를 사용하여 진료권역 확장 수단으로 시작하였다. 일부에서는 모 병원의 분원으로 개원하기도 한다. 전문화를 내세우는 모 병원의 브랜드 인지도를 앞세워 네트워크를 구축하고 있다.

전략적 네트워크 경영이 새로운 경영방식으로 확대되고 있다. 의원과 전문병원의 네트워크를 결합하여 서로 협력관계를 이루고 있다. 네트워크가 병원 경영의 한 부분으로 자리 잡아가면서 의과·치과·한의과 등 다양한 영역에서 활성화되고 있다.

브랜드 네트워크 구축 목적

- 병원 경영의 목표와 비전의 공유
- 공동 브랜드 사용으로 인지도 확보
- 정기적인 교육 및 직원 교육의 공동 실시
- 합리적인 경영 방식 및 매뉴얼 개발
- 네트워크 회원 간 지식정보의 공유
- 공동마케팅 활동을 통해 병원 수익 증가 기대
- 다양한 의료환경 변화에 공동으로 대응 방안 모색
- 진료 장비 및 소모품의 공동구매
- 서식, 규정 등의 공동개발 통일화

브랜드 네트워크 구축 방법

네트워크를 구축하기 위해서는 우선 브랜드 네이밍을 만들어야 한다. 구성원의 자격요건을 정하고, 함께 할 병의원을 규합한다.

- 네트워크 브랜드 이름 결정 : 공동 심볼, 로고 제작
- 자격 요건 등 확정 – 네트워크 가입요건
- 네트워크 회원 병원 모집
- 네트워크의 운영방침 결정

3) 네트워크 운영 조직

국내에 여러 네트워크조직이 운영되고 있다. 브랜드 네트워크별로 운영방식에 차이가 있다. 전국에 구축한 브랜드 네트워크는 소속 의료진과 정기적인 학술행사를 통해 의료의 질을 높이고, 직원들의 교육을 통해 환자만족도를 높이고 있다.

네트워크를 운영하는 경영 지원 조직을 통해 게시판을 공동으로 운영하고 병원경영회사인 MSO(Management Service Organization)에서는 고객 공감센터를 운영하기도 한다. 고객 칭찬이나 불만 창구를 만들어 공동으로 대응한다.

네트워크 조직의 브랜드를 위해 윤리경영을 강조하고, 네트워크에서 지속적인 민원이 발생할 경우 탈퇴를 권유하거나 제명하기도 한다. 네트워크가 늘어나면 브랜드가치가 상승하기도 하지만, 모 병원 경영이 어려워 지거나 구성원인 네트워크 병원의 치명적인 실수로 브랜드 가치가 하락하기도 한다.

4) 병원경영지원회사(Management Service Organization; MSO)

MSO는 특정 진료과목의 의료기관을 대상으로 의료행위를 제외한 경영컨설팅, 마케팅, 인적자원관리, 재무, 구매 등 의료기관 경영 전반에 관한 서비스를 제공하는 조직이다. 미국 등 몇몇 선진 국가에서는 이미 의료기관의 대표적인 경영 형태로 자리 잡았으며 국내에서도 네트워크 의료기관의 숫자가 증가하고 있다. 그러나 우리나라에서는 아직은 네트워크 수를 늘리거나 경제 실현을 통한 수익성 제고에 초점을 맞추고 있는 것으로 보인다. 진정한 MSO의 갈 길은 소속된 의료기관의 브랜드 가치 창출과 경영의 전문화, 나아가 의료 산업 발전을 목표로 한다.

규모가 큰 네트워크 병원들은 병원경영지원회사를 설립하여 운영하기도 한다. MSO의 역할이 지금보다 더 커지고 설립이 활성화될 것이다. 국내에서는 2000년 초부터 MSO의 다양한 비즈니스 모델이 제시되고 발전되어 왔다. 그러나 현재까지도 여러 가지 제약으로 큰 진전을 보지 못하고 있다.

초기 MSO가 도입되었을 때는 의료환경에 좀 더 효율적으로 대응하고 의료기관들의 고질적인 문제점인 경영난과 자금 부족, 임상 연구와 의료시설에 대한 재투자의 어려움을 해소하기 위한 전략적인 대응 방법의 하나로 제기되고 채택되어 정부의 의료산업화 정책의 일환으로 추진되었다(병원경영지원회사 활성화 방안, 재정경제부, 2006).

초기에는 영리 의료 도입이라는 비난도 있었으나 현재 상당수 네트워크 병원에서는 MSO를 통해 공동 마케팅과 브랜드파워를 공유하는 등 개원가에서는 긍정적인 측면이 많다. 그러나 네트워크에 참여하는 병원들이 본원의 의료기술을 따라가는 것이 쉽지 않고, 의료품질을 표준화하는 시스템이나 프로세스를 제대로 갖추지 않아 외형적인 성장에 치우치는 측면이 있다. 공동브랜드를 사용하는 네트워크가 갖추어야 할 표준 질 관리와 진료 프로세스에 대한 문제가 지속적으로 제기되어 왔다.

MSO는 자체로도 경쟁력을 갖추어야 하고, MSO를 중심으로 공동의 전략적 목표 달성을 위한 부단한 협력, 의료기술의 공유, 효율적인 진료 시스템 운영, 차별화된 서비스 개발과 제공 등을 통해 경쟁우위를 확보하고 MSO의 브랜드 가치도 높여야 한다.

제4장
개원 입지

제4장
개원 입지

입지 선정은 병원을 개원하려면 가장 먼저 거쳐야 하는 중요한 의사 결정이다. 병원의 입지는 치명적인 손실을 주지 않는 한 단기적인 변경이 불가능한 장기적인 고정 투자다. 자신만의 확고한 진료계획이 서지 않으면 개원 입지를 정하기가 어렵다. 모든 사람이 '좋은 입지'라고 생각하는 장소는 더 이상 없다. 입지를 찾다 개원을 포기한 의사도 있고 장소만 마음에 들면 즉시 개원하겠다는 의사도 있다.

개원을 준비하는 의사는 개발지에 관심을 두고, 신축건물을 눈여겨봐야 한다. 개원 입지를 선정하는 일은 정보력 싸움이고, 공부가 필요한 영역이다. 특히 부동산을 매입하여 개원할 경우에는 향후 자산가치를 생각하지 않을 수 없다. 따라서 신중하게 선정해야 한다. 부동산을 보는 안목이 있으면 유리하다.

1. 입지 선정과 진료권

1) 개원과 입지 선정

입지 선정이란?

환자에게 '양질의 의료'를 제공할 수 있고 병원 경영에 '최대의 이익'을 줄 수 있는 지역을 '올바로 선정'하는 것을 말한다. 입지 조건은 시간에 따라서 달라지며 요구 조건이 다양하고 복잡하다. 입지를 선정하는 일은 높은 전문성을 요구한다. 따라서 충분한 검토, 자료조사와 전문가의 조언을 받는 것이 바람직하다.

진료영역을 새로 확장하거나, 입지 여건이 바뀌면 적절한 시점에 새로운 곳으로 이전하여 재개원하기도 한다. 지역이 점점 발전하여 사람들이 모이는 곳이 있고, 성장기를 거쳐 점차 쇠퇴하기도 한다. 어느 지역이건 성숙기, 발전기, 쇠퇴기의 과정을 거친다. 재개발을 통해 쇠퇴 이후 최고의 상권으로 다시 태어나는 경우도 있다. 개원하고 있는 지역 인근에 대규모 주택 건설사업을 하기도 한다. 뿐만아니라 지하철역이 신설되기도 하고 대형 쇼핑몰 계획이 발표되기도 한다. 개원하고 있는 지역의 주변 환경은 늘 바뀐다.

병원 입지를 선정하는 조건들은 복합적이고 유기적인 연관 관계가 있다. 지역은 좋지만, 개원할 건물을 구하기 어려운 경우가 있고, 건물은 있으나 임대 평수가 맞지 않는 경우도 생긴다. 임대 평수가 적합해도 금액과 관리비가 적합하지 않을 수도 있다. 어느 조건에 우선순위를 두어야 할지 미리 정하고 접근하면 편하다.

병원을 개원하기 위한 부지 매입도 마찬가지다. 적합한 개원 입지라고 판단되면 빨리 매입해서 병원을 개원하는 것이 좋은 방법이다. 부동산 가격은 특별한 경우를 제외하고는 꾸준히 오른다. 호재가 있는 개발지역은 급격하게 오른다. 개원한 지 6개월 내 환자 수가 증가하지 않으면 다른 곳으로 빨리 옮기는 것이 좋다고 경험 있는 선배 의사는 충고하기도 한다. 환자가 늘지 않는 것이 단순히 입지 때문인지, 의사 자신의 문제인지도 판단해 볼 문제다.

개원 입지 선정 요령
- 대상 인구가 많고 장래에도 인구 증가가 예상되는 지역
- 환자(고객)를 유보할 수 있는 시설이 존재하는 곳
- 편리한 교통체계로 사람이 많이 모이는 곳

개원 입지의 의미

병의원은 어디에서 개원하는지가 중요하다. 처음 개원한 곳에 오랫동안 정착한다. 익숙하고 편한 지역은 떠나기가 어렵다. 영토본능이다. 자기가 사는 곳이 좋은 곳이라고 생각한다. 개원 이후 지속해 환자가 늘어 3년 차가 되면 확장에 대해 고민하게 된다. 처음 개원한 지역을 버리기가 아깝다. 의료사고와 같은 일로 병원 이미지가 실추되는 등 특별한 경우를 제외하고는 전혀 모르는 지역으로 옮기는 일이 쉽지 않다.

의원으로 개원해서 인근 지역에서 병원으로 종별 전환하는 경우도 있다. 지역 환자의 특성을 잘 알고 있기 때문이다. 따라서 처음 개원 입지를 선택할 때는 여러 요인을 검토해야 한다. 외과계로 병실을 운영할 계획이라면 향후 확장까지 고려해서 입지를 선정한다.

병원의 입지는 장기적으로 보면 병원의 성장과 관련이 높다. 확장성으로 보면 기존 중심 상권에 개원하는 것이 향후 병원의 성장에 어려움이 있을 수도 있다. 중심 상권은 시간이

지나면 확장할 공간이 부족하기 때문이다. 따라서 장기계획이 있는 경우 꾸준히 인구가 유입되는 개발지역에서 개원하기도 한다. 의원을 개원하더라도 장기 전략 등 따져봐야 할 것들이 많다. 개원 이후 부동산 가치를 생각하지 않을 수 없기 때문이다.

신도시를 중심으로 개원한 의원의 상당수는 상가를 분양받아 개원한다. 분양받아 개원하면 다른 곳으로 이동하여 재개원하기가 어렵다. 비슷한 상가라고 해도 입주하는 업종에 따라 상가 활성화에 차이가 난다. 상가의 공실 여부와 업종 분포에 따라 부동산 가격의 차이가 크다. 신도시의 개원은 지하철 개통, 대형 쇼핑몰 입주 등의 기본 개발계획을 충분히 검토하여 핵심 입지를 선정한다.

개원 입지 결정

입지 선정은 시작부터 마감까지는 1년 내 끝내는 것이 좋다. 개원 입지의 최적 결정은 3개월 ~6개월이다. 1년이 지나면 기존 수요와 신규 수요가 일어나고 임대료 변동도 생긴다. 지역 상권 변동도 생길 수 있다.

부동산은 보는 만큼 지식도 늘게 되어 볼수록 만족스럽지 않은 경우도 많다. 부동산을 보는 관점이 수시로 바뀐다. 시간이 갈수록 선정이 어려워진다. 머뭇거리다 보면 막상 원하던 매물은 없어지고 만다.

아래와 같은 방법으로 입지를 선정해서 계약까지 진행한다.
- 지역 선정 : 서울권, 경기권, 지방권, 신도시, 구도심 지역
- 상권 선정 : 역세권 중심상업지, 근린상가, 테마형 상가
- 입지 결정 : 주차, 접근성 파악, 경쟁병원
- 공부자료 확인 : 등기부등본, 권리분석, 토지 이용 확인 계획 원
- 임대료 및 임대차 기간 : 보증금, 임대료, 임대차 기간, 무상임차, 만기 후 연장 등
- 계약 : 계약서 작성, 개원 준비

개원 입지 분석

구분	내용
대상 건물	위치, 면적, 건물 형태, 엘리베이터, 비상계단 등 용도변경 가능 여부
접근성	교통환경, 주차 편리성, 간판의 가시성
지역 특성	세대수와 인구, 연령구조, 도시개발 계획
경쟁 환경	동종업계, 성장 잠재력, 집객 시설, 주변 시설

지역 선정

　입지를 선정하기 위해서는 우선 지역의 특성과 개발계획 등을 알아야 한다. 개원할 지역을 서울, 수도권, 광역시, 지방 도시 등 광역권을 먼저 선정한다. 수도권 지역의 경우 기존의 성숙한 도시를 선정할 것인지, 개발이 진행중에 있는 도시를 선정할 것인지를 먼저 결정한다. 개원 대상 지역을 먼저 몇 군데로 정하지 않으면 선정하기가 어렵다.

　출신 지역, 거주하고 있는 지역, 봉직의로 재직하던 인근에서 개원할 것인지를 사전에 결정하면 지역 선정에 도움이 된다. 처음에는 지역을 넓게 잡고, 조금씩 좁혀나간다. 서울의 경우 구를 선정하고 난 후 동을 선정하고 세부적인 지역을 선정한다. 역세권, 오피스, 재래시장, 중심 상업지역, 주택지역 등으로 구분하여 입지를 살펴본다. 오피스 지역과 주택지역 등 배후에 따라 병원을 방문하는 환자 유형이 다르다. 중심 상업지구 또는 성숙한 도시에서는 공실이 거의 없기 때문에 개원 입지 선정에 어려움이 많다.

진료권

　진료권이란 병원이 위치한 곳에서 환자가 주로 찾아오는 지역을 말하며 주 진료권과 부 진료권으로 구분할 수 있다. 주 진료권은 내원하는 환자의 60% 이상을 점하는 지역을 말하며 부 진료권은 40%의 고객이 찾아오는 지역을 말한다. 진료권은 병원 규모나 전문과목에 따라 다르다. 서울 수도권의 상급종합병원은 전국이 진료권역이다. 같은 병원이라고 해도 종합병원과 전문병원의 진료권역이 다르다.

　진료권역을 넓게 잡는 병원도 있고, 지역 내로 한정하는 경우도 있다. 병원에서 어떤 진료를 하느냐에 따라 권역을 설정한다. 진료권역은 병원의 진료과목 등 진료하는 영역, 의료진 수, 중증도 진료 등에 따라 넓어지기도 하고, 좁아지기도 한다. 최근에는 진료권역이 모호해졌다. 접근성이 개선되고 유튜브 등의 새로운 마케팅 채널이 활성화되면서 거리와 관계없이 환자들이 병원을 방문한다.

의료기관별 진료권

의료기관 종별	주진료권	부진료권	
		일반입원 진료권	특수입원진료권
의원 또는 병원	반경 600m 이내 도보 10분 이내	교통이용 20분 이내 반경 1,000m 이내	대도시 중심부 또는 지방중심도시
전문병원	반경 1,000m 이내 교통 20분 이내	위치하는 행정구역 전체 진료내용에 따라 전국	도시주변의 소도시 및 농촌지역
종합병원	반경 1,000m 이내 교통수단 20분 이내	위치하는 대도시, 주변 소도시	행정구역 전체 지역

개원 입지 단계별 의사결정

- 1단계 : 지역의 의료 서비스 수요를 결정하는 인구 특성 특성

  의료 서비스에 대한 수요는 모든 거주 인구에 대해 동일하게 발생하는 것이 아니다. 해당 지역의 거주 특성, 교육 수준, 연령 분포 등에 따라 다른 양상을 보인다.
- 2단계 : 교통, 경쟁, 건물 요인
  - 교통 요인 : 지하철역, 대로변
  - 경쟁 요인 : 주변 의원의 분포
  - 건물 요인 : 건물의 형태 및 조건

2) 개원 입지 보는 법

좋은 입지와 피해야 할 입지가 있다. 좋은 입지는 별도의 광고를 하지 않고도 환자의 인지도를 높일 수 있는 장점이 있다. 개원 입지를 보는 기본적인 방법을 기술하면 다음과 같다.

입지는 Case by case

입지 조건은 천차만별이며 장소가 다른 상태에서 동일한 입지는 없다. 따라서 현시점에서 최적 입지 조건을 갖춘 곳이라도 환경이나 제도 등의 변화에 의하여 그 조건이 바뀔 수 있다. 지하철역이나 지하도의 건설로 횡단보도가 없어지기도 하고, 중앙차선이 생겨 버스 승강장이 이동되는 경우도 있다.

보편적으로 좋은 입지라 하는 곳

주위에 유명 의류 대리점, 아이스크림, 베이커리점, 브랜드 커피집, 핸드폰 대리점, 노점상들이 있다. 상가가 들어설 가능성이 있는 공터가 없다. 동일 상권 내에 빈 점포가 없다. 오르막이나 내리막길에 자리 잡고 있지 않고 낮은 지대에 자리 잡고 있다. 점포 앞에 건널목이나 버스 정류장 등이 있고 지하철역이 근처에 있다. 출입구가 넓고 광고물의 설치가 용이하다. 가로수가 너무 자라서 점포를 가리지 않는다. 이상적인 입지라 할 수 있다.

상가의 연속성이 끊긴 곳

상가의 연속성이란 각종 점포가 줄지어 있는 것을 말한다. 그런데 주차장이나 세차장, 카센터, 사무공간이 들어서 있어서 연속성이 끊기게 되는 경우가 있다. 끊긴 곳 다음에 있는 상가는 유동 인구가 급격히 감소하게 된다. 이처럼 상가의 연속성이 끊긴 곳부터는 좋은

상권이라고 할 수 없다.

발로 뛰면서 찾는 입지

입지는 직접 발로 뛰면서 구하는 방법이 가장 좋다. 현장을 걸으면서 보고, 정보를 얻어 판단을 내려야 한다. 입지 후보지가 결정되면 걸으면서 인구의 흐름을 살펴본다.

신개발지 등을 항상 메모하거나 스크랩한다.

부동산에 관해 항상 주의 깊게 살펴야 한다. 새로 개발계획이 발표된 지역이어도 상권이 형성되기까지는 상당 기간 소요된다. 재개발 또는 재건축을 발표한 곳이라면 그 지역은 인구가 새로운 곳으로 이주하고 5년 정도 후에 재 입주하는 경우가 많다.

점포의 정면이 넓어야 한다.

점포의 전면이 좁고 긴 상가보다 점포의 전면이 넓은 상가건물이 좋다. 점포의 간판이나 건물이 도로에서 많이 노출될수록 좋은 건물이다. 점포 안쪽은 좁아도 되지만 고객의 시선이 접하는 건물 폭은 넓을수록 좋다. 건물의 정면이 넓고 안쪽이 좁은 장방형의 건물이 좋다고 할 수 있다. 건물 앞을 여러 번 지나갔음에도 그 건물에 대한 상호나 업종을 인지하지 못하는 것은 대부분 건물의 폭이 좁아서 일어나는 현상이다. 눈에 띄는 곳에 간판을 부착할 수 있으면 좋다.

'부채꼴 손잡이' 입지

부채꼴 안에 각종 상권이 형성되어 있어 유동 인구가 많은 곳의 손잡이 부분이니 좋은 자리임을 알 수 있다. 좋은 자리는 거의 포화 상태다. 그렇더라도 경쟁을 위해서는 좋은 목을 찾아 개원하는 것이 원칙이다. 주민들의 왕래가 많은 부채꼴의 손잡이 지점은 개원 입지의 최상급에 속한다고 할 수 있다.

보도 폭이 넓으면 접근도가 좋다.

토지와 건물 구조가 접근도를 떨어뜨리는 경우가 많다. 대표적인 것으로 건물 앞의 보도 폭을 들 수가 있다. 넓을수록 좋다. 건물 앞을 지나는 보행속도의 문제다. 불안하면 보행속도가 빨라진다. 폭이 좁은 보도는 같은 방향으로 통행하는 사람들과 무의식중에 경쟁심리가 발동하여 걸음걸이가 빨라진다. 걸음걸이가 빨라진다는 것은 건물에 대한 시계성과 인지성에 크게 영향을 미친다.

점포 수를 보고 상권을 파악할 수 있다.

우선 상권이 번성할 수 있을지 알아내기 위해서는 그 상권 내에 있는 점포 수를 기준으로 파악해서 보면 된다. 점포 수가 많다는 것은 그만큼 그 배후지 인구가 집중되고 있다는 뜻이다.

사람의 동선이 중요하다.

사람이 목적지를 향해 진행하는 가운데 자연스럽게 나타나는 심리 동선이 있다. 안전, 최단거리, 군집 등 3가지를 중시한다.

– 안전중시

사람은 예기치 않은 위험으로부터 자신을 보호하려고 한다. 따라서 위험하다고 생각하는 길이나 새로운 길, 다른 사람이 다니지 않는 길을 선택하지 않는다는 점이다.

– 최단거리 중시

목적지로 향하는 길이 여러 방법이 있으면 가장 편하고, 시간이 적게 걸리는 가까운 길을 선택한다.

– 군집중시

인간의 심리는 사람이 모이는 곳에 모인다. 그쪽으로 자연스럽게 동선이 이어진다. 사람의 기본 심리가 소비를 유발하는 것이라고 할 때 이러한 점을 염두에 두고 입지를 선정한다.

피해야 할 입지

한국프랜차이즈협회에서 제시한 '일반상권에서 나쁜 입지를 피하는 법'을 저자가 병의원에 맞게 자료를 재구성하였다.

주변에 큰 규모의 같은 업종이 있는 곳

소비자들은 같은 조건이라면 작고 누추한 곳보다는 크고 화려한 곳을 선호한다. 따라서 자신이 얻고자 하는 점포 평수보다 더 크고 더 화려한 상점이 옆에 들어설 가능성이 높다면 이런 점포는 피하는 것이 좋다.

언덕 위에 있는 점포

언덕 위에 위치한 상점은 평지에 있는 상점보다 인기가 없다. 고객 심리상 대체로 쉽고 편한 것을 바라기 때문에 언덕에 올라가면서까지 상품을 사려고 하지 않는다.

맞은 편에 상점이 없는 경우

고궁, 학교, 관청, 아파트 등 맞은편에 상점이 없는 경우 늘 조용하고 썰렁하기까지 하다. 맞은편에 상권이 없는 경우는 고객 흡입력이 상대적으로 약하기 때문에 주변 상점들도 모두 어려운 상태에 있게 마련이다.

유동 인구가 그냥 흐르는 곳

유동 인구가 많더라도 목적지를 향해 가는 사람이 대부분이라면 장사에 도움이 되지 않는 경우가 많다.

업종이나 주인이 자주 바뀌는 점포

장사가 잘되고 돈벌이가 좋다면 주인이 자주 바꾸지 않는다. 가능하면 임대료가 너무 싼 곳은 피하고, 약간 비싸더라도 한 사람이 오랫동안 장사를 한 상점, 혹은 여러 사람이 차지하려고 하는 점포를 얻는 것이 좋다.

빈 가게나 공터가 많은 곳

빈 가게가 많은 곳은 그만큼 장사가 되지 않는다는 증거다. 쉽게 점포를 얻을 수 있지만 그만큼 허점이 있게 마련이다.

건물주가 유사 업종에 장사하는 건물

장사가 잘되면 건물주가 욕심을 내는 경우가 있다. 건물주가 유사 업종에 장사하는 사람이라면 더욱 욕심을 내는 것은 당연하다.

임대료나 권리금이 유난히 싼 점포

임대료와 권리금이 싸다면 싼 이유가 있다. 임대료가 싸다고 무조건 장사가 잘되지 않는 가게라고는 할 수 없다. 하지만 그 상권에는 적절한 임대료와 권리금을 받지 못하는 이유가 있기 때문이다.

3) 개원 입지에 영향을 미치는 요소

출처 : 진료 과목별 개원 입지의 특징, 이선경외, 가정의학회지 2009.

개원 입지의 첫 단계는 해당 지역의 의료 서비스 수요를 결정하는 인구 특성이다. 의료 서비스에 대한 수요는 모든 거주 인구에 대해 동일하게 발생하는 것이 아니다. 해당 지역의 거주 특성, 교육 수준, 연령 분포 등에 따라 다른 양상을 보이기 때문이다. 다음으로는 교통 요인(지하철역, 대로변), 경쟁 요인(주변 병의원의 분포), 그리고 건물 요인(건물의 형태 및 조건) 등이다.

거주 인구와 주간 인구

상업 중심 지역은 낮에는 붐비지만, 밤이 되면 대부분 사람이 빠져나가는 경향이 있다. 주거 중심 지역은 반대로 주간에는 다른 지역으로 직장에 출근하여 사람들이 많지 않지만, 야간에는 거주자들이 되돌아오는 특성이 있다.

거주 인구보다는 주간 인구가 더욱 관련성이 있다. 주간 인구의 상관성 높은 진료과는 성형외과, 피부과, 안과, 정신과, 비뇨기과, 마취통증의학과, 가정의학과, 산부인과, 이비인후과이다.

거주 인구의 상관성이 높은 진료과는 소아청소년과, 정형외과, 내과이다. 주간 인구 비율이 가장 높은 곳은 서울 중구, 서울 종로, 부산 강서, 부산 중구, 대구 중구 순으로 주로 대도시의 전통적 도심 지역에 해당한다. 주간 인구 비율이 가장 낮은 곳은 서울 도봉, 부산 북구, 울산 중구, 서울 중랑, 강북 등이다. 흔히 주거 중심 지역으로 인식되고 있는 성남, 고양, 광명 등의 수도권 도시보다 강북 일부 지역이 오히려 주간 인구 비율이 더 낮다.

거주 인구와 대졸 인구

교육 수준과 소득 수준이 높아질수록 삶의 질을 유지하는데 더 많은 관심을 가진다. 일반적으로 의료 서비스에 대한 수요 역시 커지는 경향이 있다.

전반적으로 개원 입지 결정에 거주 인구보다 대졸 인구가 더 높은 관련성이 있다. 대졸 인구와 더 높은 상관이 있는 진료과로는 피부과, 성형외과, 정신과, 안과, 마취통증의학과, 이비인후과, 비뇨기과, 가정의학과이다. 외과, 정형외과, 산부인과, 소아청소년과의 경우에는 거주인구와 더 높은 상관이 있다. 대졸자 비율이 전국에서 가장 높은 5개 지역(강남, 서초, 과천, 용인, 송파)과 가장 낮은 5개 지역(신안, 고흥, 곡성, 임실, 의성)을 보면 중산층 밀집 지역 혹은 소득 수준이 높은 것으로 알려진 지역과 높은 일치도를 보인다. 대졸자 비율이 가장 낮은 곳은 주로 대도시와 접해 있지 않은 농촌 지역이다.

노인 인구 비율의 영향력

60세 이상의 노인들은 그 이전 연령층보다 건강상의 문제를 자주 겪게 되며, 의료 서비스에 대한 수요 역시 커질 것이라고 쉽게 예상할 수 있다. 따라서 개원을 준비하는 일부 전문의들은 노인 인구 비율이 높은 지역에 개원하는 것을 입지 선택의 주요 전략으로 채택하고 있다.

입지가 집중되는 진료과

입지가 집중되는 경향이 있는 진료과는 성형외과, 피부과, 정신과, 안과가 높다. 이러한 진료 과목들은 주간 인구 비율이 높은 상업 중심지, 대졸 인구 비율이 높은(경제적 수준이 높은) 곳에 자리 잡는 경향이 있다. 또한 이들 4개 과목이 가장 많이 자리 잡은 곳은 서울 강남구다. 비보험 시술 비중이 크고 응급 환자의 비중이 작다는 공통 특성이 있는 진료 과들이다. 우리나라에서 경제력이 가장 높은 서울 강남구에 정신건강의학과가 개설 수가 많다. 이들 진료과는 입지에 강한 영향을 미친다.

인구 천 명당 전문의 수

보통 인구 천 명당 전문의 숫자 혹은 전문의당 인구수 등의 지표를 통해 의료 서비스가 적절하게 제공되고 있는지를 판단하는 경우가 많다. 단순 인구만을 고려하는 것은 모든 사람은 연령과 계층에 관계없이 동일한 수준의 의료서비스를 요구한다는 가정에 기초하고 있다. 그러나 거주인구보다는 주간인구가 많은 곳, 전체인구보다는 대졸 인구, 소득 수준이 높은 지역, 인구의 연령별 구성이 의료 수요에 영향을 미친다. 따라서, 기본적인 자료로만 활용하는 것이 좋다.

소득 수준이 높은 지역은 어디인가?

시군구별 근로소득 연말정산 신고 현황에 따르면, 전국 시·군·구 가운데 근로자 1인당 평균 총급여액이 가장 많은 곳은 '서울 강남구'로 나타났다. 전국 평균보다 2배 정도 많았다. 국세 통계 연보를 분석한 결과, 2020년 강남구의 1인당 평균 총급여액은 7,440만 원으로 전국 평균(3,830만 원)보다 3,610만 원 많았다. 전국 평균의 약 1.94배 수준이다. 특히 강남구는 1인당 평균 총급여액이 가장 적은 부산 중구(2,520만 원)의 3배에 달했다. 강남구 다음으로는 서울 서초구(7,410만 원), 서울 용산구(6,470만 원), 경기 과천시(6,100만 원), 서울 송파구(5,190만 원)까지가 1인당 평균 총급여액 상위 5개 지역을 차지했다.

출처 : 동아일보, 2022. 8. 24

2. 상권별 개원 입지를 보는 법

개원상권은 중심 상권, 사무실 중심 상권, 주택가 상권, 지하철 상권, 신도시 상권 등으로 구분할 수 있다. 서울의 중심 상권과 지하철 상권에 대해 알아본다.

1) 중심 상권

서울의 중심 상권은 도심권, 서북권, 동북권, 서남권, 동남권역으로 구분한다.

도심권역 : 명동, 종로, 용산, 광화문 인근, 충무로, 을지로

서북권역 : 홍대거리, 신촌, 연신내 등

동북권 : 성수역, 건대, 성신여대, 수유, 노원, 미아, 청량리, 왕십리

서남권 : 여의도, 영등포, 구로, 가산, 사당, 목동, 화곡,

동남권 : 강남역, 압구정, 고속버스터미널, 대치, 도곡, 잠실, 송파, 신천, 천호,

2) 지하철 역세권

지하철역과 연계되어 발달하는 역세권 상권이 많이 늘어나고 있다. 역세권 인근은 일자리가 많은 지역이 활성화된다. 역세권 인근 주택의 주거 성향, 고정인구의 소비성향, 주 이동로, 유동 인구의 주 연령층 등을 살펴본다. 동일한 지역도 사람이 모이는 지역과 그렇지 못한 곳이 공존하고 있다. 역세권마다의 특성이 있어 이를 충분히 이해하고 진료계획에 적합한지 고려하여야 한다.

지하철 이용 인원 데이터를 승차인원과 하차 인원으로 분리하여 분석해 보면, 각 역이 위치한 지역의 특색을 파악하는 데 도움이 될 수 있다. 출근 시간에 하차 인원이 많은 역 주변은 업무지역, 반대로 승차 인원이 많은 역 주변은 주거지 혹은 주요 환승지의 특성이 있다.

승하차가 많은 지하철역

오전 8~9시 사이에 지하철 승차 인원이 가장 많은 역

관악구에 위치한 신림역(10,190명)이다. 관악구는 특히 25~29세 인구가 가장 많은 지역, 청년층 인구가 가장 많은 지역, 1인 가구가 가장 많은 지역으로 꼽힌다. 신림역의 뒤를 이어 사당역(6,165명), 서울대입구역(6,067명), 구로디지털단지역(6,034명), 잠실역(5,563명), 연신내역(5,211명), 까치산역(5,148명), 화곡역(4,813명), 신도림역(4,807명), 쌍문역(4,392명)이 있다.

오전 8~9시 출근 시간대에 하차 인원이 가장 많은 역

가산디지털단지역이다. 2005년에 가리봉역에서 역명이 변경된 가산디지털단지역 주변에는 'G밸리'로 불리는 서울 디지털산업단지가 있다. 오전 8~9시 사이에만 하루 평균 18,615명이 이 역에서 내려서 일을 하러 간다. 다음으로 선릉역(13,243명), 여의도역(12,476명), 시청역

(12,170명), 역삼역(10,979명), 강남역(10,718명), 삼성역(10,696명), 서울역(10,556명), 을지로입구역(9,492명), 구로디지털단지역(8,855명)이 있다.

지하철 이용 승객이 많은 역

호선별 수송 인원 순위는 2호선 > 7호선 > 5호선 > 3호선 > 4호선 > 6호선 > 1호선 > 8호선 순이다. 수송 인원 1위를 꾸준히 기록하는 2호선은 전체 노선 수송량의 29.3%(2021년 기준)를 차지하고 있다. 2위인 7호선의 두 배다.

가장 많은 사람들이 이용한 역 1위는 강남, 2위 잠실, 3위 신림, 4위 홍대 입구, 5위 구로디지털단지역 순이다(2021년 기준). 반대로 가장 적게 이용한 역은 둔촌 오륜, 신답, 남태령, 도림천, 장암역 순이다.

역사별 일일 지하철 승하차 인원

호선명	역명	승차총승객수	하차총승객수	호선명	역명	승차총승객수	하차총승객수
2호선	강남	83,556	80,559	2호선	신도림	48,959	47,688
2호선	잠실 (송파구청)	82,026	81,866	3호선	고속터미널	47,166	44,251
2호선	홍대입구	66,387	68,312	2호선	서울대입구 (관악구청)	47,007	46,337
2호선	구로 디지털단지	60,104	60,315	7호선	가산디지털단지	45,869	45,386
2호선	선릉	59,607	52,588	경부선	용산	41,935	42,883
2호선	신림	57,151	54,808	2호선	성수	41,838	44,722
2호선	삼성 (무역센터)	55,825	55,492	경부선	영등포	41,392	42,395
1호선	서울역	53,674	50,761	1호선	종각	40,193	38,696
2호선	역삼	53,262	59,235	2호선	사당	38,025	42,209
2호선	을지로입구	49,824	50,081	3호선	양재(서초구청)	37,328	40,564

출처 : 서울시 지하철 호선별 역별 승하차 인원정보, 서울시 통계자료, 2022. 12.

서울교통공사에 운영하는 메디컬 존

서울지하철에서 365일 야간까지 운영해 시민 의료 접근성 확장을 위해 메트로 메디컬 존을 운영하고 있다. 지하철 역사 내에 의원 · 약국 입점이 가능해진 것은 최근의 일이다. '20년 12

월 국토교통부 고시로 의원·약국을 포함한 1종 근린생활시설이 지하철 역사 내 입점할 수 있게 된 것이다. 이후 지하철 역사 내 의원·약국의 수는 꾸준하게 증가해, 의원 4개소, 약국 30개소가 입점해 있다.

역삼역·종로3가역에서 그치지 않고 메디컬존 사업을 더욱 확대해, 서울 전역에 뻗어있는 지하철 곳곳에 편리한 의료 서비스를 제공하는 공간을 구성할 예정이다.

출처 : 서울교통공사 보도자료 2022. 7. 13

3) 신도시 지역

2기 신도시 지역

2기 신도시는 서울 집값 폭등 등을 막기 위해 추진된 사업이다. 2003년부터 건설된 신도시다. 서울 10곳, 충청권 2곳을 포함하여 12개 지역을 신도시로 지정하였다.

경기 김포(한강), 인천 검단, 화성 동탄1·2, 평택 고덕, 수원 광교, 성남 판교, 서울 송파(위례), 양주 옥정, 파주 운정 등 수도권 10개 지역이고 충남 천안·아산의 아산신도시, 대전 서구·유성구의 도안신도시 등 충청권 2개 지역이다.

2기 신도시 위치 및 면적

구분	위치 지역	부지면적(㎢)	주택건설(천호)	수용인구(천명)
판교신도시	성남시	8.9	29.3	88
동탄 1 신도시	화성시	9	41.5	126
동탄 2 신도시	화성시	24	116.5	286
한강신도시	김포시	11.7	61.3	167
운정신도시	파주시	16.6	88.2	217
광교신도시	수원시	11.3	31.3	78
	용인시			
양주신도시	양주시	11.2	63.4	163
위례신도시	서울 송파구	6.8	44.8	110
	성남시			
	하남시			
고덕국제신도시	평택시	13.4	57.2	140
검단신도시	인천 서구	11.2	74.7	184

3기 신도시 지역

수도권 주택공급 확대 방안 등의 일환으로 수도권 주택시장 및 서민 주거 안정을 위해 계획한 공공주택지구다.

남양주 왕숙 신도시, 하남 교산 신도시, 인천 계양 신도시, 고양 창릉신도시, 부천 대장 신도시 등 5개 지구다(330만 ㎡ 이상)

기타 공공주택지구로 과천 과천지구, 안산 장상, 인천 구월2지구, 화성 봉담3지구, 광명 시흥 지구, 의왕·군포·안산지구, 화성 진안 지구 등 7개 지구다.

3기 신도시 위치 및 면적

구분	위치	면적(평)	호수	시행자
남양주 왕숙	진접읍·진건읍, 양정동	1,134만 ㎡ (343만 평)	6만 6000호	LH, 남양주도시공사
하남 교산	천현동, 교산동, 춘궁동	649만 ㎡ (196만 평)	3만 2000호	LH, 경기도시공사
인천 계양	귤현동, 동양동	335만 ㎡ (101만 평)	1만 7000호	LH, 인천도시공사
고양 창릉	창릉동, 용두동, 화전동	813만 ㎡ (246만 평)	3만 8000호	LH, 고양도시관리공사
부천 대장	대장동, 오정동, 원종동	343만 ㎡ (104만 평)	2만 호	LH, 부천도시공사

수도권 일자리와 인구 증가 지역

경기도 인구가 1,400만 명이 넘었다. 서울 인구가 줄어든 반면 경기도 인구가 늘어나는 것은 주택 문제가 자리하고 있다. 경기도 인구급증은 지방 도시 소멸과 반대로 일자리가 늘어나고, 집값이 상대적으로 서울보다 낮기 때문이다.

경기도에서 인구가 늘어난 지역은 개원 지역으로 주목할 필요가 있다. 화성 동탄, 하남시, 김포시, 평택시, 시흥시 등이 해당된다. 대규모 택지 개발이 이뤄진 지역이다. 특히 화성시는 인구가 100만 명에 육박하고, 수원은 122만이다. 또한 용인, 고양 등의 인구 증가에 주목할 필요가 있다. 우리나라에서 평균 나이가 가장 낮은 지역은 세종이다.

경기도는 서울, 인천, 충남, 강원 등에서 이주한 사람들이 많다. 물론 일부 지역에서는 베드타운 현상도 보이고 있지만, 개원 지역으로 한 번쯤 눈여겨보아야 할 지역이다.

4) 택지 개발지구 내 병원 입지

LH(한국토지주택공사)에서 개발하는 택지 지구에는 의료시설 용지가 있다. 처음 대단위 택지지구를 개발할 때 주택, 상업시설, 의료시설 등을 사전에 계획한다.

한국토지주택공사에서는 다양한 규모의 의료시설 용지를 보유하고 있다.

병원을 이용할 배후 세대의 확보는 병원설립 시 가장 먼저 고려할 사항이다. 새로 개발되는 지역은 개발 면적, 주택 호수가 나오고 인구, 입주 시기 등이 계획되어 있다. 우선 택지 개발지구 내 의료 시설 용지를 확보하여 병원을 개원하려고 하면 눈여겨봐야 한다. 배후 세대가 확실하여 지역 내 거점을 확보하기 쉽다. 택지가 개발되어 인구가 유입되면 병원을 건립하는 것도 좋은 방법이다. 부지 금액도 계약금을 낼 때부터 마지막 잔금을 내는 시간까지 차이가 있어 구입에 유리하다.

병원을 새로 건립할 경우 택지개발지구의 의료 시설은 좋은 대안이다.

택지 개발이 마무리됐을 경우 총인구 및 인근 대형병원 설립 여부 등을 검토해야 한다. 의료 시설 용지의 분양을 받게 되면 다른 용도로 전환이 어렵다는 점을 염두에 두어야 한다.

3기 신도시 남양주 왕숙지구 의료시설

왕숙 신도시는 6만 6,000가구 규모로, 앞서 조성된 다산신도시의 약 2.5배 규모로 조성된다. 여기에 상급종합병원 등이 들어설 수 있는 지원시설용이지만 100만㎡가 넘는다.

남양주시가 왕숙 신도시 내 상급종합병원 유치에 본격적으로 나설 경우 더 넓은 용지 공급도 가능해 이 경우 상급종합병원 입지 요건인 배후 진료 수요와 편리한 교통망, 확장성 있는 부지면적 확보가 한꺼번에 해결될 수 있다.

공공택지지구인 만큼 상급종합병원 유치 과정에서 지자체들이 일반적으로 제공하는 혜택을 부여하기는 어렵지만, 신도시 개발 등으로 큰 폭으로 증가할 것으로 예상되는 경기 동부권의 의료수요만으로도 이미 투자 가치는 충분한 평가를 받고 있다.

출처 : 뉴시스, 2021. 8.23

3. 전문과목별 개원 추세와 입지

1) 진료영역이 모호해진 의료시장

기존의 산업 간, 업종 간 경계가 사라지는 현상이 의료분야에서도 나타나고 있다. 인근에 있는 병원이 경쟁 관계인지, 협력관계인지 불확실하다. 진료과 간 경계가 허물어지면서 전문 과별 주 진료 영역에서 추가적인 수익을 창출하는 분야로 진출하고 있다. 아프면 어느 진료과를 찾아야 할지 환자들의 판단이 쉽지 않다. 중복된 영역의 진료 과들이 많기 때문이다. 최근 검사 건수가 많아지고 있는 수면 분야는 이비인후과, 신경과, 정신건강의학과,

호흡기내과, 소아청소년과, 가정의학과에서 다루고 있다.

대한수면호흡학회, 대한이비인후과학회, 대한비과학회, 대한수면학회, 대한수면연구학회, 대한신경과학회, 대한수면의학회 등 여러 학회가 관여한다. 수면다원검사 교육이수자가 수면다원검사 판독 및 급여 청구를 할 수 있기 때문이다.

여성 방광염, 여성 배뇨 질환, 요실금, 골반 분야 진료는 산부인과, 비뇨기과, 대장항문외과에서도 진료한다. 위·대장 내시경은 소화기 내과, 대장항문외과, 가정의학과에서 하고 있으며 위, 식도 역류 질환은 원래 내과 영역으로 알려졌지만, 이비인후과에도 환자들이 많이 찾는다. 성형외과 분야도 예외가 아니다. 코 수술은 이비인후과, 눈 수술은 안과에서도 많이 하는 수술이다.

갑상선암 수술은 두경부외과와 외과에서 성의학, 여성 피부, 비만, 노화, 유방암 검진은 산부인과 또는 여성의원에서 하고 있다. 피부를 다루는 의원의 절반은 피부과 전문의가 아니다. 전문 과별 경계가 무너져 의사들도 수요가 많은 분야의 진료를 강화하고 있다. 그러다 보니 개원 입지를 결정하기가 더 어렵다.

2) 지역편중이 심한 성형외과 개원

전문과목 개원의원 중 가장 지역적 편중이 심하게 나타나는 전문진료과는 성형외과다. 서울의 강남구에 집중적으로 분포하는 의원은 성형외과, 피부과, 안과 등이다. 이외 진료과는 서울의 다른 지역들에 비하여 상대적으로 적다. 성형외과나 피부과전문의가 아닌 일반의가 진료 표시과목으로 개원하기도 한다. 신규 개설만큼 폐업률도 높다. 폐업 후 다른 상호로 개원하기도 한다.

성형외과를 찾는 환자들의 주 대상층, 연령층이 다양해졌다. 2020년 현재 성형외과 전문의는 5,694명이고, 의원 수는 1,135개소다. 서울에 620개의 성형외과의원이 있다.

미용·성형을 하는 성형외과 비전문의는 전문의의 10배 정도 될 것으로 대한성형외과 의사회는 추정한다. 압구정역, 강남역 주위에 전국의 성형외과 1/2이 모여 있다. 많은 성형외과가 강남구를 선호하는 이유는 다른 지역에 비해 환자가 많이 찾아 다른 지역에서 개원하는 것보다 수익 창출이 용이하기 때문이다. 근래에는 남성 출입이 많아지고 있다. 중소도시에서도 중심 상권 지역에 성형외과가 개설되고 있다.

국내에서 가장 많은 사람이 받은 성형수술은 '눈, 주름, 코, 가슴' 순이다. 늘어나는 외국인의 성형수술은 악안면 교정술, 안면윤곽술, 가슴, 지방흡입, 코, 탈모, 눈 순이다. 50대 이상의 중년층 성형시술도 점차 증가하고 있다.

성형외과의원의 집중 현상은 앞으로도 계속될 것으로 보인다. 성형외과는 대형병원이나 종합병원의 의사보다 로컬의 선호도가 높다. 강남에서 처음 개원하면 다른 곳으로 옮기기가 어렵다. 진료 주요 대상층이 명확하기 때문이다.

3) 서로 겹치는 진료과

정형외과, 신경외과, 재활의학과, 마취통증의학과는 서로 겹치는 영역이 많다. 환자들은 허리가 아프면 어느 진료과에 가는 것이 좋을지 선택하기가 어렵다. 성형외과 전문의가 개원할 때 진료과목을 재활의학과, 마취통증의학과, 신경외과로 표기하기도 한다. 전문과 간에 서로 겹치는 영역이 많다 보니, 유사한 환자들을 대상으로 홍보한다. 4개 과 모두 인구 구조의 변화로 환자 수가 지속해 늘어나는 진료과이다. 개원도 꾸준하게 증가하고 있다. 동일한 기간을 비교해 보면 정형외과 개원이 가장 많이 늘었다. 그만큼 경쟁이 심하다.

척추·관절 중심 진료과는 의원급의 경우 외래 진료를 중심으로 하지만 간단한 처치나 수술하는 곳도 많다. 단골 환자가 확보되고 지역 내에서 입지를 굳히면 병원으로 종별전환을 시도하기도 한다. 규모를 키워 경쟁력으로 확보하기 위해 동업 개원을 하는 경우도 있다. 이 경우 정형외과, 신경외과와 비수술의 마취통증의학과, 재활의학과 등으로 팀을 이루기도 한다. 재활치료실이 필요하고, 입원실과 MRI를 설치할 공간이 필요해 건물 전체를 사용하기도 하고, 보통 2~3개 층 이상 사용한다. 병원을 이용하는 주 환자층이 중장년층이다 보니 배후 지역을 꼼꼼히 살펴야 한다. 건물을 임대해서 개원할 경우 교통의 접근성이 용이하고, 주차장 시설이 잘된 랜드마크 건물이면 좋다.

재활의학과는 인기가 높은 전문과이다. 수술하지 않고 치료할 수 있다는 점이 매력이다. 적절한 인구가 거주하는 배후가 있는 구도심 지역, 대로변 주변이나 아파트, 단독, 연립을 끼고 있는 지역이면 좋다. 재활의학의 중요성이 높아지면서 개원도 활기를 띠고 있다.

4) 진료영역을 넓히는 진료과

이비인후과는 어떤 진료를 하는 가에 따라 입지를 선정한다. 오피스 인근 역세권, 아파트단지를 끼고 있는 상업지역이면 좋다. 주택가를 배후로 외래 중심으로 진료하면 다른 진료과에 비해 투자비가 많지 않으며 공간이 크지 않아도 된다. 70% 정도 차지하던 코 질환 환자가 줄면서 수면 관련한 환자가 늘었다. 하룻밤 자면서 검사하는 코골이 수면센터가 지역마다 거점을 구축하고 있다. 수면다원검사는 주중, 주말이나 휴일에도 가능하다. 본인의 수면 패턴에 따라 낮이나 새벽에도 검사를 진행할 수 있다. 수면 다원 검사 이후 수술 또는 양압기 착용 등 새로운 부가가치를 창출할 수 있는 영역이다. 고령화 영향으로 어지럼증, 이명 등의 환자가 늘고 있다. 난청 판정을 받고 청각장애자로 등록하기 위해서는 청각장애

진단 검사를 해야 한다. 이후에도 이비인후과를 방문해야 하고, 지속적인 관리를 해야 한다. 양압기나 보청기는 정부의 지원이 더 늘어날 것으로 보인다.

5) 다양한 진료 피부과

피부질환, 피부성형, 레이저치료 등을 주로 하며 재래시장, 역세권 지역, 오피스가 밀집해 직장인이 많은 지역, 유동 인구가 많은 지역에 개원한다. 강남역, 압구정역, 신사역 중심의 전통적인 성형, 피부과 상권, 광역시 중심의 중심 상권 지역, 일반 의원 중 피부과와 성형외과를 진료과목으로 표방한 의원 등으로 구분할 수 있다. 일반적으로 경쟁이 심하면 품질은 우수하고, 서비스가 좋고, 가격은 내려가는 특성이 있다. 진료를 차별화하기 위해서는 의료진, 장비, 실내 인테리어 등의 투자비가 많고 광고비의 비중이 높다.

네트워크 개원으로 대형화, 브랜드 전략을 구사하는 피부과는 화장품을 개발하여 기존 시장을 위협하고 있다. 비급여 항목이 많다. 중소규모 도시에서는 피부과, 비뇨기과를 동시에 표방하는 경우도 있다.

6) 대형화, 중심 상권 안과

안질환 수술, 안성형 분야에서 안검진까지 안과의 종합적인 진료를 한다. 점차 대형화되고 있다. 소규모로 운영되는 안과는 긴장할 수밖에 없다. 지역마다 거점 안과가 있다. 라식에서 백내장까지 환자층도 다양하기 때문에 접근도가 좋아야 한다. 개원초 집중적인 광고로 진료권역 내 안과 환자들을 흡수한다.

최근 대형 안과와 네트워크 안과가 증가하고 라식 수술센터, 백내장 센터 등을 특화한다. 특히 고령화로 인한 수혜 진료과로 망막 분야의 진료를 하는 곳이 많아지고 있다. 서울 도심지역 또는 신도시의 중심 거점 지역에서 개원하는 것이 좋다. 공동개원 등을 통한 대형 안과를 개설하기 위해서는 강남, 신촌, 압구정, 잠실 등 중심 상권 역세권 인근에 개원한다.

7) 산부인과 의원, 여성의원, 소아청소년과의원

산부인과의원과 여성의원을 표방하고 개원하는 원장은 산부인과 전문의다. 다만 병원이나 의원을 개설할 때 여성의원이나 여성병원, 산부인과 의원 또는 산부인과 병원으로 표기만 다르게 한다.

산부인과 전문의 5,959명 중 의원에 3,134명으로 53%가 근무하고 있다. 산부인과 의원 1,301곳에 개소당 산부인과 전문의 2.4명이 근무한다(2020년 12월 기준). 저출산으로 인한 경영난으로 문을 닫는 산부인과가 늘고 있다. 산부인과 의원은 지난 2019년을 제외한 최근

10여 년 동안 개원한 의원 수보다 폐업한 의원이 더 많았다.

지난 2019년 46개소가 폐업하고 49개소가 새로 개원했지만, 2020년 코로나19 여파로 폐업한 산부인과 의원은 41개소로 신규 개원한 의원 34개소를 넘어섰다. 2019년 4분기 기준 전체 산부인과 의원은 1,311개소에서 2020년 4분기 1,301개소로 10개소가 감소했다. 산부인과 전문의 중 "여성"을 표방한 의원은 일자리가 많은 역세권 지역, 강남, 여의도, 광화문 등에 많이 분포되어 있다. 젊은 여성을 대상으로 하므로 여성의원으로 표방하는 것이 경영에 도움이 된다.

출생아가 감소하고 산부인과와 함께 개원이 위축되고 있는 진료과가 소아청소년과다. 개원 숫자에서도 말해주고 있다. 젊은 부부가 많은 신도시가 유리하다. 초등학교의 학생 수를 보면 알 수 있다. 신도시는 지역 중심에서 개원한다. 소아청소년병원으로 중심 상권, 신도시 거점지역에서 개원하기도 한다. 소아청소년기에 발생하는 질병을 외래에서 처리하고 있다.

8) 거점 지역 개원 비뇨의학과

비뇨기과는 전립선, 발기부전, 남성 갱년기, 성병, 비뇨기 검진, 남성 수술을 하는 곳이다. 요로결석과 남성 수술 등 전문으로 마케팅하는 의원이 늘고 있다.

지역 중심의 상업지역에서 개원하는 경우가 많다. 중소도시의 거점인 터미널 근처에서 개원하는 경우와 오피스, 역세권 지역 등에 개원하는 경우가 많다.

전국적인 네트워크를 구축하여 홈페이지를 통한 온라인 마케팅, 언론 노출 등을 통해 뭉치고 있다.

9) 진료컨셉이 중요한 가정의학과

진료컨셉이 중요하다. 어떤 진료를 하는가에 따라 입지가 다르게 결정된다.

내과, 소아청소년과, 외과, 산부인과 산전 진찰 등을 주로 한다면 주택가 지역이 좋다.

요즘은 가정의학과, 영상의학과, 내과가 함께 운영하는 검진센터도 있다. 가정의학과는 다이어트 분야, 영양수액 치료, 면역증강을 전문으로 하는 면역치료, 항암 이후 회복 및 재발 방지를 하는 분야 등 다양한 진료를 통해 수익을 창출하고 있다. 대형 수액실을 운영하는 곳도 있고, 비타민 등을 진료에 적용하는 곳도 있다.

노화 등 특수 분야를 컨셉으로 한다면 중심 상권 지역에서 개원한다. 유튜브나 블로그 등을 통해 집중적으로 마케팅하는 곳도 많다.

10) 비급여 시장 치과

치과는 임플란트. 보철을 중심으로 하는 비급여 치과 시장. 치아교정을 전문으로 하는 교정치과. 어린이만 진료하는 어린이 치과 등으로 구분한다. 어느 치과를 개원할 것인지에 따라 개원 입지의 차이가 있다. 대형 치과를 중심으로 온라인 광고에 많은 비용을 투자한다.

최근 신도시를 중심으로 한 개 층을 임대해 대형 치과를 개원하고 있다. 교정치과는 접근성과 가시성과 같은 입지 요인보다 서비스의 질을 측정하는 진료 가치. 서비스 접점 및 진료 편리성이 환자의 만족에 큰 영향을 미친다.

교정치과는 입소문. 주변의 권유에 의해 방문한다. 교정을 하는 연령은 어린이부터 직장인까지 다양하다. 직장인이 많은 지역도 고려 대상이다.

11) 병상을 갖춘 한의원

한의원은 건강기능 식품시장의 활성화로 경쟁력이 전과 같지 않다. 여자 50세 이상 노년층. 도시거주자 등에서 한방 의료수요가 크다는 보고가 있다. 50대 이상 한방 의료기관 이용자의 50.1%가 근골격계 질환이며 만성질환자의 20.7%는 한방을 이용한 경험이 있으며 중풍 환자의 70.7%는 한방 이용 경험이 있는 것으로 조사된 바 있다.

한의원을 주로 찾는 진료 환자들의 특성을 볼 때 한번 찾는 환자들이 단골이 되는 경우가 많다. 특정 분야를 집중적으로 진료하는 한의원이 늘고 있다. 어린이. 이명. 코막힘. 비만. 노화. 추나 등을 전문으로 하는 한의원은 중심 상권에 입지를 선정한다.

근래에는 교통사고와 통증을 전문으로 하는 한의원이 증가세다. 교통사고 후유증 치료를 받을 수 있도록 입원실(29병상 이하)을 두고 있다. 대형 상가 건물에 한방병원을 임대해서 운영한다. 교통사고 환자를 대상으로 한의원 네트워크도 생겼다. 30병상 이상을 운영하는 한방병원도 증가했다. 한방분야 입원 병상이 급속히 증가하고 있다.

2019년 한방병원은 22,794병상에서 2020년 26,555병상으로 1년 만에 3,761병상이 늘었다. 그뿐만 아니라 한의원의 병실도 4,119병상에서 5,227병상으로 1,108병상이 늘었다. 1년 사이에 한의원. 한방병원을 합해 5천 병상 가까이 증가했다.

한방병원은 서울 강남. 송파를 중심으로 암 회복기 한방병원의 개원도 늘고 있다.

단독건물을 매입 또는 임대하여 대학병원의 암 수술 이후 환자의 수요를 흡수하고 있다. 비급여 중심의 고급 서비스를 제공한다. 지방에 소재하는 실비보험 환자들의 이용이 많다.

4. 경쟁 병의원 조사 방법

1) 카카오 맵과 네이버 지도 검색

카카오맵

　카카오맵(kakaomap)에 들어가서 인근 병원을 검색하면 병의원의 개원 연도, 전문의 수, 전문과목 수, 진료 시간(요일별, 점심시간)을 알 수 있다. 또한 건강보험심사평가원과 연계된 병원정보(의사수, 진료과목, 의료 장비)등과 진료 시간, 응급실 유무 등을 볼 수 있다.

　카카오맵에서 '주변〉 병원, 약국〉 전체과목별 현황(또는 전문과)〉 병의원 선택〉 상세 보기를 하면 된다. 상세 정보로 위치, 진료 시간, 홈페이지, 연락처, 병원 소개, 장소 후기 등도 볼 수 있다.

　병원을 이용한 고객들이 직접 평가한 친절도, 주차장, 과잉 진료 여부, 진료 결과 등을 참고할 수 있다. 좋은 글만 있는 것이 아니다. 악플도 많다. 글을 자세히 살펴보면 경쟁 병원의 진료나 서비스 수준을 대략 짐작할 수 있다.

네이버 지도 검색

　네이버 지도에서 병원을 검색하면 특정 지역 내 진료과, 전문의, 야간 또는 휴일 진료 등을 볼 수 있다.

　세부적으로 들어가면 병원의 홍보 글과 사진, 환자들이 병원을 이용하고 난 후에 작성한 리뷰가 있다. 리뷰를 읽어 보면 병원의 운영 상황을 대략 알 수 있다.

　네이버 지도에서 확인되는 병원 정보는 진료 과목, 특수 진료 장비, 우수기관 평가 정보다. 건강보험심사평가원 홈페이지의 정보와 서로 연동되어 공신력이 있다.

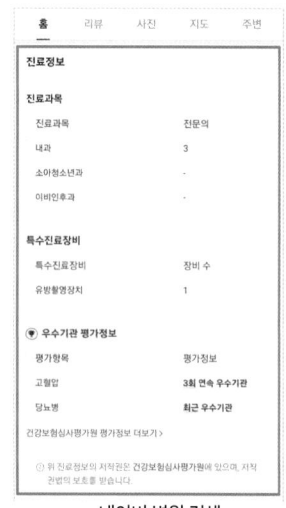

네이버 병원 검색

2) 건강보험심사평가원 자료

　건강보험심사평가원 자료를 통해 다양한 정보를 얻을 수 있다. 예를 들어 서울 송파구 내과의원 모두를 검색한다고 하면 건강보험심사평가원(https://www.hira.or.kr)〉 우리 지역 좋은 병원 찾기〉 병원·약국 종류별 찾기〉 종류 선택 / 진료 과목 선정으로 하고, 시/도〉 시/군/구〉 읍/면/동으로 검색하면 된다.

　송파구에 내과의원이 모두 나온다. 세부적으로 들어가면 진료 장비, 의료기관의 평가

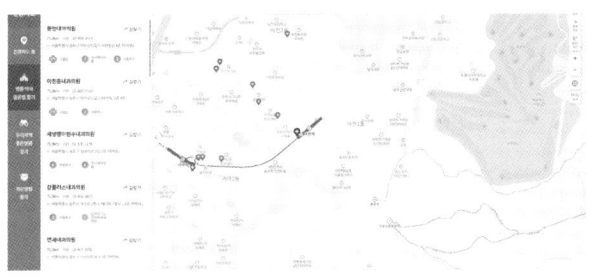

심사평가원 건강 지도

정보를 볼 수 있다.

환자가 미리 보고 진료할 병의원을 찾기도 하지만. 개원하려는 의사가 인근 지역의 의료기관에 대해 알고 싶을 때 검색해 보면 참고가 된다.

3) 보건 의료 빅데이터 개방 시스템

건강보험심사평가원에서 보유하고 개방하는 의료 데이터(opendata.hira.or.kr)로 전 국민의 진료 정보와 의료기관, 제약회사, 유관기관 등 다양한 경로에서 수집한 정보가 있다.

특히 개원 관련해서 얻을 수 있는 정보는 의료 자원 정보로 요양기관 개·폐업 정보, 병상, 집중치료실, 수술실 등 의료기관 시설 정보, 의사. 간호사, 의료기사 등 인력 현황 및 자격 정보, 장비별 이력 관리 등 장비 보유 현황. 장비별 사용 정보, 급여 청구 현황 등을 알 수 있다.

보건 의료빅데이터 개방 시스템 정보에 의하면 2021년 3분기 때 서울의 안과 의원은 457 개였는데. 1년후 2022년 3분기 때 469개로 12개의 안과가 새로 개원하였다(물론 이 숫자는 증가한 숫자이므로 폐업은 다른 데이터를 참고해야 한다).

2021년 3분기 때 서울 소재 이비인후과는 675개로 2022년 3분기 때 7개가 새로 개원하여

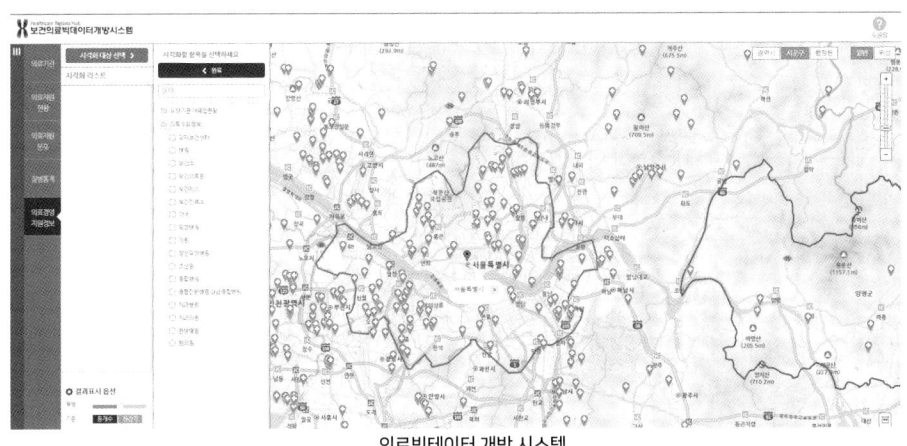

의료빅테이터 개방 시스템

682개가 되었다. 분기별, 지역별, 표시과목별 의원의 현황을 알 수 있다.

의원뿐만 아니라 병원이나 요양병원 등 종별로 구분하여 찾아볼 수 있다. 지역별 종별 요양기관 수, 지역별 종별 설립 구분별 기관 수 등 다양한 데이터를 볼 수 있다. 또한 전국 지도에 표기가 되어 시각적인 효과도 좋다.

(gisopendata.hira.or.kr)

건강검진을 컨셉으로 개원하려고 하면 국민건강보험 홈페이지에서 "검진 기관 찾기"를 검색한다.

인근 지역의 검진 기관의 정보를 알 수 있다. 일반 검진이나 암 검진 등 어느 범위까지 검진 시설을 갖추고 있는지 알 수 있다.

국민건강보험공단(https://www.nhis.or.kr)

건강iN〉검진 기관/병원찾기〉검진 기관 찾기

시/도〉시/군/구〉읍/면/동으로 해서 세부 사항을 조건으로 체크하여 검색하면 원하는 정보를 볼 수 있다.

검진기관 찾기

4) 맘카페 키워드 검색

맘카페 초기에 지역 육아 정보 공유를 목적으로 만들어 규모가 커지면서 지역의 각종 정보를 다루는 종합 커뮤니티로 발전했다.

다양한 주제를 다루고 있으며 지역 내 영향력 있는 카페다. 30대~40대 여성 회원이 많으며 임신, 출산, 육아 관련 주제와 지역 정보가 많다. 그러다 보니 지역에 있는 병원 정보가 넘친다. 선플과 악플이 많다.

일부 맘카페는 지역 및 친목 카페 최상위권에 들기도 한다.

지역내 병원 이름을 키워드로 검색하면 병원의 정보들이 많다. 맘카페 회원들이 직접 올린 병원들의 글들을 참고하면 어느병원이 환자를 잘 보는지 알수있어 개원에 도움이 된다.

5. 의료와 부동산, 임대계약

1) 병원 개원 부지와 건축물

병원을 개원하기 위해서는 가장 먼저 진료 컨셉에 맞는 크기의 공간을 구하는 일이다. 의료시설의 용도에 맞고 적정한 건물 면적이 있어야 한다. 신축의 경우 병원을 지을 부지를 확보해서 병원시설에 맞도록 건축해야 한다.

기존 건물을 임대하거나 매매해서 개원할 경우에는 의료시설로 용도변경이 가능한지가 가장 중요하다.

다른 용도로 사용하던 건물의 임대 또는 매입

임대하여 의료시설로 개원할 경우 임대 기간. 원상 복구에 대한 부담이 있다. 병원으로 리모델링해서 개원할 경우 내부 용도에 맞게 인테리어해야 하며 비용 부담이 크다. 건물을 매입할 경우 향후 부동산 가치를 염두에 두어야 한다.

병원으로 사용한 건물을 임대 또는 매매

의료시설로 사용한 건물은 초기 시설비 절감 효과가 있다. 건물 용도가 의료시설로 되어 있어 주차장이나 엘리베이터 등의 추가 투자비가 적어 좋은 대안이 된다. 지역이 진료계획과 부합되는지 여부. 내부 공간을 진료컨셉에 맞게 변경 가능 여부를 검토한다.

병원을 신축하기 위해 토지 매입

개발 가능성이 높아 지속적으로 성장할 지역을 선정한다. 의료시설로 적합한 용지인지 우선 검토한다. 기존 건물이 있으면 철거 후 신축한다. 지상 설치물이 없는 택지(나대지)는 도시계획법 등 공법상의 제약. 지구단위 계획 등을 사전에 검토한다.

2) 부동산 이력 조사

부동산에 대한 기본적인 이력이 필요하다. 서울은 서울시 부동산정보광장(land. seoul. go. kr). 경기도는 경기 부동산포털(gris.gg.go.kr)에 접속하면 부동산 정보를 볼 수 있다. 그리고 지적도나 토지 계획 확인원은 토지 이용 규제 정보서비스에 들어가서 확인이 가능하다.

부동산 공부 서류

부동산의 공부 서류는 등기부등본(등기사항전부증명서). 건축물대장 토지 대장 지적도.

토지이용 계획 확인원을 보면 된다. 등기부 등본은 대법원 인터넷등기소에 들어가서 보고 (유료). 건축물대장과 토지대장은 정부24에서 무료로 열람하면 된다.

서울시 부동산 광장

부동산에 관련된 필지 중심의 토지(임야), 건축물, 토지이용계획, 개별공시지가, 주택공시 가격 최근 1년간 실거래가 정보를 한 화면에 열람할 수 있다.

경기 부동산포털

연속지적도, 새 주소, 항공사진 등의 서비스, 토지이용계획 확인원 조회, 특정 지역 내 주변 주요시설 조회, 검색된 지번이나 건물의 토지 임야대장, 건축물대장, 개별공시지가, 개별/ 공동 주택공시 가격 조회

토지이음(eum.go.kr)

도시 계획 정보를 통합하여 제공하는 부동산 공공 포털로 과거 및 현재의 규제 지정 현황 및 규제 법령을 실시간으로 제공한다. 앞으로 변경될 계획 정보 및 계획 현황을 알수 있다. 어려운 법령을 분석하여 알기 쉽게 제공하는 행위 제한 정보, 인허가 절차 등을 안내하는 규제안내서, 부동산 용어에 관해 설명되어 있다.

토지 이용 계획(필지별 지역 · 지구 등의 지정 여부와 행위 제한 내용), 도시 계획(도시 계획도, 개발 행위 허가 필지도, 지구 단위 계획 규제도), 규제 안내서(건축물 건축 등을 위해 살펴볼 인허가 기준, 절차, 서류), 고시 정보(새롭게 지정 및 변경되어 고시된 지역 · 지구 등의 고시 확인) 등의 메뉴가 있다.

새움터(건축 행정 시스템)

복합민원인 건축 행정 업무 전반의 전자화를 통해 국민은 관청 방문 없이 인터넷으로 편리하게 인허가 신청을 하고, 공무원은 건축 행정(인허가 착공 분양 준공(사용승인) 철거 등) 업무 전반을 전자적으로 ONE STOP 처리하게 하는 국가 표준정보시스템이다.

정부24

중앙행정기관, 공공기관, 지방자치단체 서비스에 대한 안내와 정부24가 각 기관과 연계하여 신청 · 발급할 수 있는 서비스를 통합으로 제공한다. 정부24에서는 9만여 건의 서비스(정부 서비스 약 8만 5천 건, 민원 서비스 약 5천 건)가 제공된다. 1,000여 건의 서비스 신청 ·

발급이 가능하다.

부동산 관련 서류 확인

부동산을 알기 위해서는 부동산과 관련된 서류를 확인해야 한다. 등기부등본, 건축물대장, 토지대장, 지적도, 토지 이용 계획 확인원을 보면 된다.

부동산관련 확인 서류 및 확인 내용

구분	발급처	확인 내용	
등기 사항 전부 증명서	관할 등기소 대법원 인터넷등기소	토지, 건물	표제부 : 부동산 표시에 관한 사항으로 토지 및 건물의 면적 등을 표시. 전용 면적
			갑구 : 소유권과 관계된 내용 소유자, 소유권 이전일, 소유권이 매매인지 경매인지 알수 있고, 가압류 상태 등을 알 수 있음.
			을구 : 소유권 이외의 권리에 대한 사항 근저당권, 전세권 설정 등이 기재되어 있음.
건축물대장	구청이나 군청, 정부24	건물의 층별 면적, 층수, 구조, 연면적, 용적률, 건폐율, 용도, 주차장 등을 알 수 있음	
토지대장	정부24	토지의 사용 용도(지목) 실제 면적	
지적도	구청이나 군청, 토지이용규제 정보서비스, 부동산 정보 통합 열람	토지의 모양과 옆 토지와의 경계 등을 확인 간단한 지적은 네이버나 다음 지도	
토지 이용 계획 확인서		토지의 공법상 규제 이용할 수 있는 토지의 용도 -지역 지구 등 지정 여부 등 확인 지구단위계획 수립지역 여부, 토지 면적 확인 공시지가, 지적도, 관련 법률(국토법, 건축법, 관련 조례)	

3) 임대 계약과 개원일정

입지 선정이 완료되면 임대 또는 매매 계약을 해야 한다. 계약 이후에도 여러 과정을 거쳐야 하므로 개원까지 시간이 오래 걸린다. 꼼꼼한 일정관리를 하지 않으면 개원이 늦어진다.

임대 건물에 의원이나 병원을 개원할 경우 고려사항은 다음과 같다.

건물이 의료시설로 적합한지 여부

건물 용도가 있다. 의원은 근린생활시설 1급, 병원은 의료시설로 용도변경을 해야 한다. 용도가 적합하지 않거나 시간이 지체되면 개원 일정을 맞추기가 어렵다. 따라서 계약서 작성 시부터 용도변경에 관한 사항을 특약 조건에 넣어 계약해야 한다. 의료시설로 용도변경을 할 경우 건축사와 충분히 협의한다. 주차 대수, 소방시설이나 장애인시설에 적합한 시설변경에 시간이 오래 걸리기도 한다.

렌트프리 기간

임대계약서를 작성할 때 개원을 준비하는 기간은 월 임대료를 받지 않은 경우가 많다. 렌트프리라고 하는데. 용도 변경이나 인테리어가 늦어지면 개원이 늦어진다. 따라서 '몇 개월을 렌트프리기간으로 한다'고 하는 것 보다는 '병원 개설 허가를 득한 날'로 렌트프리 기간을 계약하면 유리하다. 렌트프리 기간이 없이 계약과 동시에 임대료를 지불하는 경우도 있다.

동종업종 금지

규모가 큰 복합 상가의 경우 동일한 진료과가 같은 층에 입주할 수도 있다. 사전에 동일한 진료과목을 임대하지 않겠다는 사항을 계약서에 명시하는 것이 좋다. 요즘은 진료 영역이 모호해서 전문과목이 달라도 서로 경쟁하기도 한다. 가능하면 동일한 표시 진료과목은 피해야 한다.

간판 위치 조정

간판 위치를 사전에 확보하는 것이 좋다. 대형건물의 경우 간판의 크기나 위치를 사전에 정해서 알려 준다. 사전에 협의해서 계약서에 사인물에 관해 명시하는 것이 나중에 마찰을 줄일 수 있다.

제5장
병의원 시설

제5장
병의원 시설

병원을 개원하기 위해 갖춰야 할 시설은 의료법에 세부적으로 규정되어 있다. 병원과 의원은 시설기준이 다르다. 병원의 필수 시설인 입원실, 수술실, 검사시설 등은 의료기관의 시설기준과 시설 규격을 갖추어야 한다. 최근에는 환자의 안전이 중요시되면서 병원 감염시설을 강화하여 음압 시설, 공기 정화시설, 소독시설 등에 관해서도 세부 기준을 만들었다. 병원의 시설요건이 강화되어 개원 비용이 상당폭으로 증가했다.

1. 의료기관의 시설기준

1) 시설기준 및 규격

의료기관의 종류에 따른 시설과 규격은 의료법 시행규칙에 규정되어 있다.

시설기준 및 규격에 관한 사항

시설	종합병원, 병원 요양병원	치과병원	한방병원	의원	치과 의원	한의원	조산원
입원실	입원환자 100명 이상 (병원·요양병원의 경우는 30명 이상)을 수용할 수 있는 입원실		입원환자 30명 이상을 수용할 수 있는 입원실	입원실을 두는 경우 입원환자 29명 이하를 수용할 수 있는 입원실	의원과 같음	의원과 같음	1 (분만실 겸용)
중환자실	1 (병상이 300개 이상인 종합병원만 해당한다)						

구분						
수술실	1 (외과계 진료과목이 있는 종합병원이나 병원인 경우)	1 (외과계 진료과목이 있는 경우에만 갖춘다)	1 (외과계 진료과목이 있는 경우에만 갖춘다)	1 (외과계 진료과목이 있고, 전신마취 하에 수술을 하는 경우에만 갖춘다)	1 (외과계 진료과목이 있고, 전신마취 하에 수술을 하는 경우)	
응급실	1 (병원·요양병원의 경우는 「응급의료에 관한 법률」에 따라 지정받은 경우)					
임상 검사실	1 (요양병원의 경우 관련 치과 진료과목이 있는 경우)	1	1 (관련 의과 또는 치과 진료 과목이 있는 경우)			
방사선 장치	1 (요양병원의 경우 관련 치과 진료과목이 있는 경우)	1	1 (관련 의과 또는 치과 진료 과목이 있는 경우)			
회복실	1 (수술실이 설치되어 있는 경우)	1 (수술실이 설치되어 있는 경우)	1 (수술실이 설치되어 있는 경우다)	1 (수술실이 설치되어 있는 경우)	1 (수술실이 설치되어 있는 경우)	
물리 치료실	1 (종합병원의 경우 해당)					
한방 요법실	1 (관련 한의과 진료과목이 있는 경우)	1 (관련 한의과 진료과목이 있는 경우)	1			
병리 해부실	1 (종합병원에만 갖춘다)					
조제실	1 (조제실을 두는 경우)	1 (조제실을 두는 경우)	1 (조제실을 두는 경우다)	1 (조제실을 두는 경우)	1 (조제실을 두는 경우)	1 (조제실을 두는 경우)	1 (조제실을 두는 경우)
탕전실	1 (관련 한의과 진료과목을 두고 탕전을 하는 경우에만 갖춘다)	1 (관련 한의과 진료과목을 두고 탕전을 하는 경우)	1 (탕전을 하는 경우에만 갖춘다)		1 (탕전을 하는 경우에만 갖춘다)	
의무 기록실	1	1	1			

소독 시설	1	1	1	1 (외래환자를 진료하지 아니하는 의원은 제외한다)	1	1	1
급식 시설	1 (외부 용역업체에 급식을 맡기는 경우에는 적용되지 아니한다)	1 (외부 용역업체에 급식을 맡기는 경우에는 적용되지 아니한다)	1 (외부 용역업체에 급식을 맡기는 경우에는 적용되지 아니한다)				
세탁물 처리시설	1 (세탁물 전량을 위탁처리하는 경우에는 갖추지 아니하여도 된다)	1 (세탁물 전량을 위탁 처리하는 경우에는 갖추지 아니하여도 된다)	1 (세탁물 전량을 위탁 처리하는 경우에는 갖추지 아니하여도 된다)				
시체실	1 (종합병원만 갖춘다. 다만, 「장사 등에 관한 법률」 제29조에 따른 장례식장을 설치 · 운영하는 경우로서 장례식장에 시신을 안치하기 위한 시설을 둔 경우에는 갖추지 않아도 된다)						
적출물 처리시설	1 (적출물 전량을 위탁처리하는 경우에는 해당하지 아니한다)	1 (적출물 전량을 위탁처리 하는 경우에는 해당하지 아니한다)	1 (적출물 전량을 위탁처리 하는 경우에는 해당하지 아니한다)				
자가 발전시설	1	1	1				
구급 자동차	1 (요양병원은 제외하며, 구급자동차의 운용을 위탁한 경우에는 갖추지 않아도 된다)						
그 밖의 시설	- 탕전실, 의무기록실, 급식시설, 세탁처리시설 및 적출물소각시설은 의료기관이 공동으로 사용할 수 있다. - 요양병원은 거동이 불편한 환자가 장기간 입원하는 데에 불편함이 없도록 식당, 휴게실, 욕실, 화장실, 복도 및 계단과 엘리베이터(계단과 엘리베이터는 2층 이상인 건물만 해당하고, 층간 경사로를 갖춘 경우에는 엘리베이터를 갖추지 아니할 수 있다)를 갖추어야 한다. - 탕전실은 의료기관에서 분리하여 따로 설치할 수 있다. - 종합병원, 병원, 한방병원, 요양병원은 해당 병원에서 사망하는 사람 등의 장사 관련 편의를 위하여 장례식장을 설치할 수 있다. 이 경우 장례식장의 운영은 법인, 단체 또는 개인 등에게 위탁할 수 있다.						

2) 의료기관 시설 공동 운영 활용 가능범위

수술실, 방사선 장치, 접수실, 환자 대기실, 의무 기록실, 급식 시설, 세탁 처리시설 및 적출물 소각 시설이 가능하다. 물리 치료실과 임상 검사실은 제외한다. 의료기관 개설을 위한 최소한의 요건 충족 전제가 되어야 한다.

3) 종합병원이 별도로 갖추지 않아도 되는 시설

병원내 장례식장에 시신을 안치하는 시설을 둔 경우에는 별도로 시체실을 갖추지 않아도 된다. 응급환자이송업자 또는 비영리법인에 구급자동차의 운용을 위탁한 경우에는 별도로 갖추지 않아도 된다.

2. 의료기관의 시설규격

1) 입원실

입원실은 3층 이상 또는 지하층에는 설치할 수 없다. 다만, 내화구조(耐火構造)인 경우에는 3층 이상에 설치할 수 있다.

내화구조

내화구조는 주요 구조부로서 내화성능이 있는 구조체로 내력이 있는 것을 말한다. 즉, 철근 콘크리트 구조 · 철골 · 석조 · 콘크리트조 · 연와조 · 벽돌조 등과 같이 일정 시간 동안 화재에 견딜 수 있는 성능을 가진 구조로 국토교통부령으로 정하는 기준에 적합한 구조를 말한다.

기둥, 보, 내력벽 등이 건축물의 화재로 인해 파괴되는 것을 방지하고, 고온에서도 구조적으로 견딜 수 있는 구조를 말한다.

입원실 면적

환자 1명을 수용하는 곳인 경우에는 10제곱미터 이상이어야 하고 환자 2명 이상을 수용하는 곳인 경우에는 환자 1명에 대하여 6.3제곱미터 이상으로 하여야 한다. 벽 · 기둥 및 화장실의 면적을 제외한다.

입원실에 설치하는 병상수

최대 4병상, 요양병원의 경우에는 6병상으로 한다. 이 경우 각 병상 간 이격거리는 최소 1.5

미터 이상으로 한다.

입원실 시설

- 입원실에는 손 씻기 시설 및 환기시설을 설치하여야 한다.
- 병상이 300개 이상인 종합병원에는 보건복지부장관이 정하는 기준에 따라 전실(前室) 및 음압시설(陰壓施設: 방 안의 기압을 낮춰 내부 공기가 방 밖으로 나가지 못하게 만드는 설비) 등을 갖춘 1인 병실(음압격리병실)을 1개 이상 설치하되, 300병상을 기준으로 100병상 초과할 때마다 1개의 음압격리병실을 추가로 설치하여야 한다. 다만, 중환자실에 음압격리병실을 설치한 경우에는 입원실에 설치한 것으로 본다.
- 병상이 300개 이상인 요양병원에는 화장실 및 세면시설을 갖춘 격리병실을 1개 이상 설치하여야 한다.
- 산모가 있는 입원실에는 입원 중인 산모가 신생아에게 모유를 먹일 수 있도록 산모와 신생아가 함께 있을 수 있는 시설을 설치하도록 노력하여야 한다.
- 감염병 환자 등의 입원실은 다른 사람이나 외부에 대하여 감염예방을 위한 차단 등 필요한 조치를 하여야 한다.

병실

최근 병실 기준이 강화되었다. 수술실을 두게 되면 병실이 있어야 한다. 의원의 병실도 규정에 맞도록 설치해야 한다. 개설 신고를 하면 관할 보건소에서 점검한다.

입원실 기준

구분		기존	변경	비고
면적기준	1인실	6.3㎡	10㎡	
	다인실	4.3㎡	6.3㎡	
최대병상			입원실당 4개 병상	요양병원은 6개 병상
병상 간 거리		1.5m이상		
준수사항		감염예방을 위한 손 씻기 시설과 병실 내 공기 질 향상을 위한 환기기준 준수		

강화된 의료기관의 시설규격

손 씻기 · 환기 시설 설치

의원 · 병원 · 요양병원에서 신 · 증축하는 입원실에는 손 씻기 · 환기 시설을 설치해야 한다. 화장실에 세면대가 있더라도 입원실에 손 씻기 시설을 별도로 설치해야 한다.

입원실의 면적

벽기둥 및 화장실의 면적을 제외하도록 규정하고 있어 입원실 면적에는 화장실 면적이 포함되지 않는다.

입원실 병상 간 이격거리

원칙적으로 병상 최외곽 선을 기준으로 1.5m를 확보하여야 한다. 다만, 병상 규격이나 부착물이 상이한 점을 고려하여 사이드 레일 등 병상 부착물을 제외하고 매트리스 프레임(매트리스를 받치고 있는 판)을 기준으로 하는 것도 가능하다. 매트리스 프레임이 매트리스보다 작다면 적어도 매트리스 외곽선을 기준으로 해야 한다. 병상 간 이격거리는 입원실 내의 병상 간의 모든 간격에 대해서 적용된다.

기존 입원실로 사용하지 않던 시설을 용도 변경하여 입원실로 사용할 경우

· 의료기관 신·증축의 경우 개정된 시설기준 및 규격을 적용한다. 2017.2.3. 이전에 개설된 의료기관이 기존에 병실 이외의 용도로 사용 중인 시설(연구실, 행정시설, 창고 등)을 입원실로 시설 변경하는 행위가 건축법에 따른 건축 허가(또는 신고)의 변경 허가(또는 신고)를 필요하지 않은 단순 시설 변경에 해당한다면 2017.2.3. 개정 전 의료기관 시설기준 및 규격을 적용한다.
· 2017.2.3. 이전 개설된 의료기관의 기존 허가 병상은 입원실당 4개 병상을 초과하는 경우에도 인정되지만 기존 입원실을 통합하는 방법 혹은 기존에 사용하지 않던 시설을 용도 변경하여 입원실로 증설하는 경우는 개설 허가 사항의 변경 허가(또는 변경 신고)를 받아야 하는 사항으로, 입원실당 허가 병상 최대 4개 병상까지만(요양병원의 경우 6개 병상) 인정된다.

2) 중환자실

중환자실 병상

병상이 300개 이상인 종합병원은 입원실 병상수의 100분의 5 이상을 중환자실 병상으로 만들어야 한다.

중환자실 통제와 당직실

중환자실은 출입을 통제할 수 있는 별도의 단위로 독립되어야 하며, 무정전(無停電) 시스템을 갖추어야 한다. 중환자실의 의사 당직실은 중환자실 내 또는 중환자실과 가까운 곳에 있어야 한다.

중환자실 면적

병상 1개당 면적은 15제곱미터 이상으로 하되, 신생아만을 전담하는 신생아 중환자실의 병상 1개당 면적은 5제곱미터 이상으로 한다.

이 경우 병상 1개당 면적은 중환자실 내 간호사실, 당직실, 청소실, 기기창고, 청결실, 오물실, 린넨 보관실을 제외한 환자 점유 공간(중환자실 내에 있는 간호사 스테이션(station)과 복도는 병상 면적에 포함한다)을 병상수로 나눈 면적을 말한다.

중환자실 시설

병상마다 중앙공급식 의료 가스 시설, 심전도 모니터, 맥박 산소 계측기, 지속적 수액 주입기를 갖추고, 병상수의 10퍼센트 이상 개수의 침습적 동맥 혈압 모니터, 병상수의 30퍼센트 이상 개수의 인공호흡기, 병상수의 70퍼센트 이상 개수의 보육기(신생아중환자실에만 해당한다)를 갖추어야 한다.

중환자실 1개 단위(Unit)당 후두경, 앰부백(마스크 포함), 심전도 기록기, 제세동기를 갖추어야 한다. 다만, 신생아 중환자실의 경우에는 제세동기 대신 광선기와 집중 치료기를 갖추어야 한다.

중환자실 인력

중환자실에는 전담 의사를 둘 수 있다. 다만, 신생아 중환자실에는 전담 전문의를 두어야 한다.

전담 간호사를 두되, 간호사 1명당 연평균 1일 입원환자 수는 1.2명(신생아 중환자실의 경우에는 1.5명)을 초과하여서는 아니 된다.

중환자실 설비

중환자실에 설치하는 병상은 벽으로부터 최소 1.2미터 이상, 다른 병상으로부터 최소 2미터 이상 이격하여 설치하여야 한다.

중환자실에는 병상 3개당 1개 이상의 손 씻기 시설을 설치하여야 한다.

중환자실에는 병상 10개당 1개 이상의 격리병실 또는 음압 격리병실을 설치하여야 한다. 이 경우 음압 격리병실은 최소 1개 이상 설치하여야 한다.

입원실(중환자실)의 환기기준

- 입원실에는 적절한 온습도 유지와 외기 도입에 의한 환기가 가능한 환기 시설(환기 시설은 외기를 도입하여 실내 공기를 정화해 주는 시설로 단독 또는 냉난방을 위한 공조 시설에 그 기능이 포함될 수 있음)을 설치하여야 한다.
- 환기시설을 통해 외기 도입량(실내 재순환을 제외한 외기가 병실 내에 공급되는 풍량임) 기준 환기 횟수 2회/시간 이상을 유지하여야 하며, 실내 재순환량(입원 실내에서 냉난방용으로 사용하는 팬 코일 유닛(FCU)이나 멀티 에어컨, 또는 팬 필터 유닛(FFU) 등의 급기 또는 배기에서 측정한 풍량이며 외기 도입량과 합산하여 6회/시간 이상이 되어야 함)을 포함한 환기횟수가 6회/시간 이상이 되도록 하여야 한다.
- 입원실에서 사용하는 화장실의 배기는 재순환하지 말고 전부 배기하여야 한다.

입원실(중환자실)의 환기 시설 유지 · 관리

환기 시설 담당자 지정, 환기 시설의 운영 및 유지 · 관리 매뉴얼, 환기 시설 운영 일지, 정기 점검 일지, 필터 교체, 청소 등 소모품 교체 일지를 유지 · 관리되고 있는지 확인하여야 한다.

3) 음압 격리병실

설치 기준

- 음압병실 : 15㎡ 이상의 면적을 확보한다.
- 전실 : 음압병실의 출입구에 설치한다. 음압병실과 전실의 출입문은 동시에 개폐되지 않도록 한다. 단, 기존 음압 격리병실은 공동 전실의 설치를 인정하되, 공동 전실을 사용하는 병실 간에도 출입문이 동시 개폐가 안 되는 구조여야 한다.
- 화장실, 샤워 시설 : 음압 병상이 있는 공간에 설치한다. 중환자실의 경우 제외할 수 있다.
- 급기시설 : 실별로 급기구에 HEPA filter 또는 역류 방지를 위한 기밀 댐퍼(airtight back draft damper) 설치한다.
- 배기 시설 : 충분한 성능을 가진 필터(HEPA filter 99.97% 이상)를 설치한다.
- 역류로 인한 감염확산 방지를 위해 각 실별 배기 HEPA filter 또는 역류방지를 위한 댐퍼 (airtight back draft damper)를 설치한다.

- 공기 유입구 및 사람들이 밀집되는 지역과는 멀리 떨어진 외부로 배출한다.

  바. 상시 음압을 확인할 수 있는 차압계와 차압 표시계를 설치하고 비정상 시 알람이 울리도록 한다.

음압 격리병실 운영 기준

- 음압 병상이 있는 공간과 전실 간에, 음압 구역과 비 음압 구역 간의 음압 차를 각각 - 2.5 Pa (-0.255 mmAq) 이상 유지한다.
- 음압 병상이 있는 공간과 전실은 환기횟수 6회/시간 이상 환기한다.
- 음압 구역으로부터의 발생한 오수 · 배수는 소독하거나 멸균한 후 방류한다.

4) 수술실

수술실은 외과계 진료과목이 있는 병원급 의료기관만 의무적으로 구비하도록 하고 있다. 전신 마취 수술을 하는 의료기관에 적용한다.

수술실 간 구획 의무

모든 수술실은 서로 격벽으로 구획하고, 각 수술실 내에는 하나의 수술대를 설치한다.

수술실 응급 의료 장비 구비

수술 중 응급 상황에 신속하게 대비할 수 있도록 수술실에 기도 내 삽관 유지장치, 인공호흡기, 마취 환자의 호흡 감시장치, 심전도 모니터 장치와 정전 시의 예비 전원설비 · 장치를 구비한다.

수술실 응급 환자 관리

- 인공호흡기 : 환자의 호흡이 멎거나 억제되었을 때 인공적으로 호흡을 조절하는 장비
- 기관 내 삽관 유지 장치 : 의식이 없는 환자의 기도를 확보하기 위한 장비
- 마취 환자 호흡 감시 장치 : 호흡(들숨) 시 말초 동맥의 산소 포화도(혈액 내 산소의 정도)를 측정하여 호흡 상태 모니터
- 심전도 모니터 장치 : 심박동과 관련된 전위를 신체 표면에서 도형으로 기록
- 정전에 대비한 예비 전원 설비 · 장치 : 정전 시 예비 전원 공급

수술실에 갖추어야 할 것

- 수술실 상호 간에 격벽으로 구획되어야 한다
- 각 수술실에는 하나의 수술대만 두어야 한다.
- 환자의 감염을 방지하기 위하여 먼지와 세균 등이 제거된 청정한 공기를 공급할 수 있는 공기 정화 설비를 갖추어야 한다.
- 내부 벽면은 불침투질로 하여야 한다.
- 적당한 난방, 조명, 멸균수세(滅菌水洗), 수술용 피복, 붕대 재료, 기계 기구, 의료 가스, 소독 및 배수 등 필요한 시설을 갖추어야 한다.
- 바닥은 접지가 되도록 하여야 한다.
- 콘센트의 높이는 1미터 이상을 유지하게 하여야 한다.
- 호흡 장치의 안전 관리 시설을 갖추어야 한다.
- 수술실에는 기도 내 삽관 유지 장치, 인공호흡기, 마취 환자의 호흡 감시 장치, 심전도 모니터 장치를 갖추어야 한다.
- 수술실 내 또는 수술실에 인접한 장소에 상용 전원이 정전된 경우 축전지 또는 발전기 등의 예비 전원 설비를 갖추어야 한다 (다만, 장치에 축전지가 내장된 경우에는 예비 전원 설비를 갖춘 것으로 본다).
- 회복실은 수술 후 환자의 회복과 사후 처리를 하는 데에 지장이 없는 면적이어야 하며, 이에 필요한 시설을 갖추어야 한다

공기정화 설비

- 공기정화 설비란, 일반적으로 공기정화 필터가 있는 팬 필터 유닛 등 고정식 공기 정화 장치를 의미하며, 외부 공기 유입이 가능한 천정형 에어컨 등 냉난방기도 수술 단계에 따른 필터를 갖추고 시간당 공기 순환 횟수 등 기준을 준수할 경우 가능하다. 시중에 시판되는 스탠드형 공기 청정기 및 에어컨 등은 공기 정화 설비로 간주할 수 힘들 것으로 사료된다. 따라서, 시중 시판되는 공기청정기 혹은 에어컨 등의 수술실 공기정화기 대체 기능이 불가하다.
- 환기횟수(회/h)는 풍량(m^3/h)을 해당 수술실의 체적(m^3)으로 나누어서 구할 수 있으며, 시간당 공기 순환 횟수는 1시간마다 해당 수술실 전체 공기가 시간당 정해진 횟수 이상 순환한다는 의미로, 이를 준수하기 위해서는 수술실 면적에 따라 공기 정화 장치의 풍량이 달라져야 한다.

수술실 공기정화 설비

수술실 시설기준 중 공기정화설비는 다음과 같이 수술 단계별로 적합한 시설을 갖추어야 한다.

감염 고위험도 수술과 공기정화설비 기준

- 감염 고위험도 수술은 감염되었을 경우 위험한 수술을 말하며, 뇌혈관 수술, 개두술, 심혈관 수술, 이식수술, 면역기능 감소 환자(면역억제제, 스테로이드 장기투여 환자) 수술이 이에 해당한다.
- HEPA 필터 사용(KS B6740 준수)
- 층류(laminar flow) 환기시스템(수술대 상단에서 아래 방향으로 한 방향 층류 급기, 적어도 2개의 멀리 떨어진 배기구를 바닥에서 높이 200mm 이상의 벽 하단에 설치)
- 시간당 20회 이상 공기 순환, 시간당 3회 이상 외부 공기 유입

감염 중등도 위험도 수술과 공기정화설비 기준

- 개복술 및 복강경수술, 개흉술 및 흉강경 수술, 관절 치환술 및 사지 관절 수술, 인공삽입물을 사용하는 척추 수술, 사지 접합수술 및 유리 피판수술, 양악수술 및 턱관절 수술, 안구 및 안와 내용적출술, 안와감압술, 안구내용제거술, 내이 수술
- HEPA 필터 사용(KS B6740 준수)
- 시간당 15회 이상 공기 순환, 시간당 3회 이상 외부 공기 유입

감염 저위험도 수술과 공기정화설비 기준

- 이식수술 중 인공와우 이식수술, 개복술 또는 복강경수술 중 서혜부 탈장 수술, 충수 절제술, 제왕절개수술, 고위험도 및 중등도 위험도에 속하지 않는 수술
- KS B6141의 계수법으로 95% 이상의 고성능 필터 사용
- 시간당 15회 이상 공기 순환, 시간당 3회 이상 외부 공기 유입(기존 의원급 의료기관의 건물 구조상 외부 공기 유입이 불가능한 경우에는 적용하지 아니함. 다만, 건물 증개축, 의료기관 소재지 이전 시 등에는 적용함)

수술실 안전 관리를 위한 수술실 운영 기준

- 복도 및 주변실 대비 양압 설정
- 급기되는 모든 공기는 공기 정화 필터를 거칠 것

- 실내 재순환 냉난방기 사용 불가. 단, 실내 재순환 냉난방기 중 급기구에 ERV14 이상의 고성능 필터 탑재 또는 상시 소독 및 청소가 가능한 구조의 냉난방기(복사 냉난방 패널 등)는 사용 가능
- 정기적인 필터 교체 등 공기 정화 설비 관리
- 수술실 내 손 씻기 시설, 개수대 등 설치 금지
- 기구, 수술에 참여하는 의료진, 환자의 통행 외에는 수술실 문은 닫아 놓고, 필요한 인력 외에는 수술실에 드나드는 인력을 최소화
- 수술장에는 수술실 이외에 스크럽 공간, 수술 준비 공간, 환자 회복 공간, 청결물 보관 공간, 오염물 처리 및 오염물 보관 공간, 의료진 탈의 공간 등을 구비(저위험도 수술의 경우 미적용)
- 상기 내용은 법적 구속력은 없다.

출처 : 보건복지부, 행정 민원 답변 Q&A

의원급 수술실 명칭 사용
- 의원급 의료기관에서 국소·부분마취로 수술하는 경우, 의료법령상 전신마취 수술실과 구분되도록 '국소·부분마취'등의 용어를 포함하여 수술실 명칭 사용이 가능하다.
- 환자 안전을 위해 국소·부분마취의 경우도 응급 장비, 예비전원 장치를 갖춘다.

5) 응급실
외부로부터 교통이 편리한 곳에 있고 산실(産室)이나 수술실로부터 격리되어야 하며, 구급용 시설을 갖추어야 한다.

응급 의료시설의 설치기준
- 의료법에 따라 지정받은 응급 의료기관의 명칭과 혼동되지 않는 범위에서 응급 환자 진료 기관임을 표기할 것.
- 응급환자의 진료를 위한 20제곱미터 이상의 별도 공간을 확보하고, 간단한 처치 및 시술을 위한 병상을 구비할 것.
- 의사 1명 및 간호사 1명 이상이 24시간 근무할 것.

응급 의료시설의 장비 기준
- 의료기관 내 일반 X-선 촬영기, 혈액 성분 및 화학 검사, 동맥혈 가스분석, 요성분 등을

검사할 수 있는 장비를 24시간 이용할 수 있을 것.
- 심폐 소생술에 필요한 후두경 등 기도 삽관 장비를 구비하고 있을 것.

6) 방사선 장치 등 시설

방사선 장치

- 방사선 촬영 투시 및 치료를 하는 데에 지장이 없는 면적이어야 하며, 방사선 위해 방호 시설(防護 施設)을 갖추어야 한다.
- 방사선 사진 필름을 현상·건조하는 데에 지장이 없는 면적과 이에 필요한 시설을 갖춘 건조실을 갖추어야 한다.
- 방사선 사진 필름을 판독하는 데에 지장이 없는 면적과 이에 필요한 설비가 있는 판독실을 갖추어야 한다.

임상 검사실

임상 검사실은 자체적으로 검사에 필요한 시설·장비를 갖추어야 한다.

회복실

수술 후 환자의 회복과 사후 처리를 하는 데에 지장이 없는 면적이어야 하며, 이에 필요한 시설을 갖추어야 한다.

물리치료실

물리 요법을 시술하는 데에 지장이 없는 면적과 기능 회복, 재활 훈련, 환자의 안전 관리 등에 필요한 시설을 갖추어야 한다.

한방요법실

경락 자극 요법 시설 등 한방 요법 시설과 특수 생약을 증기, 탕 요법에 의하여 치료하는 시설을 갖추어야 한다.

병리해부실

병리·병원에 관한 세포학 검사·생검 및 해부를 할 수 있는 시설과 기구를 갖추어 두어야 한다.

조제실

약품의 소분(小分) · 혼합조제 및 생약의 보관, 혼합 약제에 필요한 조제대 등 필요한 시설을 갖추어야 한다.

탕전실

- 탕전실에는 조제실, 한약재 보관 시설, 작업실, 그 밖에 탕전에 필요한 시설을 갖추어야 한다. 다만, 의료기관 내에 조제실 및 한약재 보관 시설을 구비하고 있는 경우에는 이를 충족한 것으로 본다.
- 조제실에는 개봉된 한약재를 보관할 수 있는 한약장 또는 기계 · 장치와 한약을 조제할 수 있는 시설을 두어야 한다.
- 한약재 보관 시설에는 쥐 · 해충 · 먼지 등을 막을 수 있는 시설과 한약재의 변질을 예방할 수 있는 시설을 갖추어야 한다.
- 작업실에는 수돗물이나 먹는 물의 수질 기준에 적합한 지하수 등을 공급할 수 있는 시설, 한약의 탕전 등에 필요한 안전하고 위생적인 장비 및 기구, 환기 및 배수에 필요한 시설, 탈의실 및 세척 시설 등을 갖추어야 한다.
- 작업실의 시설 및 기구는 항상 청결을 유지하여야 하며 종사자는 위생복을 착용하여야 한다.
- 의료기관에서 분리하여 따로 설치한 탕전실에는 한의사 또는 한약사를 배치하여야 한다.
- 의료기관에서 분리하여 따로 설치한 탕전실에서 한약을 조제하는 경우 조제를 의뢰한 한의사의 처방전, 조제 작업일지, 한약재의 입출고 내역, 조제한 한약의 배송 일지 등 관련 서류를 작성 · 보관하여야 한다.

의무기록실

외래 · 입원 · 응급 환자 등의 의무기록을 보존 기간에 따라 비치하여 기록 · 관리 및 보관할 수 있는 서가 등 필요한 시설을 설치하여야 한다.

소독시설

증기 · 가스장치 및 소독 약품 등의 자재와 소독용 기계 기구를 갖추어 두고, 위생재료 · 붕대 등을 집중 공급하는 데에 적합한 시설을 갖추어야 한다.

급식 시설

- 조리실은 식품의 운반과 배식이 편리한 곳에 위치하고, 조리, 보관, 식기 세척, 소독 등 식품을 위생적으로 처리할 수 있는 설비와 공간을 갖추어야 한다.
- 식품 저장실은 환기와 통풍이 잘되는 곳에 두되, 식품과 식품 재료를 위생적으로 보관할 수 있는 시설을 갖추어야 한다.
- 급식 관련 종사자가 이용히기 편리한 준비실·탈의실 빛 옷장을 갖추어야 한다.
- 외부 용역 업체에 급식을 맡기는 경우에는 적용되지 아니한다

세탁물 처리 시설

- 의료기관 세탁물 관리 규칙에서 정하는 적합한 시설과 규모를 갖추어야 한다.
- 세탁물 전량을 위탁 처리하는 경우에는 갖추지 아니하여도 된다.

시체실

시체의 부패 방지를 위한 냉장 시설과 소독 시설을 갖추어야 한다.

적출물 처리 시설

- 폐기물 관리법 시행규칙에 따른 시설과 규모를 갖추어야 한다.
- 외부 용역업체에 맡기는 경우나 적출물 전량을 위탁 처리하는 경우에는 갖추지 아니하여도 된다.

자가발전 시설

- 공공 전기 시설을 사용하지 아니하더라도 해당 의료기관의 필요한 곳에 전기를 공급할 수 있는 자가발전 시설을 갖추어야 한다.
- 무정전전원 공급장치(UPS)로 자가 발전시설을 대체할 수 없다.
- 병원급 이상 의료기관은 자가 발전시설을 반드시 설치하여야 하며, 300병상 이상 종합병원의 중환자실은 무정전 시스템을 갖추어야 한다.

구급 자동차

- 산소통·산소 호흡기와 그 밖에 필요한 장비를 갖추고 환자를 실어 나를 수 있어야 한다.
- 요양병원, 구급 자동차의 운용을 위탁한 경우 갖추지 않아도 된다.
- 응급환자이송업 허가를 받은 자 또는 업체에 위탁해야 한다.

장례식장

- 바닥 면적은 해당 의료기관의 연면적의 5분의 1을 초과하지 못한다.
- 의료기관 내 장례식장은 장사 등에 관한 법률에 따라 설치 · 운영한다.

의료기관에서 운영하는 장례식장을 타인에게 임대 운영

의료기관 시설로서 운영되는 장례식장은 의료시설의 일종이므로 해당 의료기관의 개설자가 아닌 타인에게 임대 또는 위탁하여 운영할 수 없다.

장례식장에 대해서는 요양병원 등은 해당 병원에서 사망하는 사람 등의 장사 관련 편의를 위하여 장례식장을 설치할 수 있다고 규정하고 있을 뿐, 별도로 그 영업의 임대나 위탁이 가능한 경우를 규정하고 있지 않으므로, 의료기관의 시설인 장례식장은 그 개설자가 직접 운영해야 한다고 보는 것이 타당하다(법제처, 2016). 다만, 의료법인은 부대사업으로 타인에게 임대 또는 위탁하여 운영할 수 있다.

출처 : 보건복지부 보건의료정책과, 2021

3. 요양병원 시설

요양병원은 거동이 불편한 환자가 장기간 입원하는 데에 불편함이 없도록 식당, 휴게실, 욕실, 화장실, 복도 및 계단과 엘리베이터를 갖추어야 한다.

1) 휠체어 및 복도 공간

- 모든 시설에는 휠체어가 이동할 수 있는 공간이 확보되어야 한다. 휠체어 이동할 수 있는 유효 폭(벽면과 벽면 사이의 치수)은 1.2미터 이상으로 하되, 복도 양옆에 거실이 있는 경우 1.5미터 이상으로 하여야 한다.
- 복도에는 병상이 이동할 수 있는 공간이 확보되어야 한다. 병상 이동할 수 있는 유효 폭은 1.5미터 이상으로 한다. 당해 층 거실의 바닥면적 합계가 200제곱미터 이상인 의료기관의 경우 1.8미터 이상으로 한다. 복도의 바닥표면은 잘 미끄러지지 아니하는 재질로 평탄하게 마감하여야 한다.
- 양 측면에는 휠체어의 바퀴가 경사로 밖으로 미끄러져 나가지 아니하도록 5센티미터 이상의 추락방지턱 또는 측벽을 설치할 수 있다.
- 휠체어의 벽면 충돌에 따른 충격을 완화하기 위하여 벽에 매트를 부착할 수 있다.

- 건물과 연결된 경사로를 외부에 설치하는 경우 햇빛, 눈, 비 등을 가릴 수 있도록 지붕과 차양을 설치할 수 있다.

2) 환자 편의 증진시설

- 요양병원 등 모든 시설의 바닥은 문턱이나 높이 차이가 없어야 하고, 불가피하게 문턱이나 높이 차이가 있는 경우 환자가 이동하기 쉽도록 경사로를 설치하여야 한다.
- 복도, 계단, 화장실 대·소변기, 욕실에는 안전을 위한 손잡이를 설치하여야 한다.
- 장애인·노인·임산부 등의 편의 증진에 관한 법률에 따라 요양병원에 출입구와 문, 복도, 계단을 설치하는 경우에 그 시설은 같은 법에 따른 기준에도 맞아야 한다.
- 요양병원의 입원실, 화장실, 욕실에는 환자가 의료인을 신속하게 호출할 수 있도록 병상, 변기, 욕조 주변에 비상 연락 장치를 설치하여야 한다.

3) 엘리베이터와 잠금장치

엘리베이터

- 엘리베이터를 설치하여야 하는 경우에는 침대용 엘리베이터를 설치하여야 하며, 층간 경사로를 설치하는 경우에는 경사로 규격에 맞아야 한다. 승강기 안쪽 폭은 침대 및 이동인력이 들어갈 수 있는 범위 내에서 병상의 수직이동이 가능하도록 설치해야 한다. 장애인·노인·임산부 등의 편의증진 보장에 관한 법률에 의하면 장애인용 승강기는 신축하는 건물의 경우 폭을 1.6미터 이상으로 하여야 한다. 침대용 엘리베이터는 병원의 병상운반에 적합하게 제작된 엘리베이터로 평상시에는 승객용으로도 사용할 수 있어야 한다.

출입문 잠금장치

- 외부로 통하는 출입구에 잠금장치를 갖추되, 화재 등 비상시에 자동으로 열릴 수 있도록 하여야 한다. 평상시 치매 환자 등 입원환자의 무단 배회 등을 관리하여 각종 안전사고를 예방하고, 화재 등 비상시에 신속한 대피가 가능하도록 한다.

자동 개폐 장치를 설치하여야 하는 외부로 통하는 출입구

건물 전체를 요양병원으로 사용하는 경우에는 출입구로 연중 사용하면서 비상시에도 사용(지면과 연결)할 수 있는 1층에 있는 주 출입구와 옥상 출입구를 말한다. 요양병원을 복합 건물 내에 설치하는 경우에는 병원의 최저층에서부터 최상층까지 병원이 아닌 곳으로 통하는 모든 출입문을 말한다.

4. 건물 용도변경후 병원개원

의료시설 용도가 아닌 건물을 매입하거나 임대로 병원을 개원하고자 할 때 시설요건에 맞게 용도변경 후 개원해야 한다. 사전에 건축사의 자문을 받는 것이 시간과 비용을 절감할 수 있는 방법이다.

중요하게 검토할 사항은 엘리베이터, 비상계단, 주차대수 등이다. 특히 주차 대수는 각 지자체 조례에서 확인이 가능하다(주차장법에서도 확인이 가능한데 이보다 더 강화된 세부 기준은 지자체별로 별도 규정을 두고 있다).

1) 주차 대수

의료시설로 용도변경을 하려면 변경되는 면적 100㎡당 주차대수 1대를 충족해야 한다. 예를 들어, 건물의 연면적이 5,000㎡라면 의료시설로 사용하기 위해서는 50대의 주차대수를 확보해야 한다. 건물 내 이를 확보할 만한 주차 공간에 있으면 큰 무리 없이 용도변경이 가능하다. 주차 공간 확보가 어려우면 대안을 마련해야 한다. 주차장 면적에 맞도록 일부만 임대하여 의료시설로 사용하거나, 주차장으로 활용하기 위한 부지를 매입하여 확보해야 한다. 주차장 부지를 임대로 확보하는 것은 해당되지 않는다. 건물의 경계선으로부터 직선거리 300m 이내에 주차장 부지를 매입하기란 어려운 일이다. 건물 매입이나 임대 초기에 시행착오를 줄이기 위해서 건축사 사무소에 의뢰해서 검토하는 과정을 거쳐야 한다.

2) 엘리베이터

전체 건물이 5층 이하일 경우 장애인용 엘리베이터가 1대 이상 설치되어 있으면 용도변경이 문제가 없다. 추가 설치 하지 않아도 된다. 건물이 6층 이상일 경우에는 의료시설 용도변경을 충족하는 엘리베이터 설치 규정이 달라진다. 6층 이상의 거실 면적의 합계가 3,000㎡ 이하일 경우에는 2대. 거실 면적의 합계가 3,000㎡ 초과일 경우에는 2대에 초과하는 2천 제곱미터마다 1대가 추가된다. 부족하면 추가로 설치해야 의료시설 용도로 적합하게 된다.

엘리베이터 대수의 산정은 8인승~15인승 이하는 1대. 16인승 이상은 2대로 산정한다. 따라서 의료용 승강기는 2대로 인정한다. 5층 건물에 15인승 이하 장애인용 엘리베이터가 있으면 추가설치 없이 용도 변경이 가능하다. 6층 이상 건물에는 16인승 이상 엘리베이터가 있다면 추가로 설치하지 않아도 된다. 건물이 12층이고, 거실 면적이 5,000㎡ 이상이라면 기본 16인 승 이상 엘리베이터 1대, 15인승 이하 1대 이상 설치되어 있어야 가능하다. 엘리베이터 비용 과 설치할 만한 공간이 되는지 용적률 등을 검토해야 한다.

병원급 의료기관에 의료용 엘리베이터가 있으면 좋지만, 꼭 있어야 하는 것은 아니다. 하지 만 요양병원은 시설 강화로 필수조건이다.

3) 피난 계단

3층 이상의 층으로서 그 층 해당 용도로 쓰는 거실 바닥면적 합계가 200㎡ 이상의 제1종 근 생, 의료시설, 노유자시설은 2개 이상의 피난 계단이 있어야 한다. 단, 정신과 의원은 입원실 이 있는 경우로 한정하고, 입원실이 없는 치과병원은 제외한다.

4) 소방시설

의료기관 개설 인가를 받거나 허가 신청을 받은 경우에 의료시설이 소방 관계 법령에 적합 한지 확인한다. 화재 예방, 소방 시설 설치 · 유지 및 안전 관리에 관한 법률 시행령에 따라 그 의료기관의 소재지를 관할하는 소방본부장이나 소방서장에게 확인하게 된다. 건물의 연면적 이나 층수, 의료기관의 종별에 따라 소방시설의 설치 기준이 다르기 때문에 세부 설계에 들어 가면 사전에 관할 소방서에 들러 자문을 구하는 것이 좋다.

- 스프링클러시설
- 소화기구
- 유도등 및 유도표지판
- 가스누설경보기
- 시각경보기
- 자동화재 탐비설비
- 비상경보설비
- 누전경보기

5) 전기 용량

건물에 인입되는 전기 용량을 사전에 알아보고 부족하면 증설해야 한다. 설치하려는 의료 장비의 전기 용량을 사전에 점검한다. 중앙식이 아닌 냉 · 난방 시설도 상당한 전기용량이 필 요하므로 승압 가능 여부 및 승압할 경우 비용 등은 미리 산정한다.

6) 의원 용도 건축물

건축법 시행령(2020. 1. 23)에 의해 의원은 1종 근린생활시설로 분류된다. 따라서 2020년 1월 23일 시행령 이전의 건축물은 1종 근린 생활 시설(의원. 치과의원. 한의원)로 표기되어 있어야 건축물 용도에 적합하므로 먼저 표기 사항을 변경해야 한다. 따라서 용도 변경을 해야 하는데. 이때 '장애인 · 노인 · 임산부 등의 편의 증진 보장에 관한 법률 시행령'에 적합해야 한다.

의원. 치과의원. 한의원은 동일한 건축물 안에서 당해 용도로 쓰이는 바닥 면적 합계가 500㎡ 이상일 경우 편의시설을 반드시 설치해야 한다. 용도 변경 시 문제가 되는 장애인 이동 시설 설치 및 확보와 장애인 화장실 추가 설치에 시간과 상당한 추가 금액이 들어간다. 사전에 건물주와 상의한다.

5. 편의시설 설치 대상 시설

1) 공공건물 및 공중이용시설

제1종 근린생활시설

의원 · 치과의원 · 한의원 · 조산원 · 산후조리원으로서 동일한 건축물 안에서 당해 용도로 쓰이는 바닥면적의 합계가 100제곱미터 이상인 시설(개정 전 500제곱미터였음)

의료시설

- 병원 (종합병원 · 병원 · 치과병원 · 한방병원 · 정신병원 및 요양병원을 말한다)
- 격리병원 (전염병원 · 마약진료소 그 밖에 이와 비슷한 것을 말한다)

장례식장

- 동일한 건축물 안에서 해당 용도에 쓰이는 바닥면적의 합계가 500제곱미터 이상인 시설

2) 편의시설 설치기준

장애인 · 노인 · 임산부 등의 편의증진 보장에 관한 법률 규정에 준한다. 규정이 지속적으로 강화되고 있고 시설을 적합하지 않게 시공하여 개원이 늦어진 경우도 많다.

장애인 등의 통행이 가능한 접근로

- 대상 시설 외부에서 건축물의 주 출입구에 이르는 접근로는 장애인 등이 안전하고 편리하게 통행할 수 있도록 유효 폭·기울기와 바닥의 재질 및 마감 등을 고려하여 설치하여야 한다.
- 접근로를 주 출입구에 연결하여 시공하는 것이 구조적으로 곤란하거나 주 출입구보다 부출입구가 장애인 등의 이용에 편리하고 안전한 경우에는 주 출입구 대신 부출입구에 연결하여 접근로를 설치할 수 있다.

장애인 전용 주차구역

- 부설주차장에는 장애인전용 주차구역을 주차장 법령이 정하는 설치 비율에 따라 장애인의 이용이 편리한 위치에 구분·설치하여야 한다. 다만, 부설주차장의 주차대수가 10대 미만인 경우를 제외하며, 산정된 장애인전용주차구역의 주차대수 중 소수점 이하의 끝수는 이를 1대로 본다.
- 자동차 관련 시설 중 노외주차장에는 장애인전용 주차구역을 주차장 법령이 정하는 설치기준에 따라 장애인의 이용이 편리한 위치에 구분·설치하여야 한다.

높이 차이가 제거된 건축물 출입구

- 건축물의 주 출입구와 통로에 높이 차이가 있는 경우에는 턱 낮추기를 하거나 휠체어 리프트 또는 경사로를 설치하여야 한다.
- 주 출입구의 높이 차이를 없애는 것이 구조적으로 곤란하거나 주 출입구보다 부출입구가 장애인 등의 이용에 편리하고 안전한 경우에는 주 출입구 대신 부출입구의 높이 차이를 없앨 수 있다.

장애인 등의 출입이 가능한 출입구 등

건축물의 주 출입구와 건축물 안의 공중의 이용을 주목적으로 하는 사무실 등의 출입구(문) 중 적어도 하나는 장애인 등의 출입이 가능하도록 유효 폭·형태 및 부착물 등을 고려하여 설치하여야 한다. 이 경우 제1종 근린생활시설에 해당하지 않는 시설의 경우에는 장애인 등의 출입이 가능하도록 설치하는 출입구를 자동문 형태로 하여야 한다.

장애인 등의 통행이 가능한 복도

복도는 장애인 등의 통행이 가능하도록 유효 폭, 바닥의 재질 및 마감과 부착물 등을 고려하여 설치하여야 한다.

　장애인 등의 통행이 가능한 계단, 장애인용 승강기, 장애인용 에스컬레이터, 휠체어 리프트 또는 경사로

- 장애인 등이 건축물의 1개 층에서 다른 층으로 편리하게 이동할 수 있도록 그 이용에 편리한 구조로 계단을 설치하거나 장애인용 승강기, 장애인용 에스컬레이터, 휠체어 리프트(신축하는 경우에는 수직형 휠체어 리프트를 설치하여야 한다) 또는 경사로를 1대 또는 1곳 이상 설치하여야 한다. 다만, 장애인 등이 이용하는 시설이 1층에만 있는 경우에는 그러하지 않다.
- 건축물 중 6층 이상의 연면적이 2천 제곱미터 이상인 건축물(층수가 6층인 건축물로서 각 층 거실의 바닥면적 300제곱미터 이내마다 1개소 이상의 직통계단을 설치한 경우를 제외한다)의 경우에는 장애인용 승강기, 장애인용 에스컬레이터, 휠체어 리프트(신축하는 경우에는 수직형 휠체어 리프트를 설치하여야 한다) 또는 경사로를 1대 또는 1곳 이상 설치하여야 한다.

장애인 등의 이용이 가능한 화장실

　장애인 등이 편리하게 이용할 수 있도록 구조, 바닥의 재질 및 마감과 부착물 등을 고려하여 설치하되, 장애인용 대변기는 남자용 및 여자용 각 1개 이상을 설치하여야 하며, 영유아용 거치대 등 임산부 및 영유아가 안전하고 편리하게 이용할 수 있는 시설을 구비하여 설치하여야 한다.

장애인 등의 이용이 가능한 욕실

　욕실은 1개 실 이상을 장애인 등이 편리하게 이용할 수 있도록 구조, 바닥의 재질 및 마감과 부착물 등을 고려하여 설치하여야 한다.

장애인 등의 이용이 가능한 샤워실 및 탈의실

　샤워실 및 탈의실은 1개 이상을 장애인 등이 편리하게 이용할 수 있도록 구조, 바닥의 재질 및 마감과 부착물 등을 고려하여 설치하여야 한다.

점자블록

　건축물의 주 출입구와 도로 또는 교통시설을 연결하는 보도에는 점자블록을 설치하여야 한다.

시각 및 청각장애인 유도 · 안내설비

- 시각장애인의 시설 이용 편의를 위하여 건축물의 주 출입구 부근에 점자 안내판, 촉지도식 안내판, 음성 안내 장치 또는 그 밖의 유도 신호장치를 점자블록과 연계하여 1개 이상 설치하여야 한다.

시각 및 청각장애인 경보 · 피난설비

- 시각 및 청각장애인 등이 위급한 상황에 대피할 수 있도록 청각장애인용 피난구유도등 · 통로유도등 및 시각장애인용 경보설비 등을 설치하여야 한다.
- 장애인 등이 추락할 우려가 있는 경우에는 난간 등 추락 방지설비를 갖추어야 한다.

임산부 등을 위한 휴게시설 등

임산부와 영유아가 편리하고 안전하게 휴식을 취할 수 있도록 구조와 재질 등을 고려하여 휴게시설을 설치하고, 휴게시설 내에는 모유 수유를 위한 별도의 장소를 마련하여야 한다.

3) 의원과 병원의 편의시설 종류

제1종 근린생활시설(의원 · 치과의원 · 한의원 · 조산원 · 산후조리원)

- 500제곱미터 이상일 경우
  의무 사항 : 주 출입구 접근로, 장애인전용주차구역, 주 출입구 높이 차이 제거
  출입구(문), 복도, 계단 또는 승강기, 대변기.
  권장 사항 : 소변기, 세면대
- 100제곱미터 이상~500제곱미터 미만
  의무 사항 : 주 출입구 접근로, 장애인전용주차구역, 주 출입구 높이 차이 제거, 출입구(문)
  권장 사항 : 복도, 계단 또는 승강기, 대변기, 소변기, 세면대

의료시설(병원 · 격리병원)

- 의무 사항 : 주 출입구 접근로, 장애인전용주차구역, 주 출입구 높이 차이 제거

출입구(문), 복도, 계단 또는 승강기, 대변기, 소변기, 세면대

- 권장 사항 : 욕실, 샤워실 · 탈의실
- 의무 사항 : 점자 블로그 유도 및 안내설비, 경보 및 피난설비

시설 면적당 편의시설 종류

편의시설 / 대상시설		매개시설			내부시설			위생시설					안내시설		
		주출입구 접근로	장애인전용주차구역	주출입구 높이차이 제거	출입구(문)	복도	계단 또는 승강기	화장실 대변기	소변기	세면대	욕실	샤워실·탈의실	점자블록	유도 및 안내설비	경보 및 피난설비
제1종근린생활시설 (의원·치과의원·한의원·조산원·산후조리원)	500제곱미터 이상	의무	의무	의무	의무	의무	의무	의무	권장	권장					
	100제곱미터 이상 ~ 500제곱미터 미만	의무	권장	의무	의무	권장	권장	권장	권장	권장					
의료시설	병원·격리병원	의무	의무	의무	의무	의무	의무	의무	의무	의무	권장	권장	의무	의무	의무

4) 환자를 위한 편의시설 유치

새병원을 건축하면서 건물 1층에 스타벅스 매장을 유치하려는 병원이 많다. 스타벅스는 1999년 서울 이화여대 앞에 1호점 오픈한 이후 매장 수 1,611개(2020년 3분기)로 커피를 매개로 한 시간과 장소를 판매하는 곳이다. 국내 외식기업 중 매출 순위 1위를 차지한다. 일반 매장과 DT(drive-thru) 매장을 운영한다. 일반 매장은 70평 이상, 중심 상업지나, 아파트 인근에 있다. DT 매장은 2012년 도입하여 최근에는 수익률이 높다고 알려져 있다. 공간이 300평 정도로 주차 공간, 매장건물, thru 공간과 차량 동선이 필요하다.

스타벅스도 최근에는 인건비 등의 부담으로 외곽지역 DT 방식을 선호하고 있다. 스타벅스 매장은 본사에서 직접 운영, 관리하는 직영점으로만 운영하고 개인이 투자하고 운영하는 가맹점 형태는 불가능하다.

월 순 매출의 일정 비율을 임대인에게 임대료로 지급하는 수수료 방식을 선호한다. 보통 매장당 1억 원 매출 시 2,000만 원 정도의 임대 수수료를 지불한다.

병원에서 편의시설로 스타벅스에 입점 제의를 할 수 있다. 스타벅스 홈페이지 신규 입점 제의 상담 신청 온라인 접수하고, 건축 전 설계단계부터 협의도 가능하다.

기타 ATM 점, 제과점, 아이스크림 점포 등 유명 브랜드를 병원 건물에 유치하려고 하면 건축물 현황 및 병원 개요를 작성해 입점 제의를 하고 업체의 점포개발 담당자와 상담을 진행한다. 인근에 동일한 브랜드가 없고 상권이 좋아야 한다.

6. 의원 내부 공간과 기능

동일한 진료과라 해도 어떤 진료를 어떻게 하느냐에 따라 내부 설계 차이가 많다. 기능적이고 효율적으로 공간을 계획해야 한다.

환자가 병원에 도착하면 접수, 대기, 진료, 귀가의 순으로 진행된다. 불안감을 느끼고 병원에 왔을 때 환자의 마음은 편안해지고 질병에 대한 두려움이 사라지고, 치유가 빨라진다는 측면에서 공간을 구획한다. 의원은 규모의 다양성과 여러 변수에 의해 소요실을 산출해 내는 일이 어렵다. 각각의 진료계획에 맞는 내부 공간 배치를 하는 것이 좋다.

의원의 내부 배치는 진료과별로 조금씩 차이가 있으나 진료 공간, 진료 지원 공간, 직원 공간으로 나눌 수 있다.

- 진료 공간 : 진찰, 상담, 수술, 회복, 처치, 입원실
- 진료 지원 공간 : 접수, 수납, 대기, 각종 검사실, 환자 탈의실, 사무실
- 직원 공간 : 간호사실, 탈의실, 휴게실, 원장실, 창고 등

1) 동선

직원의 동선

입원실 없이 외래환자만 진료하는 의원은 환자 동선, 직원 동선, 원장 동선이 서로 겹치지 않고 원활하게 이동하는 것이 중요하다. 직원들의 작업 반경을 줄이고 환자와의 시야를 넓혀주며 주사실, 처치실, 진료실, 검사실이 확보되어야 한다. 공간 배치가 잘못되면 직원을 더 써야 하는 문제도 생긴다. 여러 번 수정해 보면서 공간을 구획한다.

환자의 동선

접수실, 대기실, 진료실, 처치실, 검사실 등이 일목요연하게 확보되어야 한다. 진료실, 접수, 처치실, 투약실 등 하루에도 몇 번씩이고 계속 반복되는 동선을 최소화해야 한다. 전체적인 실내 배치는 평수 및 전문과목에 따라 달라진다. 어떤 과목을 진료할 것인가에 따라 내부 설계에는 변화가 생길 수 있다.

어떤 과목을 중점적으로 진료할 것인가를 먼저 결정하고, 그에 따라 소요되는 의료 장비의 종류와 공간, 직원의 수 등을 계획한다.

2) 대기실

대기 공간의 크기

대기실은 의원 내에서 단일 실로는 가장 큰 공간을 차지한다. 환자가 이용할 때 건물의 첫 접점이 되고 의사를 대하기 전에 긴장을 풀거나 진료실에서 상담할 내용을 준비하는 곳이다.

대기실은 진료 대기 환자, 보호자, 검사를 기다리는 환자 등 다양한 사람들이 사용하는 공동공간이다. 대기 공간이 넓고 환자가 적으면 한산한 느낌을 주며 좁으면 대기하는 환자들이 불편함을 느낀다. 최근 코로나로 대기 면적이 넓어졌다. 진료실 앞 복도 폭을 늘려 중대기실로 활용하기도 한다.

병원에 내원하는 경우 진료과에 따라 혼자 오는 경우도 있고 보호자가 같이 오는 경우도 있다. 오래된 조사이기는 하지만, 혼자 오는 경우가 47%, 1인이 34.8%, 2인이 16.3%, 3인 이상이 1.7%이다. 진료과마다 차이가 있다. 어린이를 많이 보는 진료과는 환자 수 대비 대기실을 2배의 크기로 해야 한다.

대기실의 크기는 1인 진료 시간과 동반자를 포함한 환자의 수를 적정하게 산출하여 공간의 면적을 결정한다.

대기 공간 배치

대기실은 환자의 특성, 동반자의 유무, 진료 시간 등과 함께 공간적, 물리적 조건들에 큰 영향을 받게 된다. 대기하면서 스마트폰을 보는 환자들이 대다수다.

처음 들어와 가장 먼저 마주치는 것이 공간이므로 깨끗한 인상을 주어야 한다. 환자에게 친근감을 줄 수 있고 편안한 느낌을 주어야 한다. 예약제를 실시하는 동네 의원도 늘고 있다. 대기시간은 환자 수에 따라 적절하게 조절할 수 있으면 좋다. 대기 좌석은 1인용 의자가 좋기는 하지만 공간을 많이 차지하므로 다인용을 벽면에 붙여서 배열한다. 딱딱한 의자보다는 안락한 의자를 배치한다. 키오스크, 정수기 등 어떤 배치를 할 것인지 공간을 구획한다. 대기 공간의 벽에 원장의 경력, 보유 장비 소개 등 병원의 홍보물을 부착하면 활용도가 높다.

3) 접수

환자가 병원에 들어오면 접수창구에 쉽게 접근할 수 있어야 한다. 가장 먼저 만나는 창구 직원은 환자에게 친절한 인상을 심어주어야 한다. 접수 직원은 대기 환자가 불편함을 느끼고 있지 않은지 주의 깊게 살펴야 한다.

접수에서 대기실 및 진료실과의 시야 확보를 염두에 두고 계획한다. 창구는 넓고 시원하게 처리하여 서로 얼굴을 바라볼 수 있도록 하고 컴퓨터 모니터 위치 등을 고려한다. 접수창구 책상 위는 늘 청결해야 한다.

4) 진료실

진료실은 환자가 의사를 만나 자신의 병에 관해 대화하고 아픈 곳을 보여주어 진단하게 하고 상처를 치료받는 곳이라 할 수 있다. 상담(Consultation) 또는 문진(History talking), 진단(Examination), 처치(Treatment)하는 곳이다. 환자 입장을 충분히 고려한다. 진료실의 의사는 하루 종일 시간을 보내야 하는 곳이므로 가능하면 햇빛이 잘 드는 밝은 곳에 배치하는 곳이 좋다.

환자의 개인 생활을 보호하고, 진료 침대를 설치하는 경우에는 커튼 등을 설치하여 아늑하고 조용한 분위기를 유지한다. 진료과에 따라 초음파, 내시경, ENT Unit를 설치할 경우 따로 실을 만들지 않고 원장이 바로 이동이 가능하도록 연결하여 최소의 동선을 확보하면 좋다.

진료실이나 대기실에는 의사 개인의 학위증서나 연수 교육 참가증서 등을 액자에 넣어 배치하면 신뢰감을 줄 수 있다. 진료실내에는 가족사진 등을 확대하여 걸어 놓으면 환자에게 편안한 감을 준다. 진료실의 의사 책상은 너무 크거나 고급스러워 거부감을 주지 않도록 한다.

5) 기타 공간

처치실

처치실에서의 작업량, 의사와 간호사의 처치행위 정도에 따라 공간이 달라진다. 각각의 의원 특성에 맞는 규모와 이용 정도에 대한 기준을 세우기는 어렵다. 처치 침대, 주사대와 의자, 기기 선반, 싱크대 등을 배치할 수 있는 공간이 필요하다. 주사실을 따로 만들지 않고 같이 사용하기도 한다. 주사실은 약장, 냉장고가 필요하고 벽은 주사약이 묻어 얼룩지기 쉬우므로 씻어낼 수 있는 재료가 바람직하다.

임상검사실

소규모 의원에서는 임상검사실을 없애고 채혈만 하고 외부 검사 전문기관으로 보내고 있다. 의원의 성격에 따라 검사 종목의 차이가 크다. 일반적으로 요, 혈액 등의 화학 검사가 주로 행해진다. 환자의 채뇨를 위해 화장실과 인접하여 동선 처리를 한다.

충분한 용량의 콘센트가 필요하며 사용기기에 따라 전압을 고려해야 한다. 검사실은 위치 안내 표지 체계가 잘 갖추어지고, 채혈실은 임상병리사의 동선과 환자의 편의도, 접근도를 감안하여 공간을 배치한다. 검사실 내부 기기의 동선에 유의하여 장비를 배치한다. 직원의 효율적인 인력 활용을 감안하여 공간을 배치한다.

방사선실

환자들은 의사와 접촉하게 되면 심리적인 위축이나 불안감을 느끼는 경우가 많다. 방사선실이나 치료실에서는 더욱 심해진다. 환자가 편안한 마음으로 탈의할 수 있는 공간을 갖추어야 하며 환자의 심리를 고려하여 배치 한다. 장비 기종을 먼저 선택하고 실을 배치한다. 공간의 크기나 전압 등의 자료를 판매회사에 요청하여 사전에 확보한다. 방사선 이용 빈도를 고려하여 공간을 배치한다.

원장실

손님 접대. 서류처리를 하거나 피로할 때 휴식할 수 있는 원장만의 공간이다. 보통 진료실 주변에 위치하며, 의사가 응급 용무가 있을 경우를 대비하여 외부와 연결된 문이 있으면 좋다.

아래 사례는 병원의 내시경실 공간을 계획한 초기 자료이다.

내시경실 공간배치 사례

실명		필요실 수	기능	필요장비 또는 가구	근거	비고
내시경실	내시경실 (위/대장)	10 (10bed)	내시경 검사실	진료/이동 침대(10), 내시경 기기(10), 수납공간	• 9bed : 일반 • 1bed : VIP • 침대마다 간막이 구획	외래, 병동, 검진센터 포함 (수면내시경포함)
	소독실 세척실	1	내시경기기 소독 내시경기기 세척	소독기 세척기		투명 유리벽 설치 청결지역
수면 회복실		1 (20bed)		이동 침대	• 내시경 검사자 : 15분/1명 • 1시간 : 4명x5실 =20bed	내시경실, 간호사실과 연결/ 인접
판독실		1	내시경 결과 판독	책상(PACS겸), 의자		
간호사실 (Nr. station)		1 (semi -open 형)	간호사실, 신체계측, 준비실(투약준비), 주사실(비수면 내시경환자)	책상, 의자, 수납공간(수액, 주사약 포함), 약품 냉장고, 신체 계측기		• 내시경실과 인접 • 수면 회복실과 연결(시야 확보)
외래환자용 탈의실		2	• 외래 대장내시경검사 • 남/여(1/1)	옷장, 파우더룸	옷장 : 남/여 각각 4개	
대장내시경용 화장실		1	• 대장내시경 환자용 • 양변기(4): 남녀공용			• 탈의실과 연결 • 내시경실, 회복실과 인접
환자 대기실						

제6장
병원 공간과 건축

제6장
병원 공간과 건축

병원은 환자 및 의료진이 이용하기에 편리한 기능적이면서도 효율적으로 공간으로 계획되어야 한다. 최근에는 병원 같지 않은 병원을 컨셉으로 방문객들에게 더욱 쾌적한 공간을 제공하고 있다. 의료환경과 사회변화에 따라 병원 공간도 바뀌고 있다.

고급화되고 첨단화된 의료 장비, 편의시설 확장 등 이에 맞는 공간이 필요해 병상당 면적이 늘어났다. 삶의 질이 향상되면서 치료를 목적으로 하는 환자뿐만 아니라 질병 예방을 위해 병원을 이용하는 사람이 많아지고 쾌적함을 요구하고 있다. 그뿐만 아니라 의료 관련 제도와 각종 인증에서 요구하는 환자 안전과 감염예방을 위한 공간을 추가하여 계획해야 한다. 병원 건축을 하려면 의료계획이 우선이다. 병원을 건축하는 일은 개원 비용 중 가장 많은 투자비를 차지한다.

선진 의료기술과 최신 건축 기술이 결합한 병원은 다른 건축물에 비하여 특수하고 복잡하다. 대형화, 전문화, 고급화를 추구하고 있다. 의료 서비스 공간과 공용 공간 등 다양한 편의 공간이 병원의 경쟁력이며 경영의 효율적인 측면에서 병원 건축은 중요한 요소다.

1. 병원 건축의 특성

1) 4가지 측면의 병원 건축

공간 : 새로운 진료 기술과 첨단 장비, 의료정책을 공간에 반영한다.

의료기술 및 첨단 의료기기는 진료방식의 변화와 그에 따른 공간이 필요하다.

개원 이후에도 병원의 기능과 역할이 끊임없이 변한다. 변하는 속도가 빨라졌다. 의료정책의 변화나 인구구조에 따른 질병 구조, 생활 수준 향상에 따른 환자의 요구, 의학의 발전에 따른 최신 장비의 도입 등 공간의 변화가 끊임없이 진행된다. 환자 안전, 서비스의 질 향상, 감염예방 등을 위한 행위 절차에서 추가로 요구되는 공간이 증가하는 추세다.

동선 : 진료계획에 따른 동선이 명확해야 한다.

병원은 외래진료부, 중앙진료부, 병동부 등 주요 기능에 따른 몇 개의 구획화(zoning)가 이루어진다. 이들 기능 간의 연계와 의료진·환자·방문객·물품 등의 이동 동선이 효율적으로 이루어져야 한다.

건축비 : 일반 건축물과 달리 건축비가 많이 든다.

병원은 환자 치료기능에 충실해야 한다. 의료시설로 요구되는 법적 시설기준을 충족시켜야 한다. 환자의 이송과 의료 장비 및 기기의 배치에 따른 구조, 전력, 통신, 냉난방 설비, 비상 에너지원 등에 대한 특별한 계획과 용량이 필요하다.

진료실, 수술실, 검사실, 병실 등 규격에 맞는 여러 공간으로 구성된다. 고객들의 쾌적한 진료 공간 요구, 랜드마크적인 병원의 외관 등으로 건축비용 상승 폭을 더욱 크게 하고 있다. 지속적인 부동산의 상승, 건축비용과 금리상승으로 인해 병원건축이 더욱 어려워졌다.

인증시설 : 의료기관 인증을 위한 공간과 시설이 필요하다.

병원의 수준을 높이기 위해서는 의료기관 인증은 필수다. 의료기관 인증은 의료 질 관리와 환자 안전이 최우선이다. 병원은 환자의 감염예방, 환자 안전시설, 개인정보 보호를 위한 시설이 필요하다. 또한 청결과 오염 영역의 분리를 위해 충분한 공간을 확보해야 한다. 코로나 이후 감염에 따른 환기, 공조, 온습도 조절 등 실내 환경 개선이 중요해졌다.

2) 미래지향적인 병원 건축

끊임없이 변화하는 의료환경에 대응하여 미래지향적인 병원건립을 위해서는 고려할 사항이 많다.

친근감 있는 공간, 쾌적한 병원

과거 병원은 치료만 목적으로 하여 최소한의 공용공간을 확보하여 계획되었다. 최근 병원은 치유환경의 중요성이 높아지면서 공용공간이 늘어나고, 환자와 보호자와 의료진을 고려하여 계획된다. 환자의 치료 환경, 서비스 지향적 환경이나 직원들에 대한 쾌적한 근무 환경 등을 조성하여 심리적 만족감을 준다.

주위 환경과 자연이 조화되는 치유의 병원

주변 환경 및 자연과 조화되는 건축물 배치 및 외관 계획을 수립한다. 자연을 병원 건축물 안으로 끌어들여 조화롭고 쾌적한 치유환경을 조성한다. 자연환경과 유사한 실내 환경을 조성하여 쾌적한 환자 휴게공간을 제공하여 치유환경을 만든다. 빛 등 자연적 요소의 도입, 환자 동선의 단축, 대기와 진료 시 환자 프라이버시 존중, 안락하고 쾌적한 인테리어 등은 이용객들과의 친밀감을 주고 병원의 좋은 이미지 구축에도 도움이 된다.

환자의 안전과 편의를 배려하는 병원

병원에 출입하거나 머무르는 모든 사람들의 안전과 편의를 보호하기 위한 평면적, 입체적 계획이 고려되어야 한다. 동선의 분리는 물론 자동차와 사람의 보호, 응급환자나 장애자에 대한 배려가 이루어져야 한다. 특히 환자에게 발생할 수 있는 모든 안전사고에 대한 대비와 예방을 고려해야 한다. 각종 설비시스템과 시설의 안전 점검과 위생적인 유지관리는 필수이다.

지역사회 건강의 중심, 구심적인 역할의 병원

병원이 더 이상 환자치료만을 담당하는 한정적 영역이 아니다. 의료서비스 및 주민의 건강과 관련하여 지역사회의 구심적인 역할을 한다. 따라서 지역의 상징성과 장소성 등의 기능이 있으므로 주변 환경과 여건을 고려한 배치, 형태, 재료, 색채계획 등이 요구된다. 건강교육 및 홍보, 상업시설이나 편의시설의 포함, 세미나실 등의 개방과 외부 공간 등의 개방화를 수 있다.

경제적인 측면을 고려한 첨단 의료시스템을 갖춘 병원

첨단 의료 장비뿐만 아니라 자동화시스템이 필요하다. 최근에는 스마트병원이 대세다. 의료시설의 수준 및 효율성, 경제성 등을 고려하여 적절한 시스템의 수준과 내용을 선정해야 한다. 최소의 투자비로 최대의 효과를 얻을 수 있도록 비용증감 요인을 분석하여 투자비 측면만 아니라 병원 건물의 내구연한 동안 소요될 전체비용 측면도 고려해야 한다.

병원시설의 유지보수비가 운영비에서 차지하는 비율은 증가하고 있어 불필요한 비용이 증가하지 않도록 한다. 자연채광과 자연환기를 이용하여 에너지비용을 최소화할 수 있도록 한다.

성장과 변화의 공간, 미래의 성장과 변화에 대응하는 병원

의료기술의 급속한 발전으로 병원은 성장과 변화의 속도가 매우 빠르다. 첨단 장비와 치료법, 전산화 및 자동화는 새로운 공간을 요구한다. 병원의 공간은 상호연관성을 갖는 기능 단위별로 효율성을 고려하여 물리적으로 인접성을 갖도록 한다. 환자의 이용 편의를 감안하여 배치하는 것을 원칙으로 한다.

증 · 개축을 대비하는 병원

병원은 성장에 따른 증 · 개축이 빈번하게 일어나 장기적인 계획에 대응해야 한다. 병원은 1인 1개소 원칙에 따라 분원을 내기가 어렵다. 따라서 병원이 성장하면 인근 지역에 부지를 매입하여 증축하는 경우도 많다. 병원 건물은 건립되고 나면 병원의 층고나 설비 등은 변경이 어렵다. 따라서 이런 공간은 여유 면적을 확보하여 확장이나 리모델링에 용이하게 한다.

3) 병원 기능에 따른 공간의 분류

한국의료복지학회에서 병원 기능에 따라 외래부, 병동부, 중앙진료부, 공급부, 관리부, 교육연수부, 부대시설, 기계 · 전기실로 공간을 구분하였다.

병동부

환자가 입원 생활을 하면서 진료 · 간호를 받는 곳이다. 표준병동, 소아병동, 산부인과병동, 정신건강의학과병동, 암병동, 격리병동, 이식병동, 중환자실, 준중환자실 등이 있다.

외래부

환자가 통원하면서 진찰 · 치료를 받는 곳이다. 외래진료실(전문 진료센터), 응급실, 건강검진센터, 주간보호센터 등이 있다.

중앙진료부

특수한 의료기기를 갖춘 진단 및 치료 공간으로 병동과 외래부의 진료 활동을 돕는 공간이다. 영상의학실, 진단검사의학실, 병리실, 수술실, 인공신장실, 분만실, 신생아실, 생리기능검사실, 재활치료센터 등이 있다.

공급부

물품 공급과 처리 및 이용자에 대한 생활 서비스로 병원 전체의 활동을 간접적으로 지원하는 공간이다. 중앙공급실, 영양실, 창고, 약제실, 시설과, 관리실, 세탁실, 의용공학실 등이 있다.

관리부

진료 및 사무적인 측면의 행정 활동을 지원하고 정보를 관리하며, 대외관계를 담당하는 공간이다. 통합행정관리실, 간호, 원무, 보험심사, 전산, 의무기록, 자원봉사자실 등이 있다.

교육연수부

연구 및 교육활동을 지원하는 공간이다. 의사실, 의국, 세미나실, 강의실, 강당, 의학도서관 등이다.

부대시설

환자, 보호자, 직원 등 이용자의 편의를 위한 공간이다. 편의시설, 종교실, 체력단련실, 장례식장 등이 있다.

기계 · 전기실

병원 전체의 용수, 전기 공급 및 온도, 습도, 청정도, 기류 분포의 조절을 위한 공간이다. 기계실, 전기실, 공조실 등이 이에 해당한다.

병원의 기능에 따른 주요 공간 구분

구 분	주요 공간
외래부	외래진료실(전문진료센터 포함), 응급실, 건강검진센터, 주간보호센터 등
병동부	표준병동, 소아병동, 산부인과병동, 정신건강의학과병동, 암병동, 격리병동, 이식병동, 중환자실, 준중환자실
중앙진료부	영상의학실, 진단검사의학실, 병리실, 수술실(외래수술실 포함), 인공신장실, 분만실, 신생아실, 생리기능검사실, 재활치료센터
공급부	중앙공급실, 영양실, 창고, 약제실, 시설과, 관리실, 세탁실, 의용공학실
관리부	통합행정관리실, 간호, 원무, 보험심사, 전산, 의무기록, 자원봉사자실
교육연수부	의사실, 의국, 세미나실, 강의실, 강당, 의학도서관
부대시설	편의시설, 종교실, 체력단련실, 장례식장
기계/전기실	기계실, 전기실, 공조실

출처 : 의료기관 건축설계 가이드라인 연구, 보건복지부, 한국의료복지건축학회, 2018.11

2. 병원설계

1) 병원의 기본 컨셉

병원을 어떻게 운영할 것인지에 대한 병원의 컨셉을 세운다. 토지이용계획, 동선, 내외부 공간, 형태, 단면 등 충분한 시간을 갖고 구상한다. 다음으로 배치도, 각층 평면도, 입면도, 단면도 등 기본계획을 수립한다.

설계 업체에 제시한 A 병원의 증축 기본 컨셉

- 병원 같지 않은 쾌적한 병원, 미래에 대응하는 스마트병원, 랜드마크적인 외관
- 쾌적한 병실, 기본 병상수 100병상
- 수술실, 병실, 식당 등의 인증 기준에 적합하고, 전문병원 기준에 맞는 시설
- 본관 병원 리모델링을 통한 신축 병원과 환자 동선, 의료진 및 직원 동선, 연계성 강화
- 추가 증축 가능성 염두 설계 : 3년 후 옆 부지 매입 후 증축 가능성, 공간의 연계
- 주차 진출입이 용이하고, 주차대수가 충분한 설계, 주차타워 설치
- 환자 편의시설, 휴게실 등
- 진료실 등 구체적인 사항은 별도 제시 예정임

2) 건축설계 업무 내용

설계업무

- 기획업무 : 규모 검토 및 기획설계, 건축물의 현장 조사, 설계 공정표
- 설계 도서 작성 업무 : 계획 설계 도서, 중간 설계 도서(인허가용 도서), 실시 설계 도서
- 사후 설계 관리 업무 : 시공 과정에서의 설계 의도 해석, 자문 등, 상세 시공 도서
- 그 밖에 도서 작성 업무 : 조감도 및 투시도(내, 외), 각종 심의(건축, 경관, 문화재 등), 시방서(특기, 일반), 계산서(구조, 기계, 전기, 소방, 토질, 지질 등), 수량 산출 조서, 공사비 예상 내역서(건축, 구조, 기계, 전기, 통신, 소방), 측량, 지질조사, 관청 대행 업무, 그 밖에 건축주의 별도 요구 등
- 건축주의 요청에 의한 업무 : 인테리어 설계 업무, 음향, 차음, 방음, 방진설계 업무, 3D 모델링 업무, 모형 제작 업무, 흙막이 상세도 작성 업무, 에너지 절약계획서 작성 등

참고 자료 : 건축설계 업무의 범위 및 품질 기준표

설계 시 협의 사항

법규, 개략 배치도, 평면도 등은 기획설계 시 가능하다. 기본 설계에서는 병원의 요구사항을 충분히 반영한다. 병원 설계를 의뢰하기 위해서는 병원의 운영계획(사업계획)을 제시하고 설계에 반영해야 한다.

병원에서 제시할 사항

건립 목적, 개원 일정, 의료 계획, 운영 계획, 공간 계획, 자동화 계획, 장단기 계획, 병원 개원까지 총투자 비용, 건축 공사 예산, 건물의 수준 등

건축사 사무소에서 제시할 사항

토지 이용 계획, 설계 일정 계획, 평면, 입면, 단면 등 배치계획, 주차장계획, 냉난방, 위생, 공조, 소방설비, 기타 설비, 조경, 인테리어, 인허가 계획

병원설계 전 검토사항

병원설계 전 병원의 역할과 기능을 설정하는 의료계획이 수립되어야 설계를 진행하게 된다.

의료계획

- 병원의 기능과 역할은 무엇인가?
- 우리병원의 진료과목, 특화전략이 계획되었는가?
- 일일 외래 환자와 방문객은 어느 정도 될 것인가
- 주차장은 어느 정도 확보할 것인가? 법규에 맞는 주차장 또는 주차 타워
- 응급실 규모, 진료실은 몇 개를 설치하고, 입원실과 수술실 계획은 세웠는가?
- 의료장비는 어느 수준까지 도입할 것인가? 의료 장비 목록은 작성되었는가?
- 병원건축의 전체적인 컨셉은? 역점을 두는 병원 공간은, 환자 편의시설은?
- 장기 계획 중 증축계획이 있다면 구체적으로 어떤 방법, 시기 등을 사전에 점검하는가?

시스템

- 환자가 병원을 방문하여 주차장에서 귀가할 때까지의 동선은?
- 안내 없이 환자 혼자서 시간을 절약하여 진료받고 귀가할 수 있는 시스템은?
- 병원에 맞는 전산 시스템은 어떻게 구축할 것인가?

병동, 수술실

   – 환자 간호 단위를 어떻게 나누어 효율성을 기할 것인가?

   – 물품의 이동 경로, 분배 방법을 어떤 방법으로 할 것인가?

   – 각실의 크기와 공간 배치할 장비, 가구 및 집기

   – 상호 연관관계가 있는 부서와의 배치는 적합한가?

3) 병원 설계 업체 선정과 계약

  우선 설계업체가 적합한지 알아본다. 회사 지명원과 최근 병원을 설계한 실적, 건축 규모, 수주 금액의 자료를 요청한다. 이들 중 적합하다고 생각하는 업체에 병원설계를 위한 설명회를 진행하기도 한다.

  병원 건립을 위한 준비 및 진행 상황, 확보된 건축 부지 주소, 조사한 기본 자료를 설계 업체에 제공한다. 병원을 운영 중이라면 병원 현황(소재지, 병원장, 병원, 개설 진료과, 보유 의료 장비, 허가 병상수 등)에 대한 정보를 제공한다.

  설계업체를 선정할 때는 3년 내 유사 규모 병원 설계 경험이 중요하다. 병원 설계를 전문으로 하는 업체를 선정하는 것이 좋다. 회사의 실적을 보면 어느 사업 분야를 중점적으로 하고 있는지 알 수 있다.

설계업체 계약 및 내용

  국토교통부에서 고시한 건축물의 설계 표준 계약서를 이용한다.

  계약 면적 및 기간, 계약의 범위 등(건축설계 업무의 범위 및 품질기준 표), 대가의 산출 및 지불 방법(설계비 지급 시기와 금액), 대가의 조정(증감에 따른 지불), 자료의 제공 및 성실의무, 건축 재료의 선정 및 검사 등, 설계 도서의 작성, 제출, 계약의 양도 및 변경 등, 이행 지체, 이행 보증보험증서의 제출, 갑의 계약 해제, 해지, 을의 계약 해제, 해지, 손해배상, 저작권 보호, 분쟁 등이 계약서 내용에 포함된다.

설계업체 계약서

건축물의 설계 표준 계약서(국토교통부 고시 제2019-970호)

1. 계약명 :

2. 대지위치 :

3. 설계내용 : ■신축 □증축 □개축 □재축 □이전 □대수선 □용도변경 □리모델링

   1) 대지면적 :

   2) 용   도 :

   3) 구   조 :

   4) 층   수 :

   5) 연면적의 합계 :

4. 계약면적 :

5. 계약금액 : 일금   원정 (\   ): 부가세 별도

2023년 7월   일

  "갑"과 "을"은 상호 신의와 성실을 원칙으로 이 계약서에 의하여 설계계약을 체결하고 각 1부씩 보관한다.

건축주 "갑"   설계자 "을"

상호 :   상호 :

성명 :   성명 :

사업자등록번호 :   사업자등록번호 :

주소 :   주소 :

계약의 범위 (설계 업무 범위)

업무	업무 내용	비 고
건축 설계업무	설계도면, 시방서, 내역서	계획/ 기본/ 실시설계
분야별 설계업무	기계, 전기, 소방, 구조, 토목, 조경 (설계도면, 시방서 및 계산서, 내역서)	계획/ 기본/ 실시설계
건축 행정업무	건축심의, 경관심의 지하 안전 영향성 평가 인허가 대행업무	지질조사(3공) 현황 측량
기타 업무	설계 단계별 3차원 (3D) 이미지	
인테리어 설계업무	주요 공용부 인테리어 기획설계 (인테리어 컨셉 및 마감 재료 선정)	공용 복도, 엘리베이터 홀, 공용 화장실 등 주요 공용부 병동 층

계약금액의 지불 시기 및 지불 금액

  계약금액을 정하고 계약 시기와 비율 및 금액을 정한다.

대가의 분할 지불 시기 및 지불 금액

지불 시기 및 기준 비율 (%)	비율(%)	지불 금액	비 고
계약 시	10		계약과 동시에 지급
계획설계도서 제출 시 (건축심의 접수시)	30		건축심의 도서 포함
중간 설계도서 제출 시 (건축허가 접수 시)	30		건축허가 도서 포함
건축허가 완료 시	20		
실시설계도서 제출 시(10)	10		
계	100		부가가치세 별도

4) 단계별 설계

병원의 건축 과정은 크게 기획, 설계, 시공의 3단계로 나눈다. 이 세 가지는 건축주, 건축가, 시공자 등 건설에 관여하는 사람들이 중심적인 역할을 수행한다.

설계 전 개설 진료과, 진료과에 따른 의료 장비 목록, 장비에 따른 공간 소요, 건립 투자 비용의 배분 및 예산확보 등을 사전에 계획해야 한다. 특정 진료과를 전문화하거나, 지역 내 수요가 많은 진료과목을 우선 배치하는 등 의료계획을 우선 수립하고, 이에 따라 인력, 장비를 계획하고, 공간을 배치한다. 병원 건립 계획이 중요한 이유다.

건축가는 계획단계에서부터 참여한다. 병원기획, 병원시설, 의료 장비 등의 전문가 참여로 병원 건립에 대한 종합적인 계획을 확정한다. 계획단계에서는 병원 건립의 기본계획을 바탕으로 공간을 확정한다.

병원 건축을 위해 건축설계 회사를 찾아가면 의료계획을 만들어 달라고 한다. 설계를 하려면 의료계획이 필요하기 때문이다. 병원의 컨셉이다. 어떤 병원을 만들 것인지는 병원장인 건축주가 결정하는 것이지, 건축가가 결정하는 것이 아니다.

건축사 사무소는 건축주가 필요한 공간을 요청하면 법규나 법령에 맞도록 배치한다. 병원 건축에 경험이 많은 건축사는 병원의 컨셉에 맞도록 설계 과정에서 건축주와 논의하여 공간을 배치한다. 설계의 기본이 되는 병원의 컨셉을 세우는 의료계획 단계에서 상당한 시간이 소요된다. 사업성 및 규모를 검토하고 시설계획 및 타당성을 검토하는 기획설계 단계를 거친다.

기본 설계

실시설계를 위한 준비작업이다. 설계에서 미비한 사항을 보완하고, 각 실의 용도·위치·면적·치수를 확정해 실시설계에 차질이 없도록 건축주와 논의하여 확정한다.

기본설계는 허가관청에서 진행하는 건축 심의 시 제출한다. 작성된 도서는 토목·설비·

전기 · 구조팀에 전달하여 토목 · 설비 · 전기 · 구조설계를 착수하도록 한다.

위치도, 주차 및 조경계획도, 각층 평면도, 입면도, 단면도, 주요 부분 상세도 등을 작성한다.

실시 설계

공사의 주체가 되는 설계도서를 작성하는 과정으로 시공에 지장이 없도록 한다. 실시설계는 건축주와 설계자 사이에 합의된 기본 설계를 바탕으로 공사를 원만히 수행할 수 있도록 하는 제반 설계 업무를 말한다.

위치도, 배치도, 주차 및 조경계획도, 각층 평면도, 각종 상세도, 창호도, 구조도, 토목, 설비, 소방 설계도, 구조 · 부하계산 등 각종 계산서, 시방서, 공사비 내역서 등이 작성된다.

병원설계의 구분

구분	주요업무
설계전 단계	- 병원 사업계획(설립목적, 기능 설정, 운영방안, 장단기계획) - 정보수집(유사 병원 벤치마킹, 입지 조건, 진료권, 경쟁병원 조사) - 기본 구상(병원 컨셉 결정, 현황분석, 병원 건축 아이디어)
기획설계	- 사업성 및 규모 검토 - 업무범위 설정, 시설계획 및 타당성 검토 단계 - 업무 전체 일정 및 예산 수립
계획설계	- 기능, 규모, 형태, 구조, 재료 등 계획수립 - 계획안 예상 공사비의 산정 : 공사비 목표설정 - 설계 공정 및 개략적인 사업 공정의 작성
기본설계	- 계획 설계의 기본 구상을 세부화하는 단계 - 건축, 구조, 전기, 설비, 재료 등 확정 - 법규분석, 관할청과의 협의, 허가
실시설계	- 기본설계를 세부적으로 작성 - 설계 관련 각각의 항목을 구체화 - 허가 조건을 설계에 반영하여 시공도면 작성
감리업무	- 감리업무 담당, 필요시 CM 선정 - 시공과정에서 설계도서에 맞게 공사되고 있는지에 대한 관리 감독 - 건축주, 시공자, 설계자와의 의견조정

5) 설계도서의 작성 방법 기준

기본업무

- 공간 규모 검토 : 법규 검토(대지 및 건축물의 규모, 용도 등을 개략적으로 검토하기
위한 법규 검토), 건축물의 개략 배치도, 대지 종횡 단면도(대지의 경사 및 건축물과 관계

표시), 대략 평면도(1층 및 기준층 평면도), 대략 단면도(층수 층고 표시의 대략 단면)
- 현장 조사 : 대지 및 주변 현황 확인(대지 상태, 주변 건축물)

추가 요구
- 규모 검토 : 각 층 평면도
- 현장 조사 : 대지 및 주변 현황분석, 사용자 조사, 기존 시설물 분석

3. 건축 심의 및 허가

기본 설계가 끝나 도면이 완성되면 건축 심의 및 허가를 득한다. 일정 규모 이상이거나 심의 대상 건축(토목)사업의 경우 먼저 심의를 받은 후 건축 허가를 득하는 것이 일반적이다.

1) 허가 전 건축심의
허가 전 건축심의 항목으로는 도시 계획 심의(토목), 교통 영향 평가, 건축 계획 심의, 굴토 심의(토목), 에너지 절약 계획 심의, 환경 영향 평가 등이다.

용어 정리
설계자 : 발주자(건축주)와 관련한 요구사항을 가지고, 건물을 계획하는 사람 → 설계사무소
시공자 : 설계자가 계획한 도면을 토대로 건물을 짓는 사람 → 건설사
감리자 : 시공자가 도면대로 잘 짓고 있나 관리 감독하는 사람 → 감리회사(CM)

2) 건축허가
건축허가를 위한 준비서류는 건축허가신청서, 건축할 대지의 범위를 증명하는 서류가 필요하다.

배치도, 각층 평면도, 입면도, 단면도, 구조도(구조 안전 확인 대상 건축물), 실내 마감표, 주차장 평면도, 소방설비도, 건축계획서 등의 건축 도서를 제출한다. 건축허가는 1개월 이상의 시간이 걸린다.

3) 시공 전 철거
건물 철거 공사 현장 붕괴 사고가 빈번히 발생하고 있다. 건축물의 소유자는 건축물을

철거하려면 사전에 특별자치시장, 특별자치도지사 또는 시장, 군수, 구청장에게 신고하여야한다. 철거 예정일 3일 전까지 건축물 철거·멸실 신고서에 해체 공사계획서를 첨부하여 관할청에 제출한다.

석면 조사 대상 건축물에 해당하는 때에는 석면 조사 결과 사본을 추가로 첨부하여야 한다.

철거 신고 대상 건축물

- 연면적 1천 제곱미터 미만의 건축물
- 건축물의 높이가 20미터 미만인 건축물
- 지상층과 지하층을 포함하여 5개 층 이하인 건축물
- 그 밖에 대통령령으로 정하는 건축물을 해체하는 경우

철거 허가 대상 건축물

신고 대상 건축물에 해당하지 않는 모든 건축물로 심의 대상 건축물(서울시 건축조례 참고)

- 지상 5층 또는 높이 13m 이상
- 지하 2층 또는 깊이 5m 이상
- 기존 도심지로서 작업 여건, 주변에 미칠 위해 정도 등을 감안하여 철거 심의가 필요하다고 판단되는 건축물

4) 지하 안정성 평가

지하를 안전하게 개발하고 이용하기 위한 안전 관리체계를 확립함으로써 지반침하로 인한 위해를 방지하고 공공의 안전을 확보함을 목적으로 지하 안정성 평가를 시행한다. 시행 범위의 건물은 지하 굴착공사를 수반하는 사업으로 굴착 깊이가 20미터 이상인 굴착공사를 수반하는 사업이다. 규모가 작으면 소규모 지하 안정성 평가를 진행한다.

4. 건축 시공사 선정과 시공

1) 시공사 선정

시공사 선정의 중요성

환자들이 볼때 유능한 의사가 있고 그렇지 못한 의사도 있다. 수술을 잘하는 의사가 있고

환자 관리를 잘하는 의사도 있다. 소문이 나기 시작하면 환자들이 몰리기 시작하는데 병원 주위에서만 오는 것이 아니라 멀리서도 환자들이 찾아오게 된다.

건축 설계나 시공도 마찬가지이다. 같은 면허나 자격을 소지하고 있지만 똑같은 수준의 결과물이 나오는 것이 아니다. 전문가라고 해도 개인적인 자질과 능력에 따라 일류가 있고 이류가 있기 마련이다.

시공자 선정은 누구에게도 맡길 수 있을 만한 의사 결정이 아니다. 병원을 가장 잘 지어줄 업체를 선정하는 일. 병원을 건축할 업체를 선정하는 일은 중요하다. 병원장은 병원 건축을 평생 한 번 해볼까 말까 하는 비전문가이다. 이미 지어진 건물을 의료시설로 용도 변경해서 병원을 개원하는 것과는 다르다. 병원 시설에 적합한 건물을 계획. 설계. 건축하여 개원하는 일은 상당한 시간과 자금. 전문인력이 필요한 일이다.

50병상 규모의 병원으로 연건평 2,000평일 경우 평당 건축비를 1,000만 원으로 가정하면 병원 건축비로 200억 원 소요된다. 병원 부지. 의료 장비 등과 비교해도 병원을 개원하기 위한 투자 중 가장 큰 비중을 차지한다.

시공사 선정 방법

충분한 정보가 필요하다. 설계한 건축사가 업체를 소개하기도 한다. 친척이나 선후배. 주위의 아는 친구에게 건축을 맡기는 병원장도 많다. 권할 만한 올바른 시공사 선정 방법은 아니다. 설계도와 내역서에 기초한 계약을 해야 한다.

적은 공사비로 훌륭한 건축을 바랄 수는 없는 일이다. 시공사가 자선 사업가가 아니고는 불가능한 일이다. 이윤을 남기는 것은 경제활동의 최대 목표다. 이는 건축공사도 마찬가지다. 동일한 설계 조건에 시공 금액이 현저히 낮다면 의심해야 한다. 추가 공사비를 요구할 가능성이 높다. 공사가 끝나고 비용 문제로 분쟁이 생기는 경우도 종종 발생한다. 마지막 남는 것은 계약서고 문건이다. 꼼꼼하게 계약서를 작성하여 건축비 분쟁이 나지 않도록 해야 한다.

시공사를 선정하는 일은 건축주인 원장마다 차이가 있다. 병원을 시공할 몇 개의 업체를 선정하여 견적을 받는 과정에서 시공회사의 경영방침이나 회사의 운영철학의 일단을 느낄 수 있다. 정에 치우치는 것보다 데이터에 기반한 시공사 선정이 시행착오를 줄이는 방법이다. 시공사에 몇 가지 서류를 요청해서 서로 비교하면 기본 사항을 평가할 수 있다.

기업 신용평가. 대한건설협회에서 발급한 시공 능력 평가액 확인서. 시공사의 실적으로 도급한도액. 유사 규모 공사 수행 실적. 공사비 등과 재정 능력, 품질시스템. 직원 수. 기술자 보유현황을 제출받아 비교해 본다. 기업 신용평가는 신용보증 기금의 보증서를 발급받기 위해서도 중요하다.

시공사에 견적 요청

업체에 동일한 조건의 공문을 보내 견적으로 요청한다. 공정하게 시공사를 선정하고 있다는 것을 시공업체도 알아야 하고 경쟁을 통해 투명하게 진행해야 한다. 건축주인 원장이 시공사 선정에 어려움이 있다면 유능한 CM(Construction Manager)을 선정해서 진행하는 방법도 있다. 설계 업체에서 납품받은 공 내역서를 각 업체에 메일로 발송하고 2주 정도의 기간을 정해 견적을 받는다. 업체 간 입찰 방식으로 진행한다.

필자가 업체를 선정하는 방법

일반적인 병원으로 계획할 경우 병상당 30평으로 산정하여 50병상을 개원하기 위해서는 1,500평이 필요하다. 공사비만 150억 원. 기타 의료 장비 등으로 50억을 산정하면 200억 원. 부지 매입하여 개원까지는 300억 원 이상이 소요된다.

병원 개원까지 여러 과정을 거치면서 사람을 만나는 일. 업체를 선정하는 일에 나름의 원칙이 있어야 한다. 올바른 업체 선정이 중요한 이유다. 건축 분야에만 해당하는 것은 아니다. 의사결정 할 때 기본적으로 하는 방법이다.

먼저 사람을 본다.

가장 먼저 보는 것은 사람의 태도다. 사람의 태도는 쉽게 바뀌지 않는다. 만나보면 그 사람의 태도에서 나오는 뭔가의 끌림이 있다. 사람의 성공 요인은 여러 가지가 있는데. 머리가 좋아야 하고. 지식과 기술이 있어야 한다. 그리고 그 사람의 태도라고 생각한다. 업체를 선정할 때 회사 대표를 만나보고 직원을 만나서 태도를 본다.

다음으로 그 사람이 소속 기관을 본다.

홈페이지, 블로그도 들여다보고. 회사에서 보내준 실적 등 회사의 성과물이 본다. 그동안 어떤 업무를 실행했는지가 중요하다. 업체의 연혁이다. 의뢰하려는 병원 건축물과 업체에서 진행한 일이 어느 정도 일치하는지를 본다. 가장 잘 맞는 업체를 선택하는 것이 병원을 잘 짓는 첫 번째 일이다.

업체를 방문해 본다.

업체 내 분위기를 알 수 있다. 문을 열고 들어가면 회사가 추구하는 방향을 가늠할 수 있다. 망하기 일보 직전의 회사는 징조가 있다. 회사 대표가 직원을 무시하는 회사. 직원들의 움직임이 둔한 회사. 직원의 이동이 잦은 회사. 회사 벽에 상장. 상패가 많은 회사(경험에 의하면 의외로 이런 회사가 실속이 없다. 거의 회사에서 돈을 지불하고 만든 것일 경우가 많다)는 우선 경계한다. 병원 건축을 하는 현장이 있다면 현장 소장과 건축주를 만나서 이야기해 본다. 회사의 분위기, 자금 상황, 인적 현황을 충분히 볼 수 있고, 대표의 태도를 통해서 회사를 전체적으로 파악할 수 있다. 대표를 만나러 회사를 방문했는데 직원이 아는 둥 마는 둥 하거나 대응이 소홀하면 일단 불합격이다. 이건 경험이다. 계약 전까지만 고객으로 대해준다. 계약금이 들어오면 이후로는 '호갱'이다. 같이 일하면 10년 이상 늙는다.

계약 후에는 믿고 맡긴다.

계약서를 작성하고 나면 믿고 맡겨야 한다. 작업 현장을 방문해서도 가능하면 일하는 분들에게 질문하거나 일을 지시하면 안 된다. 현장의 전권은 현장소장이다. 일하는 분들도 현장 소장의 지시에 따라 움직인다. 소장의 권위가 떨어지면 현장 통제가 안 된다. 요즘은 건축주, 현장소장과 같이 단톡방을 만들어 공사 진행 상황을 사진으로 보내고 의사 결정할 내용도 서로 의견을 나누기도 한다. 시간을 정해 공정회의를 진행하여 현황을 파악한다. 문서로 작성하면 공사비 분쟁에서도 현명하게 대처가 가능하다.

2) 건축 시공계약
민간 건설공사 표준 도급계약서(국토교통부 고시)

건축설계와 건설공사 도급계약을 국토교통부에서 표준계약서로 고시한 것은 계약 관계를 잘해야 한다는 뜻으로 이해하면 된다. 민간 부문 건설 공사를 발주하는 데 발주자와 건설업자 간에 상호 계약체결을 권장하고, 건설공사 계약의 표준 모델을 보급하고 있다.

표준 도급계약서 항목을 잘 살펴 계약해야 한다. 병원 건축을 하다 보면 설계를 변경하는 경우가 종종 생긴다. 이럴 경우 추가 공사비가 발생하기 마련이고, 건축주와 시공사와의 다툼의 소지가 생긴다. 시공사와 마지막 정산 과정에서 분쟁을 피하기 어렵다.

민간 건설공사 표준 도급계약서

1. 공사명 :
2. 공사 장소 :

3. 착공연월일 :   년   월   일

4. 준공 예정년월일 :   년   월   일

5. 계약금액 : 일금   원정 (부가가치세 포함)

   (노무비 : 일금   원정)

   ※ 건설산업기본법 제88조 제2항, 동 시행령 제84조 제1항 규정에 의하여 산출한 노임

6. 계약보증금 : 일금   원정

7. 선 금 : 일금   원정

8. 기성부분금 : (   )월에 1회

9. 지급자재의 품목 및 수량

10. 하자담보책임(복합공종인 경우 공종별로 구분 기재)

공종	공종별 계약금액	하자보수보증금률(%) 및 금액	하자담보책임기간
		( ) % 원정	
		( ) % 원정	
		( ) % 원정	

11. 지체상금률 :

12. 대가지급 지연 이자율 :

13. 기타 사항 :

   도급인과 수급인은 합의에 따라 붙임의 계약문서에 의하여 계약을 체결하고,
   신의에 따라 성실히 계약상의 의무를 이행할 것을 확약하며, 이 계약의 증거로서
   계약문서를 2통 작성하여 각 1통씩 보관한다.

붙임서류 : 1. 민간 건설공사 도급계약 일반조건 1부
           2. 공사계약 특수조건 1부
           3. 설계서 및 산출 내역서 1부

                                                            년   월   일

도급인   수급인
주 소   주 소
성 명   성 명

3) 건축 시공과 현장 소장

건축주, 감리 회사, 시공 회사가 서로 유기적인 관계를 갖고 건축물을 시공한다. 공사관리자는 시공 관계 업무를 담당하는 책임자다. 소위 현장 소장이다. 현장소장의 역할은 아주 중요하다. 공사를 책임지고 설계도서를 기준으로 감리자의 협의를 얻어 공사를 마친다.

현장소장

해당 분야의 전문가를 잘 선정하면 좋은 결과를 얻는다. 설계는 설계 건축사를 감리는 감리 건축사를, 시공은 시공사를 통하여 뜻하는 바대로 건물을 지을 수 있다. 현장소장의 역할은 시공사 선정 못지 않게 중요하다. 건축물을 현장에서 직접 총괄하는 사령관이다.

공정회의

현장에서 이루어지는 공정회의는 일정한 날짜를 정해 진행한다. 병원장, 현장 소장, 건립기획단장 등 관련자가 참석하여 진행 상황을 점검하고, 진행할 업무에 대해 논의한다. 회의록을 작성하여 문서로 남긴다. 시공은 설계에 따라 진행되지만, 현장 상황이 계획대로 되지 않은 경우도 많다. 기획, 장비, 병원 운영파트 책임자도 필요시 회의에 참석해 의견을 개진할 수 있다.

회 의 록							
안 건	주간 공정 회의						
장 소				일 시			

참 석 자							
소 속	성 명	소 속	서 명	소 속	성 명	소 속	서 명
발주처				시공사			

항 목		내 용	비 고
공사	작업현황		
	향후 공사 일정		
	특기사항		

설계		
기타		
특기 사항		

5. 감리와 건설사업관리

감리는 건축물이 설계 도서대로 실시되는가를 확인하고 시공 방법을 지도하는 업무를 말한다. 건축물의 질적 향상을 도모하며, 착공부터 준공 시까지의 설계 감리의 계약조건에 따라 대행한다. 공사의 처음부터 끝까지 현장에 상주하면서 설계도서대로 시공되는 것을 감리한다. 그 외 건축에 사용되는 제품을 점검하여 완벽한 품질의 건축물이 될 수 있도록 감리한다. 일반적으로 설계 도면을 작성한 건축회사에서 하는 경우가 많다. 건축물이 설계도서대로 시공되어 있는지 감독하는 자를 감리자라 한다.

1) 감리자를 정하는 기준

상주 감리자를 지정해야 하는 건축물

- 공사 현장에서 상주하면서 감리하는 자.
- 바닥면적 합계가 5,000㎡ 이상인 건축물.
- 연속된 5개 층으로서 바닥면적 합계가 3,000㎡ 이상인 건축물.

일반 감리자를 지정해야 하는 건축물

- 주요 공정에 반드시 공사 현장에 나와서 감리하는 자.
- 상주 감리자 이외의 건축허가를 받는 모든 건축물.

2) 단계별 공사감리 업무 내용

시공 전 업무

설계도서에 대한 사전협의, 내역서 검토, 시공자 선정에 대한 협조, 시공계획의 검토, 사전

발주에 대한 협조, 공사관리(공정관리), 안전관리계획 검토, 재해 예방대책 검토, 시공자가 작성한 시공 상세도면의 검토

시공 단계

하도급 타당성 검토, 공사관리(설계도서와 현장에서의 법적 검토, 시공 검토), 계약관리, 시공도의 검사·확인, 기성 지급 확인, 품질관리(규격 자재 검토, 각종 성능시험성과 검토), 구조 안전 검사, 재해 예방대책 검토, 설계 변경 사항 협의

사용검사 단계

사용검사 절차(사용 승인신청서 확인, 공사 완료 도면의 검토), 사용승인 절차 대행, 유지관리 요령서 수집 및 협조

3) CM의 역할과 업무 내용

건설 프로젝트가 대형화, 복잡화, 전문화 추세에 따라 품질, 비용, 공기 목표를 효과적으로 달성하기 위한 체계적이고 전문적인 관리 능력이 필요하게 되어 도입한 제도다. 발주자가 CM(Construction Management, 건설사업관리)을 채택한 이유는 주로 전문 지식이나 인력이 부족하기 때문에 역량을 강화하여 사업을 성공적으로 수행하기 위함이다.

CM의 도입

최근에는 병원건축에도 CM을 도입하는 곳이 늘고 있다. 병원건축 경험이 부족한 건축주인 원장을 대신해서 설계부터 시공 관리에 도움을 준다. CM은 병원건축을 하면서 예상되는 문제점을 사전에 차단하고, 낭비할 만한 요소의 최소화할 뿐만 아니라 공사 기간의 단축 효과도 있다. 저자가 CM과 함께 일한 경험으로 보면 건축주(병원장)의 만족도는 높고, 비용적인 측면에서도 CM의 비용을 지불하고도 충분한 절감 효과가 있었다. 업무범위에 따라 CM사에 지불하는 비용이 다르다.

CM의 업무 내용

기획 및 설계단계

사업 타당성 적정성 검토, 일정 및 원가관리, 설계사 선정 지원 및 관리, 건축주 요구사항 설계 반영, 설계관리(도면검토, 일정, 인허가관리), 원가절감 방안 검토(VE, 신공법 적용),

인허가 및 관계기관 협의 지원, 발주방식 결정 검토 및 도서/서류 검토

시공 준비단계

입찰 방안 수립 및 시공사 PQ(사전 적격심사, Pre-Qualification), 입찰유의서 작성 및 입찰공고, 현장 설명회 실시, 입찰서류 분석 및 검토, 시공사 선정 업무 수행, 건축주 요청 시 공사비 협상, 시공사 계약 서류 검토 빛 지원, 착공 준비 업무 지원(대관업무)

시공단계

시공계획 검토, 시공VE 및 신기술 신공법 적용 검토, 원가관리(기성 및 설계변경 관리), 품질관리, 공정관리(목표 공기 준수), 부진공정 관리 및 만회 대책 검토, 안전 및 환경관리, 클레임 방지(시공 인터페이스 조정)

준공 후 단계

종합시운전계획 검토, 사용자 교육, 준공검사 및 시운전 관리, 시설물 인수인계 지원, 유지관리 및 하자보수 관리체계 자문, 사후관리 업체 선정 지원, 건축주 입장에서의 정산, 최종 건설사업관리 결과 보고

6. 병원 리모델링

병원은 증·개축이 많은 건축물이다. 의료수요가 확대되어 새로운 공간이 필요하고 질병 구조의 변화로 진료과의 증설과 축소 등이 일어난다. 또한 새로운 장비가 도입되면 그에 맞는 공간이 필요하게 된다. 또한 기존 건물을 매입하거나 임대하여 병원을 개원할 경우 의료시설에 맞게 리모델링해서 사용하게 된다.

1) 확장 및 축소전략

기존 병원 건물의 리모델링은 병원의 성장과 발전방안 계획이 사전에 수립되고 장기 발전방안 속에서 논의되어야 한다. 5~10년 정도의 장기계획을 수립하고 실행한다. 병원이 성장기에 접어들면 환자가 많아지고, 의료수익이 증가한다. 병원이 위치한 지역의 인구, 지역 내 경쟁병원뿐만 아니라 의료정책 등도 면밀히 분석해야 한다.

우선 경영기반 정비를 위해 군살을 빼야 한다. 경영에 마이너스 요인이 되는 것을 나열하고

그에 작용하는 요인을 줄여나가는 일, 수익에 보탬이 되는 요인을 늘려나가는 일에 주안점을 둔다. 예를 들면 다음 일이 이러한 내용에 속한다.

수지에 맞지 않는 진료과목 축소

병원의 장기계획에도 맞지 않으며 의사 수급에도 문제가 있어 1년에 절반 정도만 개설되는 진료과, 경쟁병원에 비해 현저히 취약한 진료과, 인근 병원과 경쟁이 안 되는 진료과, 수지가 맞지 않는 진료과 등은 과감히 줄이거나 없앤다.

내부 정비를 통한 편의시설, 병실 전환

내부에 설치되어 있는 이사장실, 병원장실, 접견실 등을 줄이거나 없앤다. 줄인 장소에 환자의 편의 공간 또는 병실로 전환한다. 창고는 재고관리를 철저히 하고, 내부 수납공간을 넓힌다. 병원장실과 환자 민원과 관련이 없는 기획, 보험청구, 구매, 부서는 병원 외부로 이전하는 것도 고려한다.

고객 서비스 향상 주력

오래되어 낡은 화장실, 세면대, 대기실 의자 등을 바꾼다. 벽, 바닥 등의 보수를 통하여 친근감 있는 환경으로 바꾼다. 식당의 청결, 환자식의 고급화, 외부 간판의 재정비를 통해 병원을 업그레이드 한다.

내부 방침이 정해지고 장단기계획이 수립되면 전문 진료 분야를 선정하여 전문화하고, 장비를 보강한다.

리모델링과 신축 검토 사례

인구 150만 명인 A 안과는 전문의 6명이 공동 운영하는 병원이다. 인근에 경쟁 안과가 늘어나고 도시가 발전하면서 병원이 위치한 지역의 인구가 감소하기 시작하였다. 지역 내 새로운 신도시가 개발되면서 그동안 명성만으로 병원을 운영하기가 어려워졌다

지역적인 여건, 현재의 병원에서 수행하고 있는 의료의 기능과 역할, 진료권 지역의 경쟁병원 분포, 수술 현황 등을 종합적으로 검토하여 장기 발전방안을 수립했다. 현재의 위치에서의 장기적인 확장은 아래와 같은 이유로 어렵다고 판단되었다.

그 이유로는

– 진료권 지역 내 인구가 감소하고 있으며, 병원을 찾는 환자의 진료권역도 점차 좁혀지고 있다.

– 주차장이 부족하고, 입구가 협소하여 접근도가 떨어진다.
– 부분적으로 보수를 진행하였음에도 건물의 노후로 한계가 있다.

장기적으로 의료사업을 전개하기 위해 세 가지 결론을 제시하였다.
1안) 현재의 위치에서 병원을 운영하되 병원 옆 산부인과 의원을 인수하여 확장할 것
2안) 현재의 병원을 운영하면서 신도시 지역에 거점 분원을 설립할 것
3안) 기존 병원 건물을 매각하고, 신도시 등 새로운 부지를 매입해 신축 이전할 것
상기의 3가지 안을 놓고 의료진의 의견, 장단점, 소요 비용, 향후 발전 전망 등을 검토한 결과 1안)이 채택되었다. 기존 병원건물을 리모델링하고, 신관을 신축했다.

2) 리모델링 방법

기존에 있는 건축물을 헐지 않고 개·보수하여 사용하는 것으로 건축법규에 따른 개념(증축, 개축, 재축, 이전, 대수선, 용도변경 등)을 포함한다.

건축구조의 중심이 되는 내력벽, 바닥, 기둥은 그대로 두고 내외부와 모양을 바꾼다. 건물을 잘 손질해 리모델링하면 적은 비용으로 건물의 가치를 높일 수 있다. 병원 건물은 의료서비스라는 전문적이고 복잡한 시설로 리모델링시 이러한 특수성을 고려한다.

리모델링의 종류에는 손상된 부분만 수선하는 방법, 건축물의 내·외부를 고치는 방법, 증·개축을 통해 건물을 전반적으로 고치는 방법 등이 있다.

설비 교체

병원 건물에서 가장 문제가 생기는 곳이 설비관련이다. 배관이 노후화 되어 성능이 떨어지며 패킹이 손상되거나, 이음새가 느슨해지는 등 여기저기서 누수가 생긴다. 20년 정도가 되면 설비를 완전히 교체하고 재 배관을 해야 한다.

실내 인테리어

마감재의 선택이 내부의 분위기를 결정적으로 좌우한다. 벽지, 바닥, 가구, 문, 조명만 바꾸어도 효과를 볼 수 있다. 병원의 기능이 바뀌었으면 공간의 재배치를 통해 실내 인테리어를 전반적으로 다시 해야 한다.

전기시설 교체

오래된 전선과 전기시설은 누전과 화재, 성능저하의 원인이 된다. 20년 이상 된 건물은

전기시설을 새로 해 주는 것이 좋다. 등 박스와 조명기구도 교체 한다.

단열 방수재 보강

건물의 가장 기본적인 목적은 외부 환경으로부터 사람을 보호하는 것이다. 외풍이 심하거나 비가 새면 아무리 고급스러운 인테리어도 소용이 없다. 단열과 방수는 문제가 생겼을 때 바로 보수해 주는 것이 더 큰 손상을 막는 지름길이다.

외부 마감재 교체

마감재의 상태가 나쁘지 않다면 깨끗이 청소하거나 칠만 다시 하는 정도로 개보수의 효과를 얻을 수 있다. 그러나 미관상 보기 흉할 만큼 손상되었다면 외장재를 바꾸는 개보수가 필요하다. 이때 중요한 것은 주변 환경과의 조화이다. 색다른 재료를 써서 돋보이도록 할 수도 있지만 주변 환경에 조화 있게 변화시키는 것이 무난하다.

공간의 확장

공간을 넓히기 위해 벽체에 손을 댈 때는 내력벽 여부를 확실히 판단해야 한다. 굳이 허물어야 할 경우에는 먼저 철골빔 등으로 보강을 한 후에 철거하도록 해야 한다. 건물 외부에 공간을 늘리고자 할 때는 기존 건물과의 조화와 함께 접합부에서 비가 새거나 바람이 들어가지 않도록 정밀하게 시공해야 한다.

증축

층수를 높이는 리모델링은 어려운 일이다. 기존 건물에 대한 도면이 남아 있다면 어느 정도까지 하중을 받을 수 있는지 알 수 있어 증축의 범위를 계산할 수 있다. 도면이 없다면 진단과 하중을 계산하여 필요한 부분에 구조보강을 해야 한다. 이 경우 마감재도 석재나 벽돌같이 무거운 것보다는 가벼운 경량 패널 등을 사용하는 것이 좋다.

본격적인 리모델링에 들어가면 우선 수리 보수해야 하는 부분은 어디이고 어떤 부분을 어떻게 고치고 싶은지를 항목별로 정리한다. 이때 당장의 필요보다는 장기적이고 종합적인 계획을 한다.

3) 리모델링 절차

리모델링은 계획을 잘 못하면 새로 짓는 것과 비슷한 시간과 비용이 들어가기도 한다. 따라서 리모델링의 효과를 높이기 위해서는 우선 건물의 효용가치를 따져야 한다. 건물도

수명이 있다. 기존 병원 건물을 리모델링하려면 가장 먼저 의료기관의 장단기 경영계획을 수립해야 한다.

다음으로 건물에 대한 안전도 조사와 리모델링 타당성 조사를 하여 공사 범위를 정한다. 공사비용을 책정하고, 공사 범위를 정한다. 낡고 오래된 설비만 보수할지, 외부만 바꿀지, 증·개축 등 대대적인 공사를 할 것인지 결정한다.

병원 진료를 하면서 리모델링할 경우 아래 사항을 검토한다.

- 공사중에 환자들의 불편을 최소화할 방법을 모색한다. 소음·진동·냄새·연기·먼지 등에 대한 대책과 화재 등의 안전대책이 필요하다.
- 전기·가스·수도 등의 에너지 부문의 교체·배관·배선의 절단 등에 의해서 공급이 일시에 중단되는 경우의 안전대책에 대비하고 편의시설 대책도 필요하다.
- 도시가스 등 에너지 교체, 병상수의 증감, 건물, 설비 등의 변화에 대해서 사전에 관련 담당 직원과 상의하고 필요시 관공서로부터 허가받아 진행한다.
- 리모델링 공사 시 발생하는 주위 민원 때문에 공사가 늦춰질 수 있으므로 미리 양해를 구하고 협의하는 것이 좋다.
- 리모델링 공사 시 병원 이용자의 동선이 명확히 구분되도록 한다. 의료진과 환자의 혼란을 줄일 수 있고, 병원이 제 기능을 유지할 수 있고 공사의 효율성도 높일 수 있다. 증·개축, 대수선 등의 경우에는 구조안전진단 확인서를 받아야 한다.

리모델링의 절차

구분	내용
조사 분석	· 건물의 효용가치 분석 · 개발목적, 건물의 용도와 주변 입지 조건 파악 · 리모델링 방향 결정 및 상담 · 리모델링 규모 및 방향 체크 · 건물 관련 서류와 신축 당시 도면 준비 　(기존 도면이 없을 때는 실측 후 1차 도면 작성) · 건물의 용도와 주변 입지조건 파악 · 주요 목적과 바꾸고자 하는 용도 검토
사전조사	· 기본설계 및 견적서 검토 · 기본 설계 건축주가 계획한 내용을 반영 　(예산에 따르는 자재 결정) · 도면을 비롯한 건물에 관한 모든 자료 검토 · 노후 상태 등 점검
기본설계 및 견적	· 건물주 의도대로 내용 반영 · 견적 타당성 및 수익성 검토

공사계약체결	· 신뢰성 있는 리노베이션 전문업체 선정 · 세부 도면 및 세부 일정(공정표), 시방서 작성 · 계약체결, 계약금 지불
건축신고 또는 허가	· 관할 구청에 서류 제출 · 도면 및 서류 첨부 후 신고 또는 허가
착공	· 구조안전진단 후 필요시 구조보강 실시 · 철거 후 구조 재진단
완공	· 관할 구청에 준공서류 제출 · 건물 인도 및 사후 관리
사후관리	· 향후 관리계획 수립 · 보증기간 내 하자 발생시 하자 관리 요청

7. 메디컬 빌딩 기획과 건축

메디컬 빌딩이란 특정한 건물에 다수의 의원 및 약국 등 동일한 이미지를 표방하는 의료 또는 건강 관련업종을 복합적으로 입점시킨 테마빌딩을 말한다.

중심상가에 메디컬 빌딩(클리닉센터, 메디컬센터 등 혼용하여 사용한다)을 기획 건축하여 임대 사업을 하려는 의사들도 있다. 토지를 소유하고 있다면 직접 시행자가 되어 분양 또는 임대할 수 있다. 안정성과 수익성이 높은 사업이다.

신도시나 역세권을 중심으로 메디컬 빌딩이 보편화되고 있다. 의료기관이 서로 협력하여 다양한 진료과목이 입점하면 나 홀로 개원하는 것보다 여러 측면에서 좋은 효과가 있다. 그러나 메디컬 빌딩에 입점한 기관간 경쟁하기 시작하면 협력이 어렵고 갈등이 심해지기도 한다. 한 건물내에 있는 의원 간 단합이 생각보다 어렵다. 의료영역이 모호해지면서 나타나는 현상이다.

1) 메디컬 빌딩의 성공 요소

병원의 규모가 크면 환자들의 신뢰도가 높아지고, 작은 규모의 병원보다 선호도가 높아진다. 다수의 개인의원이 모여서 종합병원과 같이 환자에 대한 협진 및 협력시스템 등 시너지 효과를 기대할 수 있다. 건물 전체를 메디컬 빌딩으로 기획하면 호텔 같은 병원의 분위기, 편리하고 넉넉한 주차공간, 지역주민을 위한 건강강좌 및 고객관리 등 여러 장점이 있다. 뿐만아니라 경쟁우위를 확보하기 위한 여러 가지 특성화 전략을 구사하고 공동 마케팅을 실시할 수 있다.

유동 인구와 상주 인구가 있는 상업지역의 입지에 메디컬 빌딩을 시공하여 의원과 병원이 입주하면 지역의 랜드마크 의료시설이 된다.

사전에 지역내 의료수요를 파악하고, 적정 진료과의 입점을 계획한다. 인근 지역에서 개원한지 오래된 의원을 대상으로 마케팅을 하면 효과가 좋다. 시공전에 메디컬 빌딩에 입주한다는 의향서를 받으면 금융기관의 자금조달이 용이하다.

메디컬빌딩의 성공요소

구 분	중요도	진행업무
입지	유동인구 + 상주인구	사업성 높은 대상부지
사업성	임대 + 운영 + 자금	초기 임대가능한 계획과 자금
사후관리	사전입주 의향서	입주 전문과목 선정, 사전작업

2) 적합한 입지

메디칼 빌딩은 중심상업지역 즉 도심 지역과, 역세권 등의 부도심 지역, 그리고 주거 생활권이 이루는 근린생활권 지역이다. 구도심 지역은 리모델링을 통해 건물을 탈바꿈하여 주위의 의원을 흡수하기도 한다.

메디칼 빌딩의 입지를 선정하는 가장 중요한 요소는 유동 인구다. 이는 메디칼 빌딩이 도로의 전면에 입지해야 하며, 사람들이 목적지를 향해 나아가는 생활 도로상에 자리하는 것을 의미한다. 특히 차량과 보행동선을 고려할 때, 메디칼빌딩이 20~30m 정도의 주도로와 6~12m 부도로가 교차하는 생활 도로상의 사거리에 위치하는 것이 가장 우수한 입지로 알려져 있다.

3) 건축 규모

건물 층수는 지하 3층. 지상 5층 이상 10층이 좋다. 연면적은 700평~1,500평이 적합하다. 평수가 넓으면 입원실이 있는 병원이 입점해야 메디컬 빌딩을 채울 수 있다. 층별 바닥면적을 80~150평, 층별 면적은 120평~200평 정도면 공실이 나지 않고 임대할 수 있다.

적정 대지 면적은 상업 지역은 150~200평, 준주거지역은 180~250평, 주거지역은 200~300평정도가 메디컬 빌딩에 적합하다.

의료시설로 허가해서 건물 전체를 의원 또는 병원이 개원하면 지역 중심 의료시설로 손색이 없다. 전체가 병의원 시설로 채워지지 않아 일부 공간이 남으면 학원이나 어린이가 이용하는 시설을 입점하기도 한다. 1층은 약국, 커피점, 베이커리 등이 입점하는 것이 일반적이다.

제7장
병원의 인력과 조직

제7장
병원의 인력과 조직

병원에는 다양한 직종의 사람들이 일하고 있다. 면허와 자격을 보유한 전문 직종으로 고급 인력이 대부분이다. 크게 보면 의료직, 간호직, 보건직, 관리직, 행정직으로 구분한다. 상급종합병원의 직종은 세부적으로 나누면 100여 종이 넘는다. 그러다 보니 직종별로 요구도 다양하고 통제와 조정이 어렵다. 의존적이면서 배타적이다.

노동집약적인 조직이어서 비용 중 인건비 비중이 50% 전후다. 여러 직종이 모이다 보니 갈등이 심한 조직의 특성이 있다. 직원 간 연령이나 학력, 급여 차이가 크게 난다. 여성이 차지하는 비중이 높은 조직이다.

1. 병원 근무 직종과 업무

1) 병원 직종의 특성

병원조직은 병원의 설립이념, 목적 그리고 병원의 규모에 따라 다르며 병원마다 특징적인 체계를 갖추고 있다. 직종간의 전문지식의 차이가 크고 근무조건도 다양하다. 24시간 365일 근무해야 하는 병원의 특수성으로 스트레스와 갈등요인이 많은 특징이 있다. 사고나 의료과오에 의한 환자의 불이익, 원내감염 등에 의한 직원의 위험 등 위기에 노출되어 있다. 재해시 대응 및 경영위기 등의 위기를 관리할 수 있는 담당조직이 필요하다. 따라서 병원이라는 특이한 조직의 관리와 운영에는 특정한 소양과 경험이 필요하다.

보건의료인력은 국민의 건강과 생명을 다루는 특수한 직업인들이므로 법으로 그 자격을 엄격하게 규정하고 있으며 면허 또는 자격을 보유해야 의료관련업무에 종사할 수 있다.

병원 근무 직종

직종구분	소 속
의료직	의사 (수련의, 전문의), 한의사 (수련의, 전문의), 치과의사 (수련의, 전문의)
간호직	간호사(전문간호사 13종), 조산사, 간호조무사, 간호 보조
보건직	임상병리사, 방사선사, 물리치료사, 작업치료사, 치과위생사, 치과기공사, 안경사, 검안사 보건의료정보관리사, 임상심리사, 초음파사, 세포병리사 특수검사 및 치료사 (심전도, 뇌파, 면역, 심폐기능-임상병리사) 청능사, 청각사, 언어치료사, 보건교육사
	약사, 한약사, 제약기사, 한방 조제사
	영양사, 조리사
관리직	의공학기사, 건축기사, 전기기사, 열관리기사, 환경관리기사, 위험물취급기사, 전기공, 보일러, 목공, 도장공, 미장공, 전화공, 철공, 배관공, 승강기 수리기사, 사진기사 세탁수, 재봉사, 최근 관리직은 외주가 늘고 있음.
행정직	운전기사, 경비원, 안내원, 청소원, 교환원, 일반잡역
	행정, 경영, 법학, 보건, 전산
	의무, 원무, 보험, 경리, 기획, 인사, 구매, 비서
기타직	사서, 사회복지사
	목사, 전도사, 수녀, 신부

㈜ 자격면허와 무관하게 통상적으로 의료현장에서 근무하는 소속으로 구분한 것임.

2) 간호사의 업무

A 병원의 간호직 직무에 의하면 환자의 건강 회복 및 증진을 위해 의사의 처방이나 표준화된 간호 기술에 따라 전문적인 의료 서비스 및 건강관리와 관련된 제반 간호 수행 업무. 원활한 간호 업무 수행을 위해 요구되는 행정 · 물품 · 시설 및 환경 관리와 관련된 제반 행정관리 업무를 하는 것으로 소개하고 있다.

전문간호사(Advanced Practice Nurse, APN)

간호사 면허를 소지하고 최근 10년 이내에 해당 분야의 임상 경력이 최소 3년 이상의 경력자로서 대학원 석사과정(전문간호사 과정)을 수료하고 보건복지부 장관이 하는 국가고시에 합격하여 법적으로 인정받은 간호사를 말한다.

전문간호사 자격인정 등에 관한 규칙에 규정되어 있다. 자격은 보건 · 마취 · 정신 · 가정 · 감염관리 · 산업 · 응급 · 노인 · 중환자 · 호스피스 · 종양 · 임상 · 아동 분야(13종)로 구분 한다. PA(Physician Assistant)도 있다. 비공식적으로 5,000명에 가까운 간호사가 PA로 근무하고 있다.

3) 간호조무사의 업무

간호조무사는 간호사를 보조하여 아래와 같은 업무를 수행할 수 있다.

- 환자의 간호 요구에 대한 관찰, 자료수집, 간호 판단 및 요양을 위한 간호
- 의사, 치과의사, 한의사의 지도하에 시행하는 진료의 보조
- 간호 요구자에 대한 교육 · 상담 및 건강증진을 위한 활동의 기획과 수행, 그 밖의 대통령령으로 정하는 보건 활동
- 의원급 의료기관에만 의사, 치과의사, 한의사의 지도하에 환자의 요양을 위한 간호 및 진료의 보조를 수행할 수 있다.

4) 의료기사의 업무

출처 : 의료기사 등에 관한 법률, 의료기사의 종류 및 업무

의료기사란 의사 또는 치과의사의 지도 아래 진료나 의화학적(醫化學的) 검사에 종사하는 사람을 말한다.

보건의료정보관리사란 의료 및 보건지도 등에 관한 기록 및 정보의 분류 · 확인 · 유지 · 관리를 주된 업무로 하는 사람을 말한다.

안경사란 안경(시력 보정용에 한정한다)의 조제 및 판매와 콘택트렌즈(시력 보정용이 아닌 경우를 포함한다)의 판매를 주된 업무로 하는 사람을 말한다.

치과의사 또는 치과기공사는 치과기공소를 개설(1개소만 가능)할 수 있다.

안경사는 안경을 조제하거나 안경 및 콘택트렌즈의 판매업소(1개소만 개설 가능)를 개설할 수 있다.

의료기사

임상병리사, 방사선사, 물리치료사, 작업치료사, 치과기공사 및 치과위생사를 말한다. 의료기사 등에 관한 법률에 안경사와 보건의료정보관리사가 포함되어 있다.

의료법상 의료기사 업무

임상병리사 : 각종 화학적 또는 생리학적 검사

방사선사 : 방사선 등의 취급 또는 검사 및 방사선 등 관련 기기의 취급 또는 관리

물리치료사 : 신체의 교정 및 재활을 위한 물리요법적 치료

작업치료사 : 신체적 · 정신적 기능장애를 회복시키기 위한 작업 요법적 치료

치과기공사 : 보철물의 제작, 수리 또는 가공

치과위생사 : 치아 및 구강질환의 예방과 위생 관리 등

임상병리사 업무 범위

기생충학·미생물학·법의학·병리학·생화학·세포병리학·수혈의학·요화학(尿化學)·혈액학·혈청학 분야, 방사성동위원소를 사용한 검사물 분야 및 기초대사·뇌파·심전도·심폐기능 등 생리기능 분야의 화학적·생리학적 검사에 관한 다음의 구분에 따른 업무를 수행한다.

- 검사물 등의 채취·검사
- 검사용 시약의 조제
- 기계·기구·시약 등의 보관·관리·사용
- 혈액의 채혈·제제·제조·조작·보존·공급
- 그 밖의 화학적·생리학적 검사

방사선사 업무 범위

방사선 등의 취급·검사 및 방사선 등 관련 기기의 취급·관리에 관한 다음의 구분에 따른 업무

- 방사선기기와 부속 기자재의 선택·관리
- 방사성동위원소를 이용한 핵의학적 검사
- 의료영상 진단기와 초음파진단기의 취급
- 전리방사선(電離放射線. 물질을 통과할 때 이온화를 일으키는 방사선)·비전리방사선의 취급
- 그 밖에 방사선 등의 취급·검사 및 방사선 등 관련 기기의 취급·관리에 관한 업무

물리치료사 업무 범위

신체의 교정 및 재활을 위한 물리요법적 치료에 관한 다음의 구분에 따른 업무

- 물리요법적 기능훈련·재활훈련
- 기계·기구를 이용한 물리요법적 치료
- 도수치료: 기구나 약물을 사용하지 않고 손으로 하는 치료
- 도수 근력(손 근력)·관절 가동범위 검사
- 마사지
- 물리요법적 치료에 필요한 기기·약품의 사용·관리
- 신체 교정 운동
- 온열·전기·광선·수(水)치료

– 물리요법적 교육

그 밖에 신체의 교정 및 재활을 위한 물리요법적 치료에 관한 업무

작업치료사 업무 범위

신체적 · 정신적 기능장애를 회복시키기 위한 작업 요법적 치료에 관한 다음의 구분에 따른 업무

- 감각 · 지각 · 활동 훈련
- 삼킴장애 재활치료
- 인지 재활치료
- 일상생활 훈련: 일상생활에서 사용하는 물체나 기구를 활용한 훈련
- 운전 재활훈련
- 직업 재활훈련
- 작업수행 능력 분석 · 평가
- 작업 요법적 치료에 필요한 기기의 사용 · 관리
- 팔 보조기 제작 및 팔 보조기를 사용한 훈련
- 작업 요법적 교육

그 밖에 신체적 · 정신적 기능장애를 회복시키기 위한 작업 요법적 훈련 · 치료에 관한 업무

치과기공사 업무범위

치과의사의 진료에 필요한 다음의 구분에 따른 치과 기공물을 전산 설계(CAD/CAM), 삼차원(3D) 프린터 또는 주조기 등을 이용해 디자인, 제작, 수리 또는 가공하는 업무

- 교정장치 · 충전물(充塡物) · 작업 모형
- 보철물
- 임플란트 맞춤 지대주(支臺柱, 인공치관과 인공치근을 연결하는 구조물) · 상부구조

그 밖에 치과의사의 진료에 필요한 치과 기공물의 디자인, 제작, 수리 또는 가공에 관한 업무

치과위생사 업무범위

치아 및 구강질환의 예방과 위생 관리 등에 관한 다음의 구분에 따른 업무

- 교정용 호선(弧線: 둥근 형태의 교정용 줄)의 장착 · 제거
- 불소 바르기
- 보건기관 또는 의료기관에서 수행하는 구내 진단용 방사선 촬영

- 임시 충전
- 임시 부착물의 장착
- 부착물의 제거
- 치석 등 침착물(沈着物)의 제거
- 치아 본뜨기
그 밖에 치아 및 구강질환의 예방과 위생 관리 등에 관한 업무

보건의료정보관리사 업무범위

의료기관에서의 의료 및 보건지도 등에 관한 기록 및 정보의 분류 · 확인 · 유지 · 관리에 관한 다음의 구분에 따른 업무
- 보건의료정보의 분석
- 보건의료정보의 전사(轉寫)
- 암 등록
- 진료통계 관리
- 질병 · 사인(死因) · 의료행위의 분류
그 밖에 의료기관에서의 의료 및 보건지도 등에 관한 기록 및 정보의 분류 · 확인 · 유지 · 관리에 관한 업무

안경사 업무범위

안경(시력 보정용에 한정한다. 이하 같다)의 조제(調製) 및 판매와 콘택트렌즈(시력 보정용이 아닌 경우를 포함한다)의 판매에 관한 다음의 구분에 따른 업무
- 안경의 조제 및 판매. 다만, 6세 이하의 아동을 위한 안경은 의사의 처방에 따라 조제 · 판매해야 한다.
- 콘택트렌즈의 판매. 다만, 6세 이하의 아동을 위한 콘택트렌즈는 의사의 처방에 따라 판매해야 한다.
- 안경 · 콘택트렌즈의 도수를 조정하기 위한 목적으로 수행하는 자각적(주관적) 굴절검사로서 약제를 사용하지 않는 검사
- 안경 · 콘택트렌즈의 도수를 조정하기 위한 목적으로 수행하는 타각적(객관적) 굴절검사로서 약제를 사용하지 않는 검사 중 자동 굴절검사기기를 이용한 검사
- 그 밖에 안경의 조제 및 판매와 콘택트렌즈의 판매에 관한 업무

5) 병원 근무자의 업무

임상심리사

주요 업무는 심리평가, 심리치료(심리상담, 심리 재활), 교육, 연구, 자문이다. 심리학적 지식을 바탕으로 심리적 문제(정신장애)에 대한 심리평가를 통해 심리적 문제의 원인, 경과, 심각도, 치료 방법 등을 파악하여 적질한 치료계획을 세우고 심리치료를 진행한다.

의공기사

대학에서 의공학과, 의료공학과 의용생체공학과 등의 졸업자가 기초의학 및 의공학, 의용전자공학, 의료안전 · 법규 및 정보, 의료기기, 의용기계공학 등의 1차 시험과 의공실무 2차 시험을 통과해서 면허를 취득한다.

청각사(청능사)

이비인후과에서 흔히 하는 청력검사의 모든 종류를 청능사 또는 청각사가 담당한다. 순음청력검사, 어음청력 검사, 고막 운동성검사 등의 기본적인 청력검사와 이음향방사검사, 청성뇌간유발반응검사, 청성지속반응검사 등 특수 청력검사를 한다.

청능사와 청각사는 청각학을 공부하여 각 검사의 진행과 해석, 상담을 담당하는 전문가라고 할 수 있다. 의원에서는 간호조무사가 하는 경우도 있다. 임상병리사는 생리학적 검사 범위로 검사가 가능하다. 검사의 질적인 향상, 정확도와 신뢰성을 높이기 위해서 청능사를 고용하는 경우가 많다. 국가 의료기사에는 포함되어 있지 않다.

청각사와 청능사의 차이

청능사는 대학교 또는 대학원에서 청각학과 전공자에게 자격증 응시 조건이 주어진다(청능사 자격검정원). 청각사는 2년제 대학 졸업 이상의 학력 소지자 또는 이비인후과 병의원 근무 경력 5년 이상인 경우 청각사 연수 과정에 참여하여 이수 후 평가를 통해 청각사 연수 이수증(수료증)이 주어진다.

언어치료사

언어치료사는 장애의 유형에 맞는 적절한 치료 방법을 이용해 언어 장애를 치료한다. 대학이나 대학원에서 언어 재활 관련 학과(언어치료학, 언어 병리학, 또는 언어 재활이 포함된 학과)를 졸업한 후 한국보건의료인국가시험원의 언어재활사 국가 자격시험에 합격해야 한다.

언어 재활사 자격시험은 1급, 2급으로 구분된다.

언어 치료의 영역은 대상별로 성인 언어 치료와 아동 언어 치료로 구분되고, 유형별로 언어 발달 장애, 중복 언어 장애, 조음 음운 장애, 유창성 장애, 신경 언어 장애, 음성 장애, 삼킴 장애 등 다양하게 구분된다. 최근에는 이비인후과, 재활의학과에서 주로 언어치료를 한다.

2. 병원 조직과 인력 추계

1) 조직 편제

병원장을 중심으로 진료과의 각 과장과 간호, 약제, 의료기사(방사선, 임상검사, 물리치료) 등이 전문 의료를 담당하는 부서가 유기적으로 결합하여야 한다.

간호사는 간호업무를 총괄 관리하는 조직으로 구성된다. 간호부로서의 병원 내 역할이 갈수록 중요해지면서 조직 내 차지하는 비중이 커졌다. 간호부가 간호본부, 간호국으로 바뀌고, 간호부원장, 간호본부장 등으로 직함이 바뀌는 추세다. 간호부서가 병원 경영과 정책 결정에 관여하면서 간호부서의 위상이 높아졌다.

회계, 인사, 구매, 급식, 영선, 시설업무를 총무 부서 또는 관리부서로 병원 환자의 입·퇴원 업무 등을 관장하는 원무 부서를 둘 수 있다. 행정을 총괄하여 행정원장, 경영원장, 총괄병원 운영본부장 등의 직함을 두기도 한다.

최근에는 규모가 작은 병원에서도 병원장 직속 기구로 병원의 기획, 홍보, 교육을 담당하는 전략기획실, 경영기획실, 미래전략실 등을 두어 의료 환경에 적극적으로 대처하고 있다. 반면에 규모가 커지고 조직의 분화가 일어나면서 불필요한 조직들이 생기기도 한다.

중급 병원의 경우 진료, 간호, 진료 지원, 행정 등으로 구분하는 것이 바람직하다. 병원의 성장에 따라 근무 직종과 인원이 증가한다. 직원 수가 늘면 조직이 비대해지면서 빈틈이 보이기도 한다.

위인설관(爲人設官)

어느 특정한 사람을 승진시키기 위해 부서를 만들고 그 부서는 점점 분화되어 쓸모없는 중간관리자가 늘어나게 되고 그 결과 상하좌우의 의사소통이 지연되고 정보의 제한으로 의사 결정이 늦어지는 병원이 많다. 간혹 능력이 검증되지 않는 친인척을 고용하는 경우 더욱 심하게 나타난다. 병원이 쇠퇴기에 접어들면서 나타난다.

2) 중소병원의 조직

병원조직 전체를 진료, 간호, 행정 등 3개로 분류한다. 진료 파트는 진료과와 진료지원과로 구분한다. 기획부서는 병원장 직속기구로 하고, 사무국장 조직을 설치하면 조직 전체를 총괄한다는 측면에서 아직도 선호하고 있는 병원이 있다. 병원조직은 인력을 효율적으로 운영하기 위한 것으로 병원이 지속적으로 성장하면서 조정할 수 있다. 병원은 각기 다른 전문 인력이 모여 수준 높은 의료를 제공하기 위해 조직을 효율적인 관점에서 구성한다.

인재(人在)와 인재(人災)

보통사람을 모아 놓으면 人在요. 똑똑한 사람을 모아놓으면 人材다.

이를 잘 관리하면 人財가 되지만 잘못 관리하면 人災가 된다.

3) 개원초 적정 인력 추계

병원을 건립을 계획할 때 적정 인력을 추계해야 한다. 개설 진료과, 진료과별 세부와 등 의료 계획 단계부터 인력을 산정한다. 진료과마다 전문의 수를 추계하고, 간호사, 의료 기사, 행정직 등을 구분하여 개원 연차별로 추계한다. 특히 병원의 규모가 클 경우 사전에 팀장급 우수 인력을 확보하여 개원 준비팀을 구성한다.

유사 병원을 벤치마킹하여 직종별로 인력을 추계한다. 의원은 의사 1인당 직원이 3명~5명, 병원급은 7명~10명 정도 된다. 진료과목 특성화 전략에 따라 다르다

의료진 인력 추계

개설 전문과		1 년차	2 년차	3 년차	4 년차	5 년차	비고
내과	소화기						
	순환기						
	내분비내과						
외과	대장항문외과						
	유방갑상선						
정형외과	관절						
	어깨						
마취통증							
영상의학							
가정의학							

산부인과						
치 과						
합 계						

직종별 인력 추계

구분	직종	1년차	2년차	3년차	4년차	5년차	비고
의사직	전문의						
	치과의						치과
	소 계						
간호직	간호사						외래 , 병실
	간호조무사						외래 , 건강검진실
	소 계						
보건직	약 사						
	의료기사						방사선사, 임상병리사, 물리치료사
	영양사						
	소 계						
행정직	사무직						접수수납 , 기획, 홍보
기능직	급식, 미화						
외주							
총 계							

3. 통계로 보는 의료 인력

출처 : 보건의료인력 실태조사, 보건복지부, 2022. 12

1) 활동 인력

간호조무사 725,356명, 간호사 391,493명, 영양사 149,050명, 의사 115,185명 순이다. 지난 10년간 가장 많이 늘어난 직종은 간호조무사로 222,052명 증가했다.

요양기관(상급종합병원, 종합병원, 병원, 요양병원, 의원, 보건소, 보건지소, 보건진료소, 보건의료원, 조산원, 치과병원, 한방병원, 약국, 모자보건센터) 근무인력은 총 842,676명(2010년 대비 365,230명 증가, 연평균 5.8%)으로 간호조무사가 256,382명(전체 근무인력의 30.4%)으로 가장 많고, 간호사는 216,048명(25.6%), 의사는 99,492명(11.8%)이 근무하고 있다.

2) 의료 인력의 특징

출처 : 보건의료인력 실태조사, 보건복지부, 2022.12, 필자가 재정리

성별

의사, 치과의사, 한의사는 여성 비율이 증가하고, 간호사는 남성 비율이 증가했다. 현재 의사와 치과의사는 남성 75 : 여성 25의 비율이고, 한의사는 남성 80 : 여성 20, 간호사는 남성 5 : 여성 95의 비율이다.

연령

요양기관 근무 의사의 평균연령은 47.9세이고, 간호사는 36.2세, 작업치료사는 30.2세로 연령이 가장 적다. 의사 평균 연령은 지역별 차이가 크다. 가장 젊은 의사가 근무하는 곳은 서울이다. 서울은 45.7세, 경북은 50.9세다. 서울과 평균연령 차이는 5.2세다. 전남(50.7세)은 10년간 평균연령이 7.0세가 증가해서 가장 빠른 증가세를 보였다. 평균연령 증가세가 전국 평균보다 높은 지역은 전남, 경북, 충북, 전북, 강원, 충남 등이다. 인구 고령화를 피할 수 없다.

비활동 인력 수

전체 면허(자격)자의 34.3%가 특별한 근로활동을 하지 않는다. 의사 7.5%, 치과의사 10.1%, 한의사 10.9%, 약사 24.6%를 차지한다.

간호사는 전체 간호사의 27.2%가 비활동 인력이고, 안경사(48.2%), 영양사(45.6%), 간호조무사(44.0%), 치과기공사(40.9%) 직종은 비활동 비율이 매우 높다.

3) 의료 인력과 종사자 수

의사수

2020년 기준 의사는 총 129,242명, 치과의사는 32,335명, 한의사는 26,096명이다. 성별로 보면 치과의사의 여의사가 38%, 의사 36%, 한의사 30%를 차지한다.

2010년과 2020년 의사 인력

연 도	의사			치과의사			한의사		
	계	남	여	계	남	여	계	남	여
2010년	101,371	78,433	22,938	25,379	18,953	6,426	19,065	15,838	3,227
2020년	129,242	95,002	34,240	32,335	23,390	8,945	26,096	20,137	5,959

조산사와 간호사

조산사는 10년전에 비해 줄고 간호사는 2010년에 비해 2020년에 1.6배가 늘었다.

조산사와 간호사 인력

연 도	조산사	간호사
2010년	8,578	270,274
2020년	8,220	436,340

전문의 수

2010년 대비 가장 많은 비율로 증가한 전문의는 응급의학과, 재활의학과, 신경과, 내과, 영상의학과순이다. 응급의학과 전문의는 2010년 839명이었으나 10년 만에 2,154명으로 2.57배 증가했다. 가장 증가율이 낮은 전문의는 방사선과, 결핵과, 신경정신과다.

전문의 인력

연 도	계	내과	외과	정형	신경외	흉부외	성형외	마취	산부	소아청	안과	이비인	피부	비뇨	병리
2010년	73,428	12,291	6,186	5,130	2,309	1,094	1,685	3,737	6,239	5,501	2,790	3,386	1,846	2,304	819
2020년	103,379	18,814	7,326	7,277	3,205	1,306	2,532	5,694	7,069	7,298	3,900	4,450	2,609	2,833	1,139
대비	1.41	1.53	1.18	1.42	1.39	1.19	1.50	1.52	1.13	1.33	1.40	1.31	1.41	1.23	1.39

연 도	진단	결핵과	재활	예방의	영상	종양	신경	정신	가정	직업	핵의	응급	신경정	방사선
2010년	784	193	1,285	669	2,724	353	1,360	2,618	5,966	546	225	839	292	257
2020년	1,111	164	2,458	721	4,157	505	2,267	4,048	8,682	814	375	2,154	257	214
대비	1.42	0.85	1.91	1.08	1.53	1.43	1.67	1.55	1.46	1.49	1.67	2.57	0.88	0.83

치과의사 인력

연 도	계1)	구강악안면외과	치과보철과	치과교정과	소아치과	치주과	치과보존과	구강내과	영상치의학과	구강병리과	예방치과	통합치의학과
2020년	12,530	1,389	1,343	1,451	659	905	773	216	127	25	38	5,604

약사 인력

연 도	계	남	여
2010년	60,956	21,885	39,071
2020년	72,530	25,617	46,913

의료기사 수

여자의 비율이 높다. 의료기사 중 치과위생사가 가장 많다. 물리치료사, 임상병리사 순으로 등록 의료기사 수가 많다.

임상병리사, 물리치료사, 작업치료사, 보건의료정보관리사는 여자가 더 많다.

방사선과와 치과기공사, 안경사는 남자가 많다.

의료기사인력

연도	총계			임상병리사			방사선사			물리치료사			작업치료사		
	계	남	여	계	남	여	계	남	여	계	남	여	계	남	여
2020	406,536	132,360	274,176	63,453	15,852	47,601	48,593	30,478	18,115	75,714	26,574	49,140	20,292	4,731	15,561

연도	치과기공사			치과위생사			보건의료정보관리사			안경사		
	계	남	여	계	남	여	계	남	여	계	남	여
2020	36,579	22,250	14,329	88,422	871	87,551	27,637	3,698	23,939	45,846	27,906	17,940

의료기관 근무 종사자수

병원급 의료기관 근무자를 보면 2010년 총 218,065명이 었으나, 2020년 432,493명으로 배이상 증가했다. 의원은 206,244명에서 310,927명으로 늘었다.

2010년 병원급 의료기관의 총 인력이 218,065명, 의원급이 206,244명에서 2020년 병원급이 432,493명, 의원급이 310,927명으로 늘어 연도별로 보면 병원급 의료인력의 증가 속도가 빠르게 나타났다.

의료기관 종별 년도별, 직종별종사자수

구 분	병원					의원				
	총계	종합병원	병원	치과병원	한방병원	총계	의원	치과의원	한의원	부속의원
2010년	218,065	127,515	81,811	4,859	3,880	206,244	129,196	51,887	24,610	488
2015년	308,127	165,783	130,943	5,761	5,640	236,956	143,388	63,182	29,531	807
2020년	432,493	233,594	180,069	7,519	11,311	310,927	187,572	82,834	39,314	1,179
의사	61,180	43,649	17,072	25	434	44,910	44,618	1	0	291
치과의사	3,725	1,129	160	2,434	2	22,813	1	22,779	0	33
한의사	4,299	33	2,001	0	2,265	16,780	0	0	16,760	20

조산사	27	8	19	0	0	42	24	0	0	0
간호사	201,610	134,375	64,313	133	2,789	18,536	16,597	430	1,045	464
간호조무사	78,074	17,270	57,284	348	3,172	127,644	87,047	19,123	21,370	94
임상병리사	17,415	13,036	4,272	24	83	7,979	7,905	9	1	64
방사선사	18,126	11,431	6,188	87	420	9,817	9,726	26	1	64
물리치료사	22,148	3,916	16,618	3	1,611	20,977	20,896	3	1	77
작업치료사	7,747	1,159	6,496	0	92	242	242	0	0	0
치과기공사	526	111	19	396	0	2,431	2	2,428	0	1
치과위생사	5,607	1,338	230	4,038	1	38,006	34	37,913	1	58
보건의료 정보관리사	4,823	2,272	2,420	22	109	598	443	121	34	0
약사	7,186	3,867	2,977	9	333	152	37	1	101	13

(주) 병원은 요양병원인력 통합, 2010년부터 정신병원인력을 병원인력에 통합

　보건의료기관 외 근무자는 건강보험 직장가입자 자료를 기준으로 추정해 볼 때, 의사 13,285명, 간호사 160,945명, 약사 27,281명이 보건의료기관이 아닌 곳에서 일하는 것으로 보여진다.

평균 근무연수
　'20년 기준, 보건의료기관에서 활동하는 의사(인턴 및 레지던트 포함)의 평균 근무연수는 6.6년, 간호사 4.4년, 약사 5.3년이었으며, 보건의료기관 외 기관에서 활동하는 의사는 4.0년, 간호사 5.5년, 약사 7.6년 동안 같은 기관에서 근무한 것으로 나타났다.

　출처 : 보건의료 자원 공급 및 이용실태에 관한 기초자료 조사, 보건복지부 보도자료, 2022.7.14.

4. 의료인의 정원

1) 의료인의 정원
　의료기관에 두는 의료인의 정원 기준은 의료법에 명시되어 있다. 의료기관 종별에 따라 의사, 간호사의 인력을 따로 규정하고 있다.

의료기관의 종류에 따른 의료인 등의 정원 기준에 관한 사항

구분	종합병원	병원	치과병원	한방병원	요양병원	의원	치과의원	한의원
의사	연평균 1일 입원환자를 20명으로 나눈 수 (이 경우 소수점은 올림). 외래환자 3명은 입원환자 1명으로 환산함	종합병원과 같음	추가하는 진료과목당 1명 (법 제43조 제2항에 따라 의과 진료과목을 설치하는 경우)	추가하는 진료과목당 1명 (법 제43조 제2항에 따라 의과 진료과목을 설치하는 경우)	연평균 1일 입원환자 80명까지는 2명으로 하되, 80명을 초과하는 입원환자는 매 40명마다 1명을 기준으로 함(한의사를 포함하여 환산함). 외래환자 3명은 입원환자 1명으로 환산함	종합병원과 같음		
치과의사	의사의 경우와 같음	추가하는 진료과목당 1명(법 제43조제3항에 따라 치과 진료과목을 설치하는 경우)	종합병원과 같음	추가하는 진료과목당 1명(법 제43조제3항에 따라 치과 진료과목을 설치하는 경우)	추가하는 진료과목당 1명(법 제43조제3항에 따라 치과 진료과목을 설치하는 경우)		종합병원과 같음	
한의사	추가하는 진료과목당 1명(법 제43조제1항에 따라 한의과 진료과목을 설치하는 경우)	추가하는 진료과목당 1명(법 제43조제1항에 따라 한의과 진료과목을 설치하는 경우)	추가하는 진료과목당 1명(법 제43조제1항에 따라 한의과 진료과목을 설치하는 경우)	연평균 1일 입원환자를 20명으로 나눈 수 (이 경우 소수점은 올림). 외래환자 3명은 입원환자 1명으로 환산함	연평균 1일 입원환자 40명마다 1명을 기준으로 함(의사를 포함하여 환산함). 외래환자 3명은 입원환자 1명으로 환산함			한방병원과 같음
조산사	산부인과에 배정된 간호사 정원의 3분의 1 이상	종합병원과 같음(산부인과가 있는 경우에만 둠)		종합병원과 같음(법 제43조제2항에 따라 산부인과를 설치하는 경우)		병원과 같음		
간호사 (치과 의료기관의 경우에는 치과위생사 또는 간호사)	연평균 1일 입원환자를 2.5명으로 나눈 수 (이 경우 소수점은 올림). 외래환자 12명은 입원환자 1명으로 환산함	종합병원과 같음	종합병원과 같음	연평균 1일 입원환자를 5명으로 나눈 수(이 경우 소수점은 올림). 외래환자 12명은 입원환자 1명으로 환산함	연평균 1일 입원환자 6명마다 1명을 기준으로 함(다만, 간호조무사는 간호사 정원의 3분의 2 범위 내에서 둘 수 있음). 외래환자 12명은 입원환자 1명으로 환산함	종합병원과 같음	종합병원과 같음	한방병원과 같음

의료 인력 산정 예시

- 연평균 1일 입원환자 40명, 외래환자 90명을 진료하는 종합병원의 의사, 간호사 정원

  의사(4명):입원환자 〔40÷20 + 외래환자 〔(90÷3)÷20〕

  = 3.5명(소수점을 올려 의사 4명이 필요함)

  간호사(19명):입원환자 〔40÷2.5 + 외래환자 〔(90÷12)÷2.5〕 = 19명

2) 직종별 정원

간호조무사의 정원

의료기관에는 보건복지부장관이 정하는 바에 따라 필요한 수의 간호조무사를 둔다. 간호사나 치과위생사의 인력 수급상 필요하다고 인정할 때에는 간호사 또는 치과위생사 정원의 일부를 간호조무사로 충당하게 할 수 있다.

의료 인력 중 간호사를 대신하여 간호조무사를 둘 수 있는 경우

- 요양병원:간호사 정원의 3분의 2 범위 내
- 입원환자 5인 이상 수용하는 의원, 치과의원, 한의원:간호사 정원의 100분의 50이내
- 입원환자 5인 미만 또는 외래환자만 진료하는 의원, 치과의원, 한의원:간호사 정원의 100분의 100이내
- 정신의료기관:간호사 정원의 2분의 1의 범위 내 (정신과 의원은 입원환자가 5명 미만이거나 외래환자만 진료하는 경우 간호사를 간호조무사로 대체할 수 있다)

약사 및 한약사의 정원

- 병원급 의료기관에는 약사 또는 한약사를 두어야 한다.

의료기관에 두는 약사 및 한약사의 정원

의료기관 종류		약사 정원
상급종합병원		연평균 1일 입원환자를 30명으로 나눈 수와 외래환자 원내조제 처방전을 75매로 나눈 수를 합한 수 이상의 약사
종합병원	500병상 이상	연평균 1일 입원환자를 50명으로 나눈 수와 외래환자 원내조제 처방전을 75매로 나눈 수를 합한 수 이상의 약사
	300병상 이상 500병상 미만	연평균 1일 입원환자를 80명으로 나눈 수와 외래환자 원내조제 처방전을 75매로 나눈 수를 합한 수 이상의 약사
	300병상 미만	1인 이상의 약사

병원	1인 이상의 약사. 다만, 100병상 이하의 경우에는 주당 16시간 이상의 시간제 근무 약사를 둘 수 있다.
치과병원 (30병상 이상)	1인 이상의 약사. 다만, 100병상 이하의 경우에는 주당 16시간 이상의 시간제 근무 약사를 둘 수 있다.
한방병원	1인 이상의 한약사. 다만, 100병상 이하의 경우에는 주당 16시간 이상의 시간제 근무 한약사를 둘 수 있다.
요양병원	1인 이상의 약사 또는 한약사. 다만, 200병상 이하의 경우에는 주당 16시간 이상의 시간제 근무 약사 또는 한약사를 둘 수 있다.

㈜ 약사 수의 산정 시 그 수가 1 미만인 경우에는 1로 하고, 1 이상인 경우 소수점은 반올림한다.

영양사 (1명이상)

입원시설을 갖춘 종합병원 · 병원 · 치과병원 · 한방병원 또는 요양병원에 둔다.

의료기사

보건복지부장관이 정하는 바에 따라 각 진료과목별로 필요한 수의 의료기사를 둔다

보건정보관리사 및 사회복지사

종합병원에는 보건복지부장관이 정하는 바에 따라 필요한 수의 보건의료정보관리사를 둔다. 사회복지사 자격을 가진 자 중에서 환자의 갱생 · 재활과 사회복귀를 위한 상담 및 지도 업무를 담당하는 요원을 1명 이상 둔다.

정신의료기관 종사자의 수 및 자격기준

정신건강증진 및 정신질환자 복지서비스 지원에 관한 법률 시행규칙에 의한다.

정신의료기관 종사자의 수 및 자격기준

구분	정신병원	병원급 이상의 의료기관에 설치된 정신건강의학과	정신과의원
정신건강 의학과 전문의	입원환자 60명당 1명을 두되, 그 끝수에는 1명을 추가한다. 이 경우 정신건강의학과전공의는 정신건강의학과전문의 0.5명으로 본다.		1명을 두되, 정신건강의학과 전공의는 정신건강의학과 전문의 0.5명으로 본다.
간호사	입원환자 13명당 1명을 두되, 그 끝수에는 1명을 추가한다. 이 경우 간호사 정원의 2분의 1의 범위 안에서 간호사를 간호조무사로 대체할 수 있다.		정신병원과 같음. 다만, 입원환자가 5명 미만이거나 외래환자만을 진료하는 경우에는 간호사를 간호조무사로 대체할 수 있다.
정신건강 전문요원	입원환자 100명당 1명을 두되, 그 끝수에는 1명을 추가한다. 이 경우 정신건강전문요원의 자격취득을 위하여 수련 중인 자로서 수련기간이 1년을 경과한 자는 정신건강전문요원 0.5명으로 본다		

보안 전담인력	100개 이상의 병상을 갖춘 경우에는 보안 전담인력을 1명 이상 둔다.	

- 외래환자 3명은 입원환자 1명으로 본다.
- 낮병동 환자(주간에만 입원하여 재활치료 등을 받고 귀가하는 환자를 말한다) 2명은 입원환자 1명으로 본다.

3) 당직 의료인의 수

병원

입원환자 200명까지는 의사 · 치과 의사 또는 한의사의 경우에는 1명, 간호사의 경우에는 2명을 두되, 입원환자 200명을 초과하는 200명마다 의사 · 치과의사 또는 한의사의 경우에는 1명, 간호사의 경우에는 2명을 추가한 인원수로 한다.

요양병원

의사 · 치과의사 또는 한의사의 경우에는 입원환자 300명까지는 1명, 입원환자 300명을 초과하는 300명마다 1명, 간호사의 경우에는 입원환자 80명까지는 1명, 입원환자 80명을 초과하는 80명마다 1명을 추가한 인원수를 둔다.

당직 의료인의 수

구분	병원	요양병원
의사 · 치과 의사 또는 한의사	입원환자 200명까지 1명 입원환자 200명초과시 200명마다 1명	입원환자 300명까지는 1명 입원환자 300명 초과시 300명마다 1명
간호사	입원환자 200명까지 2명 입원환자 200명초과시 200명마다 2명	입원환자 80명까지 1명 입원환자 80명초과시 80명마다 1명

공중보건 의사의 의료 행위, 당직의료인 고용 금지

의료기관 개설자는 농어촌 등 보건 의료를 위한 특별 조치법에 따른 배치기관 및 배치 시설이나 파견근무기관 및 시설이 아니면 공중보건 의사에게 의료 행위를 하게 하거나, 당직의료인으로 두어서는 안 된다.

의료기관 개설자는 군 병원 또는 병무청장이 지정하는 병원에서 직무와 관련된 수련을 실시하는 경우가 아니면 병역판정 검사 전담 의사에게 의료 행위를 하게 하거나 당직의료인으로 두어서는 안 된다.

시설 안전 관리를 담당하는 요양병원 당직 근무자

시설 안전 관리를 담당하는 당직 근무자를 1명 이상을 요양병원에 둔다.

요양병원 시설 안전 관리를 위한 당직 근무자를 두도록 하고 있으나 그 소속에 관해서는 별도로 규정하고 있지 않다. 따라서 직접 고용 또는 용역 등 고용 방식에 제한은 없으며 야간휴일에 화재 발생 등 비상시 비상 연락망 가동. 신고 및 대비 요령 등 재난대비 필요 교육을 충실히 받은 사람이라면 법령에서 정하는 야간 당직 근무 자격 요건에 적합하다. 집합건물은 근무자가 24시간 경비업무를 수행한다 하더라도 해당 근무자가 의료기관(요양병원) 시설 안전 관리만을 위한 전담 근무자가 아니면 야간 당직 근무 업무 자격을 만족한다고 볼 수 없다.

5) 간호·간병 통합서비스

간호 서비스 보호자나 간병인이 상주하지 않고 간호사와 간호조무사가 24시간 전문 간호·간병서비스를 제공함으로써. 환자의 간병비 부담을 줄이고 질 높은 의료 서비스를 제공하는 서비스를 말한다.

병동 인력기준

상급종합병원 간호사 인력기준

간호·간병 통합서비스 제공 병동의 입원환자 7명당 간호사 1명 이상. 다만. 입원환자 7명당 간호사 수를 계산한 후 남은 입원환자가 7명 미만인 경우에는 1명을 배치한다.

종합병원 간호사 인력기준

간호·간병 통합서비스 제공 병동의 입원환자 12명당 간호사 1명 이상. 다만 입원환자 12명당 간호사 수를 계산한 후 남은 입원환자가 12명 미만인 경우에는 1명을 배치한다.

병원 간호사 인력기준

간호·간병 통합서비스 제공 병동의 입원환자 16명당 간호사 1명 이상. 다만 입원환자 16명당 간호사 수를 계산한 후 남은 입원환자가 16명 미만인 경우에는 1명을 배치한다.

간호조무사 인력기준

간호·간병 통합서비스 제공 병동의 입원환자 40명당 1명 이상. 다만 입원환자 40명당 간호조무사 수를 계산한 후 남은 입원환자가 40명 미만인 경우에는 1명을 배치한다.

간병 지원 인력기준

1명 이상. 다만, 2명 이상인 경우에는 진료과목 또는 업무 성격 등에 따라 병동 지원인력, 재활 지원인력으로 구분하여 배치할 수 있다.

시설기준

간호 · 간병 통합서비스를 제공하는 병동은 다른 병동과 구별되도록 설치한다.

간호 · 간병 통합서비스 병동 내 시설 및 장비 기준

구분	설치 기준
간호사실	병동의 각 층마다 1개 이상 설치할 것
입원실 및 복도	입원실 및 복도에는 문턱이 없을 것. 다만, 불가피한 사유로 문턱을 두는 경우에는 환자가 쉽게 이동할 수 있도록 경사로를 설치한다.
목욕실	목욕실에는 문턱이 없을 것. 다만, 불가피한 사유로 문턱을 두는 경우에는 환자가 쉽게 이동할 수 있도록 경사로를 설치한다. 목욕실 바닥은 미끄럼 방지 처리를 할 것.
화장실	입원실 내에 설치할 것. 다만, 부득이한 사유로 입원실 내 설치가 곤란한 경우에는 해당 병동의 각 층에 별도로 설치한다. 화장실 바닥은 미끄럼 방지 처리를 할 것. 화장실에는 문턱이 없을 것. 다만, 불가피한 사유로 문턱을 두는 경우에는 환자가 쉽게 이동할 수 있도록 경사로를 설치한다.
비상연락장치	병상, 목욕실, 화장실 및 휴게실 등에 각각 설치할 것
안전손잡이	복도, 계단, 화장실, 목욕실 및 휴게실 등에 각각 설치할 것
욕창방지용품	운영 병상의 100분의 5 이상 구비할 것

운영기준

- 간호 · 간병 통합서비스 병동에 배치된 인력은 해당 서비스를 제공하는 업무에만 종사할 것
- 간호 · 간병 통합서비스 제공 병동의 운영기준을 작성 · 비치할 것
- 안전사고 관리지침을 작성 · 비치할 것
- 비상 연락장치는 매일 정상 가동 여부를 점검할 것

출처 : 간호 · 간병 통합서비스 사업 지침, 보건의료자원실, 2022.3

5. 인력 선발과 배치, 교육

선발이란 최적의 인적요소를 특정 직무에 짝지어 주는 과정이다. 맡은 업무를 효과적으로 수행할 수 있는 요건과 최적의 기술을 소지한 사람에게 특정 조직 구성원의 자격을 부여한다. 병원과 의원의 인력 선발은 다르다. 의원은 개원 50일~한 달 전 인력 모집 광고를 하고, 선발 해시 진료 일주일 전부터 교육 후 배치하면 된다. 하지만 병원급은 건립 계획을 수립할 때부터 중요 인력을 선발하여 운영 매뉴얼을 만들고, 개원 업무를 차질 없이 진행해야 한다. 인력 선발부터 교육 배치까지 알아본다.

1) 좋은 인재를 찾는 법

병원에서 근무하기를 원하는 직원들은 채용조건에 대해 많은 부분을 비교한다. 병원의 채용조건이 추상적일 경우 좋은 인재들이 지원할 확률은 줄어든다. 물론 모집인원이 많으면 지원자가 많아 좋은 인재를 고를 수 있다.

올바른 채용공고

채용공고는 법을 준수하는 내용이어야 한다. 관련법에 저촉되는 공고나 과대포장 및 허위 내용이 포함되어서는 곤란하다. 상세하고 구체적인 근무조건을 명시하는 것이 중요하다. 특히 연차유급휴가, 근무시간 등은 솔직하게 명시하는 것이 좋다. 우리 병원만의 차별점이 있거나 급여 외 별도 성과급, 중식제공, 생일 축하금, 가족 수당, 교통비 지원 등 병원의 후생복지제도를 자세히 기술한다.

채용공고를 했을 때 지원자가 많다는 것은 공고를 보는 지원자들이 공감을 한 것이다. 지원자들은 늘 더 좋은 조건을 제시하는 병원을 찾는다. 구체적인 조건을 작성해서 모집하려는 분야의 잠재적 인재들에게 지원할 수 있도록 유도하는 것이 중요하다. 필요한 업종의 경력을 자세히 작성하고, 급여 및 근무시간도 명확히 사전에 공지하는 것이 좋다. 지원자의 전 병원에서의 근무 형태나 업무 수행능력을 확인하는 것도 중요하다. 이력서에 기술하게 해야 한다.

채용절차법을 준수한 채용 및 금지사항

채용절차법은 30명 이상의 직원을 채용하고 운영하는 병원에서 준수해야 할 규정이며 준수하지 않는 경우 과태료가 부과될 수 있다. 소규모 의원도 민원의 대상이 될 수 있어 규정을 준수하여 채용공고 및 채용절차를 진행하는 것이 바람직하다.

채용절차시 금지사항

채용절차의 공정화에 관한 법률에 따라 금하고 있는 사항을 알아야 한다.

병원에서는 채용을 가장하여 아이디어를 수집하거나 사업장을 홍보하기 위한 목적 등으로 거짓의 채용광고를 내서는 안된다. 그뿐만 아니라 정당한 사유 없이 채용광고의 내용을 구직자에게 불리하게 변경하여서는 안 된다. 병원에서는 구직자에게 채용서류 및 이와 관련한 저작권 등의 지식재산권을 자신에게 귀속하도록 강요하여서는 안 된다.

구직자 본인의 용모 · 키 · 체중 등의 신체적 조건. 출신지역 · 혼인여부 · 재산. 구직자 본인의 직계 존비속 및 형제자매의 학력 · 직업 · 재산 등의 개인정보를 요구하는 것은 금지되어 있다.

좋은 인재를 찾는 방법

지원자들은 구직하기 위해 병원의 홈페이지를 들여다 보고. 병원의 평판에 대해 알아본다. 예비 지원자들이 병원에 지원을 많이 할 수 있도록 긍정적인 글들이 많아야 한다. 채용공고 뿐만아니라. 채용문의가 왔을때도 진심을 다해 궁금한 사항을 해결해 주어야 한다. 예비 지원자에게 두루뭉술하게 하면 안된다. 병원이 면접할 때 지원자에 대해 궁금한 것이 많듯이 지원자도 마찬가지다. 대개의 경우 병원마다 급여차이는 크지 않다. 복지가 다른 병원보다 좋거나 배울 곳이 있는 병원 등 좀 더 자기 개발을 할수 있는 병원을 찾는다.

면접

면접은 짧은 시간에 극히 주관적인 판단에 의존한다는 약점이 있다. 병원에 적합한 인물을 선발하고 적합하지 않는 인물을 확실히 배제하는 방법이다. 잠재적인 인력을 평가하는데 면접이 유효하다. 면접관의 성향에 따라 사람에 대한 평가가 다르고 그 결과가 다르게 나타나기도 한다. 교통비 정도의 금액을 면접비로 주는 병원도 있다.

뽑으면 위험한 유형의 스타일

면접자는 사전에 병원의 홈페이지. 보도자료를 보는 수고는 해야한다. 면접을 하러 왔지만 입사 의사가 없는 사람도 많다.

- 병원에 대해 전혀 파악이 안되는 막무가내형(면접 준비가 되어 있지 않다)
- 과장이 심한 뻥튀기형(모르는 것도 아는 척하는 유형)
- 장황하게 늘어놓는 횡설수설형(동문서답하고 논리가 부족. 앞뒤가 안 맞는 유형)
- 자신감이 과도하게 넘치는 안하무인형(조직생활이 어려운 유형)

- 조건과 대우만 관심(주인의식이나 책임감을 기대하기 어려운 유형)
- 전 직장 비난형(불만형, 만족하지 못하는 유형)
- 수줍음이 많은 스타일(소극적이며 자기 피해의식이 있을 가능성이 큰 유형)
- 예스맨(자기 소신 부족형).
- 면접일도 입사일도 본인 스케줄에 따라 정하는 개인주의 성향(내 갈 길 간다 유형)

면접 판정표

아래의 내용을 보고 5단계로 점수를 부여한다.

면적평가 등급과 판단기준

평가등급	판단기준	구 분
A	합격하기에 충분하다. 함께 일하고 싶다. 추천한다.	합 격
B+	판단하기 힘드나 면접자 중에서 나은 편이다.	판단하기 어렵다.
B	판단하기 힘들다. 판단을 보류한다.	
B-	판단하기 힘드나 좀 처지는 편이다.	
C	기본인품이 안되어 있다. 함께 일하고 싶지 않다.	불합격

경력 조회

경력이 의심스러운 경우 조회한다. 특히 간부 직원일수록 경력과 평판이 중요하다. 팀장급은 학력보다 경력을 더 우선시하는 경향이 있다. 의료진의 경우 평판이 갈수록 중요해지고 있다.

신체검사

직무가 요구하는 신체적 조건을 구비하지 못한 지원자를 탈락시킨다. 취업 후에 발생할지도 모르는 피해 보상의 기준이 되는 선발 당시의 신체 상태에 대한 기록을 남긴다.

선발과 배치

선발은 최종 합격 여부를 판정하는 과정이다. 서류전형, 시험, 적성, 면접 결과 등을 종합하여 직무 요건을 충족시킬 수 있는 지원자를 선택한다. 병원에 지원서를 제출한다는 것은 입사할 의지가 있다는 뜻이다. 불합격일 경우에도 지원자에게 결과를 통보해 주는 것이 예의다.

합격 여부를 떠나 병원의 신뢰도를 높인다. 선발을 거쳐 각 직무의 요건과 채용된 직원의 적성에 맞추어 인원을 배치한다. 개원 초에는 직원 간에 서로 모르는 경우가 많고 업무체계가 안정되지 않아 돌발 상황이 발생할 수 있다. 직원 상호간 팀워크를 고려하여 배치한다. 개원 초에는 이직이 심하다. 교육까지 잘 받고 부서로 배치된 직원 중 퇴사한 직원이 생긴다. 부서장의 리더십이 부족해서 그만둔 직원도 많다. 인력에 대한 각별한 관심이 필요한 시기다. 보통 개원 6개월 정도 지나면 인력이 안정된다.

최고의 인재라고 판단되면 문제가 가장 큰 곳이 아니라 기회가 가장 큰 곳에 배치하는 것이 좋다. 우수한 인재는 관리할 필요가 없다. 물론 지침을 주고 가르침을 주기는 해야 한다. 사람이 가장 중요한 자산이 아니고 적합한 사람이 가장 중요한 자산이다.

엄격하게 판단하기 위한 실천지침 3가지
- 의심스러울 때 : 채용하지 말고 계속 지켜보라.
- 사람을 바꿀 필요가 있다는 것을 알게 되면 : 즉시 실행하라.
- 누군가를 빡빡하게 관리할 필요를 느끼는 순간 : 채용의 실수를 범한 것이다

출처 : 좋은 기업을 넘어 위대한 기업으로(Good to Great), 짐 콜린스, 2021.

2) 의원에서 병원으로 종별 전환될 경우 인력

의원을 운영하다 병원급으로 종별 전환하여 확장하면 기존 의원 인력의 절반 정도는 퇴직한다. 정상적인 현상이다. 특히 간호조무사 체계로 의원을 운영했다면 퇴직하는 직원이 많아진다. 병원은 여러 직종이 근무하는 곳이다. 직종별로 새로 선발해서 병원을 운영해야 한다. 병원 규모가 크고, 직원 수가 많아질수록 역량이 뛰어난 의료진, 우수한 인력이 모인다.

다양한 직종으로 인력 구성

의원을 개원하고 몇 년 후 병원으로 확장할 계획이 있다면 개원초부터 직종별로 다양한 인력과 함께 일하는 것이 좋다. 의원급 기관에 의료진이 5명이면 행정, 간호, 의료기사 등 다양한 인력으로 인력을 구성하면 병원의 전문성도 높아지고 조직도 활성화된다. 환자가 증가하고 병원을 방문하는 환자의 중증도가 높아지는데 직원의 수준이 그대로면 성장이 어렵다. 유능한 직원은 병원 성장의 핵심적인 역할을 한다.

성장기의 병원인력

병원이 성장기에 들어서면 인원을 새로 충원하고 기존 직원들도 승진하게 된다. 오래된 병

원은 조직의 노후화가 일어나 적체현상이 일어난다. 오래 근무한 직원이 많아지면서 인건비가 차지하는 비중이 높아진다. 승진하지 못하는 사람들은 불만이 늘어난다. 유능한 직원은 더 나은 직장을 찾아 떠난다. 유능한 직원을 지속적으로 선발하여 기존 직원과 경쟁하게 한다. 병원의 인지도가 높아지면 인재들도 알아보고 모이게 된다.

3) 직원 교육

개원전 교육은 필수다. 직원 교육은 개원초 병원을 안정되게 운영할 수 있게 하는 가장 효과적인 방법이다. 병원은 직원 간 팀워크가 중요한 조직이다. 직원 교육을 체계적으로 실시하는 병원과 그렇지 않은 병원의 차이는 크다.

교육 방법

전문 기관에 의뢰하여 실시하기도 하고 자체 개원 준비팀에서 프로그램을 만들어 진행해도 된다. 필요한 부분은 전문 강사를 초빙하면 된다. 직원 간 호칭이나 의학용어 등을 사전에 통일하면 좋다.

- 직원 교육은 원내 직원을 적극 활용한다.
- 외부 교육 시 교육내용을 사전에 확인하고 강사를 섭외한다.
- 연수 교재를 준비한다. 나중에 신입직원 교육자료로 활용한다.
- 신입 직원에 대한 교육은 수시로 각 부서의 장이 담당한다.

팀워크 중심 교육

개원전 교육은 직원 간 팀워크를 역점으로 하는 교육이 효과가 높다. 직원의 환자 서비스 능력 배양, 의료 환경 변화에 따른 병원의 대처 및 직원 간 협동을 통한 직원 개개인의 능력 향상을 목표로 한다. 이런 교육들은 단시간 내 해결되는 것이 아니고 지속적이고 꾸준한 시간을 투자해야 효과가 있다. 병원을 개원하면 개인의 능력 향상 교육이 주가 되어야 한다. 그리고 자기 계발과 관련한 교육도 지속적으로 실시한다. 온라인 교육과 오프라인 교육을 적절히 배합하여 실시한다. 직원들 간 팀워크가 향상되어 빠른 시간 내 단합할 수 있다. 그뿐만 아니라 직원들과 환자들과의 관계가 개선되고 상호 이해가 증진된다.

개원 교육의 세 가지 목표

최근에는 시간과 비용을 들여 교육을 해도 직원들의 이직이 심해 효과가 반감되고 있다. 개원전 업무 메뉴얼을 만들어 비치하는 것을 권한다

교육의 목표는 첫째로 의료 환경의 변화에 대한 대응능력을 높이고 이에 따른 변화를 수용할 수 있도록 하는 것이다.

둘째로 적극적인 사고로 자기 계발에 힘쓰고 필요한 지식과 기능을 향상시키고, 병원 직원으로서 자신이 맡고 있는 업무를 잘 할 수 있도록 돕는 일이다.

셋째로 병원의 철학에 맞도록 환자 중심의 최고 병원으로 양질의 의료 서비스를 제공하기 위함이다. 교육만이 직원의 생각을 바꾸는 유일한 방법이다.

교육의 종류

부서 교육, 직무교육, 의학 교육으로 나누어 진행한다. 병원에서 하는 진료영역, 검사, 치료 및 수술 등을 직원들과 공유한다. 개원한지 상당시간 지났는데도 병원에서 하는 수술이 무엇인지 모르는 직원도 상당수다. 원장이 무슨 치료를 잘하는지도 관심이 없으면 알 수가 없다.

병원 오리엔테이션

- 병원 진료진 소개 및 전문 클리닉 소개
- 병원의 업무 flow
- 규정 등 소개
- 각 부서 소개
- 장비 및 전산시스템 교육

분야별 직무교육 : 개원초 및 지속적으로 실시한다.

- 진료 분야별, 직무별로 질 높은 환자 관리를 위한 지식과 정보 및 스킬
- 부서별 업무 매뉴얼 작성
- 부서별 전문 집중교육
- 감염관리 등 환자 안전 관리

병원 직원으로서의 지켜야 할 근무 예절

- 친절 서비스 교육
- 고객 응대에 필요한 기본 서비스·매너 교육
- 고객 관리기법 및 상황별 응대 스킬, 불만고객 응대기법

A 병원의 교육시스템

구 분	세부 교육 내용	비 고
일일교육		
주간교육		
월간교육		
온라인교육		

4) 직원의 근로계약

규모가 있는 병원은 인사노무 전담 부서가 있어 직원의 급여, 출퇴근, 휴가 등 근태관리를 하고 있으나 소규모 병의원에서는 관리에 어려움이 많다. 근로기준법은 병원 측이나 근로자 모두가 지켜야 할 사항이다. 근로계약서 작성 시 주의점과 기본적인 사항을 알아본다. 표준근로계약서는 고용노동부 홈페이지(moel.go.kr)에서 볼 수 있다.

근로계약

근로계약이란 근로자는 사용자에게 근로를 제공하고 사용자는 이에 대한 대가로 임금을 지급하기로 하여 체결하는 계약을 말한다. 이러한 계약을 서면으로 체결한 결과물을 '근로계약서'라 한다. 채용이 결정되면 근로계약서를 즉시 작성해야 한다.

근로계약 내용

근로기준법에서는 근로계약을 체결할 때 근로자에게 임금, 근로시간, 기타의 근로조건을 명시하여야 한다고 규정하고 있다. 이 중 임금의 구성항목이나 계산 방법, 지불 방법에 관한 사항은 반드시 서면으로 근로자에게 교부해야 한다. 근로계약서는 근로조건에 관한 내용을 축약하여 정리한 것이다. 근로기준법은 근로자를 위한 최소한의 규정을 해 놓은 것이다. 따라서 근로기준법보다 못한 내용으로 계약하면 근로계약서는 무효가 된다.

업무내용과 장소

근로계약서에는 그 직원의 직책과 업무내용, 근무장소 등도 기재하여야 한다. 최초 근로계약 시 정한 업무내용과 다른 업무를 시키게 될 수도 있다. 따라서, 근로계약을 체결할 때 업무내용이나 근무장소를 변경할 수 있는 여지를 남겨둔다. 물론 업무내용이나 근무장소가 특정되었다 해도 본인이 동의하면 전직은 가능하다.

근로시간

임금에 버금가는 중요한 근로조건은 '근로시간'이다. 근로계약서는 개별 직원들의 근로형태에 따라 각각의 근로시간을 정하는 것이라 할 수 있다. 교대 근무자. 보안직원 등 몇몇 특수한 근로형태가 요구되는 직원에 대해서는 별도의 근로계약으로 근로시간을 정한다.

임금

근로계약서의 가장 핵심적인 사항은 '임금'이다. 매월 지급할 금액. 연간 지급할 상여금 등을 기입하여야 한다. 임금구성의 세부적인 사항인 연장근로수당. 휴일근로 수당 등도 반드시 명시하여야 한다. '근로기준법에 준한다'고 하여도 무방하다. 퇴직금은 임금에 합산하지 않고 따로 산정한다.

복무규율

직원에 대해 보장해야 할 근로조건에 관한 사항 이외에도 직원이 병원에서 지켜야 할 복무규율에 관한 사항을 근로계약서에 기재해 두는 것도 좋다. 병원의 소속원이 된 이상 반드시 지켜주었으면 좋겠다고 생각되는 사항들을 미리 서면으로 작성하여 숙지하게 한다면 좋은 근로관계로 시작할 수 있다. 복무규율은 추상적인 문구가 아니라 실천적이어야 한다. 사직서를 내게 되는 경우 최소한 한 달 전에는 병원에 통보하여야 한다는 사실을 근로계약서에서 언급해 두는 것이 좋다. 실제로 급하게 그만두어 업무 인수인계가 제대로 되지 않은 경우도 많다. 퇴사하고 난 다음에는 후임자가 애로가 많다.

근로계약기간

근로계약서의 내용을 이루는 마지막 사항으로는 근로계약 기간이다. 그 근로계약의 체결일을 우선 기재한 후 근로계약기간은 몇 년으로 한다 든가 하면 된다.

서명

근로계약서를 작성하고 마지막으로 근로계약의 양 당사자가 서명 혹은 날인한다. 각각 한 부씩 보관한다.

5) 의사의 근로계약

근로기준법에 기초하기 때문에 직원의 근로계약서와 기본은 동일하다.

근로계약 시 작성 사항

시간외 수당, 당직수당 등의 금액, 성과급이 있다면 구체적인 지급 방법과 금액, 지급 시기, 세전 및 세후 문제, 퇴직금 등과 관련된 부분, 세금 문제를 세밀하게 작성한다.

임금 기준

특히 실수령액 기준으로 작성하는 경우가 많은데 개선해야 할 부분이다. 세전 총 수령액 기준으로 임금을 작성하는 것이 바람직하다.

근무 범위뿐만 아니라 의료사고 시 책임 소재 문제, 출퇴근 시간 및 시간 외 또는 당직 시간, 학술활동 등 공가와 연차휴가에 관련한 문제, 근로계약 기간 전 퇴직 시 대책 등에 관해 충분한 논의 후 근로계약서를 작성한다. 논란의 소지가 있는 문구는 피하고, 필요하면 세부 사항까지 작성한다.

성과급 지급 유무

검사, 수술, 진료 등에 대해 성과수당을 지급하는 병원이 많다. 근로계약 내용을 원장과 봉직의가 서로 이해할 수 있는 용어로 정확하게 기술되어야 한다. 말은 서로 유리한 측면에서 듣는 경향이 많다. 애매한 표현을 사용하여 오해나 갈등의 소지가 되어 계약기간이 남아있는데도 이직하는 경우가 종종 발생한다. 피해는 고스란히 병원으로 돌아간다

6. 병원의 임금 구조와 근로

1) 직급의 구분

임금을 결정하는 요소는 학력, 면허 여부, 전문성, 인력시장의 수급구조에 따라 끊임없이 변화한다. 직급을 분류하는 경우 아래와 같다.

A 병원의 급수별 직종 및 보직

급 수	직종 및 직급
9급	미화원, 조리사보, 세탁, 경비원, 보조원(사무, 약무, 간호), 보조수
8급	간호조무사, 기능직(전기, 기관), 사무직(고졸) 기사보, 운전기사
7급	의료기사(2년), 의무기록사, 영양사 간호사(3년), 의료기사(3년) 간호사(4년), 약사, 영양사(4년), 대졸(사무직)
6급	주임, 주임기사, 주임간호사, 주임약사 급

5급	계장, 수간호사, 주임기사, 주임약사
4급	간호감독, 간호과장, 기사장, 과장
3급	간호과장, 기사장, 과장
2급	부장
1급	기획실장, 사무국장

의원의 연공급 호봉 기초 자료로 제시하였다. 아래 표는 직원 30명이 근무하는 간호조무사가 주로 근무하는 근속 연수, 직위와 급수를 구분한 표이다.

급수별 직위와 근속연수

급수	직위1	직위2	직위3	직책4	근속연수(경력)	비고
1급	부장	수석	팀장	Manager	20년-30년	
2급	차장	수석보	팀장	Senior	15년-20년	
3급	과장	책임	과장		10년-15년	
4급	대리	선임	대리	Junior	5년-10년	
5급	주임	주임	주임		3년-5년	
6급(갑)	사원	사원	사원	Assistant	2년-3년	전문대졸 이상
6급(을)	사원	사원	사원		1년	

고용노동부에서 운영하는 임금 직무 정보시스템 /www.wage.go.kr 에 가면 필요한 자료를 구할 수 있다.

2) 호봉제 임금표

병원에서 많이 사용하는 임금체계는 호봉제이다. 호봉제는 직종, 학력, 근속연수 등을 기준으로 임금표를 만들고, 매년 1호봉 혹은 2호봉씩 자동으로 기본급이 인상되는 구조다. 하는 일이 다르더라도 동일한 직급이나 등급, 학력 등이 같으면 유사한 수준의 기본급을 받는다.

직무급은 직무 분석 및 평가를 통해 직무가치를 매긴 뒤, 그 상대적 차이에 따라 기본급이 결정되는 체계다. 이 밖에 직무수행에 필요한 개인의 능력이나 숙련도 등에 따라 직급이 결정되는 직능급과 직책·직무를 기준으로 임금을 차등화하는 역할급이 있다. 성과급은 노동 성과를 측정해 그 결과에 따라 임금을 주는 것인데, 기본급의 차등 인상과 기본급 외의 별도 인센티브(개인·집단) 등이 포함된다.

규모가 작은 병원은 직원을 선발할 때 시장 수급 상황에 급여를 맞추다 보니 경력이 적은 사람이 임금을 더 많이 책정되는 경우도 생긴다.

직종별로 보직표를 만들고 급여의 하한선을 만들어 기본 틀을 유지해야 한다.

3) 임금

사용자가 근로의 대가로 근로자에게 임금, 봉급, 그 밖에 어떠한 명칭으로든지 지급하는 모든 임금은 통화로 직접 근로자에게 그 전액을 지급하여야 한다. 임금은 매월 1회 이상 일정한 날짜를 정하여 지급한다.

의원급 의료기관은 원장과의 인터뷰에 의해 결정되는 경우가 많지만 병원은 명문화된 임금체계를 갖추고 있다.

임금의 분류

광의의 임금	현금급여총액	정하여 지급되는 급여	기준내 임금	기본급
			기준외 임금	초과 근무수당 유급 휴가 수당
		임시로 지급되는 급여		상여금 퇴직급여
	복 리 후 생 비			복리후생비

병원의 임금은 기본급과 각종 수당으로 구성되어 있다. 병원의 임금체계는 의사직을 제외하고는 일반적으로 연공급을 기본으로 하고 있다. 다양한 직종을 포괄하는 직종별 단일 호봉제를 채택하고 있는 경우도 있으나, 대체적으로 일반직(사무직, 간호직, 약무직, 의료기사직, 기술직)과 기능고용직으로 나누어진 별도의 호봉체계를 유지하고 있다. 호봉 간의 간격(호차, 호봉 승급액)은 직급별로 정해진 호차를 적용하고 있다.

개인별 임금의 격차

개인의 임금을 결정하기 위해서는 업무성과, 직무의 난이도, 직무수행능력, 근속연수, 연령, 학력, 경력 등에 따라 구분한다. 이들 몇 가지 요소를 결합하여 기본급을 결정하게 된다. 특히 병원은 학력과 경력을 기반으로 임금을 결정한다.

임금 항목의 구성 내용

기본급, 제수당, 상여금 등 다양한 항목으로 구성되어 있으며, 각 항목의 구성비율이 다르기 때문에 어떠한 항목으로 구성되어 있는가에 따라 월지급액이 달라진다.

복리 후생 제도

복리 후생 제도는 임금의 한 분야로 근로자가 직장을 선택하는 중요한 척도가 되기도 한다. 복리 후생도 임금과 동일하게 지출되는 부분이므로 병원에 맞는 제도를 도입하기 위해 신중히 결정하여야 한다. 예를 들어 학자금 지원제도를 도입할 때 해당직원이 몇 명이나 되는지 전체 예산이 어느 정도 소요될 것이지 확인하고, 점차적으로 대상이나 금액을 늘려나가야 한다. 후생 복지 제도는 도입하고 나서 없애기가 어렵다.

식사, 의료비 감면(입원, 외래, 건강검진-본인, 가족), 근무복 지급, 경조금 지급, 경조 시 휴가, 직원 주차장 이용, 휴가 시 병원에서 숙소 제공, 학자금 지원, 자기 계발비 지원 등이 있다.

최저임금제도

최저임금제는 근로자에 대하여 임금의 최저 수준을 보장하여 근로자의 생활 안정과 노동력의 질적 향상을 꾀함으로써 국민경제의 건전한 발전에 이바지하게 함을 목적으로 제도를 도입했다. 국가가 근로자들의 생활 안정 등을 위해 임금의 최저 수준을 정하고 사용자에게 그 수준 이상의 임금을 지급하도록 법으로 강제하는 제도로 1인 이상 근로자를 사용하는 모든 사업장에 적용된다.

사용자는 근로자들에게 최저임금액 이상의 임금을 지급해야 하며, 최저임금액을 이유로 종전의 임금수준을 저하시켜서는 안 된다. 최저임금액에 미달하는 임금을 정한 근로계약은 그 부분에 한 해 무효가 되고, 최저임금액과 동일한 임금을 지급하기로 한 것으로 간주한다.

2023년 최저임금 9,620원/시급

2024년 최저임금 9,860원/시급

2023년 최저임금을 월급으로 환산할 경우 1주 소정근로 40시간 근무 시(유급 주휴 포함, 월 209시간 기준) 2,010,580원이다. 2024년은 최저임금이 월 2,060,740원으로 2023년 보다 50,160원 늘어난다.

4) 퇴직금 제도

계속 근로 기간 1년에 대하여 30일분 이상의 평균임금을 퇴직금으로 퇴직하는 근로자에게 지급한다. 예외로 근로자가 긴급한 생활자금 수요 등 일정 사유에 따라 요구한 경우 사용자는 퇴직금을 미리 정산하여 지급할 수 있다.

퇴직금 지급조건

- 1년 이상 근로한 자 (기간제근로자 및 파견근로자 포함)

- 단시간 근로자인 경우 4주간을 평균하여 1주간의 근로시간이 15시간 미만인 경우 퇴직금 제도 비적용
- 퇴직이라는 사실 관계(징계해고, 직권면직, 계약 만료 등 모두 퇴직금이 지급)

퇴직금 신청

- 계속 근로연수 : 근로를 제공한 기간(근로계약을 체결~ 해지)
  (기산일(입사일), 근로계약 체결일(출근의 무가 있는 날), 마감일(근로관계의 자동 소멸, 임의 퇴직, 합의 퇴직, 정년퇴직, 정리해고, 징계해고 등 근로계약 종료 날)
- 휴직 기간은 원칙적으로 계속 근로연수에 포함된다.
  (다만, 개인적인 사유에 의한 휴직 기간에 대해 단체협약, 취업규칙 등의 규정으로 퇴직급여 산정을 위한 계속 근로 기간에 합산하지 않을 수 있음)

퇴직금 산정 방법

퇴직금은 계속 근로연수 1년에 대해 30일분의 평균임금을 곱하여 계산하게 된다.
이를 산식으로 나타내면 다음과 같다.

$$퇴직금 = 계속\ 근로연수 \frac{재직일수}{365일} \times 30일분의\ 평균임금$$

퇴직금 중간정산제

- 원칙적으로 퇴직금 중간 정산을 금지하고 일부 사유에 해당되는 경우에 한 해 미리 정산하여 지급한 이후 퇴직금 산정을 위한 계속 근로연수는 정산 시점부터 새로이 기산한다
- 근로자의 요구가 있는 경우에만 할 수 있다.
- 사용자는 정당한 경영상의 사유 등이 있을 경우에 근로자의 중간 정산 요구를 거절할 수 있다.

퇴직금 중간 정산제의 요건

- 무주택자인 근로자가 본인 명의로 주택을 구입하는 경우
- 무주택자인 근로자가 주거를 목적으로 전세금 또는 보증금을 부담하는 경우. 근로자가 하나의 사업 또는 사업장에 근로하는 동안 1회로 한정한다.
- 근로자, 근로자의 배우자 또는 근로자의 배우자와 생계를 같이하는 부양가족이 질병 또

는 부상으로 6개월 이상 요양하는 경우
- 퇴직금 중간 정산을 신청하는 날부터 역산하여 5년 이내에 근로자가 파산선고 또는 개인 회생 절차 개시 결정을 받은 경우
- 임금피크제를 실시하여 임금이 줄어드는 경우
- 천재지변 등으로 피해를 입는 등 고용노동부장관이 정하여 고시하는 사유와 요건에 해당하는 경우

퇴직연금제도

확정 급여형과 확정 기여형은 동시에 가입할 수 있다. 1년 이내에 계약을 이전하거나 중도 해지하면 수수료가 발생할 수 있다.

5) 시용과 해고

시용 기간이란 근로자를 조직에 편입시키는데 신중을 기하기 위하여 정규사원으로 임명하기 전 2~3개월간의 기간을 설정하여 근로자의 직업적성과 업무능력 등을 판단하는 제도이다. 시용 기간은 통상적으로 3개월이다.

수습 사용 중인 자를 해고 예고 예외 대상으로 명시하고 그 대상을 3개월 미만으로 제한하고 있다. 시용 근로자는 수습 사용 중인 자의 범위에 포함되므로, 시용 근로자로서 3개월 미만인 자에 대하여는 해고 예고를 하지 않아도 된다.

해고의 제한

근로자의 해고는 근로기준법에 엄격하게 규정되어 있다. 근로자에게 정당한 이유 없이 해고, 휴직, 정직, 전직, 감봉, 그 밖의 부당 해고 등 징벌을 하지 못한다.

근로자가 업무상 부상 또는 질병의 요양을 위하여 휴업한 기간과 그 후 30일 동안 또는 산전·산후 여성이 이 법에 따라 휴업한 기간과 그 후 30일 동안은 해고하지 못한다.

해고의 예고

사용자는 근로자를 해고(경영상 이유에 의한 해고를 포함한다)하려면 적어도 30일 전에 예고를 하여야 하고, 30일 전에 예고를 하지 아니하였을 때에는 30일분 이상의 통상임금을 지급하여야 한다. 다만, 천재·사변, 그 밖의 부득이한 사유로 사업을 계속하는 것이 불가능한 경우 또는 근로자가 고의로 사업에 막대한 지장을 초래하거나 재산상 손해를 끼친 경우로서 고용노동부령으로 정하는 사유에 해당하는 경우에는 그러하지 아니하다.

해고 예고의 예외가 되는 근로자의 귀책사유

(근로기준법 시행규칙 제4조의 귀책사유)

- 납품업체로부터 금품 또는 향응을 제공받고 불량품을 납품받아 생산에 차질을 가져온 경우
- 영업용 차량을 임의로 타인에게 대리운전하게 하여 교통사고를 일으킨 경우
- 사업의 기밀 기타 정보를 경쟁관계에 있는 다른 사업자 등에 제공하여 사업에 지장을 가져온 경우 · 허위사실을 날조 · 유포하거나 불법 집단행동을 주도하여 사업에 막대한 지장을 가져온 경우
- 영업용 차량 운송 수입금을 부당하게 착복하는 등 직책을 이용하여 공금을 착복 · 장기 유용 · 횡령하거나 배임한 경우
- 제품 또는 원료 등을 절취 또는 불법 반출한 경우
- 인사 · 경리 · 회계담당 직원이 근로자의 근무상황 실적을 조작하거나 허위서류 등을 작성하여 사업에 손해를 끼친 경우
- 사업장의 기물을 고의로 파손하여 생산에 막대한 지장을 가져온 경우
- 기타 사회통념상 고의로 사업에 막대한 지장을 가져오거나 재산상 손해를 끼쳤다고 인정되는 경우

해고 예외

- 일용 근로자로서 3개월을 계속 근무하지 아니한 자
- 2개월 이내의 기간을 정하여 사용된 자
- 월급 근로자로서 6개월이 되지 못한 자
- 계절적 업무에 6개월 이내의 기간을 정하여 사용된 자
- 수습 사용 중인 근로자

해고 VS 권고사직

해고는 일반적으로 근로자와의 근로관계를 단절하고 퇴사를 시키는 것을 말한다. 권고사직과 해고의 가장 큰 차이점은 근로자가 퇴사에 동의를 하여 퇴사를 하면 권고사직이고, 동의 여부와 관계없이 일방적으로 퇴사 처리를 하면 해고다.

권고사직은 병원 측에서 근로자에게 퇴직을 권유하고 근로자가 이를 받아들여 사직서를 제출하는 형식을 통해서 근로관계를 종료하는 것을 의미한다. 근로자가 사직서를 제출했으므로 이는 해고에 포함되지 않고 사직이라고 판단할 수 있다. 180일 이상 근무하면 해고나 권

고사직이나 실업급여 신청은 가능하다.

권고사직의 경우에도 사용자의 일방적인 압력에 의하여 퇴직의 의사가 없는 근로자에게 사직서를 제출케 하고 이를 근거로 사직서를 수리하는 것은 그 실질에 있어서 근로자의 의사에 반하는 근로관계의 종료이므로 해고와 동일하게 평가된다.

권고사직이나 해고가 비록 회사가 먼저 '나가 달라'라는 의사표시를 한 것은 같다고 하더라도 회사를 그만둘지에 관한 최종적인 의사 여부를 근로자에게 맡겼다는 차원에서 권고사직과 해고는 크게 다르다.

즉, 권고사직은 어떠한 식으로든 근로자가 사직의 의사표시(사직서 제출 또는 구두상 사직의사 표시)를 하게 하고 이를 회사가 수락하는 형식을 밟기 때문에 당사자 간의 합의에 의한 근로계약의 해지 행위로 보지 않는다.

제8장

의료장비 선정과
운영

제8장
의료장비 선정과 운영

어떤 진료를 중점적으로 하느냐에 따라 장비 도입 목록과 장비의 사양이 다르다. 성능에 따라 구입 비용이 다르다. 병원의 진료과목이 결정되면 개원 시 꼭 구입하여야 할 필수 장비, 개원 후 진료를 보면서 구입할 장비를 저가에서 고가 순으로 목록을 만들고 예산을 추계한다. 의료장비의 경제성을 고려한다. 정확한 진단이나 치료에 도움이 되는 장비 중심으로 선정한다. 의료장비가 병원의 수익에 기여하는 바가 크다.

장비 도입 후 사용 빈도가 적으면 선정이 잘못된 것이다. 도입 여부, 품질, 가격, 사용의 용이성 등을 기준으로 검토한다. 최근 CT, MRI 장비는 공동활용을 제한하려는 규제 움직임이 있다.

1. 의료장비 선정

개원 초기 자금을 고려하여 꼭 필요한 필수 장비, 경영에 도움이 되는 수익성을 고려한 장비를 우선으로 계획한다. 개원이후 연차별로 도입할 장비도 선정한다. 장비를 배치할 공간을 염두에 두어야 하기 때문이다. 기술이 발전하면서 하루가 몰라보게 성능이 좋은 장비가 출시된다.

전혀 사용해 보지 않은 새로운 장비를 구입하여 환자를 진료하기란 쉬운 일이 아니어서 봉직의 때 익숙하게 사용하던 의료장비를 구입하는 경우가 많다. 어떤 진료를 할 것인지 계획하고 공간을 확정하기 전에 장비 목록을 완성한다. 전압이나 천정의 높이, 공간의 면적, 장비를 주로 이용할 환자와 직원 등의 동선 등을 고려한다. 입고된 장비는 직원이 함께 사용법에 대해 교육을 받는다.

의원급 장비목록 및 예상 가격

장 비 명	가격(천원)	용도	설치 공간	비고

장비는 사양이 추가될 때마다 가격이 올라간다. 꼭 필요한 사양인지 검토한다. 중고 장비를 구입할 경우에는 믿을 만한 업체를 통하여 충분한 시간을 갖고 구하는 것이 좋다. 시운전이 가능한지 물어보고. AS 기간도 확인한다. 특히 방사선 특수의료장비의 경우 검사 기준이 강화되어 중고장비 구입 시 주의가 요구된다.

1) 장비 선정의 기본 원칙

의원급 의료장비는 구입 목록이나 사양에 따라 다르지만 투입자금에서 볼 때 인테리어 비용보다 더 많이 든다. 장비를 잘못 선정해서 구입하면 애물단지로 전락하는 경우도 있다. 타당성을 따지지 않고 업체 직원의 권유로 장비를 구입할 경우 두고 두고 후회하게 된다. 중고가로 시장에 내놓으면 구입가의 절반에도 미치지 못하는 경우가 많다. 구입하고 나면 중고가 되는 것이 의료장비다. 후회하지 않는 의료장비를 선정해야 한다. 병원급 의료장비 도입은 병원의 수익과 직결되어 있다.

진료계획에 부합한 장비를 선정하는 것이 우선이다. 장비 구입은 환자에게 도움이 되고 병원의 수익성도 고려해야 한다. 진단과 치료에 도움이 되는 장비를 우선 선정한다. 투자만큼 돈을 벌어주는 장비를 우선적으로 구입한다.

진단장비와 치료장비를 파악하여 숫가와 연계하여 보험 청구가 가능한지. 비급여로 얼마를 받을 수 있는지. 하루 사용량이 어느 정도인지를 사전에 검토한다. 장비 판매 회사에 부탁하면 손익분기점을 알려주기도 한다.

우선순위를 고려하여 의료장비 목록이 작성되면 장비를 선정하는 원칙이 있어야 한다. 원칙 없이 장비를 선정하면 예산 범위를 초과한다.

2) 장비 선정 검토 사항

진료범위

세부적인 진료범위를 선정한 뒤 가장 적합한 의료기기를 선정하고 목록을 작성한다.

투자비

총 투자 금액을 정하고 이에 맞춰 의료기기를 구입한다. 구입할 의료기기를 중요도 순서로 구분한다.

자금이 넉넉하지 않을 경우 핵심적인 역할을 하고 사용빈도가 높은 장비는 새 장비로 구입하고, 사용빈도가 낮으면 중고장비도 고려해 본다. 의료기기는 제조 회사(수입회사), 제품의 성능에 따라 구입 비용의 차이가 크며 동일 품목, 동일 기종이라 하여도 구입하는 곳에 따라 가격차이가 있다. 인지도 및 지명도가 높은 제품을 우선 선정하면 위험을 줄일 수 있다.

공간 배치 고려

기기의 규격, 전원 용량, 전기 설비, 급·배수관계, 온도 및 습도 등 Technical Data를 구체적으로 검토한다. 장비를 배치할 공간이 확보되어야 한다. 공간 계획 전에 구입할 의료장비의 목록과 장비의 사양이 확정되어야 한다. 장비를 배치하고 보니 공간이 너무 비좁아 환자나 직원동선이 확보되지 않는 경우도 있다. 장비 사양은 판매회사로부터 제공받아 설계 시 공간에 반영한다.

의료기기의 성능과 가격

의료장비를 어느 용도에 사용할 것인지 생각해 보고 가장 적절한 사양이 어떤 기종인지 알아본다. 장비마다 각각의 특장점이 있다. 사양이 필요 이상인 장비를 구매할 경우 초기 투자가 많아진다. 장비를 먼저 사용해 본 선후배의 의견, 비교 견적, 믿을 수 있는 전문가의 의견, 제조사 방문 등을 통해 최종 선정한다. 충분한 정보를 활용한다. 필요시 직접 시운전을 해본다.

장비의 성능은 가격과 비례하는 경우가 많다. 의료기기의 가격은 회사마다, 제품의 성능에 따라 차이를 보인다. 동일한 기능의 서로 다른 회사 장비를 비교평가할 경우에는 기기의 사용기간 동안 소요될 전체적인 비용도 함께 고려한다. 특히 소모품 가격, 정비 보수료, 수리용 예비부품 가격, 보증기간 등도 중요한 판단 근거가 된다.

자동차를 구입하게 되면 연간 운영비를 고려하는 것과 같은 이치다. 장비가격이 싼 반면 소모품의 구입가격이 비싼 장비도 있다. 가격비교 시 A/S 비용, 소모품 비용, 보증기간 등을 고려하고, Accessory가 포함된 가격인지 확인한다.

MRI 장비 도입 시 검토 사례

- 장비 사양과 가격 : 1.5Tesla(10억전후), 3.0Tesla(20억 전후)
- 설치조건 : 자체 충족 병상 또는 공동 활용 병상 등 검토
- 장비 사양에 따른 차이 : 화질과 촬영속도
- 제조회사 : 지멘스(독일), 필립스(네덜란드), GE(미국) 등
- 검사 부위 : 머리, 척추, 관절, 심장, 복부 (간담도 췌장), 골반 등
- 장비 도입시 수지 추계

비용 : 인건비(영상의학과 전문의, 방사선사), 재료비(소모품비), 관리비(전기, 수도 등), 사후관리가 끝나는 3년후 정기 관리 비용, 감가상각비

수입 : 월 촬영 건수 추계, 건당 수입 등으로 산정

사후관리와 업그레이드

적정한 기술을 제공받지 못하거나 예비부품이 준비되지 않은 장비를 구입하게 되면 고장 발생 시 속수무책일 경우가 많다. 특히 단종된 기종을 구입한 경우 싼 게 비지떡일 경우도 있다. 간혹 공신력 없는 장비 판매회사가 폐업 등으로 인해 A/S에 중대한 문제가 발생하게 되어 손실을 발생시키기도 한다.

의료장비의 기능은 지속적으로 발전한다. 기능 향상 가능성을 염두에 둔다. 장비를 사용하면서 기능을 추가하여 장비 성능을 향상할 수 있는지도 알아본다. 의료장비 제조회사, 판매회사의 신뢰도가 중요한 이유다.

구입 예정 의료장비 목록

NO	장비명	수량	구입 예정회사	구입 예정단가	담당자명	연락처	비 고
1							
2							
3							
4							
5							
6							
7							
8							

3) 장비 선정 절차

의료장비는 병원 설립 과정 중 건축, 운영 체계와 함께 가장 중요한 부분이다. 병원 수익에 결정적인 역할을 한다. 병원 운영계획을 수립할 때 도입 장비 목록을 작성해야 한다. 의원이나 병원 모두 공간 구획을 하기 전에 구입 여부를 결정해야 다음 단계가 차질 없이 진행된다.

진료권 분석, 병원의 기능과 역할, 설치할 전문 진료과목, 진료량 추계 등을 한 후 적합한 장비를 선정한다. 장비 선정이 늦어지거나 도중에 변경되면 병원 공간을 재배치해야 하므로 공간 배치에 지장을 주게 된다.

일반적으로 장비 선정은 아래의 순서에 따라 선정된다.

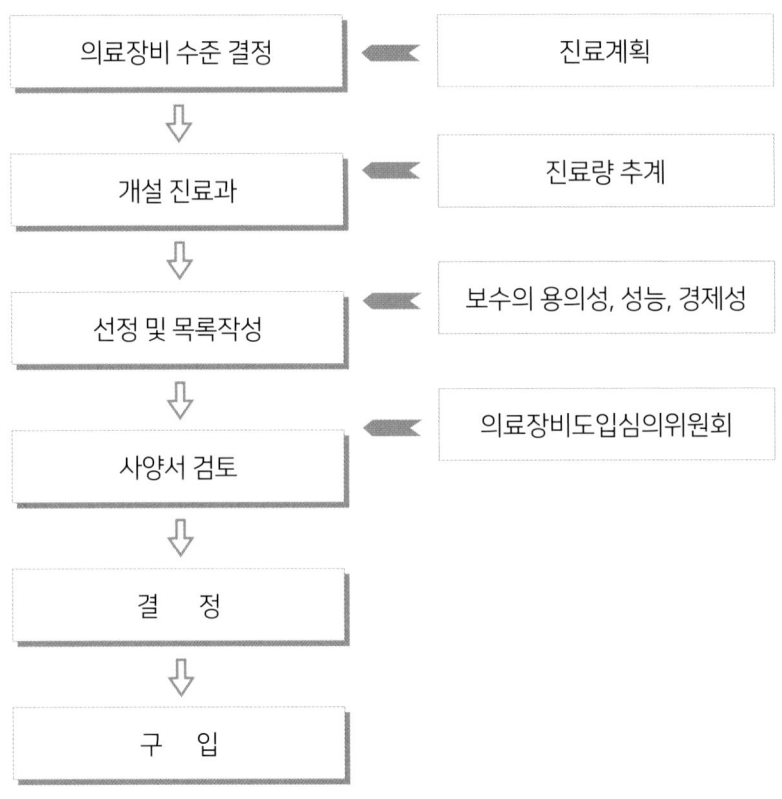

장비 선정 절차

진료 서비스의 범위와 수준 결정

- 의료계획을 수립하여 어느 정도의 서비스를 할 것인지 설치할 진료과는 무슨 과 인지 결정한다.

- 전문화된 특수 클리닉의 운영할 경우 진료 분야별 진료항목 및 운영 방침, 주요 기능검사의 진료량 추계와 규모 및 소요면적을 추정한다.

진료항목 및 진료량의 추정

진료항목별로 사양에 맞는 적절한 용량의 의료장비를 선택할 수 있다. 시간당 검사건수가 500건인 장비를 구입하였는데 개원 후 시간당 1,000건씩 검사가 의뢰될 경우에는 500건 할 수 있는 장비를 1대 더 구입하여야 한다. 진료량에 따른 적합한 장비를 구입한다.
- 개원시부터 3년간 외래 및 입원 환자량 분석
- 진료과목 결정 및 연차적인 예상 진료건수
- 진료과목별 연차적 환자량 추계
- 응급진료, 수술 건수, 검사 건수, 방사선 촬영건수의 추계

진료과별 필요 의료기기 선정 및 목록 작성

진료 항목 및 진료량 추정을 한 후 진료과별 장비 목록표를 작성한다.
- 개원 비용 중 의료장비가 차지하는 금액
- 운용 및 보수의 용이성, 성능, 경제성
- 실무자, 외부 전문가, 공급자 의견의 청취

진료과별 의료장비 목록

과별	장 비 명	수량	규격(Cm)	중량(Kg)	설비(배관, 가스)	전원	비고

사양서의 작성과 제안서 검토

각 장비회사에서 제안한 제안서, 사양서, 카탈로그 등을 검토하여 적절한 수준의 장비를 3종 이상 선별하여 비교사양서를 작성한다.

사양서 작성 시 회사의 규모, 보급률 및 인지도, 가격대비 의료장비의 성능 등을 검토한다.

비교 사양서

비교 사양서를 작성하여 검토한다. Spec 비교, Accessory 비교, 소모품 구입단가 및 구입 방법을 비교한다. 필요한 전원 등 설비 시설과의 조화성, 가격의 적정성, 보수 유지 기간 등

의료 장비 비교 사양서

장 비 명	영문 :		
	국문 :		
제조회사			
국내 대리점			
모 델 명			
견적 가격			
최종 가격			
사 양			
의 견			

작성자 과 직위 성명 ㊞	확인자 과 직위 성명 ㊞

장비 도입 위원회

한정된 장비 구매 예산 범위 내에서 장비 사양을 선정, 조정하고, 도입하기 위해 논의할 기구를 둔다. 도입 시기도 개원 시 즉시 도입, 개원 후 3년 차 도입 등을 나누어 계획한다. 합리적인 장비 선정과 도입을 위해 장비 도입심의위원회를 구성하여 제반 사항을 논의하여 업무를 효율적으로 추진하기도 한다.

종합병원 건립 시 장비 예산은 한정되어 있고, 진료과별로 구입하려는 장비가 많으면 부서 간 조정이 어려워 최종 도입할 장비의 확정이 늦어진다. 장비 도입심의위원회의 역할이 중요하다.

2. 진단용 방사선 발생장치

진단용 발생 장치의 범위 신고 검사 설치 및 측정 기준 등에 필요한 사항은 보건복지부령으로 정한다.

1) 설치 및 운영
- 진단용 방사선 발생장치를 설치·운영하려는 의료기관은 시장·군수·구청장에게 신고하여야 하며, 안전관리기준에 맞도록 설치·운영하여야 한다.
- 의료기관 개설자나 관리자는 진단용 방사선 발생장치를 설치·운영하는 경우에는 안전관리 책임자를 선임하고, 3년 주기로 정기적인 검사와 측정을 받아야 한다. 방사선 관계 종사자에 대한 피폭선량 관리를 하여야 한다.

2) 종류
- 진단용 엑스선 장치
- 진단용 엑스선 발생기
- 치과 진단용 엑스선 발생 장치
- 전산화 단층 촬영 장치(치과용 전산화 단층 촬영 장치, 이비인후과용 전산화 단층 촬영 장치 및 양전자 방출 전산화 단층 촬영 장치를 포함한다)
- 유방촬영용 장치 등 방사선을 발생시켜 질병의 진단에 사용하는 기기

3) 신고 요령
- 진단용 방사선 발생장치의 범위·신고·검사·설치·안전관리 및 측정 기준 등에 필요한 사항은 진단용 방사선 발생장치의 안전관리에 관한 규칙에 정하고 있다.

3. CT 및 MRI 장비수와 설치 기준

2020년 기준 의료기관이 보유한 CT는 2,080대, MRI는 1,744대, PET는 186대다. 연평균('16년~'20년) CT, MRI 개수가 각 2.0%, 5.5% 증가한 반면, PET 개수는 -2.8% 감소했다. (인구 100만 명당 CT 40.1대, MRI 33.6대, PET 3.6대로 OECD 평균 CT 25.8대, MRI 17.0대, PET 2.4대와 비교하여 장비 보유량이 많은 수준이다)

1) CT와 MRI 촬영 건수

CT 촬영 건수

2020년 CT 촬영 총 1,200만 건이다. 이중 건강보험 1,000만 건, 의료급여 90만 건, 자동차보험 50만 건, 보훈급여 58,000건, 산재보험 48,000건이었고, 이 중 81.0%가 상급종합과 종합병원에서 사용되었다.

MRI 촬영 건수

2020년 MRI 촬영 총 620만 건 중 건강보험 550만 건, 의료급여 40만 건, 자동차보험 20만 건, 보훈급여 4만 건, 산재보험 26,281건이었고, 이 중 약 81.5%가 상급종합과 종합병원에서 사용되었다.

CT 및 MRI 대당 연간 촬영 건수 및 증가

우리나라 평균으로 볼 때 CT 한대당 연간 평균 촬영 건수는 5,769건이다. 월별 480건이고, 진료일 별 19건(월 25일 기준)이다.

MRI 한대당 연간 평균 촬영 건수는 3,555건이다. 월별 296건이고, 진료일별 11건(월 25일 기준)이다.

전반적으로 장비 촬영 건수는 수가 및 급여기준 변화에 따라 크게 변화한다. 특히 2018년 10월부터 뇌·뇌혈관 등 MRI 건강보험 적용이 확대됨에 따라, 촬영 건수가 2018년 대비 2019년 127.9%, 2020년 134.4% 증가하였다(비급여 촬영 건 미반영)

2) 의료 자원과 의료이용의 상관관계

자원 공급과 의료 이용 간에는 높은 상관관계를 보인다. 자원이 높으면 이용률도 높아진다. 정부에서는 CT나 MRI가 병원에 많이 보급되면서 불필요한 자원을 낭비하고 있다고 판단해 장비 공동 활용 인정 범위 등을 제한하려는 정책을 시행하려고 한다. 장비 공동 활용 인정을 폐지하고, 자체 병상을 확보한 병원에 한 해 설치하는 것을 골자로 기본 안을 만들었다. 이에 따르면 150병상을 확보한 병원에 CT나 MRI 설치를 허가하는 것이다.

출처 : 제5차 국민 보건 의료실태조사, 보건복지부, 2022.7.14

[보도자료] CT, MRI 장비의 공동 활용 폐지 검토
보건복지부에서는 CT·MRI 등 특수 의료장비 설치 인정 기준을 변경하는 것으로 검토하고

있다. 개원가와 지역의료계는 '공동 활용 병상 규정' 폐지에 반대하는 의견을 꾸준히 피력하고 있지만, 정부는 '폐지안'에 무게를 싣고 있다.

입법예고를 비롯해 공식적인 절차를 밟을 예정이다. 그러나 현장의 반대 목소리도 높아 언제 시행될지 아직은 알 수 없다.

특수 의료장비 설치 인정 기준과 개선(안)

	현행제도	개선(안)	비고
공동 활용 여부	공동 활용 병상 제도 운영	공동 활용 병상 제도 폐지	
	인접 의료기관 병상 공유	자체 보유 병상만 인정	
MRI	200병상	100병상	군지역은 50병상
CT	200병상	150병상	

특수 의료장비 설치 인정기준이 변경되면 인접 의료기관 병상 공유가 불가능하고, 자체 보유 병상만 인정 가능하다. 따라서, 새로 개원하는 병원은 자체 보유 병상을 MRI 100병상, CT 150병상을 두어야 설치가 가능하다.

기존 공동 활용 병상 규정은 자체 보유 병상이 부족한 의료기관을 고려한 것이다. 대형병원으로 환자 쏠림 현상을 방지하고, 의료전달체계를 강화하는 것이 공동 활용 병상 규정인데, 이를 폐지하면 개원가와 지역 중소병원의 경쟁력을 약화하고, 지역 주민의 의료 접근성을 떨어뜨릴 것이라면 반대하고 있다.

정부에서는 10년 전에 설치 기준을 만들어졌고, 최근 공동 활용 병상을 구하기 위해 병상당 500만 원 이상이 든다는 점을 들어 본래 취지와 다른 방향으로 가고 있다는 점을 들어 변경한다는 입장이다.

정부에서는 현행 기준을 마련할 당시에는 특수의료장비나 이를 활용하는 병원 수가 적어 의료 사각지대를 해소하자는 차원에서 작은 병상을 갖춘 의료기관에서 효율적으로 이용할 수 있도록 예외를 둔 것이라며 현재는 상황이 달라졌고, 숫자 자체도 많고, 브로커가 개입한 병상 매매 등이 심화하고 있다. 실제로 장비를 공동 활용하고 있는 기관도 거의 없는 것으로 파악하고 있어 기준안을 새로 개편하는 쪽으로 가닥을 잡고 있다.

그러나 이 개정안이 시행되면 자체 보유 병상 150병상 미만의 소규모 의료기관의 경쟁력에 매우 중요한 부분을 차지하는 MR, CT를 보유할 수 없게 되어 경쟁력이 급감하며, 발전의 기회와 경제적 이득을 가질 기회를 박탈당하는 게 개원의 입장이다.

소규모 의료기관의 경쟁력을 약화시켜 의료전달체계의 문제점을 더욱 심화시키며, 의원과 병원은 경쟁 의료기관으로 영상 검사의 상급 기관 전원은 현실적으로 활성화될 수 없다며 150 병상 이하 기존의 의료기관은 의료기관의 발전과 환자 수 증가에도 불구하고 장비의 증설이 불가능하다는 점도 지적했다.

출처 : 언론 보도자료, 저자 수정

3) CT 및 MRI 설치 기준

시 지역 /군 지역 자기공명영상 촬영 장치
- 200병상 이상인 의료기관만 설치할 수 있다.
- 200병상 미만인 의료기관이 특수 의료장비를 설치하려면 다른 의료기관과 공동 활용하여야 하고, 이 경우 특수 의료장비 공동 활용 동의서를 제출한 의료기관과의 병상 합계가 200병상 이상이어야 한다.

시 지역(광역시의 군 포함)의 전산화 단층 촬영 장치
- 200병상 이상인 의료기관만 설치할 수 있다.
- 200병상 미만인 의료기관이 특수 의료장비를 설치하려면 다른 의료기관과 공동 활용하여야 한다. 이 경우 특수 의료장비 공동 활용 동의서를 제출한 의료기관과의 병상 합계가 200병상 이상이어야 한다.

군 지역(인구가 10만 명 이하인 시 지역 포함)의 전산화 단층 촬영 장치
- 100병상 이상인 의료기관만 설치할 수 있다.
- 100병상 미만인 의료기관이 특수 의료장비를 설치하려면 다른 의료기관과 공동 활용하여야 하고, 이 경우 특수 의료장비 공동 활용 동의서를 제출한 의료기관과의 병상 합계가 100병상 이상이어야 한다.

공동 활용 동의 인정 범위 등 설치 예외 사항 등
종합병원은 전산화 단층 촬영 장치 : 시설 기준을 적용받지 않는다.
- 시설 기준 중 중복 금지
  자기공명영상 촬영 장치 및 전산화 단층 촬영장치의 공동 활용에 관한 동의는 각각의 장비에 대하여 둘 이상의 의료기관에 중복하여 할 수 없다.
- 특수 의료장비를 공동 활용할 수 있는 의료기관

특수 의료장비를 설치한 의료기관이 소재한 시군구와 동일한 시군구에 소재하거나 지리적으로 경계가 인접한 시군구에 소재한 의료기관(광역자치단체 경계 무관)
- 공동 활용 동의 미인정 의료기관

  치과병·의원, 한방병·의원, 요양병원, 조산원, 정신병원, 정신과 의원, 결핵병원, 한방병원중 의과 진료과목을 추가로 설치한 곳은 제외한다.

  상기 의료기관은 자체 병상을 확보하여도 특수 의료장비를 설치 불가하다.
- 예외 규정

  섬 지역 등 설치 인정기준을 충족하기 어렵다고 보건복지부장관이 인정하는 경우에는 예외적으로 설치 인정기준을 적용받지 아니할 수 있다.

특수의료장비 공동 활용 해석

'동일한 광역자치단체 내에서 경계가 인접하고 있는 시군구'라고 제한적으로 해석하기보다는 시군구 경계를 사이에 두고 인접한 지역을 의미한다고 볼 수 있으므로, 동 조건이 충족되면 시도가 다른 시군구의 의료기관도 특수 의료장비 공동 활용 동의가 가능하다.

지리적 경계 인접 여부는 지리적으로 경계를 접한 시군구 중에서 관내의 의료수요, 의료 및 교통 환경 등을 종합적으로 고려하여 관할 관청에서 재량적으로 판단한다.
- 공동 활용 동의는 각각의 장비에 대하여 둘 이상의 의료기관에 중복하여 할 수 없으며, 아울러 총 병상수를 분할하여 둘 이상의 의료기관에 동의하는 것 불가능하다.
- 특수 의료장비를 설치 또는 공동 활용하고 있는 의료기관은 해당 장비와 같은 종류의 의료장비에 대해 공동 활용 동의를 할 수 없다.

보건복지부 등의 행정해석

- 요양병원이나 정신병원 등 공동 활용 병상으로 인정되지 않는 병원이 자체적으로 200병상 이상을 확보한 경우에도 특수 의료장비를 설치할 수 없다
- 지리적으로 경계가 인접한 시·군·구의 범위란 지리적으로 경계를 접한 시·군·구의 모든 지역을 의미하는 것이 아니라 타 시·군·구 중에서도 경계를 사이에 두고 인접한 일부 지역을 의미한다. 따라서 지리적 경계의 인접 여부는 이러한 점을 염두에 두고 각 시·도의 의료수요, 의료 및 교통 환경 등을 종합적으로 고려하여 시·도지사가 재량적으로 판단한다.
- 최소한 주 1회 이상 근무에서 주 1회는 8시를 말한다.
- 동일 병원에서 여러 대의 특수 장비를 보유한 경우의 인력기준에 대해 의료장비의 무분

별한 도입을 억제하고 의료 영상에 대한 품질을 확보하기 위하여 운용인력에 대한 기준을 규정하고 있으나, 운용인력에 대한 장비 대수에 대하여는 명시하고 있지 않다. 다만, 행정해석으로는 비전속의 의미 및 운영현황을 근거로 판단하는 것이 바람직하다(예, CT의 경우 진단방사선과 전문의 1인이 장비 5대를, 방사선사 1인이 장비 1대를 관리할 수 있을 것으로 판단).

4. 특수 의료장비 설치 운영

1) 특수 의료장비의 종류
- 자기공명영상 촬영 장치(MRI)
- 전산화 단층 촬영 장치(CT)
- 유방 촬영용 장치(Mammography)
- 혈관 조영 장치
- 투시장치
- 이동형 투시 장치(C-Arm 등)
- 방사선 치료 계획용 CT
- 방사선 치료 계획용 투시 장치
- 체외 충격파 쇄석기(ESWL)
- 양전자 방출 단층 촬영 장치(PET)
- 양전자 방출 전산화단층 촬영 장치(PET-CT)

㈜ 특수 의료장비는 현재 자기공명영상 촬영 장치(MRI), 전산화 단층 촬영장치(CT), 유방 촬영용 장치(Mammography)가 해당된다. 그 외 장비는 2011년 11.11.17 고시 개정에 따라 추가 되었으나, 추후 규칙 개정으로 해당 8종 장비에 대한 설치·운영기준이 신설될 경우 포함 예정이다.

2) 특수 의료장비의 설치등록

특수 의료장비 등록관청
당해 의료기관의 소재지를 관할하는 시·군·구청장

특수 의료장비 등록 절차

특수 의료장비를 설치·운영하려는 의료기관의 개설자나 관리자는 특수 의료장비등록신청서에 관련 서류를 첨부하여 등록 관청에 신청한다.

특수 의료장비등록 신청시 구비서류

- 영상의학과전문의 자격증 및 방사선사 면허증 사본 1부
  특수 의료장비의 설치 인정기준 중 인력기준 확인- 영상의학과 전문의의 경우 의사 면허증이 아닌 영상의학과 전문의 자격증을 제출한다.
  (비전속 인력의 경우 비전속근무에 대해 확인 할 수 있는 서류를 제출한다)
- 특수 의료장비 등록 신청을 한 의료기관의 개설허가 증명서 또는 개설신고 증명서 사본 1부

특수 의료장비의 설치 인정기준 중 시설 기준 확인

- 의료기관 개설 증명서 중 병상수가 기재되어 있지 않은 경우 의료기관 관할 보건소장의 병상수 확인이 필요하며, 의료기관이 이를 요구할 경우 관할 관청은 협조하도록 한다.

특수 의료장비 공동 활용 동의서

(유방촬영용 장치 외의 특수 의료장비로서 다른 의료기관과 공동 활용하고자 하는 경우에 한한다)

- 특수 의료장비의 설치 인정기준 중 자체 의료기관이 시설기준 200병상(또는 100병상)을 만족하지 못하는 의료기관에 한하여 제출한다.
  (종합병원은 전산화단층 촬영 장치의 시설 기준을 적용받지 않는다)

특수 의료장비의 신고요령

특수 의료장비의 등록에 따른 인력·설치 인정 기준·품질 관리 검사·검사·안전관리 등에 관해서는 특수 의료장비의 설치 및 운영에 관한 규칙에 명시되어 있다.

설치 인정기준

등록하려는 특수 의료장비는 설치 인정기준에 맞게 설치·운영하여야 한다

3) 특수 의료장비 운용 인력 기준

특수 의료장비 용도 및 운용 인력 기준

항목 \ 특수 의료장비의 종류		자기 공명영상 촬영 장치	전산화 단층 촬영 장치	유방 촬영용 장치
용도 구분		전신용 두부·척추·관절 전용 두부 전용 척추 전용 관절 전용 척추·관절 전용 두부·척추 전용 두부·관절 전용	전신용 비조영증강 전신용 두부 전용 척추 전용 두부·척추 전용	유방용
인력 기준	영상의학과 전문의	전속 1명 이상	비전속 1명 이상	비전속 1명 이상
	방사선사	전속 1명 이상	전속 1명 이상	비전속 1명 이상

㈜ 유방 촬영용 장치를 운용하는 의사 중 영상의학과 전문의가 아닌 사람은 보건복지부장관이 인정하는 품질관리 교육 프로그램을 이수하고 평가에 합격한 경우에는 본인이 근무하는 의료기관의 유방 촬영용 장치 인력으로 3년간 시장·군수·구청장에게 등록할 수 있으며 3년마다 재교육을 이수함으로써 그 기간을 연장할 수 있다.

영상의학과 전문의와 방사선사의 업무 구분
- 영상의학과 전문의:특수 의료장비의 의료영상 품질관리 업무의 총괄 및 감독, 영상화 질 평가, 임상 영상 판독
- 방사선사:특수 의료장비의 취급, 정도 관리 항목 실행, 그 밖의 품질관리에 관한 업무

전속 및 비전속 시간 기준
- 전속은 주 4일(32시간) 이상을 근무하는 것으로 본다.
- 전속으로 근무하는 경우는 비전속으로 2개 의료기관, 비전속으로 근무하는 경우는 비전속 5개 의료기관까지 근무할 수 있는 것으로 한다.
- 비전속의는 최소 주 1회 이상 근무를 하여야 함을 의미한다.

4) 특수 의료장비의 품질관리 검사
특수 의료장비 품질관리 검사는 1년마다 서류 검사와 3년마다 정밀 검사를 한다.

특수 의료장비 품질관리 검사의 종류

구분	서류 검사	정밀 검사
검사 주기	1년	3년
검사 방법	서류	현지 출장 검사
검사 항목	인력 검사 시설 검사 정도관리 기록 검사 팬텀영상 검사	인력 검사 시설 검사 정도관리 기록 검사 팬텀 영상 검사 임상 영상 검사
비 고	제5조제3항제1호의 검사에서는 정도 관리기록 검사 및 임상 영상 검사를 제외한다. 정밀검사를 받은 경우에는 해당 연도에만 서류검사를 면제한다. 검사 기간은 검사주기 만료일 전후 각각 31일로 한다.	

㈜ 검사 주기는 신규 검사와 이전 설치 등 정밀검사의 검사 완료일을 기준으로 검사 주기가 적용되며 검사 기간은 검사 주기 만료일 전후 각각 31일. 검사 기간 중에 받은 검사 일자는 검사 주기에 영향을 주지 않으며 검사 주기 6주 전 품질관리 검사기관에서 미리 검사 신청 기간을 안내한다.

5) 특수 의료장비 설치 · 운영 준수사항

등록사항의 변경통보

특수 의료장비 등록신청 시 등록한 인력 · 시설 기준의 변경 또는 의료기관 개설자, 의료기관 명칭 및 장비의 용도, 설치 장소 변경 시 해당 서식을 작성하여 변경 사유 발생일 부터 30일 이내에 등록관청에 통보한다.

등록된 인력 사항의 변경

- 등록된 영상의학과 전문의 또는 방사선사의 변경
- 영상의학과 전문의 또는 방사선사의 근무 상태 변경
- 특수 의료장비 관리자의 변경

등록된 시설 사항의 변경

- 특수 의료장비를 설치 · 운영하고 있는 의료기관의 종별 또는 병상수가 변경되는 경우, 특히 전산화 단층 촬영 장치(CT)의 경우 의료기관 종별이 종합병원에서 병원으로 변경된 경우는 반드시 통보한다.

- 공동 활용에 동의한 의료기관의 내역이 변경되는 경우 : 공동 활용 의료기관의 수·의료기관 명·종별·병상수
- 부득이한 사유로 공동 활용 병상이 변동되어 등록당시 기준에 미달된 경우 지역여건을 고려하여 병상 추가 확보를 면제한다.

공동 활용 병상 동의 의료기관이 직접 장비 설치시

장비 설치시 공동 활용 병상 요건을 갖추어 적법하게 등록한 의료기관이 장비등록 이후 당초 병상 공동 활용에 동의한 의료기관이 직접 장비를 설치하거나, 휴·폐업 또는 요양병원으로 전환하여 타 지역(인접 시·군·구제외) 이전으로 병상의 공동 활용이 불가능하게 되는 경우

: 우선적으로 공동 활용 병상 기준을 맞추도록 하되, 시·군·구와 지리적으로 인접한 시·군·구(공동활용 지역)내에서 공동 활용 병상이 포화상태가 되어 실질적으로 공동 활용 병상을 추가로 확보할 수 없는 경우에는 지역 여건을 고려하여 병상 추가 확보 면제가 가능하다.

(등록기관은 지리적으로 경계가 인접한 시·군·구를 포함한 지역 내 공동 활용 가능 총병상수와 특수 의료 장비 설칠 수 및 공동 활용 동의 병상수 등을 분석하여 내부 방침 결재를 득한 후 병상 추가 확보 면제한다.)

공동 활용 동의 의료기관이 동의를 해제하는 경우

공동 활용 병상 확보기준을 맞추어야 한다.

공동 활용 동의를 해 준 의료기관에서 동의 철회를 요구하는 경우 장비를 운영하는 의료기관에서 관할관청에 특수 의료 장비 변경통보(시설 변경)를 하여 처리된 경우에 동의가 철회된다. 공동 활용 동의를 해 준 의료기관에서 일방적으로 동의를 해제할 수 없다.

장비 설치장소의 변경

특수 의료장비를 설치·운영하고 있는 장소를 변경하는 경우 반드시 통보한다(동일 주소 또는 동일 건물 내에서의 이전포함).

양도·폐기 또는 사용 중지 통보

해당 특수 의료장비를 양도 또는 폐기하거나 사용 중지한 경우 그 사유가 발생한 날부터 30일 이내에 특수 의료장비의 양도·폐기·사용중지 통보서를 작성하여 등록관청에 통보한 후 그 결과를 품질관리 검사기관에 통보한다.

양도 · 폐기 또는 사용 중지 통보를 받은 등록관청 특수 의료장비 등록대장에 동 사실을 기재한다.

사용 중지한 특수 의료장비의 재사용 절차

- 재사용 : 사용을 중지한 특수 의료장비를 다시 사용하려는 경우 의료기관의 개설자 등은 규정에 의한 정밀 검사를 받아야 하며, 품질관리 검사기관으로부터 검사 결과를 통보받은 시 · 군 · 구청장은 특수 의료장비 등록대장에 기재한다.
- 의료기기 유통 : 별도의 의료기기 판매업 신고를 하지 않은 의료기관이 타 의료기관으로 의료기기를 처분 · 매매 · 양도 등 유통 행위는 금지하고 있으므로 의료기기법에 따른 판매업자를 통해서만 가능하다.

관계 서류의 작성 · 비치 · 보존

품질관리 검사기관의 장은 특수 의료장비 품질관리 검사에 관한 서류는 3년. 검사에 필요한 기기의 품질관리에 관한 서류는 해당 장비를 폐기할 때 까지 보존해야 한다.

특수 의료장비 품질관리 검사 서류 보존기간

작성 기관	기록 사항	보존 기간
품질관리 검사기관의 장	- 특수 의료장비 품질관리 검사에 관한 서류 - 검사에 필요한 기기의 품질관리에 관한 서류	3년 해당 장비를 폐기할 때까지
의료기관의 개설자 등	- 특수 의료장비를 이용하여 진료한 경우 영상 출력물과 그 검사 소견서 - 특수의료장비 품질관리 검사에 관한 검사 성적서 - 정도관리 항목을 포함하는 특수 의료장비 정도관리 기록대장 - 특수 의료장비 수리 · 교정 · 변경 이력 대장	5년 3년 3년 해당 장비를 철거할 때까지

네이밍과
개원초 마케팅

제9장
네이밍과 개원초 마케팅

네이밍은 병원을 차별화시킬 수 있는 중요한 요소다. 자신만의 고유브랜드를 만드는 병원이 많아졌다. 최근에는 병원 이름을 네이밍 전문기관에 의뢰하는 경우도 늘고 있다. 네이밍을 확정하면 상표권 등록까지 마쳐야 한다.

네이밍을 공동으로 사용하는 네트워크 병의원은 인지도 높은 브랜드를 사용한다는 측면에서 경영에 도움이 된다. 예전에는 개설자의 성이나 이름, 종교적 신념, 출신학교, 지역명 등을 사용하는 병의원이 많았다. 이제는 개성이 있고 의미가 담긴 트렌디한 네이밍이 늘고 있다. 병원 브랜드 네이밍을 개발하기 위해서는 병원의 비전과 미션 또는 진료영역 등 여러 가지의 키워드를 추출하고, 차별화 요소를 도출하여 전략적으로 접근한다. 병원 이름이 곧 '경쟁력'이다. 현대 사회에서 소비자는 제품이 아니라 브랜드를 구매한다.

1. 의료기관 명칭과 상표권

의원급 의료기관 명칭은 의원, 치과의원, 한의원, 병원급 의료기관 명칭은 병원, 치과병원, 한방병원, 요양병원, 정신병원, 종합병원으로 표시한다.

1) 의료기관의 명칭

의료기관의 고유 명칭 표시 방법
- 의료기관의 종별에 따르는 명칭(종합병원 · 정신병원의 경우에는 병원을 포함한다) 앞에 고유 명칭을 붙여 사용한다.

- 의원급 의료기관, 조산원, 병원급 의료기관(종합병원, 전문병원, 상급종합병원 포함) 앞에 고유 명칭을 붙인다.
- 특정 진료과목 또는 질병명 등 유사 명칭 사용 불가하다
- 고유 명칭은 의료기관의 종류 명칭과 동일한 크기로 하되, 의료기관의 종별 명칭과 혼동할 우려가 있는 명칭을 사용하지 못한다.
- 상급종합병원으로 지정받은 종합병원은 의료기관의 종류에 따른 명칭 대신 상급종합병원의 명칭을 표시할 수 있다.
- 전문병원으로 지정받은 병원은 의료기관의 종류에 따른 명칭 대신 전문병원의 명칭을 표시할 수 있다.

의료기관 명칭 표시 예외
- 종합병원이 그 명칭을 병원으로 표시할 수 있다.
- 상급종합병원 또는 전문병원으로 지정받은 기간 동안 그 명칭을 사용할 수 있다.
- 2 이상의 면허를 소지한 자가 개설한 의원급 의료기관이 면허 종별에 따른 종별 명칭을 함께 사용할 수 있다.
- 국가나 지방자치단체에서 개설하는 의료기관이 보건복지부장관이나 시 · 도지사와 협의하여 정한 명칭을 사용할 수 있다.
- 다른 법령으로 따로 정한 명칭을 사용할 수 있다.

전문의가 개설한 병의원의 경우
- 의료기관의 고유 명칭과 의료기관의 종류 명칭 사이에 전문과목을 삽입하여 표시할 수 있다.
- 의료기관의 고유 명칭 앞에 전문과목 및 전문의를 함께 표시할 수 있다.
- 진료과목 외에 '전문과목'이라는 글자와 전문과목의 명칭을 표시할 수 있다.

개설자가 2인 이상인 공동 개설인 경우
- 개설자 모두 전문의라면 전문과목을 모두 표시할 수 있다.
- 내과 전문의와 외과 전문의가 공동을 개설할 경우에 "○○ 내과 외과의원" 표시가 가능하다.

부속 의료기관
의료기관의 종류에 따르는 명칭 앞에 그 개설기관의 명칭과 "부속"이라는 문자를 붙여야 한다.

의료기관의 명칭 표시판(간판)

진료과목을 함께 표시하는 경우에는 진료과목을 표시하는 글자의 크기를 의료기관의 명칭을 표시하는 글자의 가로 및 세로 길이의 각 2분의 1 이내로 한다.

간판에는 다음 6가지를 표시할 수 있다.

- 의료기관의 명칭
- 전화번호
- 진료에 종사하는 의료인의 면허 종류 및 성명
- 상급종합병원으로 지정받은 사실. 전문병원으로 지정받은 사실
- 병원 · 한방병원 · 치과병원 · 의원 · 한의원 또는 치과의원의 개설자가 전문의인 경우에는 해당 개설자의 전문의 자격 및 전문과목
- 의료기관 인증을 받은 사실

병행 표기 기준

- 종류 명칭 : 의료기관 종별을 기준으로 상대국서 보편적으로 사용하는 용어를 사용한다
- 고유 명칭 : 번역하여 표기할 경우 의미 전달에 왜곡 현상이 발생할 수 있으므로 '로마자 표기법'에 의해 국어의 표준 발음법에 따라 적는 것을 원칙으로 한다.
- 전문과목 : 상대국 언어를 최대한 존중하여 표기하나 상대국과의 제도적 차이 등으로 표기가 곤란할 경우 일반적으로 사용하는 용어 또는 관련 전문가 단체 등에서 공식적으로 사용하는 용어를 표기함을 원칙으로 한다.

병행 표기 면적

- 각 외국어의 표기 면적과 글자 크기는 한글 표기 면적과 글자 크기를 초과할 수 없다.

의료기관 명칭표시 구체적 사례 (보건복지부에서 제시한 사례)

- 반드시 전문과목을 표시할 필요는 없다
  홍길동의원 / 진료과목:외과, 내과, 피부과 : 표시 가능
  산부인과, 외과 등은 전문과목을 표시하지 않고 "의원"으로 미표시 전문과목으로 진료하는 곳이 많다.
- 개설자 대표 전문과목 표시 가능
  홍길동외과의원 / 진료과목:외과, 내과, 피부과 : 표시 가능
  홍길동외과의원 / 하지정맥류 전문 : 사용 불가

- 질환명과 유사한 명칭 사용금지

  홍길동항운의원 : 표시가 불가능하다.

  (그러나 이런 규정과 달리 항문질환을 주로 하는 외과 전문의가 개설한 의원중 "학문외과"가 전국에 20곳이 있다. 부산에 대장항문질환을 기반으로 부산항운병원. 부산제2항운병원. 새항운병원이 있다)
- 의료기관 종별명칭(의원. 병원)을 사용하지 않고 외국어로만 표시하는 것은 불가하다.
- 클리닉 또는 홍길동외과클리닉 : 사용 불가
- 개설자의 전문과목 이외 다른 전문과목을 의료기관 명칭에 표시 금지
- 홍길동이 피부과 전문의가 아닐 경우에 "홍길동피부과의원"으로 사용할 수 없으면 "홍길동의원 진료과목 피부과"로 써야 한다.

의료기관 명칭 관련 규제개선 사항

전문의가 전문과목을 의료기관의 명칭에 표시하면서. 해당 전문과목과 직접 관련된 신체명에 한해 제한적으로 명칭에 표시할 수 있도록 개선
- 관할 지자체에서 환자 오인 가능성 등을 고려하여 제한적 사용 여부 결정해 허가 또는 신고 수리할 수 있다.

  (예시) 피부과 전문의가 '굿스킨 피부과의원'으로 명칭 사용 : 가능

  안과 전문의가 '밝은눈안과의원'으로 명칭사용 : 가능

  건강심사평가원에 등록된 병원중 허리나은병원. 허리편한신경외과의원. 편한허리신경외과. 허리편한마취통증의학과. 건강한뇌신경과의원도 있다.

2) 진료과목 표시

의료기관의 명칭 표시판에 의료진의 전문과목이외 진료과를 표시할 경우 "진료과목"이라는 글자와 진료과목의 명칭을 표시하여야 한다. 진료과목으로 표시할 수 있는 과목수는 제한하고 있지 않으나. 당해 의료기관이 확보하고 있는 시설 · 장비 · 인력에 해당하는 과목에 한하여 표시할 수 있다.

병원 및 의원에서 표시할 수 있는 진료과목

내과. 신경과. 정신건강의학과. 외과. 정형외과. 신경외과. 흉부외과. 성형외과. 마취통증의학과. 산부인과. 소아청소년과. 안과. 이비인후과. 피부과. 비뇨기과. 영상의학과. 방사선종양학과. 병리과. 진단검사의학과. 재활의학과. 결핵과. 예방의학과. 가정의학과. 핵의학과. 직업

환경의학과, 응급의학과

치과병원이나 치과의원에서 표시할 수 있는 진료과목

구강악안면외과, 치과보철과, 치과교정과, 소아치과, 치주과, 치과보존과, 구강내과, 영상치의학과, 구강병리과, 예방치과, 통합치의학과

한방병원이나 한의원에서 표시할 수 있는 진료과목

한방내과, 한방부인과, 한방소아과, 한방안·이비인후·피부과, 한방신경정신과, 한방재활의학과, 사상체질과, 침구과

3) 상표권

첫인상은 말 그대로 그 사람을 처음 볼 때 느껴지는 이미지이다. 사람은 0.3초라는 짧은 시간에도 호감, 비호감으로 첫인상을 판단할 수 있을 정도로 첫인상에 민감하고 3초 정도면 그 사람의 첫인상이 결정된다. 병원 브랜드는 병원의 얼굴이며 첫인상이고 이미지다.

병원명이 핵심 홍보의 도구이다. 병원 이름에는 역사성, 전문성 등이 담기며 동일한 이름을 사용하는 브랜드 네트워크가 활성화되는 이유도 환자들에게 병원 이름이 오래전 인지되어 있기 때문이다. 병원을 홍보하는 일은 병원 이름을 주위에 널리 알리는 일이라고 할 수 있다. 개원을 준비할 때부터 병원명에 관심을 가져야 하는 이유다. 최근에는 상표권 분쟁이 늘고 있다. 상표권을 소유한 병원이나 개인으로부터 이미 상표 등록된 병원명이라며 동일한 상표권을 사용하지 말라는 통보를 받는 경우도 있다.

따라서 상표권을 출원하면 의료업을 하는 동안 나만의 브랜드를 사용할 수 있다. 병원명이 결정되면 상표출원을 해야 한다. 변리사를 통해 상표등록을 한다.

상표법상 상표의 개념

상표란 자기의 상품과 타인의 상품을 식별하기 위하여 사용하는 표장을 말한다. 표장이란 '기호, 문자, 도형, 소리, 냄새, 입체적 형상, 홀로그램·동작 또는 색채 등으로서 그 구성이나 표현방식에 상관없이 상품의 출처를 나타내기 위하여 사용하는 모든 표시'를 말한다.

상표법상의 상품에는 지리적 표시가 사용되는 상품의 경우를 제외하고는 서비스 또는 서비스의 제공에 관련된 물건을 포함한다. 또한 자기의 상품과 타인의 상품을 식별하기 위하여 사용되지 않는 표장은 상표가 아니므로 상품에 사용된 것이라 하여도 그것이 단순히 상품의 심미감을 불러일으키게 하기 위하여 사용된 디자인이거나 자타 상품 식별 의사와 무관한 가

격표시 등은 상표법상 상표가 아니다.

상표와 상호

상표는 상품을 식별하기 위하여 부착하는 표장으로 상품의 동일성을 표시하는 기능을 가진다. 상호는 법인이나 개인이 영업상 자기를 표시하는 명칭이다. 문자로 표현하고 불려진다. 기업의 경우 상호의 사용은 강제적이지만, 상표는 자타상품을 식별하는 기호로 문자뿐만이 아니라 기호, 문자, 도형 등과 이들의 결합 또는 이들과 색채의 결합으로 구성된다.

상표권의 존속기간

상표권의 존속기간은 등록한 날로부터 10년이다. 상표권은 등록출원에 의하여 10년간씩 그 기간을 갱신할 수 있으므로 계속 사용을 하는 한 반영구적인 효력을 갖는다. 존속기간이 만료된 후라도 6개월이 경과하기 이전에는 상표권의 존속기간 갱신 등록출원을 할 수 있다. 일정액의 추가 금액을 납부해야 한다.

상표권의 침해로 보는 행위

상표권은 상표권자만이 등록상표를 지정상품에 관하여 사용할 권리를 독점한다. 따라서 상표권자 이외의 자가 정당한 권한 없이 등록상표와 동일하거나 유사한 상표를 사용하는 경우는 상표권을 침해하는 것으로 규정한다.

상표권의 효력

상표를 등록하면 다른 사람이 등록상표와 동일하거나 유사한 상표를 사용할 경우 금지권을 행사할 수 있다. 자신의 상표권을 침해하면 침해금지청구권 · 손해배상청구권 등을 행사할 수 있다.

상표등록 절차
- 특허청에 상표 신청 심사 요청
- 특허청 심사 특허청 심사관이 해당 상표가 등록이 가능한 상표인지 심사하는 기간

- 상표 심사 통과 후 특허청의 심사 결과에 대해 국민 누구나 이의를 제기할 수 있는 공고 기간
- 이의신청이 없을 시 상표등록이 최종 결정된다. 거절 시 대응이 가능하다.
- 등록 관납료 납부하여 최종 상표등록이 처리 되면 상표등록증이 발급된다.

우선심사 제도

- 기존의 8~10개월의 심사 기간을 1~2개월로 단축이 가능하다.
- 신청 요건 : 해당 상표로 현재 사업을 진행하고 있음을 증명하는 자료와 우선심사 비용 16만원을 납부한다.

상표등록 비용

- 특허청 인지대 출원 관납료(인지대) : 56,000원. 등록 관납료(10년분) : 220,120원
- 대리인 수수료 평균 대리인 수수료 : 200,000~600,000원
- 일반적인 상표등록 비용 : 500,000~900,000원 정도의 비용이 든다.

2. 브랜드와 네이밍

1) 병원 브랜드와 개인 브랜드

브랜드의 정의

이름(name), 용어(term), 기호(sign), 상징(symbol), 디자인(design)을 총칭한다. 브랜드는 상품의 본질을 규명한다. 브랜드 자체만으로 소비자가 그 상품이 무엇인지 알 수 있도록 하는 기능이 있다. 경쟁업체들과 제품이나 서비스를 차별화 시켜주는 요소다.

브랜드는 단순한 상품의 이름이 아니라 다른 상품들과 차별화하는 상품과 관련되어 총칭 하는 것을 말한다.

병원 진료를 받기 위해서 특정한 명의를 찾기도 하지만, 브랜드를 믿고 병원을 선택한다. 따라서 브랜드는 병원을 찾는 고객의 선택 과정에 따른 위험부담과 비용을 줄여주는 역할을 한다. 개원을 생각한다면 병원 네이밍에 대해 미리 준비해야 한다.

소비자에게 주는 신뢰감

브랜드는 소비자에게 신뢰감을 주는 역할을 한다. 국내 상위 5대 병원은 브랜드 자체가 소비자들에게 신뢰감을 준다. 이들 병원에서 진료받기 위해서는 다른 병원보다는 상당한 금액을 더 지불해야 한다. 고객은 특정 브랜드에 비용을 더 지불하고도 이들 병원을 찾는다. 브랜드는 경쟁병원으로부터 보호해 주는 역할을 수행하기 때문에 병원경영의 전략적인 비전을 제시해 주는 중요한 컨셉이다.

고객 관점에서 보면 병원의 이미지나 인식의 차이가 곧 해당 병원의 브랜드 자산이 되는 것이다. 또한 각종 프로모션이나 광고 활동이 결국 브랜드 자산을 높이기 위한 것임을 감안할 때 브랜드 자산은 갈수록 중요해지고 있다.

몸이 아파서 병원을 찾을 때는 가장 먼저 제공하는 개별 서비스를 비교 평가하게 된다. 브랜드가 병원 선택에 결정적인 영향을 미치게 된다. 현재 시행되고 있는 전문병원제도나 의료기관평가인증제도는 일반인들에게 브랜드를 인식하는 중요한 역할을 한다.

브랜드가 곧 마케팅 요소

최근에는 특정 병원 브랜드를 확장하여 시장 확대를 꾀하고 있다. 동일한 병원명으로 개원하는 네트워크병원이 전국적인 조직망을 구축하고 있다. 의료소비자들도 브랜드에 대한 인식이 높아짐에 따라 일부 병원들은 화장품, 건강기능식품 등 브랜드 확장을 시도하고 있다. 식품을 모기업으로 하는 중견기업에서는 병원을 설립하여 건강증진사업에 진출하였다. 각 산업에서 각자의 브랜드로 입지를 굳힌 기업이나 병원에서 브랜드를 통해 연관된 사업으로 확장하는 것이다.

병원의 특성상 지속적인 성장을 위해서는 의료기술의 품질을 높여야 한다. 그러나 의료기술은 고객들의 객관적인 평가가 간단하지 않다. 좋은 병원, 좋은 의사를 평가하여 분류하는 것은 고객들의 평판과 평가가 중요한 요인이 된다. 의료 질 관리 못지않게 이미지 관리를 통한 브랜드 자산을 올리는 일이 중요하다.

1987년 개원한 서울아산병원과 1996년 개원한 삼성서울병원은 대형병원으로 모기업의 이미지를 통해 독자적인 브랜드를 구축하였다. 짧은 개원 기간에도 불구하고, 후광효과에 의해 높은 상표 가치를 가지게 되었다.

브랜드 개발

가장 상위에 위치한 브랜드가 병원 네이밍이고, 여러 제품을 포괄하는 브랜드는 패밀리 브랜드이다. 서울 송도병원이 상위 브랜드라면 이 병원에서 운영하는 웰니스 건강증진센터는 하위 개념 브랜드이다. 위 대장내시경 클리닉은 서비스 속성을 나타내는 브랜드라고 할 수 있다. 국내 여성병원 시장을 개척한 미즈메디병원의 불임을 전문으로 하는 아이드림센터(난임, I Dream Center) 브랜드도 이와 유사한 사례라고 할 수 있다.

개인 브랜드

포털에 병원명이나 병원장 이름을 검색하면 여러 글이 나온다. 노출된 언론 기사, 카페의 글과 댓글, 블로그 기사도 나온다. 봉직하는 담당 의사도 검색에서는 숨을 곳이 없다. 스마트기기가 보급되고 소셜미디어(SNS)가 확산되면서 여러 채널을 활용하는 병원이 늘고 있다. 봉직의 때부터 자신의 이름을 건 블로그를 직접 운영하면서 환자와 진정성 있게 소통하는 의사도 있다. 진료, 수술 등 전문적인 지식뿐만 아니라 자신의 소소한 취미활동 등 일상을 지속적으로 올린다. 자료가 꾸준히 쌓이게 되면 개원할 때 큰 자산이 된다. 검색되지 않으면 존재하지 않는다. 개인 브랜드시대다.

어떤 병원은 자체 유튜브 영상을 촬영하면서 봉직의에게 일정 부분 수고료를 주기도 한다. 적극적으로 협조하고, 나중에 사직할 때 유튜브 원본을 달라고 하여 개원할 때 영상을 사용하면 좋은 홍보자료가 된다. 개인으로 운영하는 블로그를 봉직하는 병원의 홈페이지와 연계해도 된다. 중소규모의 병원은 의사 개인의 브랜드가 모여서 위상이 높아진다. 따라서, 봉직의로 근무하면서 소속된 병원 홍보에 도움을 주면 그 노하우와 자료로 개원 이후에도 환자와의 원활한 소통으로 병원을 안정적으로 운영할 수 있다.

다양한 환자 불만 채널

병원을 이용한 환자가 불만을 제기하는 채널이 다양해졌다. 소비자가 불만을 하는 통로가 생기면서 갑과 을이 바뀌었다. 예전에는 불만을 표시할 공간이 거의 없었지만 이제는 환자가 자신의 의견을 자유롭게 표시할 수 있는 곳이 많다. 경쟁병원에서 상대병원을 작업하는 불만 글도 있다. 특히 개원초에는 병원 이용자의 불만 글을 조심해야 한다. 불만 글의 확산을 막아야 한다. 대형 포털의 이용후기나 지역내 커뮤니티 카페 등 소셜미디어는 소비자들이 쉽게 불만을 표출할 수 있는 대표적인 공간이다. 이러한 소셜미디어는 소비자 불만을 빠르게 확산시킨다. 불만 글에 미흡한 대응은 병원에 큰 타격을 주기도 한다. 불만을 가진 소비자들이 집단화한다는 점도 요즘 나타나는 특징이다. 비슷한 생각을 하는 사람들이 집단을 구성해 영향력을 행사하는 카페들이 많다.

엄마들의 커뮤니티 공간인 맘카페. 기혼 여성들이 살림·육아 등의 정보를 공유하기 위해 가입해 활동하는 인터넷 카페를 통틀어 이르는 말이다. 대형 포털을 검색하면 이런 맘카페가 수도 없이 많다. 예전에 아파트 부녀회와 유사한 역할을 하던 오프라인 조직이 온라인 맘카페로 변신했다. 지역마다 전국 규모로 수천에서 수십만에 육박하는 영향력 있는 카페다.

맘카페로 울고, 웃고

신도시는 기존 도시에 비해 얻을 수 있는 정보채널이 많지 않다. 이곳에서의 맘카페의 영향력은 대단하다. 회원 수가 많아 서로 글을 올리면서 정보를 공유한다. 소소한 병원 정보를 얻기 위해 가입했다가 이용 후기도 공유한다. 그러다 보니 전문가의 작업장으로 활용되기도 한다. 맘카페의 리스크 관리를 전문으로 하는 업체까지 생겨났다. 소위 카페 침투다.

언론에 의하면 맘카페 회원의 악플에 의해 폐업까지 한 소아청소년과 원장도 있다고 한다. '원장이 돈만 밝힌다.' '병원에 가면 무조건 수술하라고 권한다.' 등등 댓글 테러가 집단화로 일어나기도 한다. 확인되지 않은 사소한 일이 사실로 둔갑하여 피해를 보는 병의원이 늘고 있다.

2) 브랜드 네이밍의 법칙

병원 네이밍은 전문적인 이미지, 기억하기 용이한 명칭, 병원의 확장성, 다른 병원 브랜드와의 차별성을 염두에 둔다.

네이밍의 법칙

구 분	내 용
전문성	전문적인 이미지, 직간접적으로 연상할 수 있는 명칭
효율성	다양한 계층의 고객들이 발음 및 기억하기 용이한 명칭
확장성	동업 진료 시, 향후 병원이 옮길 시 확장성을 고려한 명칭
차별성	다른 병의원과의 차별성, 브랜드 차별화

차별화 요소

- 경쟁 병원과의 차별화, 병원의 역할과 기능요소, 이용할 고객의 차별 요소
  부르기 쉬운가?
  이해하기 쉬운지, 듣기 좋은지, 부정적인 이미지가 없는지 검토
- 기억하기 좋은가?
  시각적으로 명료한지, 기억하기 좋은지 여부, 발음의 용이성
- 친근감이 있는가?

친근한지. 아름다운지. 검색이 용이한지. 상표등록 가능성과 도메인 등록이 가능한지 본다.

브랜드네이밍 프로세스

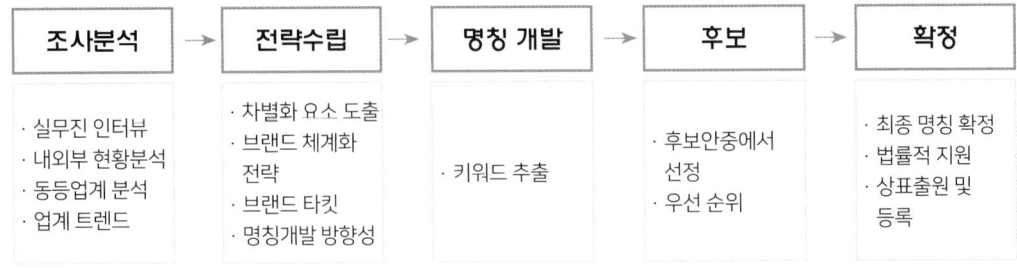

브랜드네이밍 트랜드(이비인후과 중심)

전통적인 병원 이름(의료기관 명칭)은 지역을 기반으로 하거나, 출신학교, 의사의 성이나 이름을 근거로 작명하였다. 출신학교, 지역, 출신학교와 이름, 이름과 지역명 등을 복합적으로 고려하여 작명한다. 최근에는 병원 이름도 길어졌다. 병원 이름에 코코, 코모키, 소리 등 이비인후과(코, 목, 귀)를 연상시키게 하는 이름도 있다. 위례신도시는 2016년에만 8개의 이비인후과가 개원했다.

위례하나이비인후과, 위례상쾌한이비인후과, 위례플러스이비인후과, 위례센트럴이비인후과, 연세봄이비인후과, 두리이비인후과, 맑은성모이비인후과, 이루이비인후과 등이다. 병원명은 모두 의사의 성이나 이름을 따르지 않고 있다. 브랜드 네트워크에 가입해서 동일한 이름을 쓰는 하나, 두리, 연세봄, 상쾌한, 맑은 성모가 있다. 다른 이름도 확장성이나 각인이 쉬운 병원명을 사용하고 있다. 이는 병원 이름이 차별화될 수 있고 마케팅 요소로 보고 있기 때문이다. 고운세상피부과, 밝은세상안과, 바른정형외과, 굿모닝외과 등 긍정적인 이미지를 담고 있는 병원명도 늘고 있다.

병원 이름은 첫 이미지에 큰 영향을 미치기 때문에 부르기 쉽고 기억이 쉬워야 하며 상표등록이 가능해야 한다.

병의원 네이밍에 설립자의 성이나 이름을 사용하지 않은 이유

- 흔해서 고객들에게 각인이 쉽지 않다.
- 병의원의 확장에 걸림돌이 된다.
- 병원매수 매도, 인수인계 등에 어려움이 있다.
- 환자와의 분쟁 시 브랜드 유지가 어렵다.

이비인후과 브랜드 네이밍에도 법칙이 있다.

지역에 근거를 두고 작명한 의원

광주이비인후과, 목동이비인후과, 미사이비인후과

원장의 이름이나 성으로 작명한 의원

김길동이비인후과, 김이비인후과 – 우리나라에서 김이비인후과의원은 97개소다.
김○○이비인후과는 88개소이다.

지역명 + 원장의 성 + 이비인후과

강동김이비인후과

학교명 + 원장의 성 + 이비인후과

연세김이비인후과

병원 기능(코, 목, 귀)을 연상하게 하여 작명한 의원

코모키이비인후과, 숨이비인후과, 코앤코이비인후과, 소리이비인후과
아름다운목소리이비인후과

기능을 혼합하여 작명한 이비인후과

숨 + 앤숲, 편한
코 + 비코, 알라, 앤코, 앤비, 코

수련병원 또는 출신학교를 넣어서 작명한 의원

연세이비인후과, 서울이비인후과, 고려이비인후과, 가톨릭이비인후과

학교 + 이비인후과

연세 + 이비인후과는 총 146개소
지역 + 연세 + 이비인후과
형용사(늘푸른) + 연세(명칭은 늘푸른, 대원 등)
연세 + 의사의 성 + 이비인후과
연세 + (미래, 봄, 베스트, 바로 등) + 이비인후과

연세 + 이비인후과 84개소

서울 + 이비인후과는 총 104개소

지역명 + 서울 + 이비인후과

서울성모, 서울삼성, 서울수, 서울연세, 서울유니언,

서울이비인후과 60개소

고려이비인후과 6개소

부르기 쉽고 친근함을 우선하여 작명한 이름

상쾌한(51개소), 맑은(32개소), 푸른(21개소)

연세 + 푸른, 푸른 + 하늘(성모) + 이비인후과

맑은 + (성모, 서울, 샘, 소리, 연합, 숲) + 이비인후과

병원의 이미지 제고를 염두에 두고 작명한 이름

수, 숲, 어울림, 오케이 + 이비인후과

플러스 + 이비인후과(11개소)

굿모닝 + 이비인후과(21개소)

(성모, 서울, 코아, 코코) + 플러스 + 이비인후과

베스트 + 이비인후과(5개소)

종교적 신념을 바탕으로 작명한 의원

가톨릭이비인후과, 보아스 이비인후과, 성모이비인후과

대형 병원(기업)의 이름을 연상하게 하는 의원

현대 +이비인후과(12개)

삼성 + 이비인후과(20개)

아산 + 이비인후과(5개소)

3) 로고, 심볼, 캐릭터 및 슬로건

로고와 심볼

브랜드 자산을 구축하는데 시각적인 브랜드 요소들도 중요하다. 로고는 역사적 기원, 소유

권 혹은 연상을 나타내는 수단으로 오랜 역사를 지니고 있다. 예를 들어 명문가나 국가들은 이름을 시각적으로 나타내기 위하여 로고를 사용해 왔다. 독특한 형태로 쓰인 회사명 또는 회사와 전혀 관련이 없는 추상적인 로고에 이르기까지 다양하다. 로고는 브랜드 의미를 강화하고 브랜드 인지도를 향상한다. 로고는 희화적이며 구체적이며 제품이나 회사의 특정한 요소들이 심벌이 될 수도 있다.

로고는 병원에 대한 소비자 인식을 바꿀 수 있는 의미와 연상을 갖고 있다. 브랜드 네임처럼 로고는 자체가 갖고 있는 고유의 의미를 통해서도 연상을 얻을 수 있다.

로고와 심볼은 브랜드 네임과 제품에 부합하는 기억으로 소비자들을 얼마나 잘 연결할 수 있는가가 핵심 사항이다. 로고와 심볼은 시각적으로 쉽게 인지되고 제품을 구별하게 하는 중요한 수단이다. 로고는 비언어적 표현이다.

최근에는 병원의 이름. 로고. 심볼 등을 저렴하게 제작해 주는 전문회사도 많다. 큰 부담되지 않은 비용으로 심볼. 로고를 제작해서 병원 명함. 봉투. 내부 게시물 등을 일관성 있게 제작해서 사용하는 것을 권한다.

캐릭터

캐릭터는 특별한 유형의 브랜드 심벌이다. 브랜드 캐릭터는 광고 캠페인에 중요한 요소다. 어떤 브랜드 캐릭터는 만화로 되어 있기도 하고 생생한 인물로 표시된다. 캐릭터의 이미지로 시선을 집중시키기도 한다. 브랜드 인지도에 유용하다. 또한 제품의 장점을 전달하는 데 도움이 된다. 캐릭터를 통해 병원을 방문하는 이들에게 병원 철학과 메시지를 쉽게 전달하고. 흥미와 감동까지 줄 수 있다.

하나이비인후과 브랜드네트워크의 캐릭터는 파란코끼리다. 서울대어린이병원은 '별곰이. 달곰이. 왕코선생님. 토띠선생님. 알콩이'다. 의료진. 환자. 보호자의 다양한 의견을 반영해 탄생한 캐릭터는 병원을 찾는 어린이와 보호자의 긴장을 풀어주기 위한 병원의 세심한 배려다. 최근에는 병원 유튜브 채널. SNS. 홈페이지와 원내 디지털 게시판 등에 접목해 친근하고 귀여운 이미지로 고객들에게 전달한다. 병원 안내. 각종 인쇄물 및 홍보물. 인테리어. 굿즈 제작 등 폭넓게 활용하고 있다.

슬로건

슬로건은 강력한 브랜딩 도구다. 슬로건은 브랜드에 관한 설명을 설득력 있게 정보를 전달해 주는 짧은 문구다. 브랜드 네임처럼 슬로건은 홍보에 효과적이다. 슬로건은 브랜드가 무엇이며 브랜드를 특별하게 하는 것이 무엇인가 하는 관점에서 연결고리 역할을 한다. 짧은 몇 마디 단어나 문구로 마케팅의 취지를 요약하고 전달하는 데 중요한 요소이기 때문이다.

슬로건은 인지도 향상에 도움을 준다. 슬로건은 특정 기간을 사용하고 시기에 맞게 바꿔도 된다. 설득력 있는 정보를 내외부에 알리는 도구로 사용된다. 매년 새로운 슬로건을 만들어도 되고, 병원이 도약하는 시기에 슬로건을 사용해도 된다. 지역 거점 병원의 경우 공모를 통해 슬로건을 제정하기도 한다.

삼성서울병원은 1994년 '환자 중심'과 '고객 만족'이라는 슬로건으로 개원했다. 지금은 익숙한 용어지만 그 당시에는 병원에서는 슬로건이란 용어도 생소할 때였다. 앞선 슬로건으로 국내 의료계의 패러다임을 바꿔 왔다는 평가를 받는다.

4) 병원 이름 변경하기

사용하던 병원의 이름을 바꾸려면 시간과 비용이 많이 들 뿐만 아니라 고객들로부터 인식된 병원의 이미지도 바뀔 수 있다. 그동안 운영하고 있는 병원의 틀을 크게 바꾸거나, 의원에서 병원으로 종별 전환 또는 1인 오너체계에서 파트너를 영입해 공동 지분으로 변경할 경우 병원 이름을 변경해야 할 필요성을 느낀다. 이때 병원 이름을 변경하면 사업자부터 병원 간판까지 바꿔야 할 것이 많다.

병원 이름 변경 프로세스

구분	내용	기간	소요비용 /예산	비고
병원 심볼, 로고, 캐릭터, HIP	업체의뢰	2~3 개월	300만원~1,000만원	
홈페이지, 블로그 개편	업체의뢰	2~3 개월	500 만원	홈페이지 업그레이드
명함 (의료진, 병원)	심볼로고업체			
사업자 등록 / 명판 변경				
직원명찰 /패용하는 사원증			개당 10,000 원	디자인
내외부 사인물 변경	병원내 부착물			인테리어 /디자인
은행카드 등 변경				
4 대 보험 사명 변경신청				
협력, 거래업체				공문 통보
원내 소프트웨어	업체연락			
리플렛, 안내서 (인쇄)				

상표등록 또는 거절된 이비인후과 상표

상표등록이 된 이름과 거절된 병원이름을 알 수 있다. 동일한 병원명이 있는지 또는 상표 등록된 병원이 있는지 미리 알아봐야 한다. 특허정보 검색서비스(http://www.kipris.or.kr) 검색을 해보면 상표 등록된 병원명을 알 수 있다.

등록된 이비인후과 상표

야탑, 서울 빙빙, 코리아, 스페셜, 트리, 누리꿈, 예, 아하로마, 해맑은, 으뜸, 아이코, 벗, 힐링, 로하스, 숨이비인후과 수면센터, 꽃앤드림, 꽃드림, 상쾌한, 빙글빙글, 꿈을그린, 퍼스트, 서울빙, 소리숨, 더, 김양박, 서울핑, 솔, 맑은숨, 벗, 숨, 하나, 마로니에, 킹세종, 청명, 코즈, 코아, 드림, 서울코원, 하이, 허준, 코비코, 꽃보다, 더원, 두리, 장철, 김성수아르코, 도도스, 숨수면, 달팽이, 코엔, 이루

거절된 이비인후과 상표

땡큐, 숨앤소리, 강남서울, 다솜, 코미, 맑은샘, 상쾌한, 아름다운목소리, 베스트, 서울아산, 새하늘, 삼성드림, 뺑코, 비비, 코코, 조은소리, 비앤비, 스마일, 최고, 로뎀, 서울연세, 다인, 굿모닝, 애애코, 가톨릭정진, 선, 연세봄, 아주맑은, 코미, 바로, 다인.행복한, 서울성모, 어울림, 열린, 푸른성모, 드림, 소리, 솔, 비타민, 밝은, 이든, 새롬, 김, 한빛, 코코

3. 의료광고 규정

1) 의료광고 관련 의료법

의료 관계 법령

의료광고를 하는 경우 표시·광고의 공정화에 관한 법률과 의료법이 모두 적용될 수 있으며, 이를 위반하는 경우 각각의 법에 규정된 제재를 받을 수 있다.

의료광고 관련 법규

· 전문병원 명칭 사용 [의료법 제3조의5(전문병원 지정) 제1항]
· 환자 유인 [의료법 제27조(무면허 의료행위 등 금지) 제3항]
· 의료광고의 금지사항 [의료법 제56조(의료광고의 금지 등)]

의료법상 '의료광고'의 개념

신문·잡지·음성·음향·영상·인터넷·인쇄물·간판, 그 밖의 방법으로 의료행위, 의료기관 및 의료인 등에 대한 정보를 소비자에게 나타내거나 알리는 행위를 말한다.

광고주체

- 광고주체 가능 : 의료기관 개설자, 의료기관의 장 또는 의료인
- 광고주체 불가능 : 부설 연구소 및 연구센터, 장례식장 등 의료인 등이 아닌 제삼자

광고매체

- 신문·잡지·음성·음향·영상·인터넷·인쇄물·간판 등
- 방송(텔레비전방송, 라디오방송 등)을 통한 광고 금지

2) 의료광고 금지사항

미평가 신의료기술 광고, 치료경험담 등 치료 효과 오인 우려 광고, 거짓 광고, 비교 광고, 비방 광고, 시술 행위 노출 광고, 부작용 정보 누락 광고, 과장 광고, 법적 근거 없는 자격·명칭 표방 광고, 신문 등 전문가 의견 형태 광고, 미심의 광고, 외국인 환자 유치 국내 광고, 소비자 오인 소지 비급여 진료비용 할인 광고, 상장·감사장 이용, 인증·보증·추천 광고 등 14개 유형은 의료광고 금지사항이다.

미평가 신의료기술 광고

- 신의료기술 평가를 받지 아니한 의료행위를 광고하는 행위

신의료기술이란?

신의료기술 평가 대상 여부 심의 결과 안전성 및 유효성이 인정된 의료기술로 신의료기술 평가사업본부(NECA) 평가 결과 안전성 및 유효성이 인정된 진료행위로 건강보험심사평가원에서 급여·비급여로 결정되지 않은 의료기술을 말한다.

건강보험에서 급여 또는 비급여로 정해지지 않은 의료행위를 시행할 경우에는 시행 전 반드시 신의료기술 평가 사업본부에서 의료행위에 대한 안전성 및 유효성을 확인하고 요양급여인지, 비급여인지 심사평가원에 결정 신청을 해야 한다.

비급여 여부가 확인되지 않은 진료행위는 신의료기술 평가 결과 확인이 필요하다.

보건복지부 고시(평가가 완료된 신의료기술에 한함) 및 신의료 기술평가 사업본부 홈

페이지(https://nhta.neca.re.kr)를 통해 평가 결과와 평가 진행 상황 확인이 가능하다.

치료경험담 등 치료 효과 오인 우려 광고

의료인 등이 치료 효과를 오인할 우려가 있는 환자의 치료경험담 또는 치료 후기 형태의 광고를 하는 행위

거짓 광고

객관적 사실과 다르거나 객관적으로 증명이 어려운 배타적 표현 등을 사용하는 광고 행위

비교 광고

다른 의료인의 기능 또는 진료 방법과 비교하며 우수하거나 효과가 있다는 내용으로 광고를 하는 행위

비방 광고

다른 의료인을 비방할 목적으로 해당 의료인이 수행하거나 광고하는 기능 또는 진료 방법에 관하여 불리한 사실을 광고하는 행위

시술 행위 노출 광고

일반인에게 혐오감을 일으킬 수 있는 수술 장면이나 환부 등을 촬영한 동영상·사진을 게재하여 광고하는 행위

부작용 정보 누락 위반 광고

의료행위나 진료 방법 등을 광고하며 예견할 수 있는 심각한 부작용 등 중요한 정보를 누락하거나 글씨 크기를 작게 하는 등으로 눈에 잘 띄지 않게 광고하는 행위

과장 광고

의료인, 의료기관, 의료서비스 및 의료 관련 각종 사항에 대하여 객관적인 사실을 과장하는 내용으로 광고하는 행위

법적 근거 없는 자격·명칭 표방 광고

법적 근거가 없는 자격이나, 명칭을 표방하는 내용을 광고하는 행위

신문 등 전문가 의견 형태 광고

신문, 방송, 잡지 등에 기사나 전문가의 의견 형태로 표현되는 광고로서 특정 의료기관이나 의료인의 연락처, 약도 등의 정보를 함께 싣거나 방송하는 행위

미심의 광고

심의를 받아야 하는 광고임에도 심의받지 아니하고 광고하거나 심의받은 내용과 다르게 광고하는 행위

외국인 환자 유치 국내 광고

- 외국인 환자를 유치하기 위하여 국내에서 광고하는 행위

단, 외국인 환자 유치 등록 의료기관은 관련 법률상의 외국인 전용 판매장, 보세판매장, 지정 면세점, 국제항공 노선이 개설된 공항, 무역항에 해당하는 장소에서 외국어로 표기된 의료광고는 가능하다.

소비자 오인 소지 비급여 진료비용 할인 광고

비급여 진료비용의 할인·면제 금액, 대상, 기간이나 범위 또는 할인·면제 이전의 비급여 진료비용에 대하여 허위 또는 불명확한 내용이나 정보를 게재하여 광고하는 행위

상장·감사장 이용, 인증·보증·추천 광고

각종 상장·감사장 등을 이용하여 광고하는 행위 또는 인증·보증·추천을 받았다는 내용을 사용하거나 이와 유사한 내용을 표현하여 광고하는 행위

의료기관평가인증원으로부터 받은 의료기관 인증, 중앙행정기관·특별행정기관 및 그 부속기관, 지방자치단체 또는 공공기관으로부터 받은 인증·보증, 법령에 따라 받은 인증·보증 등에 관한 광고 행위는 가능하다.

환자 유인행위 등 부당 의료광고

- 누구든지 불특정 다수인에게 영리를 목적으로 환자를 의료기관이나 의료인에게 소개·알선·유인하는 행위 및 이를 사주하는 행위를 할 수 없다.
- 누구든지 본인부담금을 면제하거나 할인하는 행위, 금품 등을 제공하거나 불특정 다수인에게 교통편의를 제공하는 행위 등 영리를 목적으로 환자를 의료기관이나 의료인에게 소개·알선·유인하는 행위 및 이를 사주하는 행위를 하여서는 아니 된다.

불법 환자 유인에 대해 '금품제공' 행위의 기준

누구든지 관할 행정청의 사전 승인을 받지 않고 금품 등을 제공하는 행위 등 영리를 목적으로 환자를 의료기관이나 의료인에게 소개 · 알선 · 유인하는 행위 및 이를 사주하는 행위를 하여서는 아니 된다고 규정함으로써 금품을 제공하는 행위를 대표적인 환자 유인행위로 인정하고 있을 뿐 환자 유인행위로 볼 수 있는 금품의 종류와 금액의 기준 등을 별도로 규정하고 있지 않다. 즉, 제공한 물건이 경제적 가치를 갖는 이상 그것의 크고 작음보다는 환자들에게 금품 등을 제공함으로써 이를 제공하지 않는 의료기관의 경쟁력이 약화되어 의료계의 공정한 경쟁 질서를 왜곡할 우려가 있는 측면 등을 고려하여 해당 행위가 영리를 목적으로 환자를 유인하는 행위에 해당하는지 여부를 판단할 필요가 있다는 게 유권해석이다.

사례로는 '상담받으면 장미꽃과 향수 케이스 제공'을 광고한 경우 → 불법 환자 유인에 해당한다.(서울행정법원 2013.1.18)

표시광고법상 부당광고 판단 기준

사업자 등은 소비자를 속이거나 소비자가 잘못 알게 할 우려가 있는 표시 · 광고 행위로서 공정한 거래 질서를 해칠 우려가 있는 행위를 하거나 다른 사업자 등으로 하여금 하게 하여서는 아니 된다.

- 거짓 · 과장의 표시 · 광고
- 기만적인 표시 · 광고
- 부당하게 비교하는 표시 · 광고
- 비방적인 표시 · 광고

거짓 · 과장의 표시 · 광고

- 사실과 다르게 표시 · 광고하거나 사실을 지나치게 부풀려 표시 · 광고하는 행위
- 실제 사용되지 않는 원자재나 성분이 포함된 것처럼 표시 · 광고하거나 실제 사용된 양보다 많이 포함된 것처럼 과장하여 표시 · 광고하는 행위

기만적인 표시 · 광고

- 사실을 은폐 또는 축소 · 누락하는 등의 방법으로 표시 · 광고하는 행위
- 사용상 인체에 유해할 수 있다는 정보나 위험성에 대한 경고를 은폐 · 누락하는 경우

부당하게 비교하는 표시 · 광고

- 비교 대상 및 기준을 분명하게 밝히지 아니하거나 객관적인 근거 없이 자기의 상품 등이 다른 사업자 등의 상품 등과 비교하여 우량 또는 유리하다고 표시 · 광고하는 행위
- 명백하거나 객관적인 근거 없이 "최대", "최고", "최초"등 배타성을 띤 절대적 표현을 사용하여 소비자를 오인시킬 우려가 있는 표시 · 광고 행위

비방적인 표시 · 광고

- 다른 사업자나 다른 사업자의 상품 등에 관하여 객관적인 근거가 없는 내용으로 표시 · 광고하여 비방하거나 불리한 사실만을 표시 · 광고하여 비방하는 행위
- 유사한 발음 등을 표시 · 광고상에 사용함으로써 소비자가 자기 상품과 경쟁사업자 상품을 비교하고 있음을 인지할 수 있는 상황에서, 경쟁사업자 상품에 대하여 객관적 근거 없이 맛이나 품질이 좋지 않음을 크게 강조하여 표시 · 광고하는 행위

[치과 사례] 치과 의료기관의 임플란트 관련 부당광고

현행 의료법상 인정되지 않는 임플란트 전문의 및 임플란트 전문병원이라고 사실과 다르게 광고한 행위

치과 병의원의 시설 및 규모 등을 과장하여 광고한 행위

의료진의 경력 및 시술 건수 등을 과장하여 광고한 행위

기타 허위 · 과장 광고 행위

금니 가격으로 임플란트, 세계 유일 무균 임플란트, 노인전문 임플란트 등으로 광고하는 행위

[성형외과 사례] 의료기관의 거짓 수술 후기 및 수술 효과, 과장광고

성형 전후 사진을 다른 조건에서 촬영하여 성형 효과를 부풀리는 행위

수술 경력을 근거 없이 과장하는 행위(객관적 근거 없이 10,000회 이상 수술 노하우 보유)

광고 대행업자나 병원 직원이 게시물을 작성하였음에도 이를 밝히지 않고, 소비자가 자신의 후기 등을 블로그에 게재한 것처럼 소비자를 기만하는 행위

출처 : 공정거래위원회, 2017.9

3) '전문병원'명칭 사용 규제

보건복지부 지정 전문병원이 아닌 경우, 전문이란 용어 사용을 엄격히 규제하고 있다. 키워드 광고, 배너 광고, 디스플레이 광고 등 인터넷 포털 광고 전체를 포함한다. 키워드 검색 광고에서 '전문병원' '전문', '특화', '첨단'또는 특정 질환명, 신체 부위, 시술명(척추, 관절, 코골이, 라식 등) 등으로 검색 시 결과값으로 비지정 의료기관의 '전문병원'용어가 노출되는 광고는 금지하고 있다.

전문병원 명칭 사용 규제

- '전문병원'또는 '전문'키워드로 검색 시 결과 값에 '전문병원', '전문'명칭이 노출되지는 않지만, 비지정 의료기관의 명칭 및 소개 등이 노출되는 광고는 금지한다.
- 의료기관 명칭(고유 명칭+종별 명칭)과 함께 '전문'용어를 사용한 광고는 소비자에게 복지부 지정 전문병원으로 오인하게 만드는 것으로 사용을 금지한다.
- 의료기관 명칭과 함께 쓰지 않는 경우에도 '전문', '특화', '첨단'등의 유사 용어 사용은 객관적으로 근거가 없거나 그 입증이 어려우며, 소비자에게 오인·혼돈케 할 우려가 있어 사용을 자제한다.
- 의료광고 사전심의 기준에도 '전문', '특화'등의 경우 객관적으로 인정되지 않거나 근거가 없는 내용으로 보아 사용을 제한한다.
- 보건복지부 지정 전문병원의 경우 지정받은 분야 등을 명확히 표기한다. 예를 들어 지정 분야가 관절질환인 경우에 관절·척추 전문병원 표기를 금지하고 관절 전문 병원으로 표기만 가능하다.
- 네트워크병원 중 보건복지부 지정 전문병원의 경우 지정받은 기관의 지점 명 또는 소재지 등을 병기한다. 네트워크를 구성하는 모든 의료기관이 전문병원으로 지정된 것으로 오인하지 않도록 광고해야 한다.
- 노인복지법 종전 규정에 따라 허가된 노인전문병원의 경우 '전문병원'명칭 사용은 가능하다.

4) 의료광고 심의

의료인 등이 의료광고 심의 대상 매체를 이용하여 광고하려는 경우, 의료광고 자율심의기구를 통하여 사전 심의를 받아야 한다. 단, 의료기관 기본정보로만 구성된 의료광고는 심의 받지 않아도 된다.

의료기관 기본 정보

- 의료기관의 명칭 · 소재지 · 전화번호
- 의료기관이 설치 · 운영하는 진료과목
- 의료기관에 소속된 의료인의 성명 · 성별 및 면허의 종류 등

심의 대상 매체

신문

정치 · 경제 · 사회 · 문화 · 산업 · 과학 · 종교 · 교육 · 체육 등 전체 분야 또는 특정 분야에 관한 보도 · 논평 · 여론 및 정보 등을 전파하기 위하여 같은 명칭으로 월 2회 이상 발행하는 간행물로 일반 일간신문, 특수 일간신문, 일반주간 신문, 특수주간 신문

인터넷 신문

컴퓨터 등 정보 처리능력을 가진 장치와 통신망을 이용하여 정치 · 경제 · 사회 · 문화 · 시사 등에 관한 보도 · 논평 · 여론 및 정보 등을 전파하기 위하여 간행하는 전자간행물로서 독자적 기사 생산과 지속적인 발행 등 대통령령이 정하는 기준을 충족하는 것

정기간행물

동일한 제호로 연 2회 이상 계속 발행하는 간행물로 신문을 제외한 잡지, 정보간행물, 전자간행물, 기타 간행물

현수막

천 또는 비닐 등에 문자 · 그림 등을 표시하여 건물 등의 벽면, 지주, 게시시설 또는 그 밖의 시설물 등에 매달아 표시하는 광고물

벽보

종이 또는 비닐 등에 문자 · 그림 등을 표시하여 지정 게시판 · 지정벽보판 기타 시설물 등에 부착하는 광고물

전단

종이 또는 비닐 등에 문자 · 그림 등을 표시하여 옥외에서 배부하는 광고물

교통시설

지하도, 철도역, 지하철역, 공항, 항만, 고속국도에 문자·도형 등을 표시하거나 목재·아크릴·금속재·디지털디스플레이(전기·전자제어장치를 이용하여 광고 내용을 평면 혹은 입체적으로 표시하게 하는 장치를 말한다) 등의 게시시설을 설치하여 표시하는 광고물

교통수단

철도차량, 도시철도 차량, 자동차, 선박, 항공기 내·외부에 문자·도형 등을 아크릴·금속재·디지털디스플레이 등의 판에 표시하여 붙이거나 직접 도료로 표시하는 광고물 및 영상·음성·음향 및 이들의 조합으로 이루어지는 광고물

전광판

전구, 액정 등에 전류를 통하여 그림, 문자 등을 나타내는 판을 전광게시판이라 한다. 최근 상업용 디스플레이를 특정해 사이니지라 부른다. 대다수가 LED 백라이트를 적용한 LCD 디스플레이를 주로 이용한다. 가격도 다소 저렴하다. 작고 슬림해 설치가 간편하기 때문이다. 옥외에서는 낮에도 잘 보이는 LED 전광판을 주로 이용한다.

인터넷뉴스

신문, 인터넷신문, 뉴스통신, 방송, 잡지 등의 기사를 인터넷으로 계속 제공하거나 매개하는 전자간행물을 말한다.

면허 종별 의료광고심의위원회

대한의사협회 의료광고심의위원회

의사, 의원, 의원의 개설자, 병원, 병원의 개설자, 요양병원(한의사가 개설한 경우는 제외), 요양병원의 개설자, 종합병원(치과는 제외), 종합병원의 개설자, 조산사, 조산원, 조산원의 개설자가 하는 의료광고에 대한 심의를 담당한다.

대한치과의사협회 치과 의료광고심의위원회

치과의사, 치과의원, 치과의원의 개설자, 치과병원, 치과병원의 개설자, 종합병원(치과만 해당한다), 종합병원의 개설자가 하는 의료광고에 대한 심의를 담당한다.

대한한의사협회 한방 의료광고심의위원회

한의사, 한의원, 한의원의 개설자, 한방병원, 한방병원의 개설자, 요양병원(한의사가 개설한 경우만 해당한다), 요양병원의 개설자가 하는 의료광고에 대한 심의를 담당한다.

의료광고 심의필 효력

- 심의필 내용은 매체 제한 없이 허용한다.
- 한번 심의필을 득한 의료광고는 유효기한 내에는 매체 제한 없이 사용이 가능하다.
- 심의를 받은 의료광고라고 하더라도 의료법 위반행위를 한 경우 승인한 광고에 대하여 철회나 취소를 할 수 있다.
- 인터넷 매체의 경우 심의 느낌을 득한 의료광고와 연결되는 랜딩 페이지에 의료법 위반 행위가 발견될 경우, 의료광고심의위원회는 기존 승인한 의료광고에 대하여 임의적 철회나 취소를 할 수 있다.

4. 병원 포지셔닝 전략

지역 내 경쟁 병원과 차별화에 성공하면 그 성과는 매우 크다. 병원을 찾는 고객의 욕구를 잘 파악하고, 지역 내 건강을 책임지는 의료기관으로 역할과 기능을 분명하게 차별화해야 한다. 그러나 의료서비스는 일반제품과 달리 눈에 보이지 않는 무형성 때문에 차별화하거나 포지셔닝이 어렵다. 병원에서 제공하는 의료 서비스가 경쟁 의료기관과 차이가 있는지 사전에 충분히 알아본다. 의료진의 특별한 처치, 시술이나 수술 등 진료 수준, 특수한 검사, 병원 시설, 직원들의 대하는 태도, 진료비 등 경쟁 병원과 차별화하는 전략이 필요하다. 차별화 포인트가 곧 의료기관의 포지셔닝이 된다.

1) 포지셔닝(Positionig)

병원에서 서비스하는 진료를 고객들의 인식 속에 특정한 이미지로 자리 잡게 하는 일 또는 전략을 포지셔닝이라고 한다. 고객들의 머릿속에 각인되지 못한 병원은 도태될 수밖에 없다. 따라서 고객의 마음에 먼저 자리를 잡아야 한다.

10년째 한 곳에서 개원하고 있는 A 병원 원장은 인근 아파트에 사는 환자가 진료받고 난 후 이 병원이 언제 개원했느냐고 물어와 속이 터질 뻔했다고 한다. 차별화된 좋은 아이템을 가지고도 포지셔닝을 제대로 하지 못한 병원도 많다. 개원초부터 장기적으로 어떤 영역을 확실하게 차별화할 것인지 계획하여 공간을 배치하고, 필요한 장비를 구매하는 전략이 필요하다.

포지셔닝의 핵심 전략

- 다른 병원과 차별화(차별화에는 신념이나 조직 문화와 같은 것들도 포함된다)되는 핵심
  적인 경쟁력을 갖춰야 한다.
- 작게. 그러나 먼저 시작한다.
- 일관성을 꾸준히 유지한다.

알리스와 잭트라우트의 포지셔닝(Positionig) 전략

세계적인 마케팅전략가 잭트라우스와 알 리스는 "소비자의 마음에 가장 먼저 자리를 잡는
것. 그리고 한번 정한 포지션을 꾸준히 지속하는 일관성이 진정한 의미의 포지셔닝"이라
고 말했다.

- 고객의 기억 속에 최초가 되라
- 최초가 아니면 현재의 위치를 강화하거나 1등 그룹을 형성하거나 1등을 주장하거나
  최초가 될 수 있는 틈새를 찾아라
- 경쟁상대를 재포지셔닝하라
- 지속적으로 집중하라

2) 포지셔닝 성공 원칙

적절한 규모

포지셔닝의 표적 규모가 적절해야 한다. 표적이 너무 협소하면 충분한 시장 규모를 확보할
수 없고 효율이 떨어진다. 표적이 너무 넓으면 커뮤니케이션 효율이 떨어진다.

명확한 메시지 전달

병원이 생각하는 포지셔닝을 고객에게 정확히 전달되어야 한다. 병원이 아무리 매력적인
포지셔닝을 했다고 하더라도 그것을 정확하게 전달하기 위한 커뮤니케이션 노력 없이는 성
공하지 못한다.

고객 공감

병원에서 생각하는 포지셔닝에 환자가 공감하여야 한다. 병원이 제시한 차별화에 환자가
인정해야 성공할 수 있다. 병원을 이용하는 환자가 공감하지 못하면 포지셔닝이 잘못된 것
이다.

병원과 의료서비스의 일치

병원 자체의 포지셔닝과 제공하는 의료서비스의 차별화가 합치해야 한다. 일치하지 않으면 고객들은 혼란만 가져오게 된다.

3) 전문병원 포지셔닝 전략

상급종합병원과 차별화하고, 종합병원보다 앞서는 단과 전문병원의 경쟁력은 수술 등 특정 질환의 진료량, 특정 분야 집중 투자, 편리한 진료시스템, 세부 전문 분야별 의료진의 규모, 합리적인 진료비가 강점이다.

전문병원은 특정 질환에 대해 진료 경험이 풍부한 의료진과 병원 시설 규모와 장비를 갖추고 있다. 특정 분야의 수술실적도 높다. 병원장의 빠른 의사결정이 조직 활성화를 가져오고 한 우물 전략이 가능하다.

전문병원의 경쟁력

구분	내용
진료 능력	풍부한 진료 경험, 높은 진료실적
인력과 시설	전문 세부 의료진, 특정 분야 집중 투자
시스템	편리한 진료 시스템, 빠른 의사결정, 고객 위주 진료

전문병원의 공통점

질병의 수요와 의료환경에 따른 새로운 진료영역에 적극 대응하고 특정 질환이나 진료과목에 대해 지속적인 투자가 있어야 가능하다. 전문병원은 몇 가지 공통점이 있다.

- 병원장(설립자)의 진료과를 중심으로 전문화되었으며 점차로 인접 영역을 확대하였다.
- 전문병원은 꾸준한 활동으로 소속 학회, 동료 의사들로부터 실력 있는 병원으로 인정받고 있다.
- 지속적인 투자를 통한 시스템을 업그레이드한다. 의료인력뿐만 아니라 의료 장비나 쾌적한 진료환경에도 지속적인 투자를 하고 있다.

A 병원의 포지셔닝 전략

전략요소	세부 요소 (실천안)
Benefit positioning	지역내 최상급의 진료
User positioning	치료 결과가 좋은 병원
Competitor positioning	전문의 20인의 맞춤진료, 친절한 직원

Category positioning	세부 질환을 전문으로 하는 의원
Quality/Price positioning	고품질, 중간보다 약간 높은 진료비 수준

전문병원의 성공 요소

규모는 작지만, 특정 질환에 대형병원 수준의 탁월한 진료를 하는 전문병원이 고객들에게 많은 호응을 얻고 있다. 진료실적 공개를 통하여 병원의 기술력을 인정받고 싶어 한다. 또한 병원의 설립 연도 등 전통을 강조하면서도 꾸준한 성장과 의료기관 인증 등의 객관적인 평가를 통해 차별화를 시도하고 있다.

진료실적

전문병원들은 병원의 진료실적과 의료진의 학술연구 실적을 홈페이지 전면에 내세우는 전략을 채택하고 있다. 연간 수술 건수와 외래 및 입원환자 수를 공개하고 진료진의 해외 연수 경험 등 병원의 우월성에 관해 적극적으로 알리고 있다. 병원의 진료실적을 공개하는 것은 고객이 브랜드를 신뢰하도록 하는 직접적인 방법이다. 고객들이 병원을 신뢰한다면 이미 성공한 병원이다.

기술력

'재발하면 다시 수술해 드립니다.'라는 슬로건으로 환자들에게 수술에 대한 기술력에 대해 확신을 심어주는 병원도 있다. 자신감으로 환자가 안심하고 병원을 찾도록 유도하는 것이다. 특정 질환 분야의 수술 실적이 높고 결과가 좋은 병원이라는 브랜드 이미지를 심어줄 수 있다면 병원을 믿고 찾을 수 있을 것이다.

우수한 평가

의료기관 인증 등을 통해 객관적인 의료의 품질이 환자 안전에 대해 검증받았다면, 이는 병원의 브랜드 향상에 큰 도움이 된다.

보건복지부 전문병원 지정과 인증의료기관 지정을 획득한 병원은 객관적으로 의료의 질을 검증받은 것이다.

마케팅 대상, 또는 브랜드 대상 등을 받았다고 홍보하는 병원도 있다. 무엇보다도 고객의 기억 속에 선두로 인식되어 오래 남아 있는 것이 좋다.

역사와 전통

역사와 전통은 병원의 품질을 한층 돋보이게 해 주는 역할을 한다. 개원이 오래되었다는 것은 병원을 찾는 고객들에게 심리적인 안정감을 준다. 한결같은 고객서비스와 의료의 질 등 신뢰와 믿음을 주었기 때문에 지속적으로 성장한 것이다. 변화와 혁신을 통해 오래되었다는 것이 낡았고 쇠퇴하고 구식이라는 인식을 바꿔야 한다. 첨단장비 개발 등으로 의료기술의 순환이 빨라졌기 때문이다. 아쉽게도 재투자에 소홀하거나 의료진의 역량이 떨어진 오래된 병원도 있다. 역사와 전통도 중요하지만 꾸준하게 성장하는 것은 그리 쉬운 일이 아니다.

복합적인 차별성

꾸준히 노력한 성과물을 고객들에게 보여줄 필요가 있다. 오래된 전통을 가진 병원이라고 해서 고객들은 업계의 선두라고 생각하지 않는다. 오랫동안 끊임없이 병원의 품질을 향상하고 노력했다는 사실을 더 인정한다.

병원을 선택한 고객들은 한 가지 특정한 면보다는 이미지나 복합적인 진료내용 등을 종합하여 판단한다. 병원 규모도 중요하지만, 설립이념, 미션과 비전, 핵심역량이 다른 병원과 복합적인 차별성이 성공요소다.

5. 개원초 마케팅

병원을 방문하기 위해 탐색하는 과정을 보면 왜 광고를 해야 하는지 알 수 있다. 병원 간판이 보이면 1차로 어떤 병원인지, 진료진은 누구인지, 어떤 진료를 중점적으로 하는지 검색해 본다. 병원을 방문한 사람이 작성한 진료 후기 글도 살펴본다. 그뿐만 아니라 원장의 약력을 보고 키워드로 검색도 해본다. 원장의 수년 전의 기록도 거의 알 수 있다. 검색되지 않으면 존재가 없는 것이다.

진심으로 진료하면 환자들이 병원에 올 것으로 생각하지만 꼭 그렇지만 않다. 개원 첫날 오전에 환자를 한 명도 보지 못한 의원도 있다. 반면에 50명 넘게 환자가 방문해 직원들과 손발이 안 맞아 어려움을 겪는 의원도 있다. 외래 환자가 10명에서 20명으로, 20명에서 30명으로 늘 때는 그만큼의 시간이 필요하다. 환자를 병원으로 오게 하는 일. 마케팅이 필요하다. 광고비를 아까워 말고 수익을 내기 위한 지출이라고 생각한다.

1) 개원초 광고 예산

개원초에는 상당 금액의 광고비를 지출하더라도 환자 수를 늘려야 한다. 광고를 일회성이라거나, 혹시 버리는 돈이 아닐까 하고 생각하는 원장도 많다. 보험이 중점인 진료과는 특히 그렇다. 어느 날 병원을 개원했는데, 어떻게 알고 환자들이 찾아오겠는가? 더구나 경쟁병원이 한두 군데가 아닌데. 개원초 광고비를 아끼면 환자가 늘어나는 속도가 더디다. 아까워 말고 광고해서 널리 알려야 한다. 개원 예산에 마케팅 비용으로 홈페이지 제작, 블로그 제작 등의 비용을 충분히 책정해야 한다. 환자가 일정 수준 증가할 때까지 집중적으로 광고를 한다. 돈을 들여가며 광고하는 이유는 그 이상의 수익이 생기기 때문이다. 광고 컨셉이 잘못되었거나 정직한 업체를 만나지 못해 돈만 썼다는 원장도 있다.

개원초에는 정해진 예산 범위에서 최적화할 수 있는 다양한 광고로 지역에서 병원이 뿌리 내려야 한다. 비보험 진료과만 광고하는 시대가 아니다. 간판을 보고 병원에 올 것이라는 생각은 버려야 한다. 입소문도 병원에 환자가 늘어야 전파력이 강하다.

2) 믿을만한 마케팅 업체

믿을 만한 마케팅 업체를 선정하는 것이 우선이다. 진료과마다 다르고 병원과 의원이 다르지만, 일반적으로 병원 매출의 3~30% 정도 광고비로 지출한다. 개원초 광고를 적극적으로 하지 않은 이유는 개원하면 잘될 것이라는 믿음과 광고비용을 쓴다고 해도 실질적으로 의료 수익으로 연결될지 확신이 없기 때문이다.

기업에서는 마케팅 비용이 매출 성과에 높은 영향을 미치는 것으로 나타난 실증 자료가 있다. 소비자들에게 인지도나 친숙도가 높게 형성되어 광고나 판촉 등의 마케팅 노력이 매출에 직접 영향을 미치게 된다.

한 번 더 강조하자면 개원 하려고 준비하는 초기 단계(그 이전부터면 더 좋다)부터 개인 블로그를 만들어 개원 과정을 알리거나 사전에 홈페이지를 개설하는 것도 지역내 잠재되어 있는 환자들의 관심을 높이는 방법이다. 개원초 대기실이나 병원 복도에 환자보다 가운 입은 직원들이 더 많으면 원장은 스트레스를 심하게 받는다. 병원이 빨리 안정되어야 정신건강에도 좋고, 환자 진료에 자신감이 붙게 된다.

3) 개원초 홍보매체의 활용

병원이 소재한 곳의 특정한 사람들에게 병원 이름을 알리고 싶으면 지역 내 매체를 활용한다. 지역 키워드광고, 블로그와 카페, 버스, 전단, 노인정 방문 등 홍보하는 방법은 다양하다. 광고매체는 빠르게 변하고 있다.

개원을 준비하다 보면 대형 포털 이름을 대며 광고해 준다고 하면서 접근하는 업체도 많다. 일단 의심해야 한다. 이럴 경우 이메일을 알려주고, 제안서를 보내주면 검토하겠다고 말한다. 결정이 어려우면 확정하지 말고 생각할 시간을 버는 것도 방법이다.

전문병원이나 종합병원처럼 전국을 대상으로 광고해야 할 경우에는 적절한 매체를 활용해야 한다. 매체의 특성을 잘 파악해야 홍보의 성과를 거둘 수 있기 때문이다. 이제는 공신력 있는 매체에 병원 관련 기사나 의료진의 기사가 나와도 환자가 몰리지 않는다. 환자들이 똑똑해졌다. 병원광고라고 생각하면 온라인에서 검색하고, 홈페이지를 방문하여 자료를 종합하여 병원을 선택한다. 신문의 병원 기사가 뉴스로 가치가 있는 것인지, 뉴스를 빙자한 병원 홍보 자료인지 구별하는 현명한 의료 소비자들이 많다. 다른 병원과 차별점을 찾아 홍보의 포인트로 활용해야 한다. 물론 병원에서도 홍보에 이용할 재료를 충분히 확보해야 한다.

지역 밀착 홍보

지역 거점을 목표로 하는 의원은 전국 대상의 언론 매체를 이용하는 것보다 지역사회에 밀착하는 홍보전략을 펴야 한다. 의사로서의 전문성, 실력과 의료 장비의 수준, 대학병원 의사들이 할 수 없는 환자와의 끈끈한 유대가 그것이다. 환자들에게 병원안내와 함께 건강정보를 담은 리플렛을 만들어 제공하는 것이 가장 일반적인 방법이다. 진료실에서 부족한 설명을 보완하는 기능을 한다.

이미지 및 홍보(H · I 연계)

종합 브로슈어 형태의 병원안내서 제작, 건강안내서, 병원 고유의 캐릭터를 제작해서 병원의 이미지를 높인다. 지역주민이 병원에 친근감을 느끼도록 한다. 지속적으로 성장하고 발전하는 병원은 지역사회 이미지가 좋은 병원들이다. 병원을 어떻게 생각하고 있는지가 중요하다. 지역 사회공헌은 병원 이미지를 높이는 좋은 방법이다.

블로그 광고

병원 키워드를 치고 검색해서 노출되는 콘텐츠는 정성을 들여 만들어야 한다. 가치 있는 몇 개의 병원 자료가 포털 첫 페이지에 노출되면 가장 좋다. 키워드 노출을 위해 블로그를 최적화해야 하는 데 상당한 시간이 소요된다. 네이버의 노출 로직이 수시로 바뀐다. 진정성 있는 블로그를 기획하고 차근차근 만들어 간다면 다른 병원과 콘텐츠가 차별화되고 상위 노출도 가능해진다. 블로그 글은 환자가 궁금해 하는 질환, 병원의 활동 등을 쉽게 풀어 쓰면 방문자 수가 늘어난다. 물론 글의 제목도 중요하다.

개인 저작물을 통한 홍보

원장의 이름을 걸고 저술하는 저작물은 마음껏 광고할 수 있다. 자신의 훌륭한 경력이 된다는 장점이 있다. 반짝 홍보 효과는 없지만 지속해 자신을 알릴 수 있으며 책에 대한 독자의 신뢰가 높다는 것도 큰 장점이다.

전문적인 지식을 대중이 읽기 쉽게 표현하고, 눈길을 끌 수 있도록 만든다. 내용이 전문용어로 너무 어렵거나 디자인이나 제목이 참고서 수준에 머물러서는 안 된다. 혼자서 만들기 어려우면 전문가의 도움을 받는 것이 좋다.

옥외 광고(Outdoor Advertising)

옥외 광고는 옥상 간판뿐만 아니라 옥외에 게시되는 광고물을 모두 칭한다. 옥외광고는 광고주가 그 전부 또는 일부를 일정 기간 빌려서 광고하는 형태를 말한다. 요즘에는 옥상 간판이 디지털화되어 가는 추세다.

교통 광고(Traffic Advertising)

교통 광고는 기차, 버스, 택시 등 공공 수송기관이나 이와 관련된 역 구내 등 모든 매체에 사용되는 것을 총칭한다. 교통 기관의 발달로 공항, 철도 등에서도 병원 광고가 증가하고 있다. 장소와 크기를 상관없이 광고할 수 있다는 장점이 있다. 광고의 도달 빈도와 효과가 높기 때문에 단기간에 광고 효과를 볼 수 있다. 서울 강남의 피부과, 성형외과, 치과 등은 지하철 광고를 비롯해 신문, 유선방송, 버스 내외부, 음성 광고, 현수막 광고, 옥탑 광고 등 다양한 방법의 온오프라인 광고를 통해 광고비 예산을 책정하여 운영한다.

버스 내외부 광고

마을버스 광고는 애드케이(www.adk.kr)에 문의하면 된다. 노선에 따라 다르나 50만 선이다. 홈페이지를 방문하면 견적을 문의할 수 있다. 마을버스는 외벽 광고뿐만 아니라 정류장 표지판, 내부, 중앙 문, 시트커버 등 금액에 따라 다양한 방법이 있다. 특정 지역을 대상으로 하는 광고의 경우 활용 폭이 넓다.

서울의 시내버스는 65개 회사 7,388대, 378개 노선을 운영하고 있고 마을버스는 1,635대, 250개의 노선이 운행되고 있다(서울시 자료, 2023. 4)

시내버스 외벽 광고는 80~150만 원으로 다양하다. 마을버스는 50~70만 원 선, 좌석버스는 100만 원 선 등으로 노선에 따라, 타는 사람이 많을수록, 광고 노출이 많을수록 금액이 높게 책정되어 있다.

지하철 광고

특정 지역에 집중적으로 게시할 수 있는 장점과 유동 인구가 많은 지역이면 병원의 홍보에 도움이 된다. 승하차 인원에 따라 역마다 비용이 다르게 책정되어 있다. 환승하는 역, 이용 고객이 많은 곳은 가격이 비싸다. 지하철 노선에 따른 차이도 있다. 역사 내 대합실, 환승 통로 계단, 지하철 내부 등에 설치된 와이드컬러형 매체 등 형태나 위치에 따라서도 다르다. 차량 내 액자 광고나 기타 광고는 월 1만 원~3만 원 선이다. 스크린 노어는 계단 등의 위치에 따라 6개월에 300만 원 선이다.

버스 음성 광고

버스 음성 광고는 정류장 도착 시 정류장을 통과하는 모든 버스 내부에서 12초간 노출되는 음성 광고를 말한다. 버스 승객들에게 지속해 반복, 노출되는 효과가 있다. 노선, 횟수 등 노출이 많을수록 광고비가 비싸게 책정되어 있다. 연간 500만 원~1,500만 원으로 예산을 책정한다. 좋은 버스 노선의 음성 광고는 좀체 자리가 나지 않는다.

4) 병원 내외부 사인물

사인물은 눈에 잘 띄는 장소에 부착하여 환자들에게 정보를 제공한다. 사인물의 색, 크기, 글씨체 등 일관성이 있어야 하고, 단순하면서도 질서 정연하게 부착한다.

병원 내 사인물

환자들에게 알려야 할 내용을 대기실 벽면 등에 부착한다. 진료 안내, 원장 약력, 진료 시간, 의료 장비 안내 등이다. 건강 상식이나 병원의 소식 등은 게시판을 통해 알린다. 게시판은 환자와의 소통의 공간으로 적극 활용한다.

의료시설은 상업 시설이면서도 공공 기능을 하는 곳이다. 깔끔하게 디자인된 부착물은 일관성이 있어 보기에도 좋다. 환자들에게 올바른 정보를 제공한다는 측면에서 병원 내 홍보는 의도적으로 배치할 필요가 있다. 대기실에 LED 전광판을 도입하면 보기 편하고, 정리가 잘된 느낌을 준다. 홍보할 콘텐츠만 정기적으로 바꾸어주면 오래 사용할 수 있어 병원 로비, 대기실, 복도 등에 설치하면 좋다.

병원 간판

병원 간판은 병원의 첫인상에 중요한 역할을 한다. 글씨체, 사인물의 색깔이 영향을 미친다. 건물내 상가는 많은데 간판을 부착할 곳이 없어 먼저 붙인 사람이 임자다. 지방자치단체를 중심으로 정비를 하고 있고, 건물 내 자체적인 규정이 있는 곳도 있다. 구청 도시정비과는 옥외광고물법에 의해 규제하고 있으며 의료기관의 간판은 특별관리를 받고 있다. 안전도 검사나 인허가와 관련하여 대부분 간판 업체에서 대행하여 진행해 준다.

전면 간판은 주위와 잘 어울려야 한다. 약간 튀어도 좋다. 일반적으로 볼 수 있는 파나플렉스 소재의 가로형 간판과 문자만으로 이루어진 잔넬간판을 주로 사용한다. 가로형 간판은 3층 이하에 설치해야 한다.

원장이 전문의일 경우에는 고유 명칭+전문과목+종별명칭(사랑+내과+의원) 표시와 홈페이지 주소 표시가 가능하다. 진료과목을 병행 표기를 하기 위해서는 의료기관 명칭 크기의 1/2 이내로 하여야 한다. 특히 다수의 의료기관이 입주할 때는 무분별한 경쟁보다는 서로가 합리적인 조율을 통해 위치와 컬러, 크기를 통일하여 가시성과 신뢰성을 높여야 한다.

돌출 간판

문자 · 도형 등을 표시한 목재 · 아크릴 · 금속재 등의 판이나 건물의 벽면에 튀어나오게 붙이는 광고물을 말한다. 세로형 간판으로 건물 벽에서 120cm 이상은 돌출할 수 없다. 허가받아야 하며 심의까지 약 일주일 걸린다. 허가사항은 필히 건축주의 허가를 득하여야 한다. 가독성이 높은 자리를 선택하는 것이 좋다.

건물을 계약할 때 간판에 대한 위치, 크기 등을 건축주와 사전에 협의하여 명시하는 것이 좋다. 특히 한 건물에 다수의 병원이 개원할 경우 돌출 간판을 시공할 면적이 좁다. 서로 협의하여 전체를 통으로 하여 1/n으로 사용하는 것도 좋은 방법이다.

개원초 건물을 관리하는 곳에서 간판 크기나 위치를 통제하지 않으면 간판 문제로 먼저 입주한 병원과 불편해지기도 한다.

지주 간판

주로 병원급 이상에서 많이 설치한다. 건물 앞을 지나가는 사람들에게 직접적인 안내 역할을 하고 잠재적인 기억을 유도한다. 표면으로부터 4m 이상이면 심의 대상이고 대지 경계선에서 1m 안으로 들어가서 설치해야 한다.

빌보드 간판은 옥상 녹십자 간판이라고도 하며 대표적인 포지셔닝 사인물이다. 의료기관의 위치를 지역민들에게 각인시키는 효과가 높고 병원의 브랜드를 높일 수 있다. 가설물 설치 등 설치비용이 비싸다. 안전 심의 대상이며 병원을 신축할 경우 사전 설계에 반영하는 것이 좋다. 초기 인지도를 높이는 데 확실한 효과가 있다.

특정 표시물

지역광고 협회에 문의하여 지정된 거치대에 개원 예정 현수막을 부착하는 방법은 비용대비 좋은 광고효과를 기대할 수 있다. 복합상가일 경우 건물 내부, 주차장, 엘리베이터 입구 및 내부, 가장 번잡한 1층 주 출입구 등에 병원의 사인물과 안내 표시를 꼼꼼히 한다. 2층 이상일 경우 계단이나 복도의 벽 등에도 깔끔하게 디자인된 병원의 안내 표시를 할 수 있다. 진료 시간, 진료 안내 등은 배너 형태의 광고물을 제작하여 설치한다.

유리 창문에 사인물은 3층 이하에 건물과 조화되는 색으로 창문 면적의 각 1/2 이하로 할 수 있다. 미적인 통일성과 가독성을 높여야 하며, 병원의 로고와 심볼 마크 등 일관성 있는 이미지로 사인물을 제작한다.

간판은 가시성

건물마다 간판 위치나 면적이 정해진 경우도 있다. 대형 건물이라고 해도 업체 1개소당 2개의 돌출 간판은 걸 수가 없다. 위반하면 철거 명령 또는 과태료가 나오게 된다. 지자체에서 사인물과 관련하여 경고장 등이 나오게 되는데 민원은 대개 인근 경쟁의원에서 내는 경우가 많다. 간판업체와 충분히 상의하고 진행한다. 병원을 알리기 위해 병원 이름과 동일한 연구소를 따로 만들어 잘 보이는 곳에 돌출 간판을 다는 경우도 있다. 간판은 병원의 얼굴로 가시성이 좋아야 한다.

제10장
세무와 자금조달

제10장
세무와 자금조달

봉직의 때는 자신의 세금만 신경 쓰면 된다. 세금과 관련한 전문적인 업무는 세무 대리인을 선임하면 되지만, 기본적인 사항은 알아야 한다. 병의원의 매출 대부분이 노출되어 있다. 절세의 기본은 지출한 비용을 최대한 필요경비로 인정받아야 한다. 필요경비로 인정받기 위해서는 증빙이 필요하다. 따라서 구매 물품이나 지출한 비용에 대해 영수증을 잘 챙겨야 한다. 비용에 어떤 종류가 있는지 기본적인 사항을 중심으로 알아본다.

병원 건립에 대한 투자금을 항목별로 추계하여 자금 조달이 원활해야 하며 개원초 운영자금도 차질없이 집행되어야 한다. 병원건립 시 투자 비용이 많아 차입하는 경우가 많다. 개원 예산을 세울 때 자기자본과 타인자본을 적절히 활용한다. 타인자본으로는 부모님, 가족, 친지의 도움을 받는다. 상속 관련해서는 전문가의 도움을 받아 처리한다. 금융기관에서 자금을 조달할 때 고려할 사항이 많다. 금리와 차입 액수 등이 금융기관마다 다르다.

1. 개원 준비와 세무

1) 사업자등록

사업자등록신청은 개원 이전에 사업장 소재지 관할세무서에 신청서를 제출하면 된다. 관할세무서는 신청내용을 확인하여 7일 이내에 사업자등록증을 교부한다. 의료기관은 면세사업자다. 사업자 등록 단계부터 선임된 세무사와 상의한다.

구비서류
- 사업자등록신청서

- 의료기관 개설 신고필증
- 임대차계약서 사본
- 2인 이상 개원 시 동업약정서(지분비율, 손익 분배 비율, 동업자별 출자액 명시되어야 하고 공증하거나 인감증명을 첨부해야 한다)

의료기관 개설 전 사업자 등록

의료기관개설 신고 전에 사업자등록을 하는 경우가 많다. 의료기관 개설 신고 신청서와 사업계획서를 추가로 요구하는 경우도 있다. 사업자등록후 인테리어, 의료 장비 구입 등에 의한 세금 계산서 수취를 위해 가능한 빨리 병원명의의 통장을 개설한다. .

2) 면세사업자

사업자 등록증에 표기된 정확한 명칭은 부가가치세 면세사업자이다. 면세사업자는 사업자가 매출을 일으킬 때 소비자에게 부가가치세를 추가로 걷지 않아도 되는 물건이나 서비스를 제공하는 사업자이다. 재화 또는 용역의 공급에 대하여 부가가치세가 면제되는 사업을 말한다.

모든 사업의 상품과 서비스에 대하여 부가가치세가 과세하고 소비자가 부담하게 되어 있으나 병의원은 부가가치세가 면제된다. 환자가 부가가치세를 부담하지 않는다. 진료비에 부가가치세를 과세하지 않으므로 의료기구, 의약품 등을 구입하면서 병의원이 부담한 부가가치세를 공제받을 수 없다.

병의원은 면세사업자가 아닌 사업자로부터 제공받은 재화나 용역에 대해서 부가가치세를 부담하게 된다. 부가가치 세액은 필요 경비로 산입되어 소득세 과세표준에 반영되고 그 금액에 대한 소득세율만큼 소득세를 덜 부담하게 된다. 따라서 면세사업자와의 거래에서는 계산서, 과세 사업자와의 거래는 세금계산서를 받아 필요경비의 증빙으로 활용한다.

면세하는 의료보건 용역의 범위

- 의사, 치과의사, 한의사, 조산사 또는 간호사가 제공하는 용역.
- 접골사(접골사), 침사(침사), 구사(구사) 또는 안마사가 제공하는 용역
- 임상병리사, 방사선사, 물리치료사, 작업치료사, 치과기공사 또는 치과위생사가 제공하는 용역
- 약사가 제공하는 의약품의 조제 용역

과세하는 진료용역(요양급여 제외)

- 쌍꺼풀수술, 코 성형수술, 유방 확대 · 축소술(유방암 수술에 따른 유방 재건술은 제외한다), 지방흡인술, 주름살제거술, 안면윤곽술, 치아 성형(치아미백, 라미네이트와 잇몸 성형술을 말한다) 등 성형수술(성형수술로 인한 후유증 치료, 선천성 기형의 재건 수술과 종양 제거에 따른 재건 수술은 제외한다)과 악안면 교정술(치아교정 치료가 선행되는 악안면 교정술은 제외한다)
- 색소모반 · 주근깨 · 흑색점 · 기미 치료술, 여드름 치료술, 제모술, 탈모 치료술, 모발이식술, 문신술 및 문신제거술, 피어싱, 지방 융해술, 피부 재생술, 피부 미백술, 항노화 치료술 및 모공축소술

3) 세무 대리인 선임

국세청장이 고시한 외부조정계산서 첨부 대상자는 세무 대리인(회계사 또는 세무사)이 작성한 조정계산서를 첨부하여 소득세 과세표준 확정신고 하도록 정하고 있다. 대형병원은 회계와 세무 행정에 밝은 전문인력을 고용하여 경영활동에서 발생하는 회계내용을 자체적으로 장부를 작성하고 증빙을 관리한다. 그러나 중소규모 의원에서 전문인력을 고용하는 일이 쉽지 않다. 세무 대리인을 선임하여 기장 및 자문 계약을 체결한다.

세무사 또는 회계사를 선임할 때는 병원을 전문으로 하는 업체면 좋다. 의료환경 변화의 흐름을 잘 파악하고, 대응이 빠르기 때문이다. 수수료에 관해서는 환급금의 일정 비율로 정하거나 다른 세무 대리인들보다 훨씬 많이 환급해 줄 수 있다고 말하는 세무 대리인은 피하는 것이 좋다. 세무 대리인이 업무를 맡을 시간적 여유가 있는지도 알아본다. 무책임하고 불성실한 세무 대리인은 피한다.

개원초에는 세무 분야를 따로 접한 적이 없는 원장은 모든 것이 새롭다. 세무사에게 맡기면 잘 해주겠지 하지 말고 수시로 문의한다. 필요하면 세무사 사무실도 방문하고, 식사도 하면서 도움을 요청한다. 수수료에 너무 연연하지 말고, 담당 세무사가 병원의 금고를 관리하고 있다고 생각하고 상의하고, 또 상의한다.

4) 현금출납부와 증빙서철

개원을 준비하면서 발생하는 지출과 각종 계약, 외상 매입내용 등을 빠짐없이 기록해야 한다. 개원 이전에 지출되거나 발생한 비용도 필요경비로 인정받을 수 있다. 일정이 바쁘다 보면 영수증 챙기는 일을 소홀히 하기 쉽다. 개원 다음 연도부터 세금 납부에 직결된 사항으로 중요한 업무다.

사업용 계좌의 개설

가계용 개인 거래와 분리하여 별도의 사업용 계좌를 개설하고 관할세무서에 신고하여야 한다. 인건비, 임차료 등 의원의 운영비용 지출에는 사업용 계좌를 사용하여야 한다. 무신고 및 미사용의 경우에는 해당 금액의 0.2%를 가산세로 부과한다.

5) 거래 증빙

적격증빙(세금계산서, 계산서, 신용카드, 현금영수증)을 수취하지 않는 경우 적격증빙 미수취 가산세 2%를 부담하게 된다. 특히 접대비는 경비 자체가 인정되지 않는 불이익이 따르므로 3만 원 이상 지출 시 반드시 적격증빙을 챙겨야 한다.

세금계산서

- 부가가치세 과세 대상 사업자는 원칙적으로 매 거래 시 세금계산서를 교부하여야 한다. 즉, 사업자가 재화 및 용역을 공급할 때는 세금계산서 2부를 발행하여 그중 1부는 공급자가 보관하고 1부는 공급받는 자에게 교부한다.
  세금계산서에는 다음의 사항이 포함되어 있다.
  - 공급자의 등록번호와 성명 또는 명칭
  - 공급받는 자의 등록번호
  - 작성 연월일
  - 공급가액과 부가가치 세액
- 세금계산서는 재화 및 용역의 공급 시, 즉 거래 시마다 내주는 것이 원칙이다. 따라서 재화 및 용역의 공급 당시 이후에는 세금계산서를 교부할 수 없다. 그러나 사업자의 편의를 위해 예외적으로 일정 기간의 거래액을 합계하여 익월 10일까지 세금계산서를 교부할 수 있다.
- 거래 상대방이 사업자가 아니거나 세금계산서의 교부가 현저하게 곤란한 경우에는 세금계산서의 교부를 면제하고 있다.
  - 택시운송 · 노점 · 행상 · 무인 판매기 사업
  - 소매업 또는 목욕 · 이발 · 미용업. 다만 소매업의 경우에는 공급받는 자가 세금계산서의 교부를 요구하면 교부해 주어야 한다.

계산서

부가가치세 면세 대상 사업자(의료기관)는 세금계산서가 아닌 계산서를 발급하여야 하는

데, 증빙 기능에서는 세금계산서와 동일하나 매입세액 공제기능이 없다는 차이가 있다.

영수증

일상생활에서는 세금계산서를 주고받을 일이 별로 없지만 영수증은 식당에 가거나 물건을 구입할 때 자주 대하게 된다. 이렇게 거래 대상이 사업자가 아니라 소비자이고 거래가 소액으로 빈번하게 이루어지는 경우 세금계산서를 교부한다는 것은 시실상 불가능하다. 이런 경우에는 세금계산서의 필요적 기재 사항 중 공급받는 자와 부가가치세를 따로 기재하지 아니한 약식의 세금계산서인 영수증을 발급하고 있다.

영수증의 서식은 세법에 규정되어 있으며 다음과 같은 증빙은 영수증을 대신한다.
- 금전등록기 계산서
- 신용카드 매출전표
- 여객운송업자가 교부하는 승차권, 승선권, 항공권
- 공연장, 유기장을 운영하는 사업자가 교부하는 입장권, 관람권
- 전기사업법에 의한 전기사업자 또는 가스 사업법에 의한 가스 사업자가 가계 소비자에게 내주는 전력 또는 가스요금의 영수증
- 기타 위와 유사한 영수증

신용카드 매출전표와 금전등록기 계산서

금전등록기 계산서나 신용카드 매출전표는 영수증과 같은 것이며, 부가가치세법상으로 세제 혜택을 주기도 한다. 금전등록기는 영수증을 교부할 때 발생하는 수작업의 불편을 해소하기 위한 도구로서 간이과세자와 영수증 교부 의무가 있는 사업자가 자발적으로 설치, 사용한다.

2. 세금과 사업장 현황신고

의료업을 하면서 내는 세금은 법인과 개인의 유형에 따라 차이가 있다. 법인은 개인의 소득세 대신에 법인세를, 양도세 대신에 특별 부가세를 낸다. 병의원 개인사업자 위주로 알아본다.

1) 종합소득세

종합소득세란 개인이 얻은 각종의 소득을 합산하여 과세하는 세금을 말한다. 아래 7가지 항

목의 소득을 과세표준으로 종합 합산하여 과세하는 것이 원칙이다. 이것을 종합과세라고 하며 합산된 소득을 종합소득이라 한다.

여기에 포함되는 소득은 다음과 같다.

- 이자소득 : 예금 등을 해서 받은 이자
- 배당소득 : 주식 등에 투자하여 배당금으로 받은 소득
- 근로소득 : 다른 사람에게 고용되어 근로를 제공하고 그 대가로 받은 소득
- 사업소득 : 다른 사람에게 고용되지 않고 독립적인 사업을 해서 얻은 소득
- 부동산임대소득 : 부동산을 빌려주고 받은 임대료 소득
- 연금소득 : 은퇴 후 받는 국민연금. 교직원 연금 또는 연금저축 수령액
- 기타소득 : 그 이외의 소득 (상금 · 현상금. 손해보험료. 강연료. 일시적인 문예창작소득 등)

종합소득세율

과세표준	세율	누진 세액공제
1,200만 원 이하	6%	-
1,200만 원 초과 ~4,600만 원 이하	15%	108만 원
4,600만 원 초과 ~8,800만 원 이하	24%	522만 원
8,800만 원 초과 ~1억 5천만 원 이하	35%	1,490만 원
1억 5천만 원 초과 ~3억 원 이하	38%	1,940만 원
3억 원 초과 ~ 5억 원 이하	40%	2,540만 원
5억 원 초과 ~ 10억 원 이하	42%	3,540만 원
10억 원 초과	45%	6,540만 원

2) 신분 변경시 소득세 납부

봉직의로 근무하다가 개원하거나 또는 개원의로 있다가 봉직의로 취업하여 근무하는 경우. 병원을 옮겨서 근무할 경우 등 신분 변동시 소득세 납부에 대해 알아본다.

봉직의에서 개원할 경우

봉직하다가 퇴직하고. 개원하였다면 다음 해 5월에 종합소득세를 신고. 납부할 때 개원 후 기록한 사업소득 금액에 봉직 시 받은 근로소득금액을 합산하여 계산한다. 개원의는 독립적인 사업을 해서 얻은 사업소득, 봉직의는 다른 사람에게 고용되어 근로를 제공하고 그 대가

로 받은 소득으로 근로소득이다.

개원하고 있다가 봉직의로 취업할 경우

개원의로 있다가 병원 운영이 어려워 폐업 후 봉직의로 재취업할 경우 다음 해 2월 연말 정산을 한다. 5월에 추가로 전년의 사업 소득금액을 합산하여 종합소득세를 합산해서 납부한다.

봉직의로 있다가 다른 병원의 봉직의로 취업할 경우

다니던 병원에서 사직하고, 다른 병원으로 옮겨 근무하는 경우 종합소득세는 관계가 없다. 봉직의는 근로소득이기 때문에 연말정산 때 전 직장의 근로소득까지 합산하여 신고해야 하므로 전 직장의 근로 소득원천징수영수증을 제출하여서 정산하면 된다.

봉직의로 취업하고 있지만 종합소득세를 신고해야 할 경우도 있다. 근로소득, 이자소득, 배당소득, 사업소득(임대소득), 연금소득, 강연료 등이 있는 봉직의는 종합소득세를 신고해야 한다. 종합소득세 신고 및 납부는 다음 연도 5월 31일까지다.

3) 지방세

주민세

병의원의 직원 월급 지급 시 근로소득 원천징수를 한 후 소득세의 10%에 해당하는 금액을 주민세로 납부해야 한다. 원장도 5월에 소득세 계산 후 소득세의 10%를 주민세로 납부해야 한다. 소득 여부와 상관없이 관할청에서 거주 주민에게 주민세를 부과한다.

사업소세

의원 연면적이 330㎡를 초과하는 경우 또는 종업원 수가 50인을 초과하면 신고 납부한다.

재산세와 기타 세금

보유 주택에 대하여 재산세를 내는 것과 마찬가지로 병원 건물이 본인 소유라면 재산세를 납부한다.

부동산 등을 취득하는 때에는 취득세, 등록세, 교육세 등을 신고 납부해야 하며 소정의 채권도 매입해야 한다. 부동산을 양도한 경우에는 양도소득세를 양도일이 속하는 달의 말일부터 2개월 이내에 주소지 관할세무서에 예정신고 · 납부를 해야 한다. 기타로는 자동차세, 면허세 등이 있다.

종합부동산세 (국세)

고액의 부동산 보유자에 대해 재산세와 별도로 세금을 부과하여 부동산 보유에 대한 조세부담의 형평성을 제고하고, 부동산의 가격안정을 도모함으로써 지방재정의 균형발전과 국민경제의 건전한 발전을 목적으로 하는 국세를 말한다.

과세기준일(매년 6월 1일) 현재 국내에 소재한 재산세 과세 대상인 주택 및 토지를 유형별로 구분하여 인별로 합산한 결과, 그 공시가격 합계액이 유형별로 공제금액을 초과하는 경우 그 초과분에 대하여 과세하는 세금이다. 유형별 과세대상과 공제금액은 공시가격 9억 초과 주택(1세대 1주택자 12억 원), 공시지가 5억 초과 나대지, 별도합산 토지(상가 · 사무실 부속토지 등) 공시지가 80억 초과가 이에 해당된다. 1차로 부동산 소재지 관할 시 · 군 · 구에서 관내 부동산을 과세 유형별로 구분하여 재산세를 부과하고, 2차로 유형별 공제액을 초과하는 부분에 대하여 주소지 관할세무서에서 종합부동산세를 부과한다.

4) 4대 보험

4대 보험은 사회보험으로 근로자의 권익 보호를 위한 국가 제도로서, 선택가입이 아닌 의무가입이다. 건강보험, 고용보험, 산재보험, 국민연금이 해당한다. 근로자가 1명만 있어도 반드시 가입해야 한다(주 15시간 미만 근로자는 가입이 제외된다). 산재보험은 전액 사업주가 부담하나, 국민연금을 비롯한 건강보험, 고용보험은 사업주와 근로자가 각각 나눠서 부담한다.

국민연금

국민연금은 나이가 들어 은퇴 후 생업에 종사하지 못할 시점을 대비하기 위해, 국가가 소득이 있는 국민에게 의무적으로 가입하도록 만든 보험이다. 근로자와 회사 동일하게 각각 4.5%를 낸다. 만 60세 이상인 근로자, 1개월 미만의 기간을 정하고 근로하는 일용근로자, 월 소정 근로시간이 60시간 미만인 근로자라면 국민연금 적용 제외 근로자에 해당한다. 3가지에 해당하지 않는 근로자는 모두 국민연금 가입 대상이다.

건강보험

건강보험은 질병이나 부상으로 인해 발생하는 고액의 진료비로 가계에 과도한 부담이 되는 것을 방지하기 위해 만든 사회보장보험이다. 소득에 비례해 보험료를 납부한다. 건강보험료는 건강보험과 장기요양보험으로 구성된다.

건강보험은 근로자와 병원이 동일하게 각각 3.23%, 장기요양보험은 근로자와 병원이 동일하게 각각 건강 보험료의 8.51%를 낸다. 1개월 미만의 일용근로자, 월 소정근로시간이 60시간 미만인 근로자, 의료급여수급자가 건강보험 가입 제외 근로자이다.

산재보험

산재보험은 업무상의 사유에 의한 부상, 질병, 장애 또는 사망 발생 시 각종 치료비와 사망보험금 등을 보상해 주는 사회보장보험이다. 근로자 수 1인 이상 사업장이면 외 없이 모든 근로자는 산재보험 의무가입 대상자다. 사업주가 전액 부담한다. 업종에 따라 요율이 다르다.

고용보험

고용보험은 실직이나 휴직 등으로 소득이 끊겼을 때 생활을 유지할 수 있도록 도와주는 보험이다. 근로자가 0.8%, 병원이 0.9% 부담한다. 만 65세 이후에 고용된 자, 월 소정근로시간이 60시간 미만인 근로자의 경우 고용보험 적용 제외 대상 근로자이다. 고용보험은 1개월 미만의 일용 근로자도 해당한다.

5) 사업장 현황신고

부가가치세가 면세되는 개인사업자는 직전년도 연간 수입금액 및 사업장현황을 사업장 관할세무서에 신고해야 한다. 연간 수입금액에 대한 사업장현황신고의 신고기한은 다음해 2월 10일까지이며, 1월 1일부터 2월 10일 사이에 사업장 관할 세무서에 신고해야 한다.

사업장현황신고를 하지 않거나 신고하여야 할 수입금액에 미달하게 신고한 때에는 그 신고하지 아니한 수입금액 또는 미달하게 신고한 수입금액의 0.5%에 해당하는 금액을 해당 과세기간의 종합소득세 결정세액에 가산한다.

3. 병의원의 수익, 비용, 경비

1) 수익항목

의료수익

입원수익, 외래수익 및 기타 의료수익으로 구분한다.

의료외수익

의료부대 수익(주차장 직영수익, 매점 직영수익, 일반 식당 직영수익, 영안실 직영수익 및 기타 시설 직영 수입), 이자수익, 배당금수익, 임대료 수익, 단기매매증권 처분이익, 단기 매매증권평가이익, 연구수익, 외환차익, 외화환산이익, 투자자산처분이익, 유형자산 처분이익, 대손충당금 환입, 기부금 수익, 잡이익 등으로 구분한다.

2) 비용항목

수익을 얻기 위하여 발생하는 지출을 비용이라고 한다. 지출 시 일시에 비용으로 처리되는 경우도 있고 감가상각비처럼 지출 시 일단 자산으로 기록하였다가 매년 일정액씩 비용으로 처리하는 경우도 있다. 이를 필요경비라고 한다.

의료비용

의료비용은 인건비(급여, 제수당 및 퇴직급여), 재료비(약품비, 진료재료비 및 급식재료비) 및 관리운영비(복리후생비, 여비교통비, 통신비, 전기수도료, 세금과공과, 보험료, 환경관리비, 지급임차료, 지급수수료, 수선비, 차량유지비, 교육훈련비, 도서인쇄비, 접대비, 행사비, 연료비, 선교비, 의료사회사업비, 소모품비, 자체연구비, 감가상각비, 무형자산상각비, 임차자산개량상각비, 광고선전비, 대손상각비, 피복침구비, 외주용역비, 잡비 및 의료분쟁비용 등)로 구분한다.

의료외비용

의료부대비용, 이자비용, 기타의 대손상각비, 기부금, 단기매매증권처분손실, 단기매매증권평가손실, 연구비용, 외환차손, 외화환산손실, 투자자산처분손실, 유형자산처분손실, 재고자산감모손, 고유목적사업비, 잡손실 및 재해손실 등으로 구분한다.

3) 필요경비

필요경비란 총수입금액을 얻기 위해 지출한 비용을 말한다. 의료사업과 관련하여 그 필요성이 객관적으로 인정되면 필요경비로 인정된다. 매출 관리도 중요하지만, 지출 증빙서류를 갖추어 경비 처리 업무를 제대로 해야 한다. 성실신고 확인제를 확대하고 있는 현실에서 필요경비가 중요하다. 병원을 방문하는 환자의 90% 이상이 신용카드를 사용하여 병원의 수입금액은 거의 노출된다고 볼 수 있다.

세무조사는 갈수록 감독을 강화하고 있다. 또한 성실신고 확인 업무를 제대로 수행하지 못한 세무 대리인은 징계당하게 되고 의원 매출액이 5억 원만 넘어도 성실 신고 확인을 받도록 규제가 강화되었다. 탈세 제보 시 포상금 한도가 20억 원으로 상향 조정되었고 현금영수증 발급 위반에 대한 포상금제도가 도입되었다.

인건비

급여에는 기본급, 상여, 직책 수당 등 명칭과 관계없이 근로의 대가로 지급하는 비용이 모두 포함된다. 사업주인 원장이 가져가는 급여는 인건비로 인정되지 않는다. 급여는 병의원의 필요경비 중 가장 큰 비중을 차지한다. 급여는 근로소득세를 원천징수 하여 급여 지급한 달의 다음 달 10일까지 근로소득세를 계산, 원천징수 세액을 신고하여 납부해야 한다. 인건비에는 일용직 급여도 포함된다.

식대

근로자에게 식사를 제공하지 않고 식대를 별도로 지급하는 경우에는 월 10만 원까지 근로소득세가 비과세된다. 병원이 직접 식사를 제공하면 비과세가 적용되지 않고 복리후생비로 계산된다.

출산, 자녀 보육 관련 수당

근로자 또는 그 배우자의 출산이나 6세 이하의 자녀보육과 관련하여 지급받는 급여의 경우 월 10만 원 이내의 금액은 비과세된다.

학자금

직무능력을 향상하기 위해 근로자에게 지급한 학교와 직업훈련 시설의 입학금, 수업료, 수강료 기타 공납금 중 병의원 업무와 관련 있는 교육 및 훈련을 위해 지불하는 것은 근로소득세가 비과세된다.

자가 운전보조금

근로자 자신의 소유 차량을 병원 업무에 사용할 때, 내부규정에 따라 병원에서 월정액을 지급하는 경우가 있다. 이러한 자가운전 보조금은 월 20만 원까지 비과세된다. 그러나 차량에 든 경비를 별도로 병원에서 지급하였다면 이는 과세 처리된다.

퇴직금

퇴직금은 근로자의 소득이므로 지급한 달의 다음 달 10일까지 퇴직소득세를 계산, 원천징수액을 신고, 납부해야 한다. 퇴직연금에 가입하면 보험료를 납부하는데, 전액 경비로 인정한다.

재료비

재료비는 약품비, 진료재료비, 급식재료비가 있다. 의약품, 의료소모품(진료재료, 소모성 재료) 등의 약품비와 진료재료비 및 환자·직원 등을 위한 급식 재료비 등은 비용으로 처리된다. 재료비는 환자가 늘면 진료 수입이 증가하고 대신 비용이 증가하는 변동비다. 서로 비례관계다.

복리후생비

복리후생비는 근로자의 복지와 후생을 위해 지급되는 경비다. 식대나 의료비 지원, 병원이 부담하는 보험료, 국민보험부담금, 단체활동비, 직원피복비 등이다.

4대 보험은 근로자의 급여에서 일부를 부담(근로자 부담분)하고, 나머지는 사업주가 부담(원장 부담분)한다. 근로자 부담분은 급여, 사업주 부담분은 복리후생비로 비용처리 된다.

국민연금과 국민건강보험의 경우에는 사업장 가입을 하면 사업주인 병원장도 보험료를 납부하게 된다. 사업주의 부담분인 건강보험료와 고용보험 및 산재보험료는 사업상의 경비로 인정된다.

여비 교통비

여비 교통비란 업무상 출장 시 발생하는 항공운임, 택시비, 철도운임 등 교통비와 숙박비, 식사대 및 기타 부대비용을 말한다. 이러한 여비 교통비는 업무 출장 시 통상적으로 비용 정도의 실비변상적인 범위에만 필요경비로 인정된다. 영수증과 객관적인 자료에 의해 그 사실을 입증할 수 있어야 한다.

통신비, 전기수도료

전신·전화·팩스 등 통신시설의 이용료 및 우편료, 전력료와 상·하수도료를 말한다.

세금과 공과금 등

비용으로 처리되는 세금과 공과금은 재산세, 종합토지세, 주민세(균등할), 사업소세, 공동시설세, 학회나 협회 등 관련 단체에 납부하는 회비 등을 말한다.

취득세와 등록세는 병원의 업무와 관련하여 건물과 차량 등을 구입했을 때 취득세 등이 부과된다. 이러한 세금은 건물과 차량의 취득원가가 되어, 건물과 차량의 감가상각 시 포함되어 필요경비로 처리된다. 의사면허에 대한 면허세는 병의원의 업무와 관련된 것으로서 필요경비로 인정된다.

보험료

사업과 관련된 보험료는 해당 기간에 걸쳐 필요경비로 인정된다. 업무용으로 보유하고 있는 차량, 건물, 의료기기 등의 화재보험료, 의료사고에 대비한 손해배상 책임보험료, 퇴직연금에 대한 보험료가 포함된다.

지급 임차료

개원할 때 사용할 건물을 임차한 경우 필요경비로 인정된다. 보증금은 임대차계약 만료 시 돌려받을 수 있으므로 경비가 아닌 자산으로 인정되지 않는다.

지급수수료(인적 용역비 등 포함)

상대방으로부터 일정한 용역을 제공받고 지급하는 수수료로서 용역비(청소, 경비, 전산, 적출물, 임상검사) 등이 있다. 법률 및 경영 자문을 위한 자문 수수료, 회계감사, 세부 조정 등의 수수료 등이 있다. 등기 비용, 송금 수수료, 기타 소송비 등이 이에 속한다.

차량 유지비

차량에 대한 보험료, 주유비, 수리비, 검사비 등을 말한다. 차량 구입비(또는 리스 비용)와 차량 유지비에 대한 필요경비 인정 여부는 병원의 업무와 관련되었는지에 따라 결정된다. 환자를 수송하거나 병의원의 업무상 목적으로 사용하는 차량은 필요경비로 인정된다. 그러나 원장이 출퇴근 목적으로 차량을 구입해 구입비를 감가상각하거나 유지비 등을 필요경비로 처리 할 때 다툼의 소지가 있다.

교육훈련비

직원의 교육 및 훈련을 위한 각종 세미나 및 연수 참가비, 외부 강사의 강사료, 직원의 해외 교육비용은 경비로 처리한다.

도서 인쇄비

연구용 도서를 포함한 도서, 잡지, 신문의 구입 및 구독 비용, 복사비, 사내보, 처방전, 장표 등의 인쇄비용을 말한다.

광고선전비

광고선전비는 병원의 필요경비로서 인정된다.

접대비

병원이 업무와 관련해서 거래처에 접대, 향응, 선물, 위안 제공 등의 행위를 위해 지출한 금액을 접대비라고 한다. 접대비는 1회 소비적 성격이 강해, 세법에서는 과다한 지출 억제를 위해 접대비 지출액의 일정 한도액까지만 필요 경비로 인정하고 있다.

행사비

회식이나 체육대회, 등반대회 등 병원에서 주관하는 행사는 비용으로 처리한다. 교통비, 식사 및 음료비, 회식비, 숙박비, 기타 각종 행사참가비 등이 포함된다.

감가상각비

감가상각이란 고정자산의 취득가액을 그 사용되는 기간에 걸쳐 비용으로 배분하는 것을 말한다. 고정자산이란 병원에서 장기간 사용할 목적으로 취득한 유형자산을 말한다. 현금 지출이 많이 발생한 첫해에 모두 비용으로 처리하는 것보다는 사용 기간에 걸쳐 분배하여 비용으로 처리한다. 유형의 고정자산으로는 토지를 제외한 건축물, 인테리어 등의 시설 장치, 차량 운반구, 의료기기, 집기 및 비품을 말한다. 무형의 고정자산으로는 영업권, 상표권, 특허권 등이 있다.

경조사비

근로자에 대한 경조사비는 사회 통념상 타당하다고 인정되는 범위 내에서 비용으로 인정된다. 청첩장이나 부고장 등과 같이 경조사가 있었음을 입증할 수 있는 자료와 지출결의서 등이 있으면 된다. 거래처에 제공한 경조사비는 건당 20만 원 범위에서 접대비로 인정된다.

이자 비용

돈을 빌려서 병원과 관련한 사업에 지출하면 그에 대한 이자는 비용으로 처리한다. 금융권이나 개인으로부터 돈을 빌려 업무와 무관한 자산을 구입한 경우, 이때 이자는 필요경비로 인정되지 않는다.

리스 비용

리스란 기업이 필요로 하는 시설과 장비를 장기간 대여해 주는 제도를 말한다. 그러나 정수기 렌탈 등 일반 렌탈업자로부터 임대해 사용하는 경우에는 여기서 말하는 리스에는 해당하지 않는다. 리스한 시설 장비에 대한 소유권은 리스회사에 있으며, 병원은 리스 기간의 사용수익권을 갖는다. 리스에는 금융리스와 운용리스가 있다. 금융리스는 물건을 리스 이용자(병원)의 자산으로 계상하여 감가상각을 한다. 대부분의 의료기기는 금융리스 형태로 운용되고 있다.

운용리스는 리스 회사의 자산으로 계상되며, 병원은 사용 수익권만을 갖는다. 감가상각은 리스 회사가 하고, 병원은 리스 회사에 리스 비용을 지급한 해의 비용으로 처리한다. 운용리스는 리스 비용을 지급할 때 계산서를 받는다. 대표적으로 차량을 들 수 있다.

대손금과 대손충당금

의료 미수금이란 진료 시 외상으로 의료서비스를 제공한 경우의 진료비를 말한다. 이러한 의료 미수금은 장래에 회수하게 된다. 받아야 할 의료 미수금 중 회수가 불가능하게 된 의료 미수금을 대손금이라고 한다.

의료 미수금은 장래에 회수할 것이므로 진료 당시 총수입금액에 포함하였지만, 향후 받지 못할 것으로 확정된 대손금은 비용으로 차감한다. 환자에 대한 의료비 채권 소멸시효는 민법상 3년이다.

기부금

기부금이란 특수관계가 없는 자에게 무상으로 지출한 비용을 말한다(특수관계자란 친족, 종업원, 출자 관계에 있는 법인 등을 말한다). 사회적으로 기부행위를 장려하기 위해 일정한 한도액 내에서는 필요경비로 인정하고 있다.

가산세와 가산금, 벌금과 과태료

가산세는 세법상 의무 불이행에 대해 가해지는 벌금적 의미가 있다. 가산금은 세금을 체납한 것에 대한 연체 이자 성격이다. 고지서의 납부 기한까지 납부하지 않은 경우에는 고지세액의 3%를 부과된다. 이러한 가산세와 가산금은 필요경비로 인정되지 않는다.

법 위반으로 부과되는 벌금이나 과태료, 가산금 등은 업무와 관련되었다고 해도 비용으로 인정되지 않는다. 예를 들어 교통 사고벌과금, 국민연금 또는 건강보험 등의 납부 지연으로 인한 가산금 등은 비용처리 되지 않는다.

손해배상금

병원 진료와 관련하여 분쟁이 발생 시 손해배상금 등은 필요경비에 포함된다. 그러나 고의적이거나 중대한 과실에 의한 사고라면 그에 대한 손해배상금은 필요경비로 인정되지 않는다. 배상 보험 등에 가입하여 일부를 보험회사에서 받았다면 추가하여 지급한 금액만 필요경비로 인정된다.

4. 의료기관 회계기준

병원은 의원과 달리 개원 준비단계부터 회계팀을 직접 운영하기도 한다. 사업자금이 많이 소요되고 건축 기성금 등 지출이 많아 세무사나 회계사에 기장 대리를 하는 것도 한계가 있다. 그러나 병원 회계 분야에 전문성이 있는 직원을 채용하여 유지하는 것이 그리 간단하지 않을 뿐 아니라, 원장도 이 분야에 그리 지식이 많지 않아 스트레스를 많이 받게 된다.

병원을 개원하면 의료기관 회계기준에 따라야 한다. 병원비용 계정 과목을 이해하고 법적 증빙을 갖춰야 한다. 일반 회계와는 생소한 용어들이 많고 기준에 맞춰야 하기 때문이다.

100병상 이상의 병원급 의료기관 개설자는 회계를 투명하게 하기 위하여 의료기관 회계기준 규칙을 지켜야 한다.

1) 의료기관 회계기준의 준수 대상

병원급 의료기관 개설자로 연차별로 2024년 회계연도 이후 100병상 병원급 의료기관도 준수해야 한다.

- 2022년 회계연도 : 300병상(종합병원의 경우에는 100병상) 이상 병원급 의료기관
- 2023년 회계연도 : 200병상(종합병원의 경우에는 100병상) 이상 병원급 의료기관
- 2024년 회계연도 이후 : 100병상 이상 병원급 의료기관

2) 재무제표

재무상태표

재무상태표 작성일 현재의 자산·부채 및 자본에 관한 항목을 객관적인 자료에 따라 작성하여야 한다

손익계산서

손익계산서는 회계기간에 속하는 모든 수익과 이에 대응하는 모든 비용을 객관적인 자료에 따라 작성하여야 한다.

기본금 변동계산서

기본금변동계산서는 기본금과 이익잉여금의 변동 및 수정에 관한 사항을 객관적인 자료에 따라 작성하여야 한다. 병원의 개설자가 개인인 경우를 제외한다.

현금흐름표

현금흐름표는 당해 회계기간에 속하는 현금의 유입과 유출내용을 객관적인 자료에 따라 작성하여야 한다. 다만, 병원의 개설자가 사립학교법에 따라 설립된 학교법인 또는 지방공기업법에 따라 설립된 지방공사인 경우에는 자금수지 계산서로 이를 갈음할 수 있다

3) 결산서 제출

병원의 장은 매 회계연도 종료일부터 3월 이내에 다음 각호의 서류를 첨부한 결산서를 보건복지부장관에게 제출하여야 한다.

법인은 병원의 재무상태표와 손익계산서를 보건복지부장관이 정하는 인터넷 사이트에 공시하여야 한다.

공시 인터넷 사이트 : https://haspa.khidi.or.kr/total-public-inq

- 재무상태표와 그 부속명세서
- 손익계산서와 그 부속명세서
- 기본금변동계산서(병원의 개설자가 개인인 경우를 제외한다)
- 현금흐름표

4) 공시 항목

의료기관 회계정보 공시항목은 대상 병원의 재무상태표와 손익계산서이다.

재무상태표(Balance Sheet : B/S)

재무상태표 작성일 현재의 자산·부채 및 자본에 관한 항목을 객관적인 자료에 따라 작성한 서식

손익계산서(Profit and Loss Statement : P/L)

회계기간에 속하는 모든 수익과 이에 대응하는 모든 비용을 객관적인 자료에 따라 작성한 서식

5. 병원 개원 투자금

1) 병원의 개원 투자 자금 항목

의원을 개원하기 위한 투자비에는 건물의 분양 또는 임대, 개원 시 인테리어, 의료 장비 등의 항목이 있다. 개원이 예정일보다 늦어질 경우 직원의 인건비, 임대료 등에도 대비해야 한다.

병원은 의원과 시설 요건이 다르기 때문에 투자 규모도 다르다. 토지 매입비, 설계비, 공과금, 건축 비용, 의료 장비 구입비, 전산 투자비, 가구ㆍ집기ㆍ비품 구입비, 홍보비(사인물 등), 개원 전 운영비 등이다.

의원 개원시 투자 항목

항목	추정예산	조달 방법	비고(구체항목)
임대보증금			건물 분양, 매입비
인테리어			
가구/집기			
의료장비			
의료소모품			
전산시스템			
HIP/간판			내외부 사인물
홍보			초기 홍보비용
홈페이지 제작			
리플렛			병원 안내서
통신/전화			
서식 등 인쇄물			
인력 모집 광고			
근무복			
인허가			
개원식 비용			
상표 사용료			네트워크 가입 시
예비비			
총 계			

2) 상가 건물 매입방법

건물을 매입하여 개원할 경우 어떻게 하는 것이 좋은 방법인지 문의하는 의사들도 많다. 부가가치세 환급 문제도 그렇고, 향후 비용 처리를 했을 때 어떤 방법이 유리한지 궁금해한다.

상가 건물을 배우자가 매입하고, 남편인 원장이 그 건물을 임대하여 개원하는 경우를 볼 수 있다. 어느 방법이 유리한지 알아본다.

원장 단독 명의로 매입하는 경우

상가를 10억 원에 매입하여 의원으로 전체를 사용한다고 하면 상가 구입 시 부담했던 부가가치세는 환급받지 못한다. 상가를 살 때 건축주는 부가가치세를 환급받을 수 있다고 했는데, 받을 수 없다니, 이거는 속은 거 아닌가? 그렇지 않다. 반은 맞고 반은 틀리다. 의원은 면세 사업자라 그렇다. 10억 원의 상가는 5억 원이 토지 가격이고, 5억 원이 건물 가격이라고 할 때 건물가격 5억 원에 대해 부가가치세 5천만 원을 내면 된다(토지는 부가가치세 면세 항목이다). 일반과세자라면 5천만 원도 환급받을 수 있다. 의원은 면세사업자여서 5천만 원을 돌려받을 수 없다. 대신에 돌려받지 못한 부가가치세 5천만 원은 건물 가액 5억 원을 합쳐서 5억 5천만 원을 감가상각으로 처리해서 비용으로 산정할 수 있다.

20년 동안 5억 5천만 원을 감가상각하게 되면 1년에 2,750만 원씩 비용으로 처리가 가능하다. 금융권의 대출 등으로 처리하면 자금출처 소명도 가능하므로 큰 문제가 없다.

배우자 단독으로 상가 명의를 하는 경우

배우자가 상가를 매입해서 남편인 원장에게 임대하는 방식이다. 원장과 배우자는 별개의 사업장이다. 배우자가 상가를 매입할 경우 부가가치세 과세 사업으로 5천만 원의 부가가치세를 환급받게 된다. 상가 건물을 의원에게 보증금 5천만 원에 월 임대료 500만 원이라고 하면, 의원장에게 받게 되는 임대료의 10%인 50만 원을 부가가치세로 납부하여야 한다. 배우자는 여기서 발생한 임대소득과 다른 과세 대상 소득을 합산하여 종합소득세를 납부해야 한다.

원장은 부가가치세를 포함한 임대료 550만 원을 의원의 비용으로 산정하고, 감가상각비는 20년 동안 1년에 2,500만 원(5억 원÷20년)이 된다.

원장 단독 명의로 건물을 매입해서 개원하는 경우 1년에 병원 비용이 2,750만 원이었지만, 배우자 단독 명의로 구입하는 경우 1년 감가상각비는 2,500만 원에 임대료(부가가치세 포함)는 월 550만 원으로 연간 6,600만 원을 더할 경우 9,100만 원이 된다.

수익에서 공제되는 금액이 더 커진다. 따라서 세금 절감 효과가 더 있다고 볼 수 있다. 물론 배우자의 자금출처에 대한 소명이 있어야 하는 것은 물론이다. 다만, 자금이 부족할 경우 10

년 동안 합계액 6억 원까지 배우자에게 증여한 것에 대해서 증여세를 매기지 않기 때문에 살펴보고 유리한 대로 매입하는 것도 방법이다.

3) 건물을 임대하여 병원 개원

임대차 계약 시 보증금은 계약기간 종료 시 회수할 수 있는 금액이므로 비용으로 처리할 수 없으며 매월 지급하는 임차료는 경비로 인정된다. 임대차계약을 체결하기 전에 건물주의 사업자 과세유형을 확인해야 한다.

건물주의 과세유형이 일반과세자인 경우

일반과세자라면 세금계산서를 받아야 한다. 이 경우 그 가액을 계약서 내용대로 세금계산서를 발행하여 줄 수 있는지를 확인해야 한다. 만일 거부하면 부가가치세만큼 임차료를 더 지급하는 조건으로라도 세금계산서를 받는 것이 바람직하다.

건물주의 과세유형이 간이 과세자인 경우

임차료는 건물주에게 온라인 송금하고 송금영수증을 보관한다. 간이과세자의 경우 대부분 낮게 책정된 가계약서를 요구받게 되는 경우도 가끔 생긴다. 예를 들어 월 임대료가 300만 원이지만 150만 원만 경비 처리를 해달라고 할 수 있으므로 계약 전에 분명히 하고, 계약하여야 한다.

관리비

임대차 계약 시 건물주가 매출을 누락시키기 위해 관리비를 과다하게 책정하여 임대료와 별도로 평당 관리비를 부과하는 경우도 있다. 건물주가 임대료에 대해서만 세금계산서를 발행하고 관리비에 대해서는 일반 영수증을 교부할 수 있다. 이때 평당 관리비에 대해서도 반드시 세금계산서를 받아야 한다.

건물주가 일반과세자가 아닌 간이과세자라면 비용을 온라인으로 송금하고 영수증을 보관한다. 일반영수증을 받을 경우에는 2%의 가산세를 부담하게 된다.

6. 개원자금 조달 방법

병원을 개원하기 위해서는 진료과마다 차이가 있지만 임대료를 비롯해서 장비, 마케팅 등의 초기 투자비가 많이 든다. 투자 비용 중 예산의 10% 정도는 예비비로 책정해야 한다. 예상하지 못한 자금이 추가로 들기 때문이다.

　개원할 때 들어가는 투자비중 어느 정도의 비용을 차입할 것인지 계획한다. 언제 필요한지, 어느 방법으로 조달할 것인지 등을 알아보고 자신의 신용이나 담보조건이 되는지 살펴본다. 봉직의를 하면서 모은 자금만으로 개원자금을 충당하기 어렵다. 은행에서 차입하거나 일부 비용을 부모님께 증여받기도 한다. 이렇게 자금을 조달하는 지 알아본다.

개원 소요 자금조달 방법

항	목	금 액	비 고(구체항목)
자기자본	자기자본		
금융 조달	금융 조달		
	리스 자금		
	기타 자금		
총소요금액			

1) 자기 자금 조달

　자기 자본은 본인이 소유하고 있으면서 자금출처에 대한 입증이 가능하고 상시 가동할 수 있는 자금. 친지나 배우자에게 조달한 자금이 아닌 순수한 자기 자금을 말한다. 개원 자금을 모두 자기 자본으로 하는 경우 개원의 안정성이 높아진다. 그러나 개원에 필요한 모든 자금을 자기 자금으로 개원하는 것이 유리한지는 살펴보아야 한다.

　일반적으로 병원 개원 후 환자 수의 증가에 따라 병원의 수익이 늘어나는 경우가 많다. 그러나 비용은 그에 비례하여 증가하지 않기 때문에 소득은 늘게 된다. 병원은 상황이 다르지만, 의원은 특별히 재투자할 것도 많지 않다. 소득이 늘면 소득세율이 증가한다. 따라서 자금의 일부를 차입하는 것도 고려할 만하다.

차입과 절세효과

　의사 본인 명의로 은행 대출을 받으면 매달 발생하는 이자는 비용으로 처리할 수 있다. 원금 상환액은 비용으로 반영되지 않는다. 물론 사적 용도로 사용할 경우에는 비용처리가 불가하다. 보통 개원 자금이 부족해서 은행 차입을 한다고 생각하지만, 개원 자금을 어느 정도 확보해도 차입하는 편이 유리할 수 있다.

　대부분의 병원들은 개원 3년이 지나면 안정되게 운영된다. 개원초 차입금이 많으면 심리적인 부담이 되지만, 오히려 이런 긴장감이 병원을 성장하게 한다.

자금 출처 조사

직업 · 나이 그동안의 소득세 납부실적 · 재산 상태 등으로 보아 자신의 힘으로 재산을 취득하거나 부채를 상환하였다고 보기 어려운 경우 세무서에서 소요자금의 출처를 제시하도록 소명 요구를 할 수 있다. 이때 자금의 출처를 명확히 제시하지 못하면 증여를 받은 것으로 보아 증여세를 징수하는 절차가 있는데 이를 자금 출처 조사라 한다.

자금 출처 조사의 대상자 선정의 구체적인 기준은 공개되지 않으나, 국세청은 기존의 개별 부동산 취득에 대한 자금 출처 조사 대상에서 국토교통부의 자금 조달 계획서, 국세청의 신고 소득 및 신용카드 사용액 등의 내부 자료, 금융정보분석원(FIU)의 금융 자료 등을 통합 분석해 탈세 혐의자를 도출하는 방식으로 선정하는 것으로 알려져 있다.

자금 출처 조사 대상자로 선정되거나 세무서에서 자금 원천을 소명하라는 안내문을 받은 경우에는 증빙서류를 제출하여 취득 자금의 출처를 밝혀야만 증여세를 피할 수 있다. 취득 자금의 80% 이상을 소명하지 않으면 소명 금액을 뺀 나머지를 증여받은 것으로 본다.

부동산 거래와 자금출처

병원을 개원하기 위해 상가 건물을 매입하려고 하면 우선 매입 총금액과 자금조달을 어떻게 할 것인지를 계획한다. 개원자금이 부족할 경우 금융기관의 도움을 받기도 하지만, 가족에게 도움을 받는 경우도 많아 자금 출처 조사도 준비해야 한다. 부동산을 취득할 경우 본인의 신고 소득금액(사업 소득금액, 근로소득금액, 증여 · 상속 금액 등)과 재산증가액(부동산, 회원권 등) 및 소비지출액(신용카드, 현금영수증 사용액 등)을 집계 분석해 재산의 취득 및 소득 신고 등에 관해 세무 전문가와 상의하는 것이 좋다. 자금출처 조사는 통상 취득 자산 가액의 80% 정도의 취득재산 근거가 있어야 하며 동시에 2억 원 이하가 되어야 증여세를 과세당하지 않는다. 예를 들어 2억 원으로 취득재산이 있고 1억 6천만 원의 취득 재산 근거가 있다면 증여세 과세를 당하지 않는다.

2) 증여와 자금 출처

가족 간에는 재산을 증여하는 경우가 자주 발생하는데, 증여란 당사자의 한쪽이 상대방에게 재산을 무상으로 준다는 의사표시를 하고, 상대방이 이를 승낙함으로써 성립하는 계약을 말한다.

증여받는 경우에는 일정액을 공제한 금액에 대해 증여세를 신고하고 납부하여야 한다. 증여세는 증여가 있을 때마다 증여받는 사람이 부담하는 세금으로서 과세표준과 세액을 계산한다. 예를 들어 부모님으로부터 1억 원을 증여받은 경우 3,000만 원이 공제되므로 7,000만 원의 10%가 증여세가 된다.

비과세 증여의 한도액

- 직계존비속 간의 증여 : 3천만 원(미성년자에 증여할 때는 1천 5백만 원)
- 배우자 간의 증여 : 6억 원
- 기타 친족 간의 증여 : 5백만 원

증여세 과세가액

직업, 성별, 연령, 소득 및 재산 상태 등으로 보아 재산을 자력으로 취득하였다고 인정하기 어려운 재산 취득 자금 또는 소득원이 없는 자의 채무 감소액을 입증하지 못하면 증여받은 것으로 보아 증여세를 매긴다.

이 경우 자금 출처 조사 면제 기준은 재산 취득일 또는 채무 상환 일전 10년 이내의 재산 취득 자금 또는 채무 상환 자금이 국세청장이 정하는 금액 이하여야 한다.

취득가액 또는 채무 상환 금액이 타인으로부터 증여받은 사실이 확인될 경우에는 증여세 과세 대상이 된다.

증여추정 배제기준

구 분	취득 재산		채무상환	총액한도
	주 택	기타 재산		
세대주인 경우 - 30세 이상 인자 - 40세 이상 인자	1억 5천만 원 3억 원	5천만 원 1억 원	5천만 원	2억 원 4억 원
비 세대주인 경우 - 30세 이상 인자 - 40세 이상 인자	7천만 원 1억 5천만 원	5천만 원 1억 원	5천만 원	1억 2천만 원 2억 5천만 원
30세 미만 인자	5천만 원	5천만 원	5천만 원	1억 원

증여재산 계산

증여세는 증여재산의 가액에서 증여재산공제를 한 나머지 금액(과세표준)에 세율을 계산한다. 증여재산 (-) 증여재산공제액 = 과세표준 (×) 세율 = 산출 세액

과세표준과 세율

과세표준	세율	누진 공제액
1억 원 이하	10%	
5억 원 이하	20%	1천만 원
10억 원 이하	30%	6천만 원
30억 원 이하	40%	1억 6천만 원
30억 원 초과	50%	4억 6천만 원

부모님 자금 차입

배우자 및 직계존비속 간의 자금대여는 원칙적으로 자금출처로 인정하지 않으며, 차용증이나 이자 지급 내역, 원금 상환내역 등을 종합해 객관적으로 차용 사실이 확인되는 때에만 인정하고 있다. 따라서, 배우자나 직계존비속 간의 금전소비대차가 인정받기 위해서는 실제 차용임을 납세자가 입증해야 하며, 입증하지 못하면 이를 증여로 판단해 증여세를 과세하고 있다.

지인으로부터 차입하여 개원자금을 조달할 경우 이자율, 이자 지급 시기, 차입액 등을 구체적으로 명시하여 금전 소비대차 계약서를 쓰고 계약 내용대로 하면 이자에 대하여 비용으로 인정된다.

3) 금융권 차입과 거래 은행

은행 · 보험 회사 등으로부터 대출받아 건물 대금(자가 · 타가) 또는 의료 장비 구입 및 인테리어 등을 위한 사업과 관련하여 실제 지출하는 경비의 대출금에 대한 이자는 전액 이자비용으로 인정된다.

대출은 반드시 본인 명의 또는 병의원 명의로 받아야 한다. 그리고 대출을 받은 시점이 각종 대금을 지급하는 시점보다 빠른 것이 좋다. 나중에라도 사업과 관련하여 사용되었음을 입증하기가 용이하기 때문이다. 개원 준비를 할 때부터 금융권을 접촉하여 상담하는 것이 좋다.

금융기관 비교

은행	지점	금액	담보/신용	금리	조건	담당/전화

원장(차주)의 평판이 중요하다

금융기관에서 자금을 대출해 주기 위해서는 병원의 기본적인 사항뿐만 아니라 원장의 명성, 주위 평판, 원장의 졸업학교, 전공과목 등 다양한 평가 방법을 적용한다. 특히 중급규모 의료기관은 리스크가 크다고 생각하고 이에 대한 평가 도구를 만들어 시스템적으로 활용하고 있다. A 은행에서는 업종에 따라 심사할 전문가를 양성하여 자체적으로 활용하고 있다.

대출 승인된 병원의 여신심사체크리스트에는 "공동 개원 의사 2명이 40대 조반으로 오후 9시까지 외과수술을 하는 등 정열적인 의료 활동으로 주위 세평이 양호"라고 평가하지만 반면에 대출 부결된 의료법인이 설립한 병원의 사례를 보면 "입지 여건이 취약하고 주요 경영진인 이사장 및 이사가 의사가 아님"이라고 평가하고 있다. 병의원의 평판이 자금조달에 용이하다는 것은 이런 이유에서다.

쉽게 돈 빌려주지 않는다.

은행은 햇볕이 쨍쨍 쬐는 날 우산을 빌려주고 비 오는 날 우산을 뺏어가는 곳이라고 생각하면 된다. 잘되는 병원에는 돈을 더 쓰라고 한다. 그러나 병원이 어려워지면 빌려준 자금을 회수할 생각을 한다.

금융권의 대출 심사평가팀은 최근 잘되는 진료과목이 무엇인지, 중소병원의 전체적인 재정 상태가 어떤지, 공동 개원의 문제가 무엇인지 내부적인 분석을 통해 이에 대한 리스크가 무엇인지 잘 알고 있다. 자체적으로 의료와 관련한 리포트를 발행하는 금융기관도 있다. 이들을 만나보면 의사들의 속성이나 성공한 병원의 특징이 무엇인지에 대해서도 나름대로 일가견이 있다. 의료산업에 대한 전반적인 사항에 관해 관심을 두고 분석하고 있다.

은행의 문을 두드릴 때 병원 경영과 관련한 자료 준비를 하지 않으면 낭패 보기 십상이다. 신규 금융기관 대출은 병원보다 기존 병원에서 확장 또는 이전할 때 유리하다. 병원의 경영자료와 장단기 발전 계획 등의 서류를 요구하게 된다.

상환 능력을 입증해야 한다

은행에서는 돈을 빌려주는 딱 한 가지 기준은 "자금을 빌려주면 갚을 수 있는 능력이 되느냐"에 있다. 이런저런 이유로 여러 가지 서류를 요구하지만, 결론은 "빌린 돈을 갚을 수 있는가?"에 있다. 병원에서는 궁극적으로는 이를 증명하면 되는 것이다.

나는 '이리 이러'하므로 차입한 자금을 5년 이내에 상환할 수 있다는 것을 객관적으로 증명하면 되는 것이다. 의원을 운영하면서 병원을 키우려고 하면 그동안 성장한 병원의 내용을 보여주면 되고, 처음으로 의원을 개원하려고 하면 운영계획을 포함한 사업계획을 제시한다. 의사전문 닥터론 등은 금융기관마다 정해진 금액이 있다. 원장의 이력도 중요하다. 지역 내 원장의 명성이나 주위의 평판이 차지하는 비중이 크다. 비재무적인 평가가 중요한 것이다.

금융기관이 의료기관의 대출을 선호하는 이유

병원 대출을 선호하는 이유는 현금 유동성이 풍부하고, 타 업종에 비해 리스크가 적다고 판단하기 때문이다. 타업종 대비 대손율이 비교적 낮은 편이다. 병원이 개원하면 현금 유동성이 풍부하여 대출금 분할 상환이 용이한 편이다.

공동개원은 원장이 개별 닥터론을 통하여 상당한 금액을 신용으로 대출받을 수 있고 은행 측에서도 대표원장에게 거액을 대출해 주는 것 보다 리스크 분산에 유리하다고 판단한다.

병원신축 시 금융 조달

병원을 신축할 경우 일반기업이나 임대사업자보다 작은 자기 자금의 투입으로 가능한 경우가 많다. 이유는 다음과 같다.

첫째, 병원을 사업으로 본다면 타업종 대비 신용도가 우위에 있다고 보고 담보가치를 초과하여 10~20% 정도의 신용 여신을 공여하는 경우가 많다. 물론 원장의 역량이나 재력 등이 중요 체크 포인트다.

둘째, 병원은 다른 업종에 비해 근무하는 직원이 많다. 따라서 은행 영업상 필요한 급여 이체, 퇴직연금, 직원거래 등 부가적 거래를 유치할 수 있어 대출금액이나 금리 면에서도 유리하다.

셋째, 병원 건물은 1층에 약국, 편의점, 커피숍 등이 경쟁적으로 입점을 원한다. 임대를 통하여 상당한 금액의 보증금이나 월세를 확보하여 현금 유동성이 원활한 측면도 있다.

금융 대출 심사 시 Check Point

금융권에서는 여러 가지 체크 리스트를 만들어 대출 시 심사한다. 자금 용도의 적합성 여부, 상환능력, 담보 물건 및 기타 채권 보전 방법의 적합 여부 등 여러 분야를 심사한다.

- 대출 심사 시점에서의 영업 현황(매출의 증감, 영업수지, 현금흐름 상태)
- 과거 개원과 폐원 반복 여부, 의료사고 유무, 직원들의 빈번한 퇴직 등 원장의 평판 탐문
- 원장의 재력 등 재무 융통성(본인뿐만 아니라 가족의 재무 융통성도 고려, 자가를 보유하지 않는 경우 상당한 감점 요인으로 사업에 대한 리스크를 회피하려는 것으로 의심)
- 신용대출의 경우 개원 후 영업 현금흐름으로 대출금의 분할 상환이 가능한 지 여부(기간과 금액)
- 의료 본업에 충실한지 여부(정치참여, 금융투자이익 추구, 의료기구개발 사업투자 등)

거래 은행 선정 시 고려 요인

금리 수준이나 대출 가능 금액 등 기타 유리한 조건을 제시하는 금융기관에서 대출하면 된다. 먼저 병원 개원에 필요한 금액을 산정한다. 경쟁력 있는 금리 수준을 제시 가능한지 여부를 본다. 대출금액은 신용보증기금 등 보증서 활용으로 증액 여부, 정책자금 활용으로 금리 수준 하향등 은행 지점장의 역량도 중요하다.

은행마다 대출 세일을 하는 경우도 있다. 발품을 팔아 비교하고, 경쟁을 유노하여 유리한 조건을 제시토록 한다. 병원 대출뿐만 아니라 종업원 복지를 위하여 직원 신용대출이나 수수료 우대안도 제시토록 한다. 은행도 서로 경쟁하는 시대다. 거래 은행뿐만 아니라 다른 은행에도 병원에서 필요한 금액과 금리 등을 제시하고 협상하는 시대다. 병원에 가장 적합한 조건을 제시하는 금융기관을 선정한다.

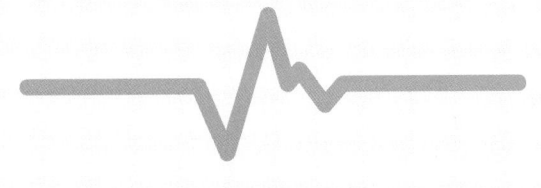

제11장
병의원 개설

제11장
병의원 개설

의료기관을 개설하려는 자는 보건의료자원 통합신고 포털 또는 서면으로 의료기관 개설신고(허가신청)서와 구비서류를 제출하여야 한다. 병원은 개설 자격, 시설 및 인력 기준을 갖추었는지와 그 밖의 다른 법령에 따른 의료기관 개설이 제한, 금지되는지 여부 등을 확인하여 신고 수리한다.

의료인은 다른 의료인의 명의로 의료기관을 개설하거나 운영할 수 없으며, 어떠한 명목으로도 둘 이상의 의료기관 개설은 물론 운영도 할 수 없다. 의료기관 개설은 의원은 신고사항이지만, 병원은 허가를 받아야 한다. 허가는 관할청이 일정한 사항의 적법 사항 및 타당 요건을 실질적으로 심사하여 결정한다. 의료기관의 시설기준을 충족하지 못하거나 병상 수급관리계획에 적합하지 않으면 허가하지 않는다.

진료 시작일이 정해지면 본격적으로 환자를 맞이할 준비를 한다. 진료를 해도 큰 문제가 없는지 사전에 직원들과 손발을 맞춰봐야 한다. 환자를 진료하는 순간부터는 실수가 있으면 안 된다.

1. 의원과 병원 개설

1) 의원 개설은 신고, 병원은 허가

의원 개설은 신고, 병원급 의료기관은 개설 허가를 받아야 개원할 수 있다. 일정한 '허가' 사항의 적법·타당 요건을 실질적으로 심사하여 허가 여부를 결정한다. 개설하려는 의료기관이 시설기준에 맞지 않는 경우에는 개설 허가를 할 수 없다.

의원의 개설 신고 구비 서류

- 의료기관 개설신고서
- 법인의 경우 법인 설립 허가증 사본, 정관 사본 및 사업계획서 사본
- 건물 평면도 및 그 구조 설명서 사본 1부
- 의료인 등 근무 인원에 대한 확인이 필요한 경우 면허(자격)증 사본 1부
- 현지 확인 절차를 거쳐 수리

병원급 의료기관 개설 구비 서류

- 의료기관 개설 허가서
- 법인의 경우 법인설립허가증 사본, 정관 사본 및 사업계획서 사본
- 개설하려는 자가 의료인인 경우 사업계획서 사본
- 건물 평면도 및 그 구조 설명서 사본 1부
- 의료인 등 근무 인원에 대한 확인이 필요한 경우 면허(자격)증 사본 1부
- 의료법령 외에 다른 법령 등에서 정하는 요건의 충족, 안전관리 시설, 요양병원의 운영기준, 급식 관리 기준 등의 충족 검토

병원급 의료기관의 개설 허가

- 확인 조사

  허가권자는 의료기관개설 허가신청서에 제출된 서류를 근거로 현지 확인 조사를 실시할 수 있다.

- 의료인 정원

  의료기관을 이용하는 연평균 입원환자 및 외래환자 수를 기준으로 정원을 선정하나, 의료기관을 개설(증설 포함)하는 경우에는 그 당시의 정원에 대하여 별도로 규정한 바가 없다. 따라서, 개설 당시의 허가 병상수 등을 기준으로 시설·장비 등의 규모에 따라 의료인을 둔 후 일정 기간(약 1년) 운영을 하고 그 후 필요한 의료인 수 변경 신고(허가)를 받는다.

2) 동일 건축물에서 2개의 의료기관 개설

의료기관 내 별개의 의료기관 개설은 기존 신고(허가)받은 의료기관의 시설을 조정하여 변경 신고(허가) 절차를 거친다. 건축법상의 건축물 용도에 적합해야 하며 별개의 의료기관임을 인식할 수 있을 정도로 구획해야 한다.

이미 의료기관이 개설된 동일 건축물이라 할지라도 층간 구분으로 별도의 공간과 구획이 확실하여 별개의 의료기관임을 인식할 수 있으며, 건축물 용도상으로도 적합할 경우, 다른 의료기관의 개설을 긍정적으로 검토할 수 있다.

개설 자격, 시설 및 인력 기준, 소방설비를 갖추었는지와 그 밖의 다른 법령에 따른 의료기관 개설이 제한, 금지되는지 여부 등을 확인한다.

3) 복수 의료기관 개설 · 운영

1인 1개소 의료기관

의료인은 어떠한 명목으로도 둘 이상의 의료기관을 개설 · 운영할 수 없다. 의료인의 1개 의료기관 개소 원칙이다. 의료의 적정성과 공공성을 제고하기 위해 2012년 의료법을 개정해서 시행하고 있다.

경영의 목적이라는 명분으로 다른 의사의 면허로 의료기관을 여러 장소에 개설 함으로써 이익을 극대화하기 위하여 환자 유인행위를 하거나 과잉 진료 및 위임 치료를 하도록 하는 등 불법 의료행위를 방지하기 위해서다.

다른 의료인 명의로 의료기관 개설 금지

의료인은 다른 의료인의 명의로 의료기관을 개설하거나 운영할 수 없으며, 어떠한 명목으로도 둘 이상의 의료기관을 개설은 물론 운영도 할 수 없다

복수 의료기관 개설

의료인은 둘 이상의 의료기관을 개설 · 운영할 수 없지만, 2 이상의 의료인 면허를 소지한 자가 의원급 의료기관을 개설하려는 경우에는 하나의 장소(하나의 의료기관처럼 운영된다는 점을 고려할 때, 동일 지번의 범위를 벗어날 수 없는 것으로 해석한다)에만 면허 종별에 따른 의료기관을 함께 개설할 수 있다.

병상수

복수의 의원급 의료기관에 병상을 두는 경우에는 각각의 의료기관을 합하여 29병상을 초과하지 못한다.

인력 기준

복수 면허 의료인 및 간호사의 정원은 의료기관에 두는 의료인의 정원을 적용하여 각각 산

정하되, 공동 이용할 수 있다.

시설기준

복수면허자가 하나의 장소에서 면허에 따른 의원급 의료기관을 개설하는 경우 각각의 의료기관은 의료기관의 시설기준 및 시설규격을 준수하여야 한다. 즉, 물리치료실, 방사선실, MRI실 등 의과에 따른 의료시설은 의과 개설 면적에 포함하여야 하고, 한약장, 탕전실, 침 맞는 장소 등 한의과에 따른 의료시설은 한의과 개설 면적에 포함하여야 한다.

공동 이용기준

물리치료, 방사선기기(CT)를 이용한 진단 등은 의과 의료기관에서만 시행할 수 있다. 따라서 물리치료사, 물리치료실, 물리치료 장비, 방사선사, CT, MRI 장비, 검사실 등은 공동으로 이용할 수 없다. 다만, 접수창구 및 대기실 의사가 직접 환자를 대면하여 상담하거나 진찰하는 진료실(주사, 침 등의 의료 시술을 위한 장소를 제외한다)은 공동으로 활용할 수 있다. 그 밖의 주사실, 침놓는 장소, 입원실 등은 차단막, 파티션(partition) 등을 통하여 공간적으로 구분되어야 하며 환자가 쉽게 알아볼 수 있도록 표시하여야 한다. 출입구는 2개로 분리할 필요는 없다.

한국 의사 한의사 복수면허자협회(Korean M.D. and O.M.D. Association)

의사와 한의사 면허를 동시에 취득한 복수 면허 의료인들이 결성한 사단법인이다. 예전에 복수 면허 의료인이 의원(병원)과 한의원(한방병원)을 동시에 개원하는 게 금지되었다. 헌법재판소에 헌법소원 심판을 제기해서 헌법 불합치 결정으로 2009년 1월부터 복수 면허 의료인이 본인 혼자만의 명의로 현대의학과 한방 의료기관을 동시에 개원할 수 있게 되었다.

4) 약국과 관련하여 병의원 개설이 불가한 경우

약국 시설 안이나 구내인 경우, 약국의 시설이나 부지 일부를 분할·변경 또는 개수하여 의료기관을 개설하는 경우, 약국과 전용 복도·계단·승강기 또는 구름다리 등의 통로가 설치되어 있거나 이런 것들을 설치하여 의료기관을 개설하는 경우 등이다.

의료기관의 개설장소 제한은 의료기관과 약국 간의 공간적·기능적인 독립성을 유지할 수 있도록 다음의 경우 의료기관 또는 약국의 개설을 금지한다.

의료기관 안이나 구내인 경우

- 의료기관으로 허가받거나 신고한 대지 및 건물(주차장 지하 시설 등 의료기관에 부속되는 모든 시설을 포함) 내 또는 의료기관을 담장 등으로 별도 구획한 경우 그 구획 내에 약국을 개설하는 경우

약국의 시설이나 부지 일부를 분할 · 변경 또는 개수하여 의료기관을 개설하는 경우

- 약국으로 사용하던 시설이나 부지 일부를 용도 변경하여 타인에게 임대 · 매매한 후 해당 시설이나 부지에 의료기관을 개설하는 경우
- 복수의 의료기관에 의해서 건물 전체가 의료기관 용도로 사용되는 건물 일부를 분할 · 변경 또는 개수하여 약국을 개설하는 경우

약국과 전용 복도 · 계단 · 승강기 또는 구름다리 등의 통로가 설치되어 있거나
이런 것들을 설치하여 의료기관을 개설하는 경우

- 한 건물에 의료기관과 약국만이 개설되어 의료기관 및 약국의 이용자가 해당 건물의 복도 · 계단 · 승강기 등을 전용의 통로로 이용하는 경우
- 의료기관과 약국이 건물 또는 층을 달리하더라도 구름다리 · 계단 등을 통해 의료기관과 약국을 드나들 수 있도록 하는 경우

상가건물의 약국과 의원 관련 유권해석

복합 상가건물의 1층에 있는 A 약국과 2층에 있는 B 의료기관(의원)이 각각의 장소에서 영업하고 있다가. 2층에 C 약국이 개설하자 1층 A 약국이 기존의 영업장소 바로 옆으로 이전하고, 곧이어 2층 B 의료기관(의원)이 기존의 A 약국 자리를 임차하여 이전하는 것은 "약국의 시설이나 부지 일부를 분할 · 변경 또는 개수하여 의료기관을 개설"하는 상황에 해당하지 않는 것으로 보이므로 의료법을 위반하여 의료기관 개설 제한 사유에 해당하지 않는다. (법제처 2011.06.30)

의료기관과 약국 간 전용 통로 사례

의료기관과 약국 간의 전용의 통로"라 함은 의료기관과 약국 이용자만 독점적으로 이용하는 통로뿐만 아니라 의료기관의 이용자가 특정 약국의 주된 이용자로 될 수 있도록 해당 의료기관과 약국 사이에 통로가 있고 당해 통로의 주된 이용자가 의료기관 및 약국 이용자인 경우에는 해당 통로를 전용의 통로로 볼 수 있을 것임(보건복지부 의료정

책팀, 2006.12.28.)

의료기관과 약국간 경제적 · 기능적 독립

의료기관과 약국이 상호 경제적 · 기능적으로 독립성을 유지하도록 의료기관 개설자와 약국 개설자 사이에 경제적 또는 업무적으로 종속관계에 있거나 처방 · 조제에 관한 부당한 약속이나 처방전 알선의 대가로 경제상 이익을 제공해서는 안 된다. 이를 엄격히 규제하고 있다.

- 약국 개설자가 특정 의료기관의 처방전을 가진 자에게 약제비의 전부 또는 일부를 면제하여 주는 행위
- 약국 개설자가 의료기관 개설자에게 처방전 알선의 대가로 금전, 물품, 편익, 노무, 향응, 그 밖의 경제적 이익을 제공하는 행위(의료기관개설자 소유 건물에 약국을 임대하는 조건으로 다른 점포보다 고액의 임대료 제공 등)
- 의료기관 개설자가 처방전을 가진 자에게 특정 약국에서 조제 받도록 지시하거나 유도하는 행위(환자의 요구에 따라 지역 내 약국들의 명칭 · 소재지 등을 종합하여 안내하는 행위는 제외함)
- 간호사 등 의료기관 종사자 또는 도우미 등이 처방전을 소지한 환자를 특정 약국으로 안내하는 행위
- 의료기관에 특정 약국만의 소재를 표시한 지도 · 안내문 등을 게시 · 배포하거나 지정약국 · 협력 약국 등을 표시 · 표방하여 특정 약국으로 환자를 안내하는 행위(지역 내 약국의 명칭 · 소재지 등을 종합하여 안내하는 행위는 제외)
- 의료기관 개설자가 처방전 소지자의 요구가 없음에도 불구하고 특정 약국에서 조제하도록 처방전을 모사전송 · 컴퓨터통신 등을 이용하여 전송하는 행위
- 의사가 특정 약국에서만 조제가 가능하도록 처방하는 행위
- 의사 또는 치과의사가 의사회 분회 또는 치과의사회 분회가 약사회 분회에 제공한 처방 의약품 목록에 포함된 의약품과 같은 성분의 다른 품목을 반복하여 처방하는 행위(그 처방전에 따라 의약품을 조제한 약사의 행위도 또한 같다)
- 의료기관 개설자가 처방 의약품 목록 외의 의약품을 처방하여 특정 약국에서만 조제할 수 있도록 하는 행위
- 약국 개설자와 의료기관 개설자 사이의 사전 약속에 따라 처방전에 의약품의 명칭 등을 기호나 암호로 적어 특정 약국에서만 조제할 수 있도록 하는 행위
- 약국과 의료기관 간에 의약품 구매사무, 국민건강보험 청구업무 또는 의약품 조제 업무 등을 지원하거나 관리하는 행위

- 의료기관 개설자에게 고용된 약사가 약국을 개설하는 행위

5) 인근 지역 확장 개원

병원을 운영하다 보면, 환자가 늘어 진료 공간이 부족할 경우가 생긴다. 건물 내 공실이 없으면 병원과 떨어진 다른 곳에 확장할 일이 생긴다. 의료기관을 개설·운영하는 경우 일반적으로 모든 진료시설은 한 건물 또는 한 울타리 내에 위치할 것을 원칙으로 하고 있다.

병원 인근지역의 건축물에서 진료할 경우 환자 진료에 지장이 없는 위치에서 임대, 증축해서 진료할 수 있다. 추가 의료기관 확장에 대해서는 시설확장에 대한 불가피성, 건물의 형태 및 구조, 현지 입지 여건 등을 고려하여 개설을 허가한다.

판단 기준과 범위

의료기관은 원칙적으로 하나의 울타리 내에 위치하여야 하나, 진료 시설을 확장할 물리적 공간 확보가 곤란하고 환자의 진료를 위해 부득이하게 필요하다고 판단되는 때에만 가능하다.

1개 의료기관에 대한 판단 범위, 유권해석

다수 의료기관 개설 방지 차원에서 현행 의료법상 의료인 1인 1개설 원칙 규정을 엄격하게 적용한다.

지번이 다른 곳에 확장 시 조건

시스템과 거리가 기준에 적합해야 한다.
- 환자 진료, 인사 재무관리 등 의료기관 운영이 되어야 한다.
- 환자의 불편을 초래하지 않도록 본원으로부터 성인 남자 기준 도보로 이동한 시간이 5분 이내인 거리에 위치해야 한다.

인근 지역 확장 불가

확장 공사를 먼저하고, 변경 허가를 할 경우 관할기관에서 불가하다고 하면 재산 피해가 심각하다. 공사 후 변경 허가를 받지 못한 사례도 있다. 피해를 줄이기 위해서는 사전에 관할 기관과 충분히 상의하여 진행해야 한다.
- 다른 의료기관의 시설 일부를 분할, 변경하여 확장하는 경우 불가
- 본원과 관할 지자체를 달리하여 확장하는 경우 불가

2. 개설 신고와 진료 준비

1) 개설 신고 시 필요 서류
- 의료기관 개설신고서
- 개설하려는 자가 의료인인 경우: 면허증 사본
- 건물평면도 사본 및 그 구조설명서 사본
- 의료인 등 근무 인원에 대한 확인이 필요한 경우: 면허(자격)증 사본 1부
- 개설하려는 자가 법인인 경우 : 법인 설립 허가증 사본

2) 보건의료자원 통합신고 포털 등록
　　의료기관을 개설하려는 자는 의료기관 종별에 따라 시·도지사 또는 시장·군수·구청장에게 보건의료자원 통합신고 포털 또는 서면으로 의료기관 개설신고(허가신청)서와 구비서류를 제출하여야 한다.
- 보건소에서 개설신고증을 받으면 부여되는 확정 전 기호를 받고 건강보험심사평가원 홈페이지(http://www.hira.or.kr/) 〉 보건의료자원통합 신고 포털로 들어가 "개설"에서 지급 계좌(보험 청구금액을 받을 은행 계좌를 만들어야 함)신고를 한다.
  직원. 의료기기 승계 시 : 승계란에 체크
  지급 계좌 신고 시 필요한 서류 : 사업자등록증 사본 1부, 통장 사본 1부
- 심평원에서 지급 계좌 신고가 완료되면 확정 기호(심평원에서 부여하는 기호)를 부여한다. 처리 기간은 1~2일 소요된다
- 확정 기호가 나오면 가까운 건강보험공단에 직접 방문하여 의원용 공인인증서를 발급받는다.

의원용 공인인증서 발급

공인인증서 발급 장소	방문하기 편리한 건강보험공단
건강보험공단 방문	가장 가까운 보험 공단
필요 서류	원장 직접 방문 시 - 사업자등록증 사본, 본인 신분증 대리인 방문 시 -사업자등록증사본, 원장 신분증사본, 본인 신분증, 원장 인감증명서, 인감도장

- 심평원에서 요양기관 회원가입을 한다.
- 의원용 공인인증서 심평원 홈페이지에 등록한다.

홈페이지 하단 공인인증센터에서 등록할 수 있다.

보건의료자원 통합 신고 포털

보건의료자원 신고와 관리가 지방자치단체(의료법 등)와 심사평가원(국민건강보험법)으로 이원화되어 민원 불편과 행정력 낭비 해소를 위해 보건의료자원 신고가 일원화 되었다.

- 일반 현황

  요양기관 기호, 요양기관명, 종별 구분, 진료과목 등 43종에 대한 현황을 관리한다.

- 의료인력

  의료인력 14종의 세부 인적 사항 및 의료인력 27종의 인원수를 신고받아 관리하고, 의료법상의 기준 충족 여부 등을 관리한다.

- 의료시설

  요양기관에서 보유하고 있는 입원실 등의 병실 및 병상수와 기타 시설의 현황을 관리한다.

- 의료장비

  의료행위와 직접적으로 관련이 있는 191종의 장비를 신고 · 관리하고, 23종의 의료장비에 대해서는 바코드를 부여하고 있다.

3) 성범죄·아동학대·노인학대 경력조회

의료법상 의사는 개원하거나 채용할 때는 성범죄 경력 조회하여 병원 내에 보관하고 있어야 한다. 성범죄자와 아동학대자 경력 둘 다 조회하여야 한다.

의료인을 채용할 때 성범죄 경력을 확인하지 않은 의료기관장에게 500만 원 이하 과태료가 부과된다. 성범죄를 저질러 확정판결을 받은 의료인은 17일부터 최대 5년까지 의료기관에 취업하지 못한다.

성범죄 및 아동학대 경력 인터넷으로 확인하는 방법

경찰청 범죄경력 회보서 발급 시스템 (http://crims.police.go.kr) 접속

〉〉 조회하고자 하는 시설의 대표(원장) 이름으로 가입

〉〉 취업 등의 용도로 지정된 시설의 장에게 본인 범죄경력 조회 권한 부여 발급 동의 신청

대표의 이름으로 로그인하여 처리한 후 범죄경력 조회서를 출력해서 병원 내에 보관한다.

성범죄 경력조회 신청서에 행정정보 공동이용에 대한 동의 서명만 하면 인허가증 사본 등 제출이 면제된다.

아동 · 청소년의 성보호에 관한 관련 법

아동 · 청소년 관련기관 등의 장은 그 기관에 취업 중이거나 사실상 노무를 제공 중인 자 또는 취업하려 하거나 사실상 노무를 제공하려는 자에 대하여 성범죄의 경력을 확인하여야 하며, 이 경우 본인의 동의를 받아 관계 기관의 장에게 성범죄의 경력 조회를 요청하여야 한다. 다만, 취업자 등이 성범죄 경력 조회 회신서를 아동 · 청소년 관련 기관 등의 장에게 직접 제출한 경우에는 성범죄 경력 조회를 한 것으로 본다.

노인학대와 관련한 범죄 경력자 취업제한

노인 관련기관 운영자나 종사자의 자질을 일정 수준으로 담보함으로써, 노인을 잠재적 노인학대 관련 범죄로부터 보호하기 위하여 노인학대 관련 범죄 경력이 있는 자는 최대 10년 동안 노인 관련기관을 운영하거나 노인 관련기관에 취업 또는 사실상 노무를 제공할 수 없도록 제한하는 제도이다.

노인학대는 의료기관 내 취업제한이 종사자 전체가 해당한다. 인력 채용 시 각별한 주의가 요구된다. 성범죄나 아동학대 관련 범죄 경력자는 의료인에게 한정한 것과 차이가 있다.

4) VAN(신용카드단말기) 등록

각 은행사의 카드 가맹 승인 시간이 5일가량 소요된다. 개원 1주일 전에 필요 서류를 구비하여 접수한다.

- 사업자등록증 사본
- 대표자 신분증 앞, 뒤 사본
- 통장 사본(본인 명의)
- 의료기관 개설신고증
- 인테리어 완료된 내부, 외부(간판 포함) 사진 각 1장씩
- 병원 전화번호
- 대표자 명의로 된 핸드폰 번호

5) 배상책임 보험과 화재 보험

의사 및 병원 배상책임 보험

의사 및 병원 배상책임보험은 의사 또는 전문 의료인이 수행하는 의료행위와 관련하여 과실에 의해 타인의 신체에 장해를 입혀 발생하는 의료사고를 담보하는 보험이다. 의사 및 병원

을 보호할 수 있는 보험이다. 예기치 못한 불행한 의료사고로 인한 경제적 손해배상의 위험을 피하는 것이 우선이다. 의사는 안정적인 치료 활동의 보장되고 환자 입장에서는 불의의 의료 사고에 대한 피해에 대하여 손해배상을 확보할 수 있다.

개원초 의사 및 병원 배상책임 보험의 가입하는 것이 뜻하지 않는 리스크를 줄이는 방법이다. 진단 및 진찰, 치료 및 시술, 처방 및 투약 등의 과실에 대해 보상한다. 진료과마다 특성에 맞는 특약사항도 있다. 보험 담당자와 상의해서 가입한다.

병원 건물의 화재 보험

의료기관은 화재 고위험군 해당한다. 소방청 발표에 의하면 우리나라 전체 화재 발생 건수가 감소하고 있지만 의료기관은 증가하고 있다. 입원환자 대부분 거동이 불편하거나 이동에 제약이 있고, 병실 내 침대와 침구류 등 위험한 가연물이 적치되어 있다. 치매 환자나 혼자서 이동이 어려운 요양병원은 더 심하다. 관리 인력이 적어 초기 대응이 쉽지 않다.

연면적 3,000㎡ 이상의 병원급 의료기관은 화재로 인한 재해보장과 보험법에 따라 소유자가 화재 보험 및 제삼자 배상책임에 가입해야 한다. 화재는 조심해도 불가항력일 경우가 많다. 병원의 화재로 인해 인접 상가 등 제삼자들의 피해가 클 수 있다.

병원의 과실로 화재가 발생했다면 건물주가 가입한 보험 회사에서 건물주에게 보상을 해주고 화재의 책임이 있는 병원에게 손해를 청구한다. 영업 배상책임 보험의 경우 병원 내 시설물 및 업무 수행에 기인한 배상책임 위험(단, 의료사고는 제외)을 보장해 주기 때문에 화재 등으로 제삼자에게 손해를 끼친 경우 인적, 물적 피해에 대한 배상책임의 처리가 가능하다. 피해자 등에 합의 진행 및 소송 대응을 보험사가 진행해 준다.

3. 개원 준비

개원 전 병원에 게시해야 할 환자의 권리와 의무, 비급여, 직원의 명찰 등도 준비해야 한다. 진료일 전에 체크해야 할 접점별 사항과 개원 이후 지속 관리해야 할 사항에 대한 체크포인트를 만든다.

1) 환자 권리와 의무 고지

환자의 권리

진료받을 권리

환자는 자신의 건강 보호와 증진을 위하여 적절한 보건의료서비스를 받을 권리를 갖고, 성별·나이·종교·신분 및 경제적 사정 등을 이유로 건강에 관한 권리를 침해받지 아니하며, 의료인은 정당한 사유 없이 진료를 거부하지 못한다.

알권리 및 자기 결정권

환자는 담당 의사·간호사 등으로부터 질병 상태, 치료 방법, 의학적 연구 대상 여부, 장기이식 여부, 부작용 등 예상 결과 및 진료 비용에 관하여 충분한 설명을 듣고 자세히 물어볼 수 있으며, 이에 관한 동의 여부를 결정할 권리를 가진다.

비밀을 보호받을 권리

환자는 진료와 관련된 신체상·건강상의 비밀과 사생활의 비밀을 침해받지 아니하며, 의료인과 의료기관은 환자의 동의를 받거나 범죄 수사 등 법률에서 정한 경우 외에는 비밀을 누설·발표하지 못한다.

상담·조정을 신청할 권리

환자는 의료서비스 관련 분쟁이 발생한 경우, 한국의료분쟁조정중재원 등에 상담 및 조정 신청을 할 수 있다.

환자의 의무

의료인에 대한 신뢰·존중 의무

환자는 자신의 건강 관련 정보를 의료인에게 정확히 알리고, 의료인의 치료계획을 신뢰하고 존중하여야 한다.

부정한 방법으로 진료받지 않을 의무

환자는 진료 전에 본인의 신분을 밝혀야 하고, 다른 사람의 명의로 진료를 받는 등 거짓이나 부정한 방법으로 진료받지 아니한다.

2) 비급여 진료비용 등 고지

- 의료기관에서의 '비급여 진료비용'을 환자 또는 환자의 보호자가 쉽게 알 수 있도록 고지

하고, 의료기관이 환자로부터 징수하는 제증명수수료의 비용을 게시해야 한다.
- 의료기관 개설자는 고지 · 게시한 금액을 초과하여 비용을 징수할 수 없다.
- 자료의 항목 및 진료비용이 변경된 경우에는 10일 이내에 변경 사항을 제출해야 한다.

비급여 진료비용의 범위

국민건강보험법에 따라 요양급여의 대상에서 제외되는 사항 또는 의료급여법에 따라 의료급여의 대상에서 제외되는 사항의 비용
- 100:100 전액 본인부담금'은 건강보험 급여항목이다.
- 환자의 직접적 진료행위와 관련이 없는 부대비용(주차요금, 장례비용 등)은 비급여 진료비용에 해당하지 아니하여 게시 의무가 없다.

비급여 가격 고지 매체

- 환자 또는 환자의 보호자가 쉽게 알아볼 수 있는 장소
- 환자 안내데스크, 외래 접수창구 또는 입원 접수창구에 갖추어 둔다.
- 비급여 고지 대상을 모두 기재하여 책자, 인쇄물 등의 형태로 비치 및 게시
- 인터넷 홈페이지를 운영하는 기관은 홈페이지에 게재한다.
- 고지 매체는 인쇄물, 메뉴판, 벽보, 비용검색 전용 컴퓨터 등을 말한다.

비급여 진료비용 고지 방법

비급여 진료비용은 비급여 목록(행위, 치료재료, 약제) 분류 · 용어 · 코드에 따라 고지한다.
- 비급여 항목을 찾기 쉽도록 진료비용 고지 대상을 행위료, 치료재료대, 약제비, 제증명수수료로 분류하는 것을 권장하고 있다.
- 해당 의료기관에서 사용되는 의료행위(진찰, 처방, 투약, 수술 등), 약제 및 치료 재료를 열거해도 무관하나, 가능한 한 국민들이 알기 쉽도록 포괄 수가 형태의 표기를 권장하며 환자들이 쉽게 알 수 있도록 항목을 분류하여 표기한다.
- 포괄 수가 형태로 가격을 표시할 경우 건강보험 급여비용까지 포함하여 표기 가능하며 다만, 건강보험 급여비용이 포함된 가격임을 알 수 있도록 비고란 등에 표기한다.
- 비급여 비용은 원칙적으로 단일 가격으로 고지해야 하나, 치료재료, 약제, 행위를 묶어서 고지할 때는 치료재료 및 약제의 종류, 환자 상태에 따른 행위의 난이도 차이가 발생할 수 있으므로 최저비용과 최고비용을 표기한다.
- 다만, 가격의 범위를 설정하여 표기 시 최대한 분류를 세분화하여 가격범위의 폭을 줄여

야 하며, 환자가 사전에 가격범위가 설정된 이유를 알 수 있도록 특이사항란 등에 표기가 필요하다.

제증명수수료 비용 게시

의료기관 개설자는 의료기관이 환자로부터 징수하는 제증명수수료 비용을 게시한다.

– 의료기관 개설자는 진료기록부 사본·진단서 등 제증명수수료의 비용을 접수 창구 등 환자 및 환자의 보호자가 쉽게 볼 수 있는 장소에 게시한다.
– 인터넷 홈페이지 고지의 경우 비급여 가격고지와 동일하게 적용한다.

비급여 진료 전 설명 및 내용

– 비급여 항목을 환자에게 제공하기 전 해당 비급여 항목과 그 가격을 환자 또는 환자의 보호자에게 직접 설명한다.
– 해당 비급여 대상의 항목과 그 가격을 설명한다.
– 항목은 시술의 명칭, 목적, 방법, 소요시간, 치료경과 등을 말한다.
– 가격은 약제, 재료 등의 산출내역을 포함하여 설명한다.

비급여 진료비용 공개

– 공개 범위는 의료기관별, 항목별, 최저·최고비용 등
– 공개 방법은 심사평가원의 인터넷 홈페이지 및 스마트폰 어플리케이션에 비급여 진료비용 등을 공개한다. 비급여 진료비용 현황조사·분석 결과를 매년 6월 마지막 수요일에 공개한다.

3) 의료인 등의 명찰 패용

의료인·학생·간호조무사·의료기사에게 의료기관 내에서 명찰을 달아야 한다(격리병실, 무균치료실, 중환자실 등 병원감염의 우려가 있는 시설은 명찰을 달지 않아도 된다). 명찰 패용은 환자와 보호자가 의료인 등의 신분을 알 수 있도록 하여 환자와 의료인 간의 신뢰를 향상하는 데에 있다.

명찰의 표시 내용

– 의료인의 명찰에는 의사, 치과의사, 한의사, 조산사, 간호사 명칭 및 성명을 함께 표시하여야 한다.

- 전문의의 경우 인정받은 전문과목별 명칭을 표시할 수 있고, 전문의 명칭 또는 의료기관 이나 소속 의과대학, 치과대학, 한의과대학에서의 직위·직급 등을 나타내는 명칭 및 성명을 함께 표시할 수 있으며, 전문과목별 명칭은 다음 가 같다.
- 학생의 명찰에는 의과대학생, 치과대학생, 한의과대학생, 의학전문대학원생, 치의학전문 대학원생, 한의학전문대학원생, 간호대학생 명칭 및 성명을 함께 표시하여야 한다.
- 간호조무사의 명찰에는 간호조무사 명칭 및 성명을 함께 표시하여야 한다.
- 의료기사의 명찰에는 임상병리사, 방사선사, 물리치료사, 작업치료사, 치과기공사, 치과 위생사 명칭 및 성명을 함께 표시하여야 한다.
- 명찰은 한글로 표시하여야 하며, 숫자나 영문 등 필요한 사항을 함께 표시할 수 있다.
- 의료기관 내에서의 소속, 부서명, 직위나 직급 등을 의료인 등의 신분과 혼동되지 않도록 하는 범위 내에서 추가로 표시할 수 있다.

명찰의 표시 방법

환자와 보호자가 정면에서 쉽게 볼 수 있도록 의복에 표시 또는 부착하거나 목에 거는 방식 그 밖에 이에 준하는 방식으로 표시하여야 한다.

명찰의 제작 방법, 규격

인쇄, 각인(刻印), 부착, 자수(刺繡) 또는 이에 준하는 방법으로 만들어야 한다.

환자와 보호자가 명찰의 표시 내용을 분명하게 인식할 수 있는 규격과 색상으로 만들어야 한다.

4) 진료 준비 체크리스트

진료 시작일 정해지면 본격적으로 환자를 맞이할 준비를 한다. 진료해도 큰 문제가 없는 지 사전에 직원들과 손발을 맞춰봐야 한다. 환자를 진료하는 순간부터는 실수가 있으면 안 된다. 가상 환자를 투입하여 병원문을 들어서는 순간부터 진료가 끝나고 귀가하기 위해 주 차장에서 차를 출고하는 순간까지 환자 입장에서 불편함이 없는지 파악한다. 실제 상황과 동일하게 진행한다.

모든 직원은 정 위치에서 각자 맡겨진 업무를 진행하면서 자연스럽게 개원 전 사전연습에 참여하면 된다. 의원급도 예외가 아니다. 접수, 키오스크, 카드 결제, 전산 가동, 진료실 등 에 문제가 있는지 파악한다.

병원 개원은 여러 번 리허설을 한 후에 진료를 시작한다. 각 부서간 손발이 맞지 않으면 일부 진료과를 개원하더라도 서두르면 안 된다. 의료사고는 개원초에 발생하는 사례가 많다. 개원초부터 지역사회에 좋지 않은 이미지를 남기게 된다.

기본 사항

- 직원이 맡은 업무를 잘 파악하고 있는가?
- 청소관리가 잘 이루어져 쾌적한 환경을 제공하는가?
- 병원 내 조명. 온도 및 냄새 등은 관리하고 있는가?
- 병원 내 안내표지판은 눈에 잘 띄는가?
- 용모. 복장 : 유니폼 착용이 단정하며 명찰을 착용하였는가?
- 자세 : 신발을 구겨 신지 않았으며 병원을 뛰어다니지 않는가?
- 표정 : 생기있는 표정을 유지하고 있는가?
- 응대 : 상냥하고 친근한 말투로 환자를 응대하고 있는가?
- 분위기 : 병원 전체 분위기가 직원들로 인해 활기찬가?

예약

- 홈페이지. 전화 예약은 문제 없이 이루어지는가?
- 내원 전 병원으로부터 온라인으로 예약 확인을 받았는가?
- 예약확인 시 진료 당일 환자의 첫 접점에 대하여 안내하는가?

병원 입구 및 주차

- 주차장으로부터 병원 입구로 진입하는데 안내가 잘 되어 있는가?
- 병원의 정보를 안내하는 홍보물이 활용되었는가?

안내, 접수, 수납, 귀가

- 안내데스크로의 접근이 용이한가?
- 안내데스크의 정리 정돈이 잘 되어 있는가?
- 접점에 있는 직원들의 복장은 통일성이 있는가?
- 접수 후 환자의 당일 동선에 대하여 간략하게 설명하는가?
- 예약 환자의 접수를 번거로움 없이 신속하게 처리하는가?
- 첫인사 및 첫 응대가 친근하게 느껴지는가?
- 환자에게 집중하고 있는가?

- 수납내역에 대하여 확인시켜 주는가?
- 현금영수증 및 진료비영수증 발급은 정상적으로 이루어지고 있는가?
- 환자와 눈을 맞추며 정중하게 수납 처리를 하는가?
- 전산은 잘 운영되어 접수, 수납에 지장이 없는가?
- 카드 단말기는 잘 운영되는가?

시설
- 화장실 : 원내 화장실의 청결 상태가 양호하며 소모품이 충분히 비치되어 있는가?
- 탈의실 : 검진실의 환자복은 세탁이 잘 되어 있으며 옷걸이가 충분한가?
- 엘리베이터 : 엘리베이터에는 층별 위치 및 정보가 충분하게 제공되는가?
- 편의시설 : 현금지급기 및 자동 수납기의 작동은 양호한가?

4. 의료기관 개설사항 변경

의료기관을 개원 후 장소를 이전하거나 개설에 관한 신고 또는 허가 사항 등 중요한 사항을 변경하는 때에는 개설 절차와 동일하게 신고 또는 허가 절차를 거쳐야 한다. 허가 및 신고사항을 통합신고 포털 또는 서면으로 시·군·구청장에게 제출한다.

1) 변경 신고 사항

장소 이전 및 변동
- 개설 장소의 이전이나 시설 변동 내용의 변경 신고
- 변경인가(허가)를 수리하기 전에 소화설비, 스프링클러, 자동 화재 탐지 설비, 피난 구조 설비, 유도등 등의 세부 규정에 따라 의료시설을 갖추어야 한다. 의료기관의 소재지를 관할하는 소방본부장이나 소방서장에게 확인을 요청한다.
- 의료기관 개설 장소 이전, 개설자의 변경 사항, 개설자를 대신하여 진료하는 경우, 진료 과목의 변경, 입원실 변경 등 주요시설 변경, 의료기관 명칭 및 의료인 수 변경

소재지 이전
의료기관(의원급, 병원급, 부속 의료기관 등 포함)이 의료기관 개설 신고증명서 또는 개설

허가증에 기재되어 있는 의료기관 소재지를 다른 장소로 이전할 경우 변경사항을 신고해야 한다.

행정청을 달리하는 주소지 변경은 당해 의료기관의 개설자, 의료기관 명칭, 진료과목, 의료인 수 및 입원실 등 주요시설(의료기관 면적 제외)이 동일하게 유지되고, 소재지 변경에 따른 의료업무의 연속성이 유지되는 때에만 변경 신고 및 변경 허가 신청을 통해 가능하다.

개설자 변경

- 의료기관 개설 신고 또는 허가증명서 개설자란에 기재되어 있는 내용(성명/법인명), 생년월일, 주소(소재지), 면허 종류, 면허 번호 등)을 변경할 경우

  의료기관 개설자 동일인에 대한 내용이 변경되는 것을 말한다. 의료기관 개설자 - 홍길동이 홍광자로 개명(改名)하거나, 주소지 등이 변경되는 경우 등.
- 의료기관의 종사 인력 및 시설, 장비 등이 변경되지 않고 인적 물적 동일성이 유지되는 경우 의료기관의 개설자만 변경되었다면 폐업 및 신규 개설 신고 불필요하다.

2) 주요 시설 현황 변경

입원실 등 주요 시설 변경 신고

입원실, 중환자실, 수술실, 응급실, 임상검사실, 방사선장치, 회복실, 물리치료실, 한방요법실, 병리해부실, 조제실, 탕전실, 의무기록실, 소독시설, 급식시설, 세탁물 처리시설, 시체실, 적출물 처리시설, 자가발전시설, 구급자동차, 장례시설 등의 변경시 신고 또는 허가 신청이 필요하다.

의료기관 명칭 및 의료인 수 변경, 요양기관 현황 변경 신고

의료기관 개설신고증명서와 의료기관 개설허가증에 있는 의료기관 명칭과 의료인 수가 변경될 경우 신고해야 한다.

개설자(대표자)가 건강보험심사평가원에 의료기관 의료인 수를 변경 신고하면 시장·군수·구청장 또는 시·도지사에게 의료기관 개설신고사항을 변경 신고하거나 개설허가사항 변경신청서를 제출한 것으로 간주된다.

요양기관의 인력·시설·장비 등의 내용이 변경 사항이 있는 때에는 15일 이내 건강보험심사평가원에 신고해야 한다.

3) 대진의 신고와 역할

대진의 신고

의료기관 개설의사를 대신하여 진료하는 의사를 대진의라고 한다. 대진의를 1개월 미만 고용하더라도 반드시 신고하여야 한다.

개설의사를 대신하여 진료하는 의사의 자격은 일반의, 타전문의에 상관없이 모두 근무 가능하다. 다만, 의료기관 명칭에 전문과목을 표시(내과의원, 외과의원 등)한 경우에는 대진의도 해당 전문의만 가능하다. 공중보건의사, 전공의 등은 일반 의료기관에서 고용할 수 없다.

대진의 역할

의료기관 개설의사를 대신하여 환자를 진료하고 자신의 명의로 진료기록, 처방전, 진단서 등을 작성 · 교부할 수 있다.

대진의 신고를 하지 아니하면 100만원 이하의 과태료, 경고처분을 받을 수 있다. 대진의가 신고를 필하지 아니하고 의료행위를 할지라도 그가 행한 모든 의료행위 및 작성 · 교부한 처방전, 진단서 등의 행위는 인정된다

5. 의료기관 휴업 및 폐업

의료업을 폐업하거나 1개월 이상 휴업하려면 관할 시장 · 군수 · 구청장에게 신고해야 한다. 1개월 미만 휴업할 경우 휴업한 날로부터 15일 이내 건강보험심사평가원에 요양기관현황 변경신고를 한다

1) 휴업 기간

의원 · 치과의원 · 한의원 또는 조산원을 개설한 의료인이 부득이한 사유로 6개월을 초과하여 의료기관을 관리할 수 없는 경우 개설자는 폐업 또는 휴업 신고를 하여야 한다. 휴업 기간은 정해진 규정이 따로 없어 신고한 휴업 기간은 보장되는 것으로 해석한다.

2) 휴폐업 신고 및 이후 조치

의료기관 휴업 · 폐업 신고서 제출

　의료기관의 개설자가 의료업을 폐업하거나 휴업하려면 통합신고 포털 또는 서면으로 의료기관 휴업 · 폐업 신고서를 관할 시장 · 군수 · 구청장에게 제출하여야 한다. 행정처분으로 인한 휴폐업 시에도 반드시 신고하여야 하며, 신고 미이행시 과태료가 부과된다.

폐업 · 휴업 시 조치 및 환자권익 보호

　의료업을 폐업 또는 휴업하려는 때에는 폐업 또는 휴업 신고예정일 14일 전까지 환자 및 환자 보호자가 쉽게 볼 수 있는 장소(또는 인터넷 홈페이지)에 안내문을 각각 게시하여야 한다. 입원 환자에 대해서는 폐업 또는 휴업 신고예정일 30일 전까지 환자 또는 그 보호자에게 직접 안내문의 내용을 알려야 한다.

　폐업 또는 휴업할 경우 해당 의료기관에 입원 중인 환자를 다른 의료기관으로 옮길 수 있도록 하는 등 환자의 권익을 보호하기 위한 조치를 하여야 한다.

폐업 · 휴업 시 안내문 게시

　의료기관 개설자가 진료비 등을 선급 받는 등 진료비를 정산해 줘야 할 경우나 휴폐업 신고예정일 이후 진료 예약일이 잡혀있는 경우에는 안내문 게시 등 조치사항 이외에 환자 또는 환자 보호자에게 직접 전화 또는 문자, SNS 등으로 폐업 또는 휴업 개시 예정 일자 등을 통보하도록 권고한다

안내문 내용

- 폐업 또는 휴업 개시 예정 일자
- 전자의무기록을 포함한 진료기록부 등의 이관 · 보관 또는 사본 발급 등에 관한 사항
- 진료비 등의 정산 및 반환 등에 관한 사항
- 입원 중인 환자의 다른 의료기관으로 전원(轉院)에 관한 사항
- 환자의 권익 보호를 위하여 보건복지부장관이 특히 필요하다고 인정하여 고시하는 사항

3) 진료기록부 이관

　의료기관 개설자가 폐업 · 휴업신고를 할 때 기록 · 보존하고 있는 진료기록부 등을 관할 보건소장에게 넘겨야 한다. 진료기록 보관계획서를 관할 보건소장에게 제출하여 허가를 받아 폐업 또는 휴업의 신고를 하는 의료기관의 개설자가 직접 보관할 수 있다.

제12장
개원 이후
병원 운영

제12장
개원 이후 병원 운영

어떤 마음으로 개원하느냐에 따라 5년, 10년 후 병원의 성장에 큰 차이를 보인다. 의료업은 지속 가능한 경영을 통해 꾸준히 발전한다. 봉직의 때는 내가 하는 일만 잘하면 되지만 의원장이나 병원장은 큰 그림을 그리고 직원들을 관리하는 역할까지 해야 한다.

의원 개원 10년 만에 병원을 지으려는 원장과 면담을 한 적이 있다. 병원 경영에 도움이 될 만한 20여 권의 책을 읽었다고 했다. 병원으로 종별 전환해서 개원하는 일은 의원 경영과는 다른 새로운 영역이다. 우선 병원 경영과 관련한 리스크를 줄이는 일이 중요하다. 유능한 관리자의 도움도 필요하다. 개원 이후 병원을 경영하는 CEO의 생각대로 지속해 성장하거나, 쇠퇴하거나 한다. 새로운 의료 영역을 개척하고, 변화에 대응하여 환자와 적극적으로 소통하면 경쟁에서 뒤지지 않는다.

1. 의료기관에 대한 지도 감독

의료기관에서 주의해야 할 행정처분은 시정명령, 의료업 정지(업무정지), 의료기관 개설 허가 취소 또는 폐쇄 등 3가지가 있다.

1) 개설 허가 취소 또는 폐쇄

의료기관 개설 금지
- 의료기관이 개설 허가취소 또는 의료기관 폐쇄 처분을 받은 경우 그 취소 또는 폐쇄 명령을 받을 날로부터 6월 이내에 의료기관을 개설하지 못한다

- 의료기관의 개설자가 거짓으로 진료비를 청구하여 금고 이상의 형의 선고를 받고 그 형이 확정되어 의료기관의 개설 허가취소 또는 폐쇄 명령을 받은 경우에는 그 취소 또는 폐쇄 명령을 받은 날로부터 3년 이내에는 의료기관을 개설·운영하지 못한다.

개설 허가 취소 또는 폐쇄 처분 사유
- 의료기관을 개설한 의료법인·비영리법인·준정부기관·지방의료원 또는 한국보훈복지의료공단이 그 설립 허가가 취소되거나 해산된 경우
- 의료기관의 개설 신고 또는 개설 허가를 한 날부터 3개월 이내에 정당한 사유 없이 그 업무를 시작하지 아니한 경우
- 폐업한 뒤 신고하지 아니한 경우
- 약사법을 위반하여 담합행위를 하고 2차 처분일로부터 2년 이내에 3차 위반을 한 경우
- 의료기관의 개설자가 거짓으로 진료비를 청구하여 금고 이상의 형을 선고받아 그 형이 확정된 경우

2) 면허 취소
- 면허증을 빌려준 경우
- 일회용 주사 의료용품을 한 번 사용한 후 다시 사용하여 사람의 생명 또는 신체에 중대한 위해를 발생하게 한 경우
- 자격정지 중에 의료행위를 하거나 3회 이상 자격정지 처분을 받은 경우

3) 업무정지

업무정지 15일
- 시정명령을 위반하거나 그 명령을 이행하지 아니한 경우
- 보건복지부장관, 시·도지사, 시장·군수·구청장의 일정한 명령을 이행하지 아니하거나 정당한 사유 없이 그 명령을 거부한 경우

업무정지 1개월
- 금지된 내용·방법으로 의료광고를 한 경우
- 과장된 내용의 광고를 한 경우
- 금지되는 방법의 의료광고를 한 경우

- 약국과 담합행위를 한 때 : 1차 위반(업무정지 1월)

  1차 처분일로부터 2년 이내에 2차 위반 : 업무정지 3월

  2차 처분일로부터 2년 이내에 3차 위반(허가취소 또는 폐쇄)

업무정지 2개월
- 거짓된 내용의 광고를 한 경우

업무정지 3개월
- 의료인이나 의료기관 종사자가 무자격자에게 의료행위를 하게 하거나 의료인에게 면허 사항 외의 의료행위를 하게 한 경우
- 관련 서류를 위조·변조하거나 속임수 등 부정한 방법으로 진료비를 거짓 청구한 경우

업무정지 6월
- 보건복지부장관, 시장·군수·구청장의 보고 명령을 이행하지 아니하거나 관계 공무원의 검사 등을 거부한 경우

4) 자격정지

자격정지 1개월
- 정당한 사유 없이 진료 또는 조산(助産)의 요청을 거부하거나 응급환자에 대한 응급조치를 하지 아니한 경우
- 정당한 이유 없이 진단서·검안서 또는 증명서의 발급 요구를 거절한 경우
- 진료기록부 등을 거짓으로 작성하거나 고의로 사실과 다르게 추가 기재·수정한 경우 또는 진료기록부 등을 보존하지 아니한 경우
- 학문적으로 인정되지 않은 진료행위를 한 경우
- 부당하게 많은 진료비를 요구한 경우 (1차 위반 : 자격정지 1개월, 2차 위반 : 자격정지 3개월)
- 형법을 위반하여 낙태하게 한 경우
- 비도덕적 진료행위를 한 경우

자격정지 2개월
- 위반하여 진단서·검안서·증명서 또는 처방전을 발급한 경우

- 위반하여 의료·조산 또는 간호하면서 알게 된 다른 사람의 비밀을 누설하거나 발표하여 선고유예의 판결을 받거나 벌금형의 선고를 받은 경우
- 위반하여 환자에 관한 기록의 열람, 사본 발급 등 그 내용을 확인할 수 있게 하여 선고유예의 판결을 받거나 벌금형의 선고를 받은 때
- 영리를 목적으로 환자를 의료기관이나 의료인에게 소개·알선, 그 밖에 유인하거나 이를 사주하는 행위를 한 경우
- 전공의 선발 등 직무와 관련하여 부당하게 금품을 수수한 경우

자격정지 3개월
- 진단서·검안서 또는 증명서를 거짓으로 작성하여 발급한 경우
- 태아의 성 감별 행위 등을 한 경우
- 의료인이 아닌 자로 하여금 의료행위를 하게 하거나 의료인이 면허된 것 외의 의료행위를 한 경우
- 의료기관을 개설하지 아니하고 의료업을 하거나 의료기관 외에서 의료업을 한 경우, 부속 의료기관을 개설하지 아니하고 의료업을 한 경우
- 마약류 관리에 관한 법률을 위반하여 처방전에 따르지 아니하고 마약 또는 향정신성의 약품을 투약 또는 제공한 경우
- 약사법에 따른 허가나 신고를 받지 않은 의약품을 사용하거나, 변질·오염·손상되었거나 유효기한 또는 사용기한이 지난 의약품을 사용한 경우
- 의료기관의 개설자가 될 수 없는 자에게 고용되어 의료행위를 한 경우

자격정지 6개월
- 환자의 동의를 받은 수술 등에 참여하는 주된 의사, 치과의사 또는 한의사를 변경하면서 환자에게 서면으로 알리지 않은 경우

자격정지 12개월
- 비도덕적 진료행위를 한 경우
- 진료행위 중 성폭력범죄의 처벌 등에 관한 특례법의 죄를 범한 경우

자격정지 15일
- 처방전을 환자에게 발급하지 아니한 경우

[1차 위반 : 자격정지 15일. 2차 위반(1차 처분일부터 2년 이내에 다시 위반한 경우에만 해당) : 자격정지 1개월]
- 환자에 관한 기록 열람. 사본 발급 등 그 내용 확인 요청에 따르지 아니한 경우
- 진료기록의 내용 확인 요청이나 진료 경과에 대한 소견 등의 송부 요청에 따르지 아니한 경우
- 환자나 환자 보호자의 동의를 받지 않고 진료기록의 내용을 확인할 수 있게 하거나 진료 경과에 대한 소견 등을 송부한 경우
- 진료기록부 등을 기록하지 아니한 경우
- 의료기사가 아닌 자에게 의료기사의 업무를 하게 하거나 의료기사에게 그 업무의 범위를 벗어나게 한 경우

과징금 처분
- 의료기관에 대한 의료업 정지 처분을 갈음하여 10억 원 이하의 과징금을 부과할 수 있으며, 과징금은 3회까지만 부과할 수 있다. 다만, 동일한 위반행위에 대하여 표시□광고의 공정화에 관한 법률에 따른 과징금 부과 처분이 이루어진 경우에는 과징금(의료업 정지 처분을 포함한다)을 감경 하여 부과하거나 부과하지 아니할 수 있다.
- 정당한 사유 없이 업무개시명령을 거부한 의료인 또는 의료기관 개설자에 대하여 3년 이하의 징역 또는 1천만 원 이하의 벌금. '업무정지 15일의 행정처분을 부과할 수 있다.

2. 병원의 문서와 규정, 매뉴얼

1) 병원의 문서

문서란 문장을 만들어진 양식에 맞게 적어서 나타낸 글이나 표의 형태를 말한다. 문자나 이를 대신할 수 있는 일정 부호 등을 사용하거나. 그림이나 사진 등도 문서에 포함된다. 문서는 상대방에게 자신의 의사를 명확하게 전달할 수 있는 매개체이며 발생한 상황을 기록하는 역할을 수행한다. 문서를 통해 내용을 기록함으로서 그 사실을 명확히 하고, 후일 증빙자료로 사용하는 기능을 한다. 따라서 문서는 조직간 협조나 소통에 도움을 주어 병원경영을 원활하게 한다.

병원의 문서에는 공문서. 부서간 협조전. 회의록, 사업보고서, 휴가원. 대외적인 계약서 등이 모두 포함된다. 병원에서 사용할 문서를 사전에 만들어 표준화해야 한다.

2) 병원 규정과 서식

병원 규정

직원들이 준수하여야 할 사항들을 명문화시킨 것이다. 병원 규모와 관계없이 조직을 운영하기 위해서는 규정이 필요하다. 병원 운영과 업무에 관한 모든 사항은 내부 규정 또는 업무지침에 의해 이루어져야 한다. 규정은 병원의 운영시스템이다. 의원도 마찬가지다. 특정한 사안을 적용할 때마다 지침을 주면 일관성이 떨어진다. 문건으로 만들어 병원 구성원이 지킬 수 있도록 비치한다. 지속적으로 수정 · 보완을 한다.

병원 규정은 크게 기본 규정. 기획예산교육 규정. 조직 인사 규정. 관리 운영 규정. 위원회 규정 등으로 구분한다. 임금. 업무분장. 지휘체제. 직제규정에서부터 직원들의 진료비 감면 지침까지 충분한 검토를 통해 만든다. 규정을 통해 업무 수행이 원활해야 한다.

병원 개원을 준비하면서 규정을 제정하는 일까지 여력이 미치지 못하는 경우가 많다. 개원 준비 조직에 실무위원회를 구성하여 병원 규정의 전반적인 사항을 검토할 수 있게 하는 것이 효율적이다. 규정은 병원 직원들이 숙지하여야 할 사항이 많아 관리를 잘해야 한다.

(의원급 의료기관에서 사용하는) 직원 근무 수칙

우리 병원 직원은 직원 간 지켜야 할 사항과 고객의 요구에 적절히 대응하기 위하여 아래와 같은 사항을 준수한다.

- 진료 시작 전 출근하여 주변을 청결히 하고 활기차고. 상쾌하게 일과를 준비한다.
- 병원의 규율을 잘 지키고. 근무 시간에는 시간을 사적으로 쓰지 않는다.
- 머리카락이 흘러내려 답답한 느낌을 주지 않도록 단정한 헤어스타일을 유지한다.
- 유니폼과 신발은 깨끗하고. 단정한 용모를 유지한다.
- 적극적이고 성의 있는 응대로 환자에게 불편함이 없도록 한다.
- 전화는 신속. 정확. 정중하게 받고 밝은 목소리로 응대한다.
- 접수에서 직원 간 대화는 간결하고 낮은 목소리로 하고 큰소리를 내거나 웃음은 삼간다.
- 접수에서 손으로 턱을 괴고 앉아 있거나 의자에 걸쳐 앉거나 다리를 꼬지 않고 단정한 자세를 유지한다.
- 일과시간중 핸드폰으로 사적인 전화는 금한다. 핸드폰 검색이나 사용은 직원휴게실을 이용한다.
- 접수 데스크. 대기실은 정리정돈을 잘하여 항상 청결을 유지한다.

- 병원의 이미지향상이 노력하며, 직원간 언쟁은 삼간다.
- 원장, 직원간, 환자를 응대할 때 말씨나 행동은 서로 배려하면 존대말을 사용한다.
- 우리병원에서 하고 있는 진료 아이템을 잘 숙지하여 환자가 원하는 기대수준에 맞도록 신속하고 정확하게 응대한다.
- 진료를 모두 마치면 검사실, 대기실, 접수대를 잘 정리하고 퇴근한다.

병원 서식

개원초 병원 규정 못지않게 서식이 중요하다. 원무, 행정, 기획, 진료, 간호 등 부서별로 목록을 작성한다. 병원 실정에 맞도록 서식을 설계한다. 병원마다의 특성이 있으므로 자체에서 알맞게 설계하여 사용한다. 매일 업무 일지를 작성하여 모으면 병원의 역사가 된다. 가능하면 종이 없는(paperless) 병원을 만든다.

3) 매뉴얼(업무 지침서) 작성

병원 업무를 처리하는 방법을 기록한 문서로, 담당 부서에서 작성한다. 업무 프로세스를 상황별로 체계화하여 작성한 문서다. 매뉴얼은 병원의 시스템이다. 혈액순환과 같다. 신규직원이 해당 업무를 하더라도 똑같은 결과물을 낼 수 있는 효과가 있다. 원장이나 부서장이 상황발생 시마다 지침을 따로 내리지 않아도 된다. 의원급의 경우 원장의 잔소리가 줄어든다. 병원급은 개원전 작성하여 비치해야 한다.

매뉴얼이 병원의 시스템

병원의 업무는 몇 가지 특이한 일을 제외하면 동일한 업무를 반복하게 되는 경우가 많다. 새로운 업무가 발생하면 지침을 만들고, 1년에 한 번 수정·보완한다. 직원이 부서 이동 또는 사직 시 인수인계자료로 활용한다. 업무 공유를 통해 직원 업무 능력이 향상되고, 담당업무 파악이 쉽고 업무 특성이나 혹은 부서 상황에 따라 업무조정, 책임소재 명확하게 된다.

근무 매뉴얼, 장비 매뉴얼, 전화응대 매뉴얼, 청소 매뉴얼 등 직원들이 근무하면서 일상적으로 지켜야 할 사항에 대한 매뉴얼을 만든다. 선언적인 의미보다는 세부적으로 꼼꼼하게 작성한다. 필요하면 상황마다, 시간대별로, 요일별로, 월별로 해야 할 일을 구체적으로 작성한다. 업무가 바뀌면 새로 수정, 보완한다.

개원하기 전 기본적인 매뉴얼을 만들고, 병원 개원 이후 점차 보완하면서 세부적으로 매뉴얼을 만든다. 매뉴얼이 곧 병원의 시스템이다.

봉직의로 재직하면서 앞으로 개원에 대비하여 매뉴얼을 만들면 도움이 된다.

의원 개원 시 작성해야 할 매뉴얼
- 환자 응대 서비스 매뉴얼 : 전화응대, 부서별 환자 응대, 불만 환자 관리 등
- 병원의 업무 매뉴얼 : 업무 처리 방법, 예약매뉴얼, 상담매뉴얼 등
- 직원의 근무 예절 : 직원 간, 상급자 간 예절
- 진료 매뉴얼
- 장비 이용 매뉴얼

4) 개원초 리스크와 해결 방법

병원 규모가 커지고 환자가 증가하면 관리 기능이 복잡해지며 직원 간 업무분장이 불확실해지고 책임소재가 모호해진다. 업무의 사각지대가 발생하면서 병원관리에 리스크가 발생한다.

세무, 의료분쟁, 보험 청구심사, 노무와 관련한 업무 등이 병원에 특히 유의해야 한다.

우선 적출물, 마약 등 관리에 소홀하여 관할 보건소 등에서 실사가 나올 수 있다. 법규를 준수하고, 필요 문서를 잘 비치해야 한다.

세무 관련한 리스크는 병원이 성장하면서 관심을 가져야 할 분야다. 세무 전문가와 원활한 소통을 통해 해결한다. 세금은 피할 수 없다.

환자가 많아지면 병원에 중증 질환자가 늘어난다. 환자가 늘고 있다는 증거다. 이럴 때 특히 주의 해야 한다. 응대가 소홀하거나 진료나 검사 등의 설명이 불충분하여 분쟁이 생길 수 있는 시기다. 분쟁 초기 신속한 대응이 필요하다. 환자가 증가하는데 직원이 늘지 않으면 관리가 소홀해지면서 고객의 불만이 늘어날 수 있다.

직원이 늘어나게 되면 노무관리에 신경을 써야 한다. 근로기준법을 잘 적용하고, 필수 교육 등을 실시해야 한다. 공인노무사의 자문을 얻도록 한다.

3. 개원 후 경영평가

개원 1개월이 지나면 계획한 대로 운영이 잘되고 있는지, 문제점이 있는지 전반적으로 운영상태를 점검한다. 문제가 있는 부분은 해결 방법을 찾아 본다. 손익 계산뿐만 아니라 어느 지역에서 어떤 연령층의 환자가, 어떤 질병으로 우리 병원을 찾는지도 알아본다. 필요한 기본 틀을 만들어 자료를 검토한다. 향후 병원의 장단기 계획을 세우거나 이전 · 확장할 때 귀중한 자료가 된다.

기본적인 경영 통계자료를 잘 활용하는 병원과 그렇지 않은 병원과는 큰 차이가 있다. 그러면 어떤 항목들을 정리해 보아야 할까? 병원에서 사용하고 있는 전산을 잘 활용하여 경영 통계표를 만들면 된다. 월별. 분기별. 반기별. 연별 자료가 누적되면 연간 병원의 실적을 한눈에 알아볼 수 있다. 공동 개원한 병원이면 의사별. 진료과별 분석을 통해 서로 비교도 되며 각자의 진료패턴을 알 수 있다. 검사 건수. 환자 추이. 의료수익 추이 등을 한눈에 알아볼 수 있다. 아래 제시한 몇 가지 통계자료를 활용하여 환자 추이. 의료수익 추계 등을 검도하면 경영에 도움이 된다. 소규모 병의원에서 활용할 수 있는 몇 가지 자료를 소개한다.

1) 외래 환자 수 통계

초진과 재진 환자의 비율. 분야별 진료 의사의 환자 수를 알아볼 수 있으며 전체 환자의 각 진료과별 점유율을 알 수 있다. 요일별 환자 수. 환자당 수술 건수. 초진과 재진의 진료비 차이 등을 볼 수 있다. 지역에 따라 환자 건당 진료비의 차이를 보인다. 검사를 많이 하면 환자 부담이 늘어 저항이 생길 수도 있다.

2) 환자 거주지별, 성별, 연령별 분포

외래환자와 입원환자를 중심으로 거주지별로 분석해 보면 우리 병원의 진료권역이 어느 정도인지를 알 수 있다. 가까운 곳에서 환자들이 오지 않거나 멀지만. 환자들이 집중되는 지역이 있다면 세부적으로 분석을 할 필요가 있다. 경쟁병원의 강점도 나타나게 된다. 성별. 연령별 분석이 가능하면 이들에 대한 세부적인 사항도 알 수 있다.

3) 퇴원 진료비 통계

입원실이 있는 경우 건당 퇴원진료비를 산정하여 지속해 관리한다. 본인부담금 비율과 비보험 급여액. 질병에 따른 병원의 평균적인 입원료. 본인부담금 등을 알 수 있다. 환자가 병원에 입원하기 전에 어느 정도의 기간에 어느 정도의 입원료가 산정될 것인지도 관심이 많다. 몇 개월간의 데이터를 확보하면 거의 비슷한 비율로 1일 입원비가 산정됨을 알 수 있다.

4) 검사 통계

방사선검사. 물리치료. 임상병리 검사 등도 각 진료과별로 통계를 내면 의사별로 진료패턴을 알 수 있다. 진단검사 및 치료 등 어느 진료과가 가장 많이 의뢰하는지 알 수 있다. 환자의 질병에 따라 표준화된 검사 가이드를 만들 수 있다.

5) 손익 분석

진료과별 수지를 통해 엑셀로 월별 명세서를 작성하여 전월과 비교하여 본다. 월별 통계표를 작성하면 연간 수입·지출명세를 알 수 있다. 인건비, 재료비, 관리비를 나누어 분류하여 정리하면 경영에 도움이 된다. 시간이 지나면 월별로 수입과 관리비 등을 알 수 있다. 거의 일정한 패턴이 유지된다.

기타 할인율 통계, 각종 기능검사 통계, 급식통계, 수술 건수 등을 월별로 정리하여 두고 전월과 건수 비교, 진료과별 비교를 하여 분석한다.

4. 개원 후 3년, 유지하거나 성장하거나

환자들은 자신의 질병을 가장 잘 치료해 줄 병원이 어디인지 찾는다. 그동안 단골로 다니는 병원도 있다. 따라서 새로 병원을 개원하게 되면 인근 지역의 환자들이 관심을 갖지만 옮기는데는 상당한 용기가 필요하다.

병원의 성장사를 보면 초기 개척기와 도약기, 성장기가 있다. 동일한 권역에 소재하는 병원이 치열한 경쟁 속에서 버티지 못하고 문을 닫기도 한다. 고객의 수요를 잘 읽는 병원은 지속적인 성장을 한다. 일정 지역의 거점을 확보하고 지역 내 수요의 절반을 가져가는 강자 병원이 되기도 한다. 의원으로 개원해서 진료실을 늘리기도 하고, 의원에서 병원으로 종별 전환하기도 한다. 새로운 거점을 확보하기 위해 다른지역으로 병원을 통째로 옮기기도 한다.

1) 진료실을 늘리는 시기

역세권 또는 중심 상가 지역에서 의원을 개원해서 1년이 지나면 환자들이 늘게 된다. 병원이 정상적으로 운영되는 단계다. 단골 환자가 생기고 대기시간이 길어진다. 이럴 경우 선택은 2가지다. 봉직의를 둘 것인지, 추이를 볼 것인지를 고민하게 된다.

봉직의를 두기에는 환자가 그리 많지 않고, 그렇다고 혼자서 진료하기에는 환자의 대기 시간이 길어지면서 불만이 나오게 된다. 이럴 때는 진료실을 늘려 2인 진료로 가는 것이 좋다. 원장은 환자가 가장 적은 날 오전 또는 오후 시간을 휴진한다. 필요에 따라서 하루를 휴진하는 것도 좋은 방법이다.

봉직의를 새로 영입한다고 해서 환자가 2 진료실로 바로 가지 않는다. 초기에는 원장이 환자를 9명 진료할 때, 봉직의는 1명을 진료한다. 점차로 봉직의 진료 비율이 늘게 된다. 2 진료실을 열었다면 환자가 적다고 문을 닫으면 안 된다. 그 시기를 인내하면서 넘겨야 한다.

2) 확장을 고려하는 시기

　개원 3년 정도 되면 병원의 확장을 고려하게 된다. 새로운 환자의 유입도 꾸준히 늘고, 단골 환자도 줄지 않는다. 지역 내에서 검증이 됐다고 보면 된다. 병원을 처음 이용하는 환자가 보통 30% 정도 되고, 단골 환자도 꾸준히 증가하기 때문에 의사와 직원을 늘려야 하는 시기다. 필요하면 진단 또는 검사 장비를 추가 구입하고, 공간이 필요하게 된다. 검사가 많아지고 수술도 증가하게 된다. 환자가 내고 가는 금액도 늘게 된다. 환자의 만족도가 높아진다. 그러니 문제는 공간의 확장이다. 중심 상권의 상가 건물은 공간이 늘 부족하다. 따라서 인근 지역의 공실 건물로 눈을 돌리게 된다. 최근에 코로나로 PC방이나 헬스장이 폐업하면서 헐값에 나온 공간을 인수하여 늘린 의원장의 안목이 탁월해 보인다.

　필자는 의원을 개원하는 원장에게 향후 3년 내 인근지역의 부동산을 매입하라고 말한다. 개원하고 있는 의원의 가까운 곳에 한 개층정도의 공간을 매입해 향후 병원의 성장에 대비해야 하기 때문이다. 개원 이후 환자가 늘고 매출이 꾸준히 늘어 기존 의원을 확장할 때 대비해야 한다. 의원을 개원 5년 후 병원으로 종별 전환하려고 하는 원장은 개원입지부터 다른 방법으로 접근해야 한다.

3) 이전을 해야 할 시기 및 검토사항

　병원을 방문하는 환자는 늘어나지만 더 이상 진료실을 늘릴 공간을 확보하지 못하면 이전도 고려해야 한다. 우선 이전할 위치, 개원의 형태, 의료기관 종별 등 세 가지를 검토한다.

이전 위치

　현 위치에서 가까운 곳 또는 새로운 신도시 등을 검토한다. 이전할 건물이 필요하다. 신축이나 기존 건물을 인수하여 리모델링한다. 물론 적정한 건물을 물색해 몇 개층을 사용해도 된다.

개원의 형태

　단독개원을 하거나 공동개원도 검토한다. 뜻이 맞은 의사와 공동으로 확장하여 개원하면 초기 투자 비용을 줄일 수 있다. 얻는 것도 있지만 잃는 것도 있다.

의료기관 종별

　의원, 병원, 전문병원, 종합병원 등의 종별 전환을 검토할 수 있다.

4) 병원으로 종별 전환 할 시기

의원이 대형화되면서 5명 이상의 의사가 근무하는 곳이 많아지고 있다. 이럴 때 의원에서 병원으로 종별 전환을 생각할 수 있다. 병원으로 전환은 원장의 성격이나 나이와도 연관이 있다. 이럴 때 원장의 직관도 중요하다. 의료기관의 종별이 중요한 외과계도 있지만 그렇지 않으면 대형 의원으로 가도 크게 상관이 없다. 병원은 시설과 인력 규정이 적합해야 한다. 병원은 주차장 시설부터 장애인 시설 등 여러 제약 요건이 있지만 의원은 근린생활시설 1종으로 접근하기가 비교적 수월하다. 병의원은 성장 시점을 놓치게 되면 상당 기간은 유지가 되지만, 점차 쇠퇴기로 들어서게 된다.

5) 성장기와 쇠퇴기

경쟁자가 증가하는 성장기

병원도 일반 산업과 같이 도입기와 개척기, 성장기, 성숙기, 쇠퇴기를 거친다. 척추, 관절 분야, 코골이 수면 분야, 암 재활요양병원 등은 성장기에서 성숙기에 접어드는 단계다. 도입단계와 성숙단계에는 새로운 병의원들이 지속적으로 참여하다가 성장기에 경쟁자가 갑자기 늘어나게 된다. 병원에서는 현재 주력하고 있는 전문 영역이 어느 단계에 와 있는지를 파악하여 각 단계별로 적절한 마케팅전략을 구사해야 한다. 그렇지 않으면 병원의 성장이 어렵게 된다.

경쟁자가 늘어나 공급과잉이 일어나는 경우가 있다. 조정단계라고 할 수 있다. 시장에서 이러한 공급과잉은 가격을 할인하여 고객을 유치하기도 한다. 건강검진의 경우 비수기 때는 일시적으로 할인행사를 하기도 한다. 요양병원은 현재 조정단계라고 할 수 있다.

쇠퇴기에 대비한 유지 전략

다수의 상품은 성숙기를 지나 절대적 판매량이 감소하는 쇠퇴기에 접어들게 되는데, 그 속도는 상품에 따라 느리기도, 급격하기도 하다. 쇠퇴기의 원인은 여러 가지가 있지만 시장수요의 포화, 신기술의 출현, 사회적 가치의 변화, 고객 욕구의 변화 등이다.

병원도 쇠퇴기에 접어들면 경쟁력이 취약한 진료과목을 축소하여야 한다. 쇠퇴기에는 유지하거나 철수전략을 선택한다. 점진적으로 축소해야 할 부분과 유지해야 할 부분을 구분하여 다른 곳에 투자하는 것이 바람직하다.

병원이 쇠퇴기에 나타나는 현상

쇠퇴기에 접어들었다는 것은 환자가 점차 감소하고 의료수익이 유지하거나 줄어드는 것을 보면 알 수 있다. 원장이 진료시간을 지키지 않거나, 환자의 불만이 많아지면 쇠퇴기에 접어든 것이다. 인근에 규모가 크고, 더 좋은 시설의 병원이 생겨 환자가 이동하기 시작한다. 병원의 새로운 성장 모델을 만들지 않으면 점차 쇠퇴하게 된다.

병원이 성장할 시기를 놓치면 인근 지역의 경쟁병원에 주도권이 넘어간다. 쇠퇴기에 접어드는 병원은 봉직의를 뽑으려고 해도 예전처럼 오지 않는다. 병원에 능력있는 봉직의와 유능한 직원이 먼저 사직을 하게 된다. 위험신호다. 새로운 동력을 만들어야 한다. 잘되던 병원이 문을 닫기도 하고, 어려운 상황에서도 꾸준히 사랑받는 병원이 지역내 강자로 남기도 한다.